KB179269

미켈란젤로, 생의 마지막 도전

미켈란젤로, 생의 마지막 도전

황혼이 깃든 예술가의
성 베드로 대성당 건축 분투기

윌리엄 E. 월리스 지음 • 이종인 옮김

책과함께

내게 좋은 이야기의 가치를 알려준 폴 배럴스키에게

일러두기

- 이 책은 William E. Wallace의 MICHELANGELO, GOD'S ARCHITECT (Princeton University Press, 2019)를 완역한 것이다.
- 옮긴이가 덧붙인 해설 중 짧은 것은 본문에 〔 〕로 넣었고, 긴 것은 각주로 넣었다.
- 인용문 속 [ ]는 지은이가 덧붙인 해설이다.
- 본문에 나오는 나이는 모두 만 나이이다.

머리말

미켈란젤로의 전기를 이미 쓴 바 있으므로, 나는 이 예술가를 다루는 작업은 '끝났다'라고 생각했다. 그러나 레오나르도 다빈치는 이런 유명한 말을 했다. "세상에 그 어떤 일이 완전히 끝나는 게 있는지, 내게 말해 주십시오." 나의 스승 하워드 히버드는 이런 말도 했다. "위대한 예술 혹은 예술가를 다룬 책 중에 결정판이 되는 책 같은 건 없다." 나는 미켈란젤로 전기의 마지막 페이지들을 집필하면서 고령의 예술가가 창작 생활에서 가장 큰 도전을 맞이하여 악전고투한다는 감동적인 얘기에 점점 더 마음이 끌렸다. 그 도전은 자신이 완공을 보지 못할 것임을 알면서 새로운 성 베드로 대성당 공사를 계속해야 한다는 것이었다.

나는 생애 만년의 미켈란젤로를 다루려면 그 전기 작가는 최소한 예순은 넘을 필요가 있다고 생각한다. 그렇게 기다리는 동안에 나는 여러 사람에게 개인적이거나 학문적으로 신세를 많이 졌다. 나는 먼저 니컬러스 터프스트라, 엘리자베스 크로퍼, 미국 르네상스 협회의 임원진에게 감사 인사를 하고 싶다. 이들은 2014년에 나에게 '조지 핀 워터스 베닛 강의'에 나와서 연설해 달라고 초청했다. 그 연설 덕분에 나는 이 책의 개략적 아이디어를 스케치할 수 있었고 또 그것을 《계간 르네상스》지에 발표하기까지 했다. 여러 번에 걸쳐서 파올리나 예배당을 방문하도록 나를 초청해 준 특혜에 대해서는 안토니오 파올루치, 아르놀트 네셀라트, 마르코 프라텔리에게 감사드리고 싶다. 성 베드로 대성당 내의 여러 보안 지역을 둘러보며 오후 한때를 나와 함께 보내준 비탈레 찬케틴에게도 감사한다. 언제나 날카로운 질문을 던지면서 집필을 도와준 리처드 골드스웨이트, 이브 보숙, 페기 헤인스, 조지프 코너스에게 감사한다. 짐 새슬로는 미켈란젤로의 시와 관련해 내가 던진 여러 질문에 친절히 답변해 주었다. 미켈란젤로와 미켈란젤로학學에 대하여 여러 해에 걸쳐서 나와 많은 대화를 해준 폴 배럴스키와 루스 배럴스키, 고故 랠프 리버먼, 마리아 루볼트, 데버라 파커에게 감사드린다. 허구적 화자의 목소리를 유지하면서 이 글을 써보라고 권유해 준 세라 매캠에게 고마운 마음을 전한다. 이탈리아에서 나와 함께 미켈란젤로에 관한 대화를 많이 나누고 멋진 식사를 함께해 준 에릭 덴커와 메러디스 질, 리비오 페스틸리, 웬디 임페리얼, 잭 프라이버그, 프랑코 디 파치오, 마이클 로크, 앤드루 매코믹, 넬다 페라체에게 감사한다. 주디스 마틴은 나를 위해 이 책의 제목을 골라주었다. 다음 네 분에게도 특별히감사의 뜻을 전하고 싶다. 로저 크럼은 이 책의 원고를 집필하는 전 과정에서 적극적으로 개입해 주었다. 에릭 덴커는 예술사 분야와 기타 분야에서 나의 가장 오랜 친구로 옆에서 도와주었다. 엘리자베스 페이건은 지난 45년 동안 나의 아내, 동료, 소중한 편집자로서 큰 도움을 주었다. 그리고 폴 배럴스키에게 이 책을 헌정하는 바이다.

2014년 가을에 방문 수석 교수 자격으로 빌라 이 타티Villa I Tatti에서 보낸 시간은 특히 가치가 있었다. 그때 내게 관대하면서도 따뜻한 환대를 베풀어준 당시 소장 리노 페르틸레와 안나 벤스테드에게 감사드린다. 이들 이외에도 다음과 같은 분들의 도움으로 이 책에 들어간 원고의 상당 부분을 쓸 수 있었다. 루치오 비아시오리, 프란체스코 보르게세, 다리오 브란카토, 그레고리오 에스코바르, 고故 시릴 거브런, 제시카 고설스, 케이틀린 헤닝슨, 주스트 카이저, 리베카 롱, 프란체스코 루치올리, 리아 마키, 로라 모레티, 알레산드로 폴크리, 션 로버츠, 세라 로스, 파올라 우골리니, 수전 바이스. 이 타티 '가족'은 늙음이라는 문제를 내가 깊이 명상할 수 있도록 이상적 조건을 조성해 주었다. 이러한 사치는 일찍이 미켈란젤로도 누리지 못한 것이다. 앨런 그리코, 조너선 넬슨, 마이클 로크에게 특히 감사드린다.

지난 여러 해에 걸쳐서 나는 멋진 친구들, 동료들, 몇몇 뛰어난 학생들과 어울리는 축복을 받았다. 이들은 미켈란젤로에 대한 나의 견해를 형성하는 데 크게 도움을 주었다. 다음과 같은 사람들이 크든 작든 이 책의 집필에 도움을 주었다. 그래서 나의 고마운 뜻을 다음과 같이 알파벳 순으로 표시하고자 한다. 제임스 애노, 시모네타 브란돌리니 다다, 버나딘 반스, 캐미 형제, 캐럴라인 브루젤리어스, 질 캐링턴, 실비아 카티티, 조지프 코너스, 빌 쿡, 고故로이 에릭슨, 에밀리 페니첼, 메러디스 질, 마샤 홀, 에밀리 핸슨, 에릭 휴프, 폴 요아니데스, 너새니얼 존스, 스테퍼니 캐플런, 로스 킹, 마거릿 쿤츠, 톰 마틴, 고故 제리 매캐덤스, 에린 서덜랜드 민터, 르네 멀캐히, 마이크 오를로프스키, 존 파올레티, 데버라 파커, 게리 래드키, 셰릴 라이스,

안드레아 리치, 찰스 로버트슨, 퍼트리샤 루빈, 칼 스미스, 태미 스미더스, 그리고 마지막이지만 그 중요도에서는 다른 사람들에게 조금도 뒤떨어지지 않는(나는 알파벳 순에 의한 차별에 아주 민감하다) 셸리 주로. 이 책의 삽화 관계로 도움을 준 세라 브레이버, 해너 위어, 후아 자오, 버스 휘틀로에게도 감사드린다.

옛 제자였고 현재는 편집자이자 동료인 미셸 캐미의 도움으로 이 책을 발간할 수 있게 된 것을 나는 명예이자 특혜라고 생각한다.

차례

프롤로그

나는 과거 로마를 방문했을 때, 내 방의 창문을 통해 자주 성 베드로 대성당의 장엄한 돔을 하염없이 바라보곤 했다. 그렇게 대성당에 매혹되어 그 도시에서 6개월 정도 지냈다. 성 베드로 대성당은 미켈란젤로 디 로도비코 부오나로티 시모니Michelangelo di Lodovico Buonarroti Simoni(1475~1564)가 설계했으나 살아생전에 완공을 보지는 못한 건축물이다. 미켈란젤로는 생애 마지막 17년 동안 준공의 희망이 없는데도 바티칸 시국에 있는 성 베드로 대성당이라는 획기적 건물을 짓는 데 전심전력으로 매달렸다. 그런 사실을 감안하면, 내가 지금 쓰고 있는 이 책은 비록 미켈란젤로의 생애 후반을 다루기는 했으나 비교의 대상이 안 될 만큼 사소한 작업에 지나지 않는다.

〈산 로렌초 시절의 미켈란젤로: 기업가가 된 천재Michelangelo at San Lorenzo: The Genius as Entrepreneur〉(1994)라는 논문을 집필하고 《미켈란젤로: 예술가, 인품, 그의 시대Michelangelo: The Artist, the Man, and His Times》(2010)라는 전기를 펴내기까지 15년 세월 동안, 나는 이런 생각을 많이 했다. 왜 그의 생애 마지막 20년은 그리 조명을 받지 못할까? 거기에 대한 즉각적인 답변은 이런 것이다. 이 예술가가 영웅적인 명성을 획득하게 된 생애 전반기가 너무나 널리 조명을 받아서 사람들이 거기까지는 신경 쓸 여력이 없었다. 하지만 그 생애 만년도 실은 청장년 시절 못지않게 까다롭고 모험적인 생애였다. 그리하여 나는 이미 잘 알려지고 연구된, 유명한 청장년 시절에 매혹되려는 유혹을 애써 물리치면서 그 마지막 20년을 집중 조명해 보기로 했다. 그 20년은 미켈란젤로가 로마의 산 피에트로 인 빈콜리San Pietro in Vincoli('쇠사슬에 묶인 성 베드로') 성당에다 교황 율리우스 2세의 영묘靈廟를 준공한 1545년에서 그가 죽음을 맞이한 1564년까지이며, 나이로는 70세라는 생애 후반기에서 생일을 몇 주 앞둔 89세에 이르는 시기다. 이 20년은 장수한 이 예술가의 생애에서 5분의 1에 해당하고, 약 75년에 달하는 예술가 경력으로는 근 4분의 1에 해당하는 세월이다. 그런데도 이 시기는 그의 일생에서 가장 덜 알려져 있다.

나는 70대와 80대라는 고령의 관점에서 미켈란젤로의 삶과 작품을 검토하면서 그가 이 20년 동안 무엇을 성취하려고 했는지, 그것을 조명하는 데 집필의 초점을 맞추었다. 이 책은 생애 만년에 미켈란젤로가 예술가로서 성취한 바를 탐구하려는 것이기보다는(가령 티치아노, 렘브란트, 고야, 베토벤 등은 후기 양식late style이 아주 중요하다), 그의 만년에 어떤 생활이 펼쳐졌는지를 더 중점적으로 살펴본다. 다시 말해 미켈란젤로가 거듭되는 좌절과 개인적 상실, 점점 먹어가는 나이, 곧 닥쳐올 것 같은 죽음에 대한 예감, 이런 것들을 앞에 두고서 어떻게 살아갔으며 어떻게 일했는지를 검토한다. 후대의 명성과 영광에 대한 기대, 자기 가문의 위상에 대한 우려, 자신의 전기와 유업에 대한 세세한 개입 등에는 언제나 예술가 주위에 어른거리는 죽음의 그림자가 드리워져 있다.

그러나 미켈란젤로는 '선량한 죽음'을 강조하는 '아르스 모리엔디 ars moriendi'〔죽음을 맞이하는 기술〕라는 중세의 전통이 있음에도 불구하고 이 세상에서 그저 초연히 물러서지 않았다. 오히려 그는 평소보다 더 적극적으로 작품 제작에 매달렸다. 이보다 더 중요한 사실은, 고향 사람들이 그를 피렌체로 데려오려고 거듭 노력했는데도, 그가 로마에 성 베드로 대성당을 건립하겠다는 약속을 결코 포기하지 않았다는 사실이다. 그는 "하느님이 나 자신을 여기에 있게 하셨다"라는 확고한 믿음을 간직했으며 대성당 건설하는 일을 결코 포기하지 않겠다고 맹세했다. 그는 다섯 교황이 오고 가는 세월 동안, 무엇보다도 하느님의 은총과 그 자신의 구원을 위해 대성당 공사에 전심전력으로 매달렸다. 그는 하느님의 건축가라는 부담스러운 소명을 기꺼이 받아들였다.

70대와 80대 고령에 들어선 예술가

미켈란젤로 생애 만년의 핵심 주제는 청장년 시대의 그것과는 아주 다르다. 예술가의 젊은 시절은 주목할 만한 다산성과 빛나는 출세가 주된 특징이다. 그의 재능과 명성은 일련의 뛰어난 작품들, 가령 〈바쿠스〉, 로마 〈피에타〉, 〈다윗〉, 피렌체의 메디치 예배당과 라우렌치아나 도서관, 시스티나 예배당의 프레스코 등에서 잘 드러난다. 미켈란젤로는 생애의 종점에 다가가면서 젊은 시절 못지않게 활동적이었으나 예전과는 상당히 다른 방식으로 일했다. 생애 만년의 미켈란젤로는 더는 자기가 모든 일을 주관해야 비로소 안심하는 강박적 성격의 예술가가 아니었다. 사실 젊은 시절의 그는 모든 일을 자신이 직접 관장해야 한다고 고집을 부렸으며, 그리하여 피렌체의 산 로렌초 교회를 건축할 때에는 거의 피해망상일 정도로 세부사항에 집중하며 조수들을 닦달했다.[1]

젊은 시절과 대비되는 또 다른 면모는, 생애 만년의 작품에는 공공장소용 그림과 조각이 눈에 띌 정도로 줄었다는 점이다. 1545년에 교황 율리우스 2세의 영묘를 완성한 이후, 아직 근 20년이나 살날이 더 남아 있었지만 그는 조각 작품을 더는 완성하지 못했다. 자신의 묘지에 사용할 피렌체 〈피에타〉를 조각하긴 했지만, 일부가 부서지고 미완인 상태로 이 작품을 포기했다. 그는 죽기 며칠 전까지도 론다니니 〈피에타〉를 작업했지만, 이 작품은 상당히 미완인 상태였다. 그는 이 미완성 작품들을 집 안에 놔둔 채 하루하루 살아갔다. 그에 앞서 근 20년 동안을 〈모세〉 석상과 함께 살아왔던 것처럼 말이다. 그곳에서 이 미완의 조각 작품들은 '메멘토 모리memento mori'(죽음의 기념물)의 역할을 수행했다. 그에게 곧 다가올 죽음을 끊임없이 상기시키고, 더욱 의미심장하게는 인생이란 그처럼 열심히 일하다가 그만둔 작품들로 가득 차 있다는 사실을 일깨웠다.

미켈란젤로의 생애 만년은 대체로 건축에 집중되어 있었다. 1545년에서 1564년 죽음에 이르기까지 그는 열두 군데가 넘는 건축 공사에 관여했는데 그중 여섯 군데에 적극적으로 개입했다. 그것들은 모두 로마에 있었는데, 카피톨리노 언덕(혹은 캄피돌리오 언덕), 파르네세 궁전, 산타 마리아 델리 안젤리 에 데이 마르티리, 포르타 피아, 산타 마리아 마조레의 스포르차 예배당, 실현되지 않은 산 조반니 데이 피오렌티니 새 교회의 건설 도면, 가장 중요한 새로운 성 베드로 대성당 등이 그러했다. 그러나 미켈란젤로의 임종 무렵에 이런 공사들은 그 어느 것도 완공 단계에 이르지 못했다. 그래서 그가 완성한 작품을 기준으로 본다면, 75세이던 1550년에 바티칸의 파올리나 예배당에 그려 넣은 두 점의 획기적인 프레스코가 마지막 완성 작품이 된다. 여기서 우리는 고령의 예술가가 처한 역설과 마주한다. 그는 아직 완성하지 못한 작품이 많이 있었는데도 작품에 헌신하는 데 조금도 흔들림이 없었고, 그렇게 하여 당대의 미술과 건축에 지속적으로 엄청난 영향력을 행사했다.

이처럼 미켈란젤로의 만년 작품들은 전반기의 업적들과는 크게 다르다. 우리는 이런 사실 앞에서 그 후기작들을 어떻게 평가해야 할까? 완성된 작품들이 없다는 사실 앞에서 이 예술가의 위상과 권위를 어떻게 설명해야 할까? 더욱 중요하게는, 미켈란젤로가 생애 만년에 죽음, 죄악, 구원의 문제에 몰두했다는 점을 감안할 때 그의 예술을 어떻게 이해해야 할까?

미켈란젤로의 '생애 만년'은 그가 70세가 된 1545년부터 시작된다. 그는 비록 늙었지만 자신의 지나온 삶에 만족할 만한 근거가 충분했다. 그는 교황 율리우스 2세의 영묘를 완성하면서, 매우 중요한 작품이자 공공 조각물로서 마지막이 된 작품을 막 끝낸 참이었다. 미켈란젤로는 이미 그 당시의 기대 수명을 훨씬 넘어선 상태였다. 그래도 그는 완전히 새로우면서도 가장 중요하다고 할 만한 예술가 경력의 최종 단계에 막 들어섰다. 그렇게 하여 미켈란젤로는 그 후 17년 동안 하느님과 성 베드로 대성당 일에 혼신의 힘을 다 바쳤다.

예술의 물질성

헤르베르트 폰 아이넴의 미켈란젤로 관련 논문들을 논평하면서 존 포프 헤네시는는 이런 말을 했다. "현대의 학자들은 미켈란젤로의 작품들을 살펴보면서 그것들이 어떻게 해서 나왔고 그 제작의 이유가 무엇이었는지 물어본 적이 아예 없거나 거의 없다."[2] 내가 지난 30여 년 동안 미켈란젤로에 대한 글을 쓰면서 특별히 강조한 대목 가운데 하나는 바로 그 창작의 과정과 이유라는 문제였다. 나는 예술 작품 만들어내기의 어려움, 대리석을 조각하는 고통, 무거운 재료를 수송하여 들어 올리는 문제, 비계〔작업용 발판〕를 만들어야 하는 지루한 과정, 건축 공사의 기계적 측면과 세부사항과 복잡성 등에 언제나 깊이 관심을 기울였다. 이런 여러 가지 어려움에도 불구하고, 미켈란젤로를 위시하여 르네상스 예술가들은 일찍이 세상에서 본 적 없는 아주 숭고한 작품들을 창조했다. 미켈란젤로는 평범한 물질〔재료〕과 힘든 노동을 통해 고상한 예술 작품을 창조해야 하는 이 명백한 모순을 골똘히 명상했다. 그가 이런 창작 과정을 두고 깊이 고뇌했음을 보여주는 증거는 많이 남아 있다. 이 책은 미켈란젤로가 생애 만년에 겪었던 그런 최종적 역설에 천착한다. 고령의 예술가는 정신적 구원을 바랐으나 동시에 그 구원을 얻으려면 투박한 물질성과 지루한 세부사항들을 상대로 끊임없이 싸워야 했다.

예술은 무엇보다도 물질을 그 밑바탕으로 삼는다. 물질은 예술이 만들어지는 밑천인 동시에 그것을 만들어내는 수단이다. 예술가는 물질에 대해 잘 안다. 그 성질, 원천, 가용성, 특질, 지속성, 아름다움, 비용 등을 속속들이 꿰뚫고 있다. 예술은 결국 재료를 얻어서 수송해 오고, 거기에다 정교한 작업을 가하고, 그런 다음 다시 어디론가(가령 기념관이나 박물관 같은 데) 가져가는 것이다. 오늘날도 그렇지만 르네상스 시대에 5톤짜리 조각품을 들어 올리는 것은 어렵고 값비싸고 위험한 공사였다. 건축은 특히 엄청난 양의 노동과 시간이 드는 일이었다.

미켈란젤로에게는 시간이 별로 없었다. 젊은 시절에도 시간이 없기는 마찬가지였지만 이제 점점 고령이 되어갔기에 더욱더 시간이 부족했다. 성 베드로 대성당의 건축 공사를 맡았을 때 그의 나이 일흔하나였다. 처음부터 그는 그런 대규모 건축물을 완공하는 데 자신에게 남아 있는 지상의 몇 년 세월로는 불충분하다는 것을 알고 있었다. 나중에 드러나지만, 미켈란젤로는 이 거대한 공사에 겨우 17년을 투자할 수 있었을 뿐이다. 이 대공사는 1505년에 도나토 브라만테가 착공하여 잔로렌초 베르니니가 17세기 중반에 공식적으로 완공할 때까지 무려 150년이라는 세월이 걸렸다. 성 베드로 대성당은 이미 미켈란젤로가 수주를 하기 한참 전부터 공사가 시작되었고 또 그의 사망 이후에도 계속 공사가 진행되었다. 그럼에도 이 대성당은 미켈란젤로의 가장 위대한 업적으로 널리 인정받고 있다. 나는 이 책에서 어떻게 그렇게 되었는지 그 과정을 이야기하고자 한다.

독자는 내가 가끔 허구적 목소리를 집어넣는 것을 두고 나를 비난할지도 모른다. 작가 마이클 올로프스키는 그런 허구적 목소리에 대하여 '역사적 허구 집어넣기historio-grafiction'[3]라는 조어를 만들어냈다. 이러한 경향은 오늘날 하나의 유행하는 트렌드('서사적 진실'이라고 하는)가 되었는데, 진지한 역사학자들 사이에서도 통용되는 서술 방법이다.[4] 미켈란젤로는 르네상스 시기를 통틀어서 참고문헌이 가장 많이 남아 있는 예술가다. 레오나르도 다빈치도 도면과 육필 원고를 다수 남겼지만, 미켈란젤로는 자신의 개인적·직업적 생활에 대하여 그보다 훨씬 많은 정보를 남겨놓았다.

미켈란젤로는 가족들과 동료들에게 엄청나게 자주 편지를 썼다. 그가 남긴 거래 문서나 재정 관련 문서도 많고, 친구, 조수, 동시대인들이 이 예술가에 대해 남긴 기록도 많다. 이에 더하여 그의 생시에 세 권의 전기가 발간되었는데 그중 두 권은 미켈란젤로 자신이 직접 읽고 내용에 수정을 가하기도 했다. 이런 문헌 사정 덕분에 미켈란젤로는 전기의 주제로서는 비교가 안 될 정도로 관련 자료가 풍부하다. 사실 이렇게 섭렵해야 할 자료가 많기에 전기에 허구적 목소리를 집어넣을 필요는 별로 없다. 그렇지만 그 문서들의 행간을 유심히 읽으면서 이삭줍기를 해야 할 때가 있고 더러는 그 문서에 들어가야 하는데도 빠져 있는 어떤 것을 재구성할 필요도 있다. 1차 자료와 2차 자료가 아주 풍성하다는 점을 감안할 때, 나의 허구적 목소리는 주제와 관련해 뭔가 없는 것을 집어넣었다기보다는 당연히 있어야 하는데 빠져 있는 어떤 부분을 채워 넣은 것이라고 주장하고 싶다. 이렇게 하기 위해 나는 미켈란젤로의 편지들 중 발신인과 수신인 양쪽 입장을 알아내려고 애썼다. 그 두 사람 중 어느 한쪽의 편지가 없는 경우에는 더욱 그렇게 할 필요가 있었다. 나는 또 중심 자료와 주변 자료를 가리지 않고 정독했다. 그 자료들이 르네상스 시기의 이탈리아 세계와 사회에 대해 많은 정보를 알려주기 때문이다. 그리고 엔지니어, 석공, 목수, 대리석 조각가와 석산 노무자, 건축용 비계의 건설, 옛 구조물의 보수 작업, 심지어 거리의 포석 설치 공사 등 관련 건설업자들을 두루 관찰함으로써 고대에서 현대에 이르기까지 건축 공사의 연속성을 잘 이해하게 되었다. 현대에 들어와 공사가 많이 기계화되기는 했지만, 육체노동, 작업 도구, 건설 부지 등은 옛날과 별반 다를 바가 없고 건축업자들도 여전히 르네상스 건축가들이 겪었던 바와 비슷한 애로를 겪고 있다.

이 책은 미켈란젤로와 동시대인들이 남긴 광범위한 기록을 나 나름대로 정독한 결과로서, 일종의 '조사 연구서'다. 역사가 존 엘리엇은 이런 말을 했다. "좋은 역사서를 집필한다는 것은 무엇인가? 그것은 상상력을 발휘하면서 시간적으로나 공간적으로 멀리 떨어진 사회의 생활 속으로 들어가, 왜 그 사회의 구성원들이 그렇게 생각하고 또 행동했는지 그 이유를 밝혀내는 것이다."[5] 나는 또한 전기 작가 리처드 홈스의 말에도 공감한다. 홈스는 새뮤얼 존슨과 리처드 새비지에 대한 탁월한 전기를 집필했는데, 그때마다 "객관적 증거가 놀라울 정도로 부족하다는 사실을 발견했다." 그래서 그는 그 전기의 말미에서 이런 결론을 내린다. "나는 내가 발굴해 낸 증거를 중시했다. 그런 다음에 그 증거에 입각하여 내 이야기가 그 나름의 정서적·예술적 논리를 따라가도록 했다."[6]

내가 이 책을 집필하는 과정에 영향을 주었을 법한 또 다른 요소가 한 가지 있다. 나의 생일은 7월 30일이다. 그런데 나보다 훨씬 오래전에 미켈란젤로의 생애를 독창적으로 집필한, 가장 위대한 미켈란젤로 전기 작가 조르조 바사리 또한 이날 태어났다. 미켈란젤로는 바사리가 쓴 전기에서 그 자신의 신상 정보 중 많은 부분을 수정했다. 만약 할 수만 있다면 미켈란젤로는 나의 이 책에도 비판을 가할 점이 많을 것이다. 강호의 여러 비평가가, 미켈란젤로에 대하여 내가 너무 바사리식으로 쓴 게 아닌가, 하고 비평해 주기를 나는 기대한다. 점점 더 많은 사람이 바사리를 위대한 문필가로 인정하는 추세인 만큼 만약 내가 그런 비난을 받는다면 은근히 기쁠 테고, 이 책이 바사리만큼 널리 읽힌다면 더욱 기쁠 것이다.

• 독자에게 보내는 추신

미켈란젤로의 이탈리아어 문장은 때때로 난해한데, 이에 대해서는 오랜 번역의 전통이 수립되어 있어서 우리는 그 혜택을 볼 수 있다. 미켈란젤로의 편지와 시를 논의하는 과정에서 나는 그 뜻이나 문화적 표현을 가장 잘 포착했다고 생각하는 번역이면 뭐든지 그대로 인용했다. 미켈란젤로의 편지나 시에서 출처를 제시하지 않은 것들은 모두 내가 번역한 것이다.

1장

〈모세〉 석상

이제 〈모세〉 석상을 다른 곳으로 옮겨야 할 시간이었다. 미켈란젤로는 일흔 살이었다. 물론 모세는 그보다 훨씬 더 나이가 많았다. 하지만 예술가는 때때로 자신이 그 오래전의 족장만큼이나 나이를 먹었다는 느낌이 들었다. 아무튼 그 또한 예술계의 족장이었다.

대리석으로 만든 〈모세〉(화보 1)는 그동안 비아 마첼 데 코르비에 있는 미켈란젤로의 넓은 작업장에 모셔져 있었다. 그 작업장은 미켈란젤로가 로마에 거주할 때 집으로 사용한 곳이기도 했다(화보 2). 그 2층짜리 집은 고대에 건설된 트라야누스 광장 인근에 있었고 미완의 교회인 산타 마리아 디 로레토와 가까운 곳에 있었다. 1층에는 작업장으로 사용되는 커다란 방 두 개가 있었다. 그 외에 식품 저장실이 있었고 그 밑에 작은 지하실이 있었는데 미켈란젤로는 거기에다 와인과 특별한 광천수를 저장해 두었다. 광천수는 가끔 자신을 괴롭히는 신장 결석의 고통을 이겨내기 위해 마시는 물이었다.

2층에는 커다란 침실 두 칸, 집주인의 거실, 자그마한 하인 침실이 있었는데 어디에서나 가구가 별로 없기는 마찬가지였다. 미켈란젤로의 방에는 튼튼하게 만들어진 철제 침대, 볏짚으로 만든 헤드 박스,

석 장의 매트리스, 두 장의 하얀 모직 이불과 한 장의 하얀 양가죽 이불이 있었다. 침대 옆 커다란 옷장에는 예술가가 집 안에서 입는 내의류와 겉옷이 들어 있었다. 늑대 가죽으로 만든 기다란 모피 겉옷, 고급 피렌체 모직으로 만든 검은 줄무늬 망토 두 벌, 검게 염색한 양가죽 상의, 붉은색 비단으로 가장자리를 장식한 장밋빛 내의, 페르시아산 검은색 모자 두 개, 더 많은 내의, 양말, 낡은 셔츠와 새 셔츠, 손수건, 슬리퍼 등이 보관되어 있었는데, 이것들은 모두 피렌체산이었다. 그 옷장에는 손수건, 세면용 수건, 여벌의 이불보, 식탁보 등도 들어 있었다. 커다란 탁자 위에는 소형 호두나무 보관함이 놓여 있었는데, 그 안에는 편지, 도면, 자물쇠로 잠근 금고 등이 들어 있었고 금고에는 상당한 돈이 보관되어 있었다. 집 뒤에는 로자loggia〔연결 회랑〕와 자그마한 벽난로가 설치된 주방이 있었고 그 주방에서는 텃밭, 과일나무들이 자라는 자그마한 포도원이 내다보였다. 포도원에는 암탉 몇 마리, '의기양양하게 홰치는' 수탉, 그리고 툭하면 '탄식을 내뱉는' 고양이가 자기 집 삼아 살고 있었다. 집 뒤 구석에는 남루한 헛간과 자그마한 마구간이 있었는데 여기에서 미켈란젤로가 타고 다니는 밤색 말이 대기하고 있었다.[1]

현지인들은 그 기리를 마첼 데 코르비(까마귀 도살장)라고 불렀다. 그 거리에는 번창하는 시장이 들어서 있어 사람들은 비둘기나 메추라기 같은 흔한 가금류를 살 수 있었고 또 꿩이나 거세 수탉 같은 다소 값비싼 가금류도 사들일 수 있었다. 근처의 푸줏간들(마첼라이macellai)에서는 말고기와 바싹 말린 염소 고기를 팔았고, 고기가 귀한 시절에는 개, 고양이, 심지어 설치류 같은 온갖 짐승의 고기도 팔았다. 이 거리에서는 또 돼지고기 푸주한과 채소상도 살았다. 미켈란젤로는 채소상의 딸 빈첸차를 집안일 하는 하녀로 고용했으나 별로 오래 두지는 못했다. 버릇없는 그녀의 오빠가 갑자기 나타나 여동생을 거칠게 끌고 가버렸기 때문이다.[2] 그 어리석은 청년은 예술가의 집에서 일하는 것이 생선 대가리를 다듬고, 그 내장을 세척하고, 양배추 씻는 일보다 천하다고 생각했던 걸까?

그 동네의 진흙투성이 비포장 거리에는 활력과 소음과 불쾌한 냄새가 진동했다. 미켈란젤로는 한번은 집 앞에 똥이 한 무더기 싸 갈겨진 모습을 발견했다. 포도를 많이 먹었거나, 설사약을 복용한 어떤 작자가 배변할 수 있는 안전한 곳을 찾다가 마치 그곳이 참 적당하다고 생각해서 발사한 듯했다. "죽은 고양이들, 썩은 고기, 오물과 구정물은 나의 한결같은 길동무라오"라고 그는 썼다.[3]

미켈란젤로의 고향 피렌체보다 인구가 적은 로마의 주민들은 테베레강이 기역(ㄱ) 자로 휘어지는 곳 안쪽에서 살았다. 테베레강은 시민들의 주 식수원인 동시에 빨래하고 오물을 내다 버리는 곳이기도 했다. 미켈란젤로는 강에서 멀리 떨어진 곳, 인구 조밀한 로마 중심부에서 다소 밀려난 가장자리 지역에서 살았다. 그가 사는 곳은 위엄 높은 부자 동네는 아니었으나, 그의 집은 아주 넓고 실용적인 가옥이었다. 그 집에서 그는 약 30년간 살면서 작업했는데 교황 율리우스 2세가 1513년에 승하한 이후에 계속 살아온 집이기도 했다.

미켈란젤로는 〈모세〉 작업을 다른 곳에서 착수했다. 옛 성 베드로 대성당 가까이에 있는 중세풍 교회인 산타 카테리나에 맞붙은 작업장이었다. 미켈란젤로는 비아 마첼 데 코르비에 새로 구입한 커다란 집으로 이사를 하면서, 그 작업장에 있던 약 50점의 대리석 덩어리도 함께 가지고 왔다. 대리석 덩어리는 일부 조각된 것도 있었고 아예 손을 대지 않은 것도 있었다. 〈모세〉를 로마 거리를 거쳐 옮겨 올 때, 거리에 있던 몇몇 구경꾼은 수레 옆으로 비죽 튀어나온 거대한 석상을 보고서 놀란 입을 다물지 못했다. 이삿짐 수레는 성 베드로 광장에서 출발하여 카스텔 산탄젤로 다리를 지나 비아 델 펠레그리노(순례자의 길(비아 페레그리노룸Peregrinorum))를 따라 트라야누스 광장 근처의 새집으로 예언자 석상을 모셨다. 그리고 이 새집에서 석상은 또다시 30년을 기다려야 했다.

미켈란젤로는 〈모세〉와 함께 살았다. 그 둘은 함께 늙어갔다. 매일 아침 예술가는 눈을 뜨면 석상을 보았다. 그가 외출했다가 집에 돌아오면 그 거대한 석상이 주인을 맞이했다. 그 석상과 함께 사는 것은 어쩌면 불편했을 것이다. 석상의 노려보는 시선은 미켈란젤로에게 이렇게 말하는 듯했다. 교황 율리우스 2세의 영묘가 아직도 미완성인 상태로 남아 있지 않소. 그분에게 그 일을 주문받은 지 대체 몇 년이오? 10년, 20년, 30년 그리고 이제 근 40년이 다 되어가고 있지 않소? 전설의 풍문에는 이런 얘기가 전한다. 미켈란젤로는 그 석상의 고집스러운 침묵에 좌절한 나머지 이렇게 소리쳤다. "왜 그대는 아무 말도 하지 않는 거요?"[4] 그가 실제로 석상에다 대고 그렇게 소리쳤는지는 불확실하다. 하지만 그가 때때로 그 석상에 수정을 가하기 위하여 망치와 끌을 집어 든 것은 확실하다. 예술가는 언제나 자신의 구상을 수정했고 그런 다음에도 좀처럼 만족하는 법이 없었다. 그가 〈모세〉의 왼쪽 다리 위치를 바꾸었고 또 석상의 강력한 눈빛의 방향

을 약간 수정했을 것으로 짐작케 하는 증거가 여럿 나왔다.[5]

이제 그 〈모세〉를 옮겨야 할 때가 되었다. 심지어 미켈란젤로조차 완전히 이해하지 못하는 여러 이유로 석상은 당초 의도되었던 곳인 바티칸의 성 베드로 대성당이 아니라 교황 율리우스의 기념 교회인 산 피에트로 인 빈콜리 성당에 최종적으로 안치하기로 결정 났다. 안치 장소가 바뀌었다고 해서 그 석상을 옮기는 일이 더 쉬워지는 것은 아니었다. 1545년 1월의 어느 흐린 날에 미켈란젤로는 이렇게 썼다. "제가 아무래도 수요일에 석상을 산 피에트로 인 빈콜리로 끌고 가라는 지시를 내려야겠습니다."[6] '끌고 가다'라는 동사의 원어는 'tirar' 즉 '잡아당기다'인데, 〈모세〉가 미켈란젤로가 조각한 석상 가운데 〈다윗〉 다음으로 가장 거대한 석상임을 감안할 때 '끌고 가다'가 더 적절한 번역어라고 생각한다.[7]

트라야누스의 기둥은 미켈란젤로의 집에서 약 100보 미만의 거리에 우뚝 솟아 있었다. 기원후 2세기에 세워진 이 기둥은 드럼통 같은 32톤짜리 돌덩이 스무 개를 쌓아서 만든 것이다. 32톤 무게의 돌을 점점 더 높이 들어 올려 쌓는 것은 로마 황제의 위엄에 값하는 엄청난 토목 사업이었고, 그것은 오랜 세월이 흐른 후 르네상스 시대 건축가의 관점에서 보아도 몹시 어려운 공사였다. 비록 미켈란젤로는 그때 이미 로마 〈피에타〉와 〈다윗〉, 시스티나 예배당의 천장 프레스코 등 엄청난 위업을 달성했지만, 고대 로마의 건축 공학에 외경의 감정을 금할 수가 없었다. 그 기둥의 돌덩이 하나 무게에 채 미치지 못하는 〈모세〉도 옮기기가 결코 쉽지 않을 테니 말이다. 무게의 중압감은 피할 수 없는 일이다.

트라야누스 기둥의 기반을 형성하는 거대한 돌덩어리들은 이 고대의 기념비 바로 옆에 옹기종기 모여 있는 주택들의 단단한 버팀목이 되었다. 기둥 기단의 한쪽 옆에는 깊은 구덩이가 파여 있었는데, 로마의 고대 유물을 발굴하려는 한때의 열광적 작업이 남겨놓은 흔적이었다. 1550년대에 미켈란젤로는 그 발굴 터를 확장하는 작업에 참여하여 기둥 기단 근처의 지하에서 멋진 고대 유물들을 발굴할까 하는 생각도 해보았으나 곧 그만두었다(화보 3). 이제 미켈란젤로는 그 유적지의 고고학보다는 그 기단 부분을 적하 장소로 사용할 수 있겠다는 생각에 더 골몰했다.

그 전주, 일꾼들은 그 움푹 팬 웅덩이를 성토하여 대리석 파편으로 포장해 놓았다(트라야누스 광장 근처에는 대리석 파편이 많았다). 운반 수레의 평평한 바닥을 후진하여 접근시키면 성토한 구덩이의 높이와 거의 같은 높이가 되었다. 미켈란젤로는 동네의 건장한 청년 여섯 명을 동원하여 그 석상을 부드러운 통나무 조각들 위로 굴려서 작업장에서 대기 중인 수레까지 운반했다. 그 작업은 옆에서 놀라 입을 벌리고 지켜보던 구경꾼들의 주의를 끌었고 온갖 쓸데없는 훈수를 불러일으켰다. 당연한 반응이었다. 돼지와 까마귀를 잡아서 생활을 꾸리는 푸주한들이 높이 2.4미터가 넘는 대리석 석상이 통나무 바닥 위를 굴러가는 광경을 평생에 몇 번이나 볼 수 있었겠는가?

석상이 수레에 안전하게 실리자, 수레 기사는 냄새 풍기는 황소들을 채찍으로 철썩 때리고 소리를 내지르면서 느릿느릿한 동작에 시동을 걸었다. 아슬아슬하게 비틀거리면서 수레가 움직이기 시작했다. 미켈란젤로는 〈모세〉가 콜로세움 쪽을 향해 까마귀 도살장 거리

(캄포 바키노)의 움푹 팬 길을 따라 흔들흔들 이동하는 저 품위 없는 광경을 묵묵히 지켜보았다. 한 시간 뒤, 그 무거운 짐은 산타 마리아 노바 교회 근처의 부드러운 진흙탕 속에 갇혔고, 석상은 위태로울 정도로 흔들렸다. 〈모세〉가 로마 광장에 볼품사납게 처박힐지 모르는 위기에 처하자, 미켈란젤로는 또다시 동네 힘깨나 쓰는 청년들을 동원하여 그 기울어진 수레를 똑바로 잡아 올리게 했다.

잡풀이 우거진 길은 콜로세움 왼쪽을 돌아 방향을 틀어서 에스퀼리노 언덕의 등성이를 천천히 올라갔다. 언덕 꼭대기에 있는 장엄한 폐허 바로 밑에서 수레 기사는 수레를 멈추고 트림을 하는 황소들에게 물을 먹이고 사료를 주었다. 황소들은 말은 못 하지만 사교적인 동물이므로 함께 오줌을 누고 똥을 쌌다. 그 일대는 도둑들의 우범 지대로 알려져 있었지만, 심지어 그들조차도 대리석 조각상을 훔치는 일에는 별로 관심이 없었을 것이다. 수레 기사는 황소 두 마리를 수레에 더 붙여서 산 피에트로 인 빈콜리 성당 앞의 평평한 광장에 이르는 마지막 오르막길에 대비했다. 사실 수레를 끄는 황소의 수인 열둘이라는 숫자는 그럴듯했다. 예언자 모세를 따라 성지로 들어가는 여행에 나섰던 이스라엘 부족도 열두 부족이 아니었던가. 그러나 이런 고상한 생각이 수레 기사의 머리에 떠오를 리가 없었다. 그는 오로지 장차 받을 두둑한 보수만 생각했다. 일찍이 이런 거대한 짐을 수송해 본 적이 없었으므로, 그 기사는 자신이 앞으로 써먹을 좋은 얘깃거리를 상상해 보기도 했다. 〈모세〉를 '산으로' 모신 사람이 누구겠어? 그게 바로 나야, 나. 하지만 그 운송업자는 무엇보다도 그 일을 완료하면 인근 술집으로 달려가 흠뻑 취하는 것이 가장 좋다고 생각했다.

가벼운 비가 내리기 시작했다. 부분적으로 포장된 채 비에 젖어 장엄미가 조금 떨어지는 〈모세〉는 광장의 한가운데에 부려졌다. 구경꾼들은 그 석상이 수레에서 내려져 통나무 롤러에 올려져서 교회 안으로 들어가는 광경을 지켜보았다. 그 호기심 많은 소수의 사람들 옆에 점점 더 많은 유대인이 모여들기 시작했다. 그들은 '자신들의' 예언자를 보러 왔던 것이다. 나중에 '찌르레기의 무리'라는 별명이 붙은 유대인들은 꼭 그런 자그마한 새들처럼 행동했다. 그들은 사나운 눈빛으로 쏘아보는 〈모세〉 앞에서 서성거리며 중얼거리다가 온몸이 뻣뻣하게 굳었다.[8] 그들은 우상 숭배를 금지하는 히브리 율법을 쉽게 무시할 수 있었다. 왜냐하면 그 석상은 조각상이 아니라 피와 살을 가진 실제 예언자였기 때문이다. 그들이 석상 앞으로 다가가려 하자 기독교인 구경꾼들이 거칠게 제지했다. 유대인의 오염된 손길이 석상을 더럽힐까 우려했기 때문이다. 이교도는 볼 수만 있을 뿐 직접 만져보는 것은 허용되지 않았다. 〈모세〉를 따라 교회의 지성소 안까지 따라가는 것은 더더욱 허락되지 않았다.

미켈란젤로는 착잡한 심정으로 자신의 걸작을 일반 대중 앞에 내놓았다. 일반인들 중에는 호기심 많은 자도 있었고 비참한 자들도 있었고 이해심 없는 죄인들도 있었고 심지어 열광적이면서도 겁먹은 유대인들도 있었다. 이제 교황 율리우스가 작고한 세월이 그리스도가 지상에서 살았던 기간[33년]보다 더 오래되었다. 만약 그가 환생한다면 이 예술가의 천신만고와 각고면려를 높이 평가해 줄까? 이 석상을 보고 있노라면 모세가 광야에서 보낸 40년을 떠올리지 않을 수 없었다. 왜냐하면 미켈란젤로가 이 석상을 최후의 안식처에 안치하기까지 그렇게 오랜 세월이 걸렸기 때문이다.

미켈란젤로와 율리우스가 품은 장대한 야망

약 40년 전인 1505년 2월 말, 미켈란젤로는 처음으로 로마로 오라는 부름을 받았다. 피렌체 출신 친구인 줄리아노 다 상갈로와 은행가 알라만노 살비아티가 미켈란젤로를 교황 율리우스 2세(1443~1513; 재위 1503~1513)에게 추천한 것이다. 교황청의 부름을 받아들인다면 미켈란젤로는 피렌체의 대성당인 산타 마리아 델 피오레를 위하여 〈12사도〉 조각하는 일과 시청의 거대한 프레스코인 〈카시나 전투〉 그리는 일 등 현재 하고 있는 작업을 포기해야 했다. 하지만 교황청의 부름은 결코 놓칠 수 없는 좋은 기회였다. 율리우스 교황은 1503년에 부패한 교황 알렉산데르 6세(재위 1492~1503)의 치세와 그 뒤의 단명한 피우스 3세(재위 1503)의 뒤를 이어 교황청 옥좌에 올랐다. 정력적인 율리우스는 이제 막강한 교황청의 시대를 열어젖힐 기세였다. 신임 교황은 로마시가 다시 제국의 도시라는 명예를 회복할 수 있도록 만들겠다는 야망을 품고 있었다.

1505년 초 몇 달 동안 미켈란젤로는 줄리아노 다 상갈로(1443경~1516)의 집에 '뻔질나게' 놀러 갔다. 상갈로는 그의 친구이자 스승이자 교황청의 건축가였다.[9] 미켈란젤로를 피렌체 시절은 물론이고 로렌초 데 메디치(1449~1492)의 양아들 시절부터 알고 지내던 상갈로는 제자보다 서른 살 연상이었다. 노련한 건축가이자 엔지니어인 상갈로는 1504년에 미켈란젤로의 〈다윗〉을 피렌체의 대성당에서 시뇨리아 광장으로 옮길 때 사용한 기중기와 수레를 고안한 인물이기도 했다. 그는 얼굴의 이목구비가 다소 넓게 퍼지고 머리칼은 가늘고 숱이 성글어서 다소 흐트러진 모습이었으나 마음은 관대한 사람이었다. 상갈로는 미켈란젤로를 로마에 소개해 주었다. 두 사람은 고대의 유적지도 함께 방문했다. 젊은 미켈란젤로는 노련한 건축가가 고대의 파편에서 고전 언어를 새롭게 읽어내는 모습을 곁에서 지켜보았다. 미켈란젤로는 그를 통해 건축물 파편 읽어내는 방법, 가령 건축물 몰딩의 순서와 배열, 장식 세부의 무한한 다양성, 조각된 대리석 장식품들의 간결한 아름다움을 읽어내는 방법을 배웠다. 상갈로의 모범을 따라, 미켈란젤로는 고대 건축물의 도면을 작성했다. 일부는 현장에서 직접 했고 일부는 다른 사람들의 도면을 복사했다. 그리고 상갈로 덕분에 그는 교황에게 소개되었다.

미켈란젤로의 전기에서 그와 교황 율리우스 2세의 관계에 대한 부분만큼 허구가 많이 섞인 대목도 없을 것이다. 이렇게 된 것은 부분적으로 할리우드 영화 〈고뇌와 환희〉에서 찰턴 헤스턴〔미켈란젤로〕이 렉스 해리슨〔교황 율리우스 2세〕과 언쟁하는 저 인상적인 장면 때문에 그렇게 되었다. 당시 미켈란젤로는 서른 살이었고 신장은 작았으나 야망은 거대했다. 다른 많은 조각가와 마찬가지로 그는 체격이 강건하고 단단했으며, 힘을 많이 써야 하는 직업에 종사하는 사람의 신체적 특징을 지니고 있었다. 특히 굵은 양팔, 마디진 두 손, 철사 같은 근육 등이 그러했다. 미켈란젤로보다 서른 살 연상인 율리우스는 전사 교황으로 알려져 있었다. 친히 교황군을 이끌고 전투에 참여했기 때문이다. 라파엘로는 바티칸의 여러 방(스탄차stanza)에 걸린 그림들에서 이 교황을 거칠고 위압적인 인물로 묘사해 놓았다. 그중에 하느님의 제단 앞에 선 율리우스는 탄원하는 사람이라기보다 요구하는 사람에 더 가깝게 그려져 있다. 율리우스는 고집불통이었고 성질이 사나웠으며 그 어떤 반대도 용납하지 않았다. 동시대인들은 강인한 의지와 까다로운 성품을 지닌 이 두 사람을 가리켜 '테리빌리타terribilità'라는 용어를 사용했다. 이 말은 '겁을 주는', '죽음의 공포를 안겨주는'이라는 뜻이다. 우리가 이 두 사람의 만남, 곧 거의 신화적이고 언제나 까다로웠던 관계를 어떤 방식으로 보든 간에, 이 두 사람이 후원자와 예술가의 전통적 관계를 근본적으로 바꾸어놓았다는 사실은 인정해야 한다.

두 사람은 서로 충분히 대화를 나누어 상대방을 잘 이해했다. 율리우스는 자신의 영묘 설계도를 원했고 미켈란젤로는 도면을 여러 번 작성해 보여주었다. 하지만 계약이 체결되지는 않았다. 금전은 신뢰의 문제이지, 조건의 문제가 아니었다. 하지만 공식 합의서가 없다는 사실은 솔직히 말해서 좀 놀랍다. 계약서는 나중에, 그러니까 교황의 서거 이후에 체결된다. 이와는 대조적으로, 교황이 재위하던 시기에 미켈란젤로와 교황은 확정된 설계, 계약, 최종 완공일, 대강의 예산 등에 대해 구두로 합의했다. 그들은 함께 거대한 예술 작품을 상상했을 뿐만 아니라 동시에 세계의 여덟 번째 경이를 만들어낼 꿈을 꾸었다.[10]

1505년 7월, 미켈란젤로는 로마를 떠나 카라라산으로 갔다. 거대한 영묘에 들어갈 대리석을 수배하기 위해서였다. 뜨거운 여름 석 달이 지나가고 시원한 가을바람이 불어올 때까지 그는 그곳에 머물렀다. 미켈란젤로는 도합 여섯 달을 카라라산에서 보냈다. 그는 점점 더 거대한 비전에 사로잡히면서 지하의 여러 층에서 잠들어 있는 좋은 대리석을 찾아 뽑아내는 일에 몰두했다. 그는 3층 높이의 영묘에다, 마흔 개의 실물대 조각상, 벽감, 엔태블러처entablature,• 괴이한 장식물, 청동 부조 등이 포함된 건축물을 구상했다. 그 건축물은 완공하기까지 여러 해가 걸린다. 40년! 거기 알피아푸아네 산맥의 숭엄한 정상에서 미켈란젤로의 상상은 하늘 높이 솟아올랐고 야망은 점점 커졌다. 그는 상처 입은 산의 측면을 쳐다보면서 그 산 전체를 원재료로 삼아 거상을 만들고 싶다는 영감에 사로잡혔다. 그의 전기 작가 아스카니오 콘디비는 확신에 찬 어조로 이렇게 말했다. "정말로 그는 그렇게 하고 싶어 했다. 그에게 시간만 충분히 주어진다면."[11] 미켈란젤로는 나중에 이런 논평을 했다. "광기가 … 나를 덮쳐 왔다. 내가 실제 산 것보다 네 번 더 인생을 반복하는 게 가능하다면, 나는 정말로 그렇게 해보고 싶었다."[12]

그렇게 해서 그 거대한 기념물 작업이 시작되었다. 40년 뒤, 그 결과는 1505년의 격동하던 시절에 미켈란젤로와 율리우스가 구상했던 바와는 크게 다른 건축물이 되었다. 애당초 구상과는 달라졌지만 그래도 장대하기는 마찬가지였다.

• 고전 건축에서 기둥의 윗부분을 캐피털capital(기둥의 머리 부분)이라고 하는데, 이 캐피털 중에서도 위쪽에 있는 상부 구조를 가리켜 엔태블러처라고 한다. 엔태블러처는 코니스, 프리즈, 아키트레이브로 구성된다. 코니스는 이 셋 중 가장 윗부분이다. 화보 20 참조할 것.

1505년, 예술가는 청춘의 자만심에 불타올랐고 정말로 대리석의 산을 조각하고 말겠다는 기세였다. 서른 살의 미켈란젤로는 실제로 영묘를 마침내 완공한 60대 후반의 아주 명상적인 인물과는 크게 다른 사람이었다. 예술가 자신과 영묘를 지어 기념한 교황을 이해하기 위해서, 우리는 미켈란젤로와 그의 예술이 그전 40년 동안 어떻게 성숙해졌는지를 알아야 한다.

그 40년 동안, 예술가는 율리우스 2세의 영묘를 위해 설계도를 여러 장 작성했고, 다양한 계약서에 합의했으며, 100개가 넘는 대리석 덩어리를 채굴하여 수송해 왔다. 그 덩어리 중 수십 개는 영묘에 들어갈 인물상을 조각하기 위한 것들이었다. 처음에 그는 그 대리석 덩어리들을 로마에서 조각하기 시작했으나, 율리우스 2세 사후에는 피렌체에서 작업을 이어갔다. 그 인물 조각상들은 하나같이 남자였다. 1542년 영묘의 최종 설계에 동의했을 때, 그는 부분적으로 완성된 남자 조각상 여섯 점을 배제했다. 그중 〈죽어가는 노예〉와 〈반항하는 노예〉는 현재 루브르 박물관에 소장되어 있고, 나머지 묶인 노예들 조각상 넉 점은 피렌체의 아카데미아 갤러리에 있다. 그가 영묘용으로 만든 많은 조각 작품 중에서, 〈모세〉는 그가 최후까지 붙들고서 마지막 수정을 가한 유일한 인물상이다. 남자 일색의 인물상에도 변경이 가해져서 중요한 여자 인물상 두 점이 그 앙상블에 끼었다. 이 점에서 영묘는 매우 획기적인 기념물이었다.

율리우스 영묘가 완공되기까지 시간이 오래 걸린 역사는 다음과 같은 격언으로 요약될 수 있다. 계약 건수의 빈도는 실제 수행된 작업과 역비례한다. 율리우스 교황의 후계자들이 일의 진척을 강요하려 들수록 미켈란젤로의 작업 속도는 더 느려졌다. 1541년에 시스티나 예배당의 〈최후의 심판〉이 제막된 이후, 교황 후계자들은 영묘의 완성을 재촉하고 나섰다.[13] 1542년 3월, 당시 율리우스 2세의 유언 집행자였던 기도발도 2세 델라 로베레(1514~1574)는 파울루스 교황이 미켈란젤로에게 바티칸의 파올리나 예배당에 그림 그려주는 일을 맡기려 한다는 사실을 알게 되었다. 기도발도는 교황의 이런 소원을 듣고 양보하면서 이미 조각된 〈모세〉 이외에 미켈란젤로가 조각상 석 점만 직접 제작해 주어도 만족하겠다는 뜻을 밝혔다.[14] 기도발도는 1542년 8월에 미켈란젤로에게 아주 좋은 조건의 계약서를 내밀었다. 그것이 네 번째이면서 마지막이 되는 계약서였다.

여러 번의 계약과 무수한 지연 끝에 율리우스 2세의 영묘는 기도발도 델라 로베레의 후원 아래 마침내 1545년에 완공되었다. 영묘의 건설 과정에서 예전 델라 로베레 측의 무심하고 아둔한 대표자들과는 다르게, 기도발도는 인내심, 관대한 마음, 현명한 전략을 펼쳐 미켈란젤로를 잘 대해 주었다. 생애 후반인 이 무렵에 이르러, 미켈란젤로는 자신이 존경하는 후원자들만을 위해 일하기로 결심한 터였다. 그 외의 사람들은 고령과 사전 약속을 이유로 거절하거나 아니면 모호한 약속으로 제풀에 나가떨어지게 했다. 그러므로 기도발도는 영묘 완성과 관련해 어느 정도 공로를 인정받아야 마땅하고, 반면에 그 가문의 선임자들은 그 공사 지연에 대해 부분적으로 비난받아야 마땅했다.

미켈란젤로는 기도발도의 관대한 조치에 고마움을 느꼈다. 그는 2년이라는 짧은 시간 동안에 영묘 전체를 완공했을 뿐만 아니라 완전혀 다른 두 인물상 〈라헬〉과 〈레아〉를 제작했다. 이러한 성취는 아주 인상적이었다. 왜냐하면 예술가는 당시 나이가 고희에 가까워지고 있었을 뿐 아니라, 1544년에는 중병을 앓았고, 그 후에는 오랜 회복기를 거쳐야 해서 대리석을 친히 주무를 수가 없었기 때문이다. 게다가 그는 1542년부터 시작한 파올리나 예배당의 프레스코를 여전히 매만지고 있었다.

율리우스 영묘의 우여곡절 많은 장구한 역사를 서술하면서 미켈란젤로의 전기 작가이자 제자이자 해석자인 아스카니오 콘디비(1525~1574)는 그 사건을 '비극'이라고 표현했다. 그는 미켈란젤로가 겪은 좌절감을 이 단어 하나로 잘 요약한다. 실제로 예술가는 이렇게 불평했다. "나는 이 영묘에 묶여서 청춘을 다 보내고 말았다."[15] 콘디비는 또한 후대의 다른 사람들이 그랬듯이 이 영묘가 애초 예술가의 거대한 구상과 달리 대폭 축소된 형태라고 탄식하면서 '비극'이라는 말을 썼는지도 모른다. 그렇지만 미켈란젤로는 온 힘을 쏟아부어, 르네상스 시기의 가장 웅장하고 고상한 장례 기념물 가운데 하나를 창조해 냈다.

제작 규모가 축소된 점을 아쉬워하면서도 콘디비는 이런 말을 남겼다. "그것은 로마에서 볼 수 있는 것 중에 가장 인상적인 기념물이다. 아니, 전 세계를 통틀어도 그러할 것이다."[16] 전기 작가가 허튼소리를 한 것은 아니다. 날마다 산 피에트로 인 빈콜리 성당을 '찌르레기처럼 찾아오는' 관광객 무리가 그 점을 증명한다.

창의적 건축물

율리우스 영묘를 완성하기 위하여 미켈란젤로는 예전의 무수한 되풀이 끝에 그 건축물을 다시 한번 완전히 다시 설계해야 하는 문제에 봉착했다. 영묘는 2층으로 구성되어 있었는데, 아래층은 영묘 역사 초창기에 거의 대부분이 조각되어 있었다. 그 규모나 양식 면에서 그 후 별다른 변동이 없었다. 원래 1513년에 미켈란젤로는 노련한 장인인 안토니오 다 폰테시에베와 계약하고 영묘의 건축과 장식물을 조각하도록 하청을 주었다.[17] 안토니오는 그 당시에 유행하던 15세기 말의 로마 능묘 건설 양식에 따라 나무 잎사귀 모양과 기괴한 형상의 장식물을 가지고 건축물의 세부를 장식하는 작업을 하는 장인이었다. 그런 제품들은 주로 안드레아 브레뇨의 분주한 작업장에서 만들어졌다. 비록 흥미로운 세부사항이 많이 들어가 있기는 하지만, 안토니오의 장식적 조각은 원래의 계약으로부터 30년이 지난 1540년대에 이르러서는 한물간 유행이 되고 말았다.

안토니오는 규모가 축소된 영묘 설계안에 자신이 30년 전에 만든 조각품들은 적절치 않다는 의견을 피력했다. 따라서 미켈란젤로는 기존에 있던 영묘 아래층의 건축을 일괄 거부할 수도 있었다. 하지만 그는 이미 완성된 소품들을 더 돋보이게 하는 쪽으로 이용하기로 마음먹었다. 먼저 그는 전체 영묘의 높이를 60센티미터 가까이 높였다. 카피톨리노 언덕의 고대 폐허에서 가져온 '오래된 대리석' 조각 열세 개를 영묘 바닥에 깔아 대좌로 삼은 것이다. 1542년 6월에 이 열세 개 대리석 조각을 산 피에트로 인 빈콜리로 수송했고, 이어 그것들

(왼쪽) 안토니오 다 폰테시에베, 부조 장식, 율리우스 2세 영묘, 1545, 산 피에트로 인 빈콜리, 로마.
(오른쪽) 볼루트, 율리우스 2세 영묘, 1545, 산 피에트로 인 빈콜리, 로마.

의 앞면을 회색이 감도는 얇은 대리석 조각으로 가렸다.[18] 이렇게 하여 대좌의 앞부분을 부드럽게 윤을 냈으되 장식 없는 대리석으로 치장해 놓자 완전히 새것이 되었고, 그 효과는 아주 놀라웠다. 이 새로 만든 대좌가 없었더라면 〈모세〉, 〈라헬〉, 〈레아〉는 거의 땅바닥에 서 있었을 테고, 그랬더라면 장대하기는커녕 다소 왜소하게 보였을 것이다. 따지고 보면 소규모에 장식적이고 지나치게 값비싼 건축적 소품에 지나지 않는 대좌가 아주 효과적으로 주제를 돋보이게 하는 장식물 노릇을 하는데, 일종의 무늬 들어간 커튼처럼 생긴 이 대좌가 얕은 무대 위의 강력한 배우들에게 프레임〔장식 틀〕을 제공해 확실히 대조를 이룬 것이다(화보 4).

게다가 새로 조각한 네 개의 헤름herm〔헤르메스의 두상을 씌운 돌기둥)과 네 개의 역칭 볼루트volute〔헤름 위에 올려진, 소용돌이무늬 장식물〕는 시각적 강세, 중량감, 사실감을 부여하여 수직성을 강조하는 포인트들이다. 볼루트는 다소 산만한 느낌이 나는 주변의 얕은 부조 조각물들과 적절한 균형을 이룬다. 미켈란젤로가 예전에 여러 사례에서 건축적 장식물에 실험을 한 바 있듯이(가령 산 로렌초의 파사드〔정면〕에서), 이 헤름과 볼루트는 구조적 요소는 아니나 생동감 넘치고 인간적인 형태의 건축물을 창조하는 데 기여한다.

반면에 영묘의 2층에서, 미켈란젤로는 1층의 이제 한물간 15세기풍 장식물들을 복제하거나 확장하려고 시도하지 않았다. 오히려 2층에서 강력한 수직 구조의 영묘를 창조함으로써 의도적으로 정반합의 효과를 거두고자 했다. 2층에는 새로운 대리석 조각 제품이 필요했기에 그는 그것들을 구상하고 조각하는 과정을 감독했다.[19] 〈라헬〉과 〈레아〉를 포함시킨 것과 마찬가지로, 이러한 제작 의도 또한 예술가의 선택이며, 이는 그의 예술적 성숙함이 완전히 무르익었음을 잘 보여준다.

1층에 비해 꽤나 높은 2층의 경우, 관람자는 장식물에 시선을 빼앗기지 않고 어떤 개별적 요소에도 오랫동안 시선이 머무르지 않는다. 위로 갈수록 가늘어지는 피스톤처럼 생긴 부벽〔2층에 있는 네 기둥〕은 독창적으로 기이한 형태다. 일찍이 미켈란젤로는 피렌체의 메디치 예배당이나 로마의 스포르차 예배당에서 위로 갈수록 가늘어지는 창문을 가지고 이와 유사한 일련의 매력적인 건축적 실험을 한 바 있다. 이 부벽은 그런 실험에 속하는 장식물이다. 장식이 별로 많지 않은 2층은 이렇듯 관람자의 시선이 하늘 쪽을 향하도록 유도한다. 2층의 최상층부에 도달하면 건축물은 공기 속으로 용해된다. 네 개의 직사각형 창문은 영묘의 견고함에 구멍을 낸다. 그리고 코니스cornice〔엔태블러처의 최상부, 네 기둥의 윗부분 중 촛대 바로 아랫부분〕는 심하게 갈라져 있어서, 앞으로 전진하는가 하면 뒤로 후퇴하는 듯한 엔태블러처와 함께, 아주 날카로운 전진과 후진의 다양한 각도를 만들어낸다. 코니스 위 네 개의 기다란 촛대와 인간 형태의 문장紋章〔두 번째 촛대와 세 번째 촛대 사이에 있는 것〕은 건축물 전체가 허공 속으로 신속하게 녹아드는 듯한 느낌을 조성한다. 이 건축물은 서서히 조각으로 변모하다가 마침내 공기 속으로 녹아드는 것이다.

미켈란젤로는 영묘 전체를 오픈 아치〔화보 4에서 맨 위의 반원형〕 밑에다 두었고 2층에는 네 개의 큰 창문을 뚫어 그리로 천상의 합창대 목소리—들리기는 하지만 보이지는 않는—가 흘러들게 했다. 그리하여 성공적인 능묘 기념물 앞에 선 관람자는 마치 지상 영역〔1층〕의 번잡한 세부사항에서 천상〔2층〕의 영적인 추상 개념으로 이동하고, 이승에서 저승으로 시선이 옮겨 가는 느낌을 받게 된다. 창의적 건축물을 다수 지은 미켈란젤로의 총명한 제자 프란체스코 보로미니는 나중에 로마의 산티보 델라 사피엔차 교회에서 이와 유사한 효과를 거두었다. 보로미니가 설계한 건축물의 1층에서는 강력하지만 전통적인 건축 언어가 지배한다. 그러나 윗부분이 가늘어진 2층으로 신속하게 올라가면서 그 언어는 점차 덜 논리적이지만 점차 더 건축적인 형태를 취한다. 그것은 보이지는 않으나 들리는 천상 합창대의 목소리 덕분에 지상에서 천상의 영역으로 올라가는 영혼의 여행에 봉사하는 건축물이다.

〈모세〉 석상

율리우스 영묘는 제작 기간이 너무나 길고 설계를 여러 차례 수정했던 터라 그 과정에서 생겨난, 너무나도 명백하지만 이해하기 어려운 수정 사항을 은폐하는 경향이 있다. 그 중요한 수정은 바로 〈모세〉에서 이루어졌다(화보 1). 이 석상은 한때 영묘 구성에서 부차적 요소였으나 나중에는 영묘 전체의 핵심 요소로 승격했다. 사실 이 석상에 관람자의 관심이 한껏 집중되기 때문에 누운 사세의 율리우스 석상에 주의를 기울이는 사람은 별로 없다. 관광객 수천 명을 이 영묘로 끌어들인 것도 바로 〈모세〉였다. 정신분석학자 지그문트 프로이트는 이 석상에 너무나 매료된 나머지, 1913년에 3주 동안 로마를 여행했을 때 하루도 빼놓지 않고 이 석상을 찾았다고 한다. 프로이트는 그 후 〈모세〉에 관한 논문을 쓰기도 했는데, 이 분노하는 예언자가 막 자리에서 일어나 '십계명'이 적힌 석판을 땅에 내던지고 싶은 충동을 간신히 억누르고 있다고 썼다.[20] 일찍이 도나텔로의 〈추코네Zuccone〉(1423~1425) 이래에, 이처럼 생동감 넘치는 조각상을 창조한 르네상스 예술가는 없었다. 우리는 이 석상을 보는 순간, 마치 석상이 움직이며 말을 할 것 같다는 인상을 받는다.

〈모세〉는 앉은 자세인데도 서 있는 사람보다도 키가 크다. 덩치가 엄청나게 큰 당당한 인물이라는 느낌이 실제와 상상 양쪽 측면 모두에서 작동한다. 그는 마치 하느님에게 말을 걸려는 것처럼 측면을 응시한다. 그는 이미 신성을 보고 온 사람이므로 그의 얼굴은 인간 이상의 얼굴이며, 따라서 평범한 인간들로서는 감히 쳐다볼 수 없는 얼굴이다. 상대방을 꿰뚫어보는 듯한 눈빛, 물결치는 얼굴 근육, 폭풍우 같은 머리카락, 짧은 두 뿔(모세가 시나이산에서 하산할 때 그의 머리에서 뿜어져 나온 후광을 상징한다) 등이 〈모세〉가 내뿜는 강렬한 표현력에 기여한다. 과장되었다 싶을 정도로 기다란 오른손 손가락들은 묵직한 턱수염의 끝부분을 잡아당기고 있다. 이는 미켈란젤로의 예술 작품에서 반복적으로 보이는 무의식적 동작 가운데 하나다. 잠재의식 속 생각이 무의식적인 불안한 동작을 활성화한 것이다. 소매 없는, 느슨한 상의는 대리석 조각의 한 걸작으로, 모세의 근육 구조를 감추는가 하면 드러낸다. 한편 무릎 위로 흘러넘칠 정도로 과도해 보이는 옷자락이 예언자의 독특하면서도 느슨한 각반과 신발을 오히려 잘 드러낸다.

미켈란젤로는 당초 〈모세〉를 이 독립 기념물의 2층 네 구석을 장식하는, 앉은 자세의 예언자 네 명 중 하나로 구상했다. 이처럼 2층에 설치한다는 계획을 감안하여, 이 석상에 다소 기다란 동체를 부여했다. 옆면에서 바라보면, 이 기다란 상체는 전체적인 균형에서 벗어남을 알 수 있다. 그렇지만 관람자들 대다수는 이런 신체적 왜곡을 눈치채지 못한다. 그런 점이 근육미 넘치는 양팔, 폭포수처럼 흘러내리는 과도한 턱수염에 의해 가려지기 때문이다. 〈모세〉는 산 피에트로 인 빈콜리 성당에 최종적으로 안치될 때 낮은 대좌 위에 놓였고, 단연 영묘 전체의 중심이 되었다. 이 조각 작품은 너무나 위풍당당하여, 방문객들은 영묘의 다른 매력적인 요소들, 가령 누운 교황 석상(미켈란젤로가 당초 〈모세〉에게 부여하려 했던 그 높이에 설치되어 있다), 다소 이례적으로 서 있는 성모 마리아 모자상母子像, 네 개의 노려보

(위) 미켈란젤로, 〈율리우스 2세〉, 율리우스 2세의 영묘, 1545, 산 피에트로 인 빈콜리, 로마.
(아래 왼쪽) 헤름, 율리우스 2세 영묘, 1545, 산 피에트로 인 빈콜리, 로마.
(아래 오른쪽) 율리우스 2세의 문장, 율리우스 2세 영묘, 1545, 산 피에트로 인 빈콜리, 로마.

는 헤름, 기이하게도 인간의 모습을 한 문장, 기괴한 장식물들의 화려함 등에는 거의 주목하지 않는다. 또 우리의 특별한 관심을 불러일으키는 것으로 여자 석상인 〈라헬〉과 〈레아〉가 있다. 자주 비난의 대상이 되긴 하지만 말이다.

〈라헬〉과 〈레아〉

만약 우리가 미켈란젤로의 생애 전반기 작품들로 생겨난 기대감을 잠시 젖혀둔다면, 〈라헬〉과 〈레아〉의 의젓한 아름다움과 조용한 위엄을 훨씬 더 쉽게 감상할 수 있을 것이다(화보 5와 6). 그 형태와 표현 양식을 볼 때, 이 여자 석상들은 분명 짝으로 구상되었다. 예언자 〈모세〉를 측면에서 보완해 주기 위한 다소 축소된 형태의 석상인 것이다. 구약성경의 대표적 인물인 라헬과 레아 자매는 각각 신앙과 선행을 상징하며 보통 '명상적 생활'과 '활동적 생활'의 알레고리로 해석된다. 미켈란젤로는 그전에 이 자리에 넣으려고 구상했던 남자 포로 혹은 노예 대신 두 여자 석상을 넣음으로써, 과장된 신체성의 언어에서 정신적 동경의 언어로 그 표현 수단을 바꾸었다. 또 이교도적인 것에서 기독교적 알레고리로 관점을 바꾸면서 자연히 그에 상응하는 옷을 입은 여성적 형태를 취하게 했다. 〈모세〉나 이 두 여자 석상의 전신이었던 남자 포로들과 달리, 〈라헬〉과 〈레아〉는 기도와 명상을 권면한다.•

• 〈라헬〉과 〈레아〉의 전신은 〈반항하는 노예〉(화보 24)와 〈죽어가는 노예〉(화보 25)인데, 모세가 이집트에서 이런 노예의 상태에 처했던 이스라엘 민족을 해방시켰다는 사실을 강조하기 위해 조성한 조각상들이었다. 그러나 반항과 죽음이라는 주제는 두 여성 석상으로 바뀌면서 기

예술가는 그 후 18년을 더 살게 되지만, 〈라헬〉과 〈레아〉는 그가 온전하게 완성한 마지막 두 작품이다. 미켈란젤로는 깊이 생각한 끝에 이 두 인물을 조각하기로 선택했고, 그래서 당시 기독교 세계에서 가장 중요한 장례 기념물인 교황 율리우스 2세 영묘의 중심인 유명한 〈모세〉의 양옆에 놓아서 잘 보이게 배치했다.

미켈란젤로의 거대한 석상들은 대리석 덩어리의 한계를 뚫고 나오려는 폭발적인 힘〔테리빌리타〕을 보여주는 경향이 있다는 점을 감안할 때, 〈라헬〉과 〈레아〉의 수수한 크기와 온유한 모습이 그 주위의 벽감에 의해 더욱 제약을 받고 있는 점은 특기할 만하다. 그들은 노예도 포로도 남자도 아니고, 생애 전반기의 미켈란젤로에게서 자주 보였던 테리빌리타의 특성을 내보이지도 않는다. 사실 그의 생애 후반부와 만년 작품에서는 그런 기질이 아주 드물게 보일 뿐이다. 〈라헬〉과 〈레아〉를 그저 온유한 모습으로만 보는 것은 미켈란젤로의 현재〔생애 만년〕 감수성과 새로운 육체 어휘를 제대로 파악하지 못한 것이다. 그의 어휘는 분명 지상의 것보다는 천상의 것을 더 선호했다. 일흔의 예술가에게 피와 살로 된 신체는 그리 큰 관심사가 아니었다. 신체는 오히려 죄악으로 가득한 부담 덩어리였다. 생애 만년에 그린 드로잉과 써낸 시에서 드러나듯이, 예술가는 자신의 예술을 한층 더 승화시켜 본질적인 것에만 집중하려 했다. 끌이든, 백묵이든, 펜이든, 미켈란젤로는 내면의 정신, 기독교적 진실, 심오하지만 추상

도와 명상으로 바뀌었는데, 이는 신약성경 〈요한복음〉 11장에 나오는 두 자매 마리아와 마르타에 대응한다.

적인 동경을 표현하려고 애썼다.

수녀의 복장을 연상시키는 옷을 입은 〈라헬〉은 두 손을 모아 쥐고 하늘에 호소하는 자세를 취하고 있다. 그녀의 옷자락은 다소 길고 균형이 맞지 않는 신체의 은밀하면서도 복합적인 곡선을 감추는가 하면 드러낸다. 그녀는 땅을 지향하는 〈레아〉의 기혼자 같은 단단한 모습과는 대조되게도, 그 영적인 모습이 하늘을 향해 솟아오르는 불꽃 같은 느낌을 준다. 두 여성은 형태, 정신, 표현 측면에서 미묘하게 대조된다.

〈레아〉의 좀 더 풍만한 옷자락과 대조적인 자세는 그녀에게 고전시대의 여신 같은 외관을 부여한다. 실제로 미켈란젤로는 유명한 고대 조각에서 창작의 영감을 얻었다. 우리는 미켈란젤로가 고대의 미술 작품들, 가령 〈라오콘〉, 〈토르소 벨베데레〉, 〈마르쿠스 아우렐리우스〉, 그가 카피톨리노 언덕으로 옮겨놓은 기념비적인 강의 신들을 존중했다는 것을 알고 있다. 하지만 그가 체시 가문의 컬렉션에 포함된 여신 유노 조각상을 크게 찬양했다는 사실은 비교적 덜 알려져 있다. 그는 이 여신상을 가리켜 "로마 내에 있는 것들을 통틀어서 가장 아름다운 조각상"[21]이라고 말했다. 〈체시 유노〉는 거대하고 당당한 입상인데, 미켈란젤로는 〈레아〉를 창작할 때 이 석상의 여성적 측면을 크게 참고했다. 그래서 이 두 석상을 비교해 보면 미켈란젤로가 고대의 모델에게 얼마나 많이 빚졌는지, 혹은 얼마나 적게 빚졌는지를 알 수 있다. 예술가는 그 저명한 고대의 인물을 근대적 인물로 바꾸어놓았다. 그리하여 〈레아〉는 이교도적이거나 기념비적인 인물이 아닌 기독교적이면서 매력적일 정도로 진지한 여성으로 탄생했다.

〈체시 유노〉, 헬레니즘 시대 조각상의 로마 시대 복제품, 카피톨리노 박물관, 로마.

젊은 처녀는 오른손에 들고 있는 거울을 다소 아쉽지만 구체적으로 무엇을 뜻하는지 알 수 없는 눈빛으로 바라보고 있어서, "레아는 눈에 생기가 없었다"(〈창세기〉 30:17)라는 구절을 연상시킨다. 그녀가 균형을 맞추어 가르마를 타고, 잘 묶어서 뒤로 땋아 내린 머리칼은 자연스럽게 왕관 형태가 되었고, 그녀의 빛나는 아름다움을 테를 둘러 강조해 주는 조개 모양의 벽감에 의해 그 효과가 더욱 상승한다. 굵게 땋은 머릿단은 오른쪽 어깨를 타고 흘러내려 허리까지 다다르고, 거기서 옷자락의 수직 주름과 적절히 뒤섞인다.

〈레아〉의 아래로 흘러내리는 기다란 옷은 비상할 정도로 장식된 상의와 칼라에 의해 강조되고, 단단히 졸라맨 수평의 허리띠는 그녀의 자그마한 가슴을 강조하고, 허리 아래로 흘러내리는 느슨한 옷 주름이 그녀의 몸 대부분을 장식한다. 이처럼 부자연스러울 정도로 화려한 옷자락은 그녀의 복부에 시선을 집중시켜, 야곱에게 여섯 아들을 낳아준 다산성을 연상시킨다. 성경에 따르면 레아는 여동생 라헬만큼 아름답지는 않았으나 하느님에게 사랑받았다. 미켈란젤로는 그녀의 아름다운 내적 정신을 표현하려 한 듯, 그의 전 작품 가운데 가장 사랑스러운 인물을 〈레아〉에서 창조했다.

미켈란젤로의 전기 작가 아스카니오 콘디비에 따르면, 미켈란젤로는 〈레아〉를 창작하면서 단테에게서 영감을 얻었다고 한다. 단테는 《신곡》의 〈연옥 편〉에서 '활동적 생활'이라는 관념적 사상을 카노사의 마틸데•라는 인물을 통해 실제로 구현했다. 마틸데는 미켈란젤로가 자신의 조상이라고 주장하는 인물이기도 하다. 콘디비가 다소 산만한 전기 작가이기는 해도 여기서는 미켈란젤로가 직접 한 말을 전했다고 보아야 한다. 미켈란젤로는 자신의 교육적 성장과 세계관 확립에 단테에게 큰 신세를 졌다고 생각했으므로, 자신이 가장 중요하게 여기는 조상이 《신곡》 속의 저명한 인물로 등장하는 것을 높이 평가했을 것이다. 그리고 이제 그 인물〔레아〕은 로마의 가장 중요한 추모 기념물을 장식하는 석상으로 우뚝 서 있는 것이다.[22]

율리우스 2세 영묘의 두 여인상은 미켈란젤로가 교황의 후계자들

• 카노사의 마틸데(마틸데 디 카노사, 1046~1115)는 토스카나 지방의 여자 백작이었다. 콘디비에 따르면, 미켈란젤로는 명문 귀족 카노사 백작의 후예다. 또 보니파초 디 카노사 백작이 하인리히 2세의 누이와 결혼했고 이 사이에서 독실한 마틸데가 태어났고, 이 왕가에서 미켈란젤로의 조상이라고 하는 피렌체 행정관 시모네 디 카노사가 태어났다. 그러나 후대의 학자들은 이들이 과연 미켈란젤로의 실제 조상이었는지에 대해 의문을 표하며, 미켈란젤로의 조상들은 피렌체에서 기예 공방이나 조합, 심지어 시의회에서 일하기도 했으나 그렇게 중요한 지위에 오르지는 못했다고 말한다. 카노사의 마틸데는 단테의 《신곡》 〈연옥 편〉 27곡과 28곡에 등장한다. 마틸데와 레아가 연결되는 것은 둘 다 '활동적 생활'의 상징이기 때문이다.

에게서 완공 독촉을 받으며 체결했던 그 어떤 계약서에도 명시되어 있지 않다. 〈라헬〉과 〈레아〉는 영묘를 완성하기 위해 미켈란젤로가 개인적으로 선택한 수단이었다. 그리하여 40년이 흐른 후 영묘는 교황 율리우스 2세를 기리는 능묘라기보다는 미켈란젤로의 문화적 유산으로 더 유명해진다.

영묘 설치 작업

율리우스 영묘는 산 피에트로 인 빈콜리 성당의 오른쪽에 있는 천장이 낮은 익랑翼廊에 설치되었다. 그곳은 제단도 촛대도 없어서 빛이 그다지 많이 들어오는 곳이 아니었다. 동쪽을 바라보는 창문에 의해 부분적으로 채광이 되어서 아침 무렵에는 약한 빛이 조금 들어오기는 하지만, 그 외에는 하루 종일 익랑과 영묘 전체가 깊은 그림자 속에 빠져 있다.

미켈란젤로가 〈모세〉를 그 교회 내부로 운송할 때 그는 네이브nave〔교회 본당의 회중석〕에 있는 여러 무덤 석판을 피해 가며 그 석상을 이동시켜야 했다. 어떤 석판들은 오래되어 반들반들 닳아 있었고, 어떤 것들은 비교적 최근에 설치한 것들이었다. 네이브 옆의 왼쪽 통로에는 1460년대에 안드레아 브레뇨가 조각한, 인문주의 신학자 쿠사의 니콜라스 추모 기념물이 있었다. 미켈란젤로는 인문주의적 학문을 어린 시절부터 익히기는 했지만, 그 기념물의 주인공보다는 조각가가 더 친숙했다. 그 근처에는 델라 로베레 집안사람들의 묘가 다수 있었는데 1517년 3월 8일에 사망한 추기경의 묘도 있었다. 1517년이면 그리 오래되지도 않았는데 그의 묘비명은 이름만 제외하고 나머지 글자는 아예 읽을 수 없는 상태였다. 묘비명이 아예 없는 율리우스 2세의 능묘도 그처럼 빨리 잊히게 될까?

교회 입구 바로 안쪽에는 피렌체 예술가인 피에로 폴라이우올로와 안토니오 폴라이우올로 형제의 초상을 추모하는 멋진 기념물이 있었다. 1498년에 안토니오 폴라이우올로(1432경~1498)와 그보다 연배가 훨씬 아래인 미켈란젤로는 함께 옛 성 베드로 대성당의 조각 작품들을 완성했다. 미켈란젤로는 자신이 경력 초창기에 제작한 대리석 조각인 〈피에타〉를 자랑스럽게 여겼으나, 16세기 초기의 대다수 사람은 폴라이우올로가 제작한 교황 식스투스 4세의 청동 기념물을 더 높이 평가했다. 이제 그로부터 반세기가 지난 시점에 미켈란젤로는 식스투스 4세의 조카인 율리우스 2세의 영묘를 완성함으로써 그 추모 기념물을 영원한 것으로 만들어놓았다. 율리우스 2세 영묘는 청동이 아니라 대리석으로 제작되었지만 장엄했다. 이것은 바티칸의 성 베드로 대성당이 아니라 산 피에트로 인 빈콜리 성당에 안치되었는데, 이 성당은 로마 외곽에 있어서 찾아가기가 쉽지 않았다. 그 결과 여러 해 동안 폴라이우올로의 식스투스 청동 기념물이 율리우스 영묘보다 더 중요하게 여겨졌고 더 많은 사람들이 찾아와 관람했다.

세월이 흘러 1545년이 되었고 델라 로베레 집안사람들은 이제 권력의 중심부에 있지 않았다. 그 가문은 그 후 다시는 교황을 배출하지 못했다. 델라 로베레는 로마에서 존재감이 별로 없었고 그들의 후손들은 멀리 떨어진 마르케 지역에서 소규모 영지에 만족하며 살아

안토니오 폴라이우올로, 교황 식스투스 4세의 영묘, 1493, 성 베드로 대성당, 바티칸 시국, 로마.

가야 했다. 그러므로 어떤 사람이 산 피에트로 인 빈콜리 성당을 방문하여 율리우스 2세의 영전에 명복을 빌려고 한다면, 그는 로마에서 인구수가 적고 때로는 위험한 우범 지대를 통과해서 가야 했다. 그 당시 콜로세움에는 바람직하지 못한 사람들, 가령 몹시 가난한 빈민, 창녀, 범죄자 들이 창궐했다. 산 피에트로 인 빈콜리의 주된 매력은 거기에 안치된 유물로, 아주 오래전에 투옥되었던 베드로 성인을 묶었던 쇠사슬이 거기에 보관되어 있었다. 하지만 이 녹슨 쇠사슬을 둘러보기 위해 이곳을 찾은 저 많은 무식한 순례자들 중에 과연 몇 명이나 율리우스 영묘 쪽으로 시선을 돌렸을까?[23] 인생의 덧없음과 기억을 보존한다는 기념물의 속절없음을 왜 미켈란젤로는 깊이 생각하지 않았단 말인가?

산 피에트로 인 빈콜리 내부, 로마.

미켈란젤로는 영묘를 설치하고 나서 교회의 네이브를 내려다보았다. 산 피에트로 인 빈콜리 성당에는 스무 개의 기둥이 대칭 형태로 설치되어 있었다. 이 기둥들은 그리스에서 수입해 온 모조 대리석인데, 부드러운 색조에 회색이 감도는 백색으로, 미켈란젤로가 높이 평가하는 카라라 대리석과 상당히 비슷한 분위기를 풍겼다. 각 기둥은 단일암체(거대한 하나의 돌로 되어 있는 건조물)로 높이가 약 10브라초 braccio(약 6미터)의 단일한 대리석 덩어리였다. 근 30년 전에 미켈란젤로는 피렌체의 산 로렌초 교회의 파사드를 이런 거대한 기둥 열두 개로 장식할 계획을 세웠다. 이 목적을 달성하기 위해 예술가는 필요한 거대한 대리석 덩어리를 수배하고 채굴해서 수송하기 위해 엄청난 노력을 기울였지만, 1520년에 그 계획은 취소되고 말았다. 그의 인생에서 가장 뼈아픈, 엄청난 실망을 안긴 일이었다.

산 피에트로 인 빈콜리에는 완벽하게 대칭을 이루는 단일암체 스무 개가 버티고 있었다. 각각의 기둥은 일찍이 미켈란젤로가 산 로렌초 교회의 파사드를 꾸미려 했던 것과 똑같은 크기와 아름다움을 지닌 구조물이었다. 그렇다. 고대인들은 이런 거대한 기둥을 석산에서 채굴하여 수송하는 저 어려운 일을 감당했던 것이다. 그리고 미켈란젤로도 익히 알았듯이, 기독교인 건축가들은 이곳 에스퀼리노 언덕에 있던 근처 로마 신전에서 저런 기둥들을 훔쳐 왔다. 중세 말엽에 누군가 여기에 교회를 짓기 위해 그런 짓을 저지른 것이다. 이 기둥들이 아름답다는 사실을 알고, 누군가 황폐해진 고대 로마의 이교도 신전에서 기둥들을 빼내어 온전하게 수송해 와서 여기에다 이렇게 건립해 놓았던 것이다. 그 건축가는 누구였을까? 엔지니어 혹은 마법사? 미켈란젤로는 단지 경탄했을 뿐이다. 아무튼 그의 앞에는 그가 왕년에 산 로렌초를 위해 완수하려 했던 바로 그것들이 저처럼 우뚝 솟아 있었다. 동시대인들은 미켈란젤로의 다양한 업적을 높이 평가하며 축하해 주었지만, 정작 그 자신은 자신의 작품들 모두가 실패작이라는 강박적인 생각을 떨쳐낼 수가 없었다.

영묘 왼쪽의 창문은 깨끗이 청소되었다. 맨 위에서 맨 아래까지 영묘는 청소 작업에 들어가 건설 먼지와 잔해를 깨끗이 털어냈다. 비계는 내려졌으나 한 번에 한 단씩만 제거되었다. 수직 기둥, 십자 버팀목, 사다리, 밧줄, 도르래, 쇠고리와 못, 기타 소소한 작업 도구들, 그 외 엄청난 쓰레기가 모두 치워졌다. 바닥도 깨끗이 쓸어내고 물청소를 했다. 주임 사제에게 감사 인사가 전해졌고 언제나 볼멘소리를 하는 불목하니에게는 동전 몇 푼이 쥐여졌다. 일용직 노무자들은 해고되었고 영묘는 마침내 완성되었다.

이 길었던 날의 마지막 햇빛이 사라지려는 찰나에 미켈란젤로는 과연 자신이 이 교회로 다시 돌아올 일이 있을지 자문했으리라. 미켈란젤로는 교황 율리우스 2세와 함께 고대 로마 시대의 그것과 맞먹는 거대한 능묘의 건설을 구상했었다. 산 피에트로 인 빈콜리 성당에 실제로 세워진 영묘가 애초에 구상했던 거대한 능묘와는 상당히 달랐다는 사실이 예술가의 마음을 심란하게 했을까? 40년의 세월과 무수한 지연 끝에 미켈란젤로는 마침내 장식적이면서도 감동적인 추모 기념물을 창조했다. 장대하지는 않았으나 장엄했으며, 이교도적 야망보다는 기독교적 정서로 충만한 건축물이었다.

이제 미켈란젤로는 일흔 살이었다. 4년 전 그는 시스티나 예배당의 제단 벽에다 〈최후의 심판〉이라는 프레스코를 완성했다. 그동안 그의 어깨를 아주 무겁게 짓눌렀던 교황 율리우스 2세의 영묘 작업은 이제 막 완성되었다. 미켈란젤로는 파올리나 예배당의 프레스코를 완성하는 것을 제외한다면, 난생처음으로 할 일이 없었고 또 미래에 대한 기대감도 별로 없었다.

2장

나이 일흔에는 친구들이 더 중요하다

1546년 3월, 나이 일흔이 되었을 때 미켈란젤로는 만족감을 느낄 만한 이유가 있었다. 율리우스 2세의 영묘가 마침내 완성되어 그를 강하게 짓누르던 의무감으로부터 해방되었다. 그가 문학 영웅으로 숭배하는 페트라르카처럼 최근에는 로마 명예시민으로 추대되었다. 그는 교황 파울루스 3세(재위 1534~1549)라는 계몽된 후원자 밑에서 일하고 있었다. 그 외에 아주 친밀한 소규모 친구 집단과도 어울리고 있었다. 그는 부동산에 투자할 돈도 가지고 있었다. 그의 조카이며 상속자인 리오나르도 부오나로티(1522~1599)는 적당한 신붓감을 찾는 중이었는데 혼인이 성사되면 부오나로티 가문의 후사를 든든하게 해줄 터였다. 미켈란젤로는 가문을 '일으키려는' 평생의 야망을 실현해 가는 중이었다.[1] 그는 교황의 후원, 군주들의 지원, 거의 모든 사람의 존경을 한몸에 받고 있었다. 그러나 운명의 바퀴는 곧 다른 쪽으로 돌게 된다.

1545년 후반, 미켈란젤로가 타고 다니던 말이 병에 걸리면서 고통이 시작되었다. '그가 사랑했던' 말은 체면과 지위의 구체적 표현이었다. 그 당시에는 아주 부유한 사람들만이 말을 소유할 수 있었기 때문이다.[2] 예술가는 근 6개월에 걸쳐 당의정, 육계와 계피 환약, 살구와 돌부채콩 시럽, 죽 등 병든 말을 위한 일련의 약재를 사들였다.[3] 병든 말은 마침내 회복되었지만 그보다 더 나쁜 일이 곧 뒤따랐다.

루이지 델 리초

미켈란젤로의 주위에 루이지 델 리초(1546년 사망)처럼 충실하고 다정한 친구는 없었다. 델 리초는 로마에서 살고 있는 피렌체 사람이었는데, 피렌체 거부 로베르토 스트로치(1566년 사망)의 현지 대리인으로 일했다. 그는 로마의 폰테 산탄젤로(카날레 디 폰테라고도 한다) 근처에 있는 피렌체 사람들 동네의 비아 반키에 자리한 스트로치 궁에서 살았다. 델 리초와 미켈란젤로 둘 다 피렌체 혹은 로마에서 스트로치 가문과 밀접한 관계를 맺고 있었기에 두 사람은 서로 친구가 되었다. 그들은 우정, 전문적 이해관계, 피렌체인 망명자들에 대한 정치적 공감으로 매우 가까운 사이가 되었다. 피렌체인 망명자들은 1530년대에 메디치 가문의 박해를 피해 로마로 몰려든 이들이었는데, 대표적인 인물이 니콜로 리돌피, 조반니 실비아티, 이폴리도 데 메디치, 인문주의 작가 도나토 잔노티 등이었다.[4]

미켈란젤로는 델 리초를 '최고로 친한 내 친구'라고 생각했다. 그래서 이런 말도 했다. "1540년에 바르톨롬메오 안젤리니가 죽은 뒤로 내 일을 그처럼 헌신적으로 돌봐준 친구는 없었다."[5] 미켈란젤로의 오랜 피렌체 친구인 조반프란체스코 파투치, 그리고 그보다 뒤의 친구인 바르톨롬메오 안젤리니처럼, 델 리초는 미켈란젤로의 재정적·개인적 사무를 두루 살펴주었다. 한번은 이런 일도 있었다. 교황 율리우스 2세의 후계자들과 험난한 협상을 하던 중에, 그들이 예술가에게 공금 횡령 혐의를 제기하자 델 리초가 적극적으로 방어해 주었다. 델 리초는 율리우스 영묘에 관련된 일련의 문서를 잘 살펴본 다음, 미켈란젤로에게 "아킬레스의 창처럼 한 손에는 상처를, 다른 한 손에는 치료약"이 되어주겠다고 약속했다.[6] 이 문장은 두 사람이 깊이 존경하는 단테의 《신곡》 중 〈지옥 편〉(31:4~6)에서 인용한 대목이다. 그 후 델 리초는 미켈란젤로의 충실한 후원자 노릇을 했다.

델 리초의 우정과 봉사는 미켈란젤로의 복잡한 재정 문제를 관리해 주는 것을 넘어 더 폭넓은 분야로 확대되었다. 그는 미켈란젤로의 일꾼들에게 임금을 지불하고, 미켈란젤로의 부동산 투자를 대신 협상해 주고, 심지어 예술가를 위해 편지를 대필해 주기도 했다.[7] 미켈란젤로는 자신을 '친구 혹은 명예로운 후원자'라고 부르면서 선물을 보내온 페데리코 체시 추기경에게 감사 인사를 전해 달라고 델 리초에게 부탁했다. "당신이 추기경님의 친한 친구라고 생각하고 있으니 나 대신 편안한 때를 골라서 그분께 감사 인사를 해주기 바랍니다. 당신은 그런 격식을 잘 알고 있지만 나는 그런 문제에 서투르니까요."[8] 델 리초는 심지어 미켈란젤로의 조카 리오나르도에게 결혼 전망과 투자 기회에 대해서도 조언해 주었다.[9] 그는 리오나르도에게 보낸 편지에 이렇게 썼다. "잘 알다시피, 나는 언제나 당신에게 봉사할 준비가 되어 있습니다."[10] 교황 율리우스 2세 영묘 공사의 막바지 단계에 이르렀을 때, 수하의 두 십장이 주먹다짐 직전까지 가는 상황에 이르자 미켈란젤로는 루이지에게 편지를 보내 이렇게 부탁했다. "당신이 나서서 최선을 다해 그 두 사람의 화해를 성사시켜 주십시오. 그렇게만 해주신다면 내게 자비를 베푸는 게 될 겁니다."[11] 델 리초는 두 십장에게 다가가 그 문제를 원활하게 해결했고, 그리하여 미켈란젤로는 부하들의 싸움에 신경 쓸 필요 없이 영묘 공사에만 몰두할 수 있었다.[12]

1545년 겨울, 파올리나 예배당에 불이 나서 천장이 파손되었다. 그 결과 미켈란젤로가 부분적으로 완성한 프레스코들이 공기 중에 노출되어 겨울비를 맞을지도 모르는 상황이 되었다.[13] 마침 계절이 겨울이었던 터라 예술가는 그 예배당에서 작업하고 있지는 않았지만, 예배당 측의 무관심과 프레스코에 미칠 나쁜 영향을 우려한 그는 또다시 델 리초에게 도움을 청했다. "나는 이 문제와 관련해 교황께 편지를 썼습니다. … 하지만 당신에게 다시 부탁하고자 합니다. 교황께 직접 말해 주시거나 아니면 집사장 에우리알로 실베스트리에게 내 문제를 말해 주시기 바랍니다."[14] 미켈란젤로는 루이지를 충실한 지원자라고 여겼으므로 그 친구의 현명한 조언을 따를 준비가 되어 있었다. "내일 점심 식사 후에 선생님 집을 방문하겠습니다. 선생님이 제게 말씀하시는 것은 뭐든지 조치하겠습니다."[15]

자비, 재간, 예의, 배려, 외교술, 충성심 같은 특성들이 루이지 델 리초가 예술가와 친밀한 관계를 맺을 수 있는 수단이었다. 더욱 중요하게도 그는 다정한 친구였을 뿐만 아니라 자주 어울리는 사람이었다. 루이지와 함께 있으면 자칭 우울증 환자라고 하는 미켈란젤로는 이상할 정도로 말수가 늘어났다. 델 리초가 자연스럽긴 하지만 너무

과도하게 예의를 차리면 미켈란젤로는 좀 더 친밀하게 대하라고 종용했다. "내 친구 루이지 씨, 내가 당신 집을 방문할 때면, 당신이 내 집을 찾아왔을 때 내가 대하는 것처럼 나를 대해 주시기 바랍니다. 내가 당신한테 사전에 연락하지도 않고 불쑥 찾아가 하인들 눈에 주제넘은 들소처럼 보이게 해주십시오."[16]

자기를 비하하는 경향이 있고 사교적으로 서툰 미켈란젤로가 초대나 특별한 용건 없이 친구의 집을 불쑥 찾아가겠다고 제안하다니, 아주 놀라운 얘기다. 마찬가지로 델 리초도 트라야누스 광장 근처의 수수한 집(그가 살고 있는 스트로치 궁에 비하면)으로 미켈란젤로를 일부러 찾아간 적도 있었다. 한번은 두 사람이 서로 알고 지내는 친구인 피렌체 은행가 빈도 알토비티(1556년 사망)의 아들을 미켈란젤로에게 소개하고 싶어 했다.[17] 또 한번은 델 리초가 폰테 산탄젤로 근처에 있는 스트로치 궁으로 미켈란젤로를 저녁 식사에 초대한 일이 있었다. "많은 사람을 기쁘게 하실 생각이라면, 오늘 저녁 우리 집에 저녁 식사를 하러 오십시오."[18] 미켈란젤로가 '많은 사람을 기쁘게' 하다니! 그것도 그런 귀족적 분위기에서!

사람들은 미켈란젤로를 '비극적인' 혹은 '고통받는' 사람으로 묘사하려는 경향이 있다. 하지만 이렇게 생각하면 예술가가 기민하면서도 신랄한 토스카나식 재치가 있고, 웃음과 쾌활한 유머를 좋아하고, 친한 친구들 사이에서는 멋진 저녁 식사 파트너가 될 수 있다는 사실을 간과한 것이다.[19] 미켈란젤로는 자신의 친한 친구 동아리를 '브리가타brigata'라고 불렀는데, 아주 친한 친구들을 가리키는 애칭이기도 하다. 피렌체를 떠나와 로마에서 알게 된 '브리가타'는 미켈란젤로가 가족처럼 여기는 친구들이기도 했다. 우리는 이런 지속적인 유대 관계를 흘낏 엿볼 수 있을 뿐이지만 그가 이런 우정의 순간들을 소중히 여겼음은 분명하다. 그런 순간들에 대한 기록이 충분히 남아 있어서 우리는 델 리초의 우정이 미켈란젤로에게 얼마나 중요했는지를 가늠할 수 있다.

미켈란젤로와 루이지 델 리초는 일요일을 함께 보냈다. 일요일은 휴식을 취하고 편지를 썼으며, 트레비아노 와인, 마르촐리노 치즈, 그리고 미켈란젤로의 조카가 피렌체에서 정기적으로 보내주는 과일을 나눠 먹는 시간이었다.[20] 사정상 일요일에 만날 수 없으면 미켈란젤로는 가벼운 농담을 건네기도 했다. "내일 함께 시간을 보내는 것과 관련해 미리 양해를 구해야겠습니다. 내일은 날씨도 나쁘고 또 내가 집에서 해야 할 일이 있습니다. 내일 함께 시간을 보내기로 했던 것을 다른 날로 미루어야겠습니다. 이번 다가오는 사순절에 룽게차Lunghezza〔스트로치 가문의 저택〕에서 살진 생선을 먹도록 합시다."[21] 늘 울적한 미켈란젤로가 휴일의 피크닉을 즐기는 모습을 상상하기란 쉽지 않다. 그것도 일부러 말을 타고 나가 티볼리 가는 길에 있는 룽게차에 들러 로마 캄파냐의 친한 친구와 석쇠에 구운 살진 생선을 먹다니! 그러나 델 리초라면, 미켈란젤로는 좋은 음식과 수다스러운 대화에 빠져들 수 있었다.[22] 델 리초가 은행 업무로 리옹에 출장을 갔을 때, 미켈란젤로는 친구를 몹시도 그리워하여 리옹 현지로 그를 찾아가서 산티아고 데 콤포스텔라의 성 야고보 예배당까지 함께 순례를 떠나자고 제안할 생각까지 했다.[23]

델 리초는 미켈란젤로에게 일인 다역을 해주었다. 그런 역할 중에는 예술가의 시를 열렬히 읽어주는 그의 첫 번째 편집자 노릇도 포함되었다. 미켈란젤로는 델 리초를 진정한 시인이라고 생각했기에 자기가 쓴 시를 그에게 보내면서 "이건 정말 낙서에 지나지 않습니다"라고 겸손한 언사를 보태기까지 했다. 또 다른 경우에 미켈란젤로는 어떤 시를 돌려달라고 요청하면서 "그 시를 당신이 말한 대로 고치고 싶습니다"라고 말했다. 때때로 그는 델 리초에게 시들을 보내면서, '송어를 보내준 데 대한 감사' 혹은 '지난밤의 오리고기 요리' 혹은 그 외에도 맛난 음식을 제공해 주어서 '이런 한심한 낙서'를 보낸다고 말하기도 했다. 우정을 다져나가고 시를 서로 교환하는 과정에서 두 사람은 서로가 아는 친구인 인문주의 작가 도나토 잔노티(1492~1573)와 삼두마차를 이루었다. 미켈란젤로는 이 세 사람 중 단연 가장 중요한 시인이었지만 두 친구에게 예술가가 표한 존경심 탓에 그 점을 선뜻 알아보기가 어렵다. 예술가는 두 친구의 문학적 재능과 라틴어 실력을 높이 평가했다.

미켈란젤로는 델 리초에게 보내는 편지에서 이렇게 썼다. "루이지 씨, 당신은 시의 정신을 잘 알고 있으니 이 마드리갈〔짧은 서정시〕에서 당신이 보기에 미숙하다고 생각되는 부분을 일부 축약하고 수정해 주시겠습니까. 내가 이 시를 어떤 친구에게 주고 싶어서 그럽니다."[24] 예술가는 친구들에게 시를 좀 다듬어달라고 부탁했다. 잔노티에게 보낸 편지에서는 이런 추신을 붙여서 편집에 도움을 달라고 요청했다. "도나토 씨, 잘못 써진 시들을 고치는 분이여, 좀 부탁드립니다."[25] 미켈란젤로는 잔노티의 소네트에 대하여, 피렌체 직물업 분야에서 종사한 가문의 장인 배경을 연상시키는 비유를 쓰면서, 델 리

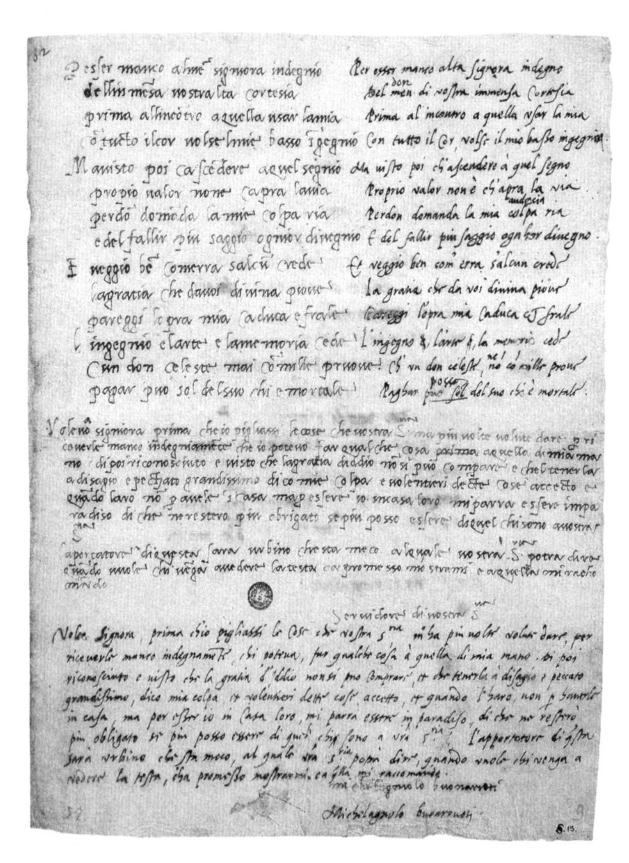

미켈란젤로가 비토리아 콜론나에게 보낸 편지와 시의 초고(도나토 잔노티가 수정), 1541, 카사 부오나로티, 피렌체, AB XIII, fol. 114.

초에게 다음과 같은 논평을 전했다. "도나토의 소네트는 우리 시대에 나온 시 중에서 최고라고 생각합니다. 나는 감식안이 신통치 못하므로, 로마냐 지방에서 나온 최고 옷감과 낡아빠진 공단을 구분하지도 못합니다. 하지만 그런 멋진 옷감으로 옷을 짓는다면 신통치 못한 양복장이도 최고급 기술자로 보일 겁니다."[26] 돌이켜 생각해 보면,

미켈란젤로의 존경심은 이해가 되기는 하지만 전혀 근거가 없는 것이었다. 예술가는 전문 '문인'이 아니었고 라틴어로 글을 쓸 줄 몰랐으며, 그런 사람들 사이에서는 자신의 책가방 끈이 짧다는 사실을 고통스럽게 의식하지 않을 수 없었다.

미켈란젤로가 자신의 학문적 배경에 대하여 매우 겸손하게 생각한 구체적 사례는 새로 사귄 친구인 저명한 비토리아 콜론나에게 보내고 싶어 했던 한 편지 겸 시에서 잘 엿볼 수 있다. 물론 그가 그 편지를 보내려고 한 것은 친구인 도나토 잔노티의 권면이 있었기 때문이다. 미켈란젤로가 1530년대 중반에 작성한 것으로 보이는 편지의 초안은 후대에 전해졌다. 그는 편지지에 일부러 여백을 두어 잔노티가 편지와 소네트를 고칠 수 있게 했다. 잔노티의 수정은 황당할 정도로 사소한 것들이다. 서른 군데 이상 철자를 고쳤는데 토스카나 방언을 빼버린 경우도 있었다. 가령 'pechato'를 'pecato'로, 'obrigato'를 'obligato'로 고치는 식이었다. 잔노티는 예술가의 이름을 'Michelagniolo'에서 'Michelagnolo'로 바꾸기도 했다.[27] 현대의 독자들이 볼 때 이러한 수정은 전혀 불필요한 일로 보인다. 그러나 콜론나 귀족 가문 출신의 저명한 부인과 우정을 다지던 초창기에, 미켈란젤로는 사교적으로 예의바른 사람으로 보이기를 원했다. 그녀는 진정한 시인이었고 자신은 시를 끼적거리는 비천한 예술가에 지나지 않는다고 생각했다. 그는 이렇게 썼다. "나는 재능과 실력이 없는 사람처럼 보이고 싶지 않았습니다."[28]

비토리아 콜론나

비토리아 콜론나(1490~1547)는 많은 미덕을 갖춘 여성이었다. 비토리아 콜론나 자신이 집필을 의뢰한 《우리 시대의 남녀 명망가들》이라는 미완의 책에서 파올로 조비오는 그녀가 지닌 여러 미덕을 폭넓게 열거했다. 고상한 가문, 정숙함, 우아함, 시민적·종교적 책임에 대한 헌신 등이 제일 먼저 열거되는 덕목이었다. 그 외에 조비오는 그녀의 여러 매력적인 신체적 특징을 열거하는데, 특히 그녀의 가슴에 대해 놀라울 정도로 생생한 장문으로 묘사한다. "그 하얀 두 개의 구형은 단단하게 졸라맨 틀 속에서 그녀의 호흡에 맞추어 아주 부드럽고 맵시 있게 뒤로 들어갔다가, 일정한 시간 간격에 맞추어, 마치 잠자는 비둘기처럼 밖으로 다시 봉긋 비어져 나왔다."[29] 19세기 빅토리아 시대 사람들도 에드워드 번존스 같은 화가가 그렸을 법한 아름다운 모습의 그녀를 즐겨 상상했다.[30] 미켈란젤로가 비토리아 콜론나를 알게 되었을 무렵, 그녀는 40대의 과부로서 정숙한 몸가짐에 매우 종교적인 복장을 한 기품 높은 귀부인이었다. 여러 가지 이유로 미켈란젤로는 그녀에게 강하게 마음이 끌렸으나, 그 이유에 아름답게 융기하는 가슴은 들어가지 않았다.

그녀의 진정한 아름다움은 내면에 있었다. 그녀는 지적이고, 세련되고, 귀족적이었다. 실제로 그녀는 고상한 로마 가문 출신이었다. 그녀는 1509년 파스카라 후작 페란테 프란체스코 다발로스와 중매결혼을 했다. 결혼 생활은 행복했으나, 후작이 단명했다. 후작은 1525년에 사망했고 비토리아는 서른다섯 살에 과부가 되었다. 많은 동시대인들이 그녀를 숭배했지만 비토리아의 기다란 얼굴과 평범한 이목구비는 화가들에게 자연스럽게 탄성을 자아내는 그런 미모는 아니었다. 비토리아 콜론나의 초상화로 인정되는 작품이 많이 있으나, 그 어떤 것도 그녀를 미인으로 묘사하지는 않았다(화보 7).

비토리아는 우르비노 공작 페데리코 다 몬테펠트로의 손녀였다. 공작은 위대한 인문주의자 군주이자 교회를 옹호하는 전문 군인이었다. 만약 그녀가 좀 더 일찍 태어났더라면, 그녀의 시어머니 엘리사베타 곤차가 대신에 그녀 자신이 발다사레 카스틸리오네의《궁정 신하의 책》의 주인공이 되었을 것이다. 그만큼 비토리아 콜론나는 이상적인 여자 신하의 특징을 골고루 갖추었다. 실제로 그녀는 카스틸리오네의 친구였고, 그의 원고를 읽어준 최초의 독자들 중 한 사람으로서 그 책이 출판되는 데 큰 도움을 주었다.

비토리아 콜론나가 미켈란젤로를 만나 우정을 나누어야 할 명백한 이유는 없었다. 단지 두 사람은 공통으로 알고 지내는 친구가 많았고 기독교적 헌신을 철저히 믿는다는 공통점이 있었다. 그녀는 귀족 가문에서 태어났으므로 귀족 출신의 사람들과 자유롭게 교제할 수 있었던 반면에 미켈란젤로는 자신이 카노사 백작의 후예라는 매우 막연한 주장밖에 할 수가 없었다. 그런 친구들로서 사회적 신분이 높은 여섯 사람 중에, 비토리아와 미켈란젤로를 서로 소개시켜 줄 만한 이로는 카스틸리오네의《궁정 신하의 책》의 주인공으로 등장하는 피에트로 벰보 추기경(1470~1547)과 미켈란젤로가 비토리아 콜론나와 교유하던 초창기에 중간 연락책을 맡았던 토마소 데 카발리에리(1587년 사망)를 먼저 거명할 수 있다.[31] 혹은 만토바 추기경인 에르

콜레 곤차가(1505~1563)였을 수도 있다. 이 추기경은 미켈란젤로의 동시대인 전기 작가 아스카니오 콘디비와 조르조 바사리가 소개한 멋진 일화의 주인공이기도 하다. 그 일화에 따르면, 교황 파울루스 3세는 어느 날 마첼 데 코르비의 미켈란젤로 작업장을 방문했다. 아마도 율리우스 2세 영묘 작업의 진척 상황을 점검하기 위해서였을 것이다. 교황은 추기경 일고여덟 명을 대동했는데 그중 한 명이 에르콜레 곤차가였다. 젊은 추기경은 〈모세〉를 보고서 이렇게 감탄했다고 한다. "이 석상 하나만으로도 율리우스 교황의 영묘를 충분히 장식할 수 있겠소." 이어 그는 미켈란젤로가 새로운 계약을 맺어야 하고, 사망한 지 오래된 교황의 성가신 상속자들이 내세우는 각종 주문을 많이 줄여줘야 한다고 주장했고, 그 얘기에 다들 동의했다.[32]

현명한 곤차가 추기경은 이렇게 하여 예술가를 그 부담스러운 영묘 작업에 묶어놓았던 고르디우스 매듭을 끊어주었다는 공로를 인정받는다. 에르콜레 곤차가는 예술을 애호하는 교양 높은 사람이었고, 미켈란젤로 작품을 열렬히 숭배하면서 모아들이는 수집가였으며, 비토리아 콜론나의 가까운 친구이기도 했다. 그는 실제로 콜론나가 미켈란젤로에게 보낸 첫 번째 편지(1530년대 중반에 쓰인 것으로 추정)에서 이름이 거명되기도 했다. "친애하는 미켈란젤로 님, 빨리 십자가 그림[그가 콜론나를 위해 그리고 있던 드로잉]을 보내주세요. 완성되지 않아도 좋습니다. 그 그림을 존경받는 만토바의 추기경 님께 보여드리고 싶어서 그래요."[33] 이런 식으로 추기경도 아니고 학식 높은 신학자도 아닌 미켈란젤로가 사회적 신분이 높은 친구들과 지인들의 넓은 동아리에 끼어들게 되었다.

콜론나와의 서신 교환

미켈란젤로가 이 정숙한 부인에게 보낸 초창기 편지들은 조심스러운 공손함과 극단적인 예의바름을 보여주는 놀라운 사례다. 그것은 사회적 신분이 낮은 예술가, 비토리아 콜론나 동아리에 가담한 사람들의 특징인 외국어 실력, 높은 학문, 사회적 신분 등을 갖추지 못한 예술가가 취할 만한 어조였다. 당초 드로잉 몇 장을 가지고서 토마소 데 카발리에리의 호감을 샀던 것처럼, 미켈란젤로는 후작 부인에게 줄 선물로 십자가형에 처해진 그리스도를 그린 멋진 드로잉(화보 8)을 제작하여, 두 사람이 카발리에리를 서로 알고 있는 사이임을 언급하는 편지를 동봉했다. 그 편지는 인용할 만한 가치가 있다. 상대방의 비위를 맞추기 위한 장식적인 문장에 몰두하는 미켈란젤로의 모습을 잘 보여주기 때문이다.

> 후작 부인 마님, 제가 로마에 있으니 십자가 그림을 토마소 [카발리에리] 씨에게 맡겨 부인과 저 사이의 전달 연락책으로 삼는 게 불필요하다고 생각했습니다. 제가 직접 그렇게 할 수 있기 때문입니다. 저는 그 누구보다도 부인을 위해 이런 일을 열심히 하기를 바랍니다. 하지만 제가 제작 의뢰를 받아서 지금껏 매달리고 있는 대작[〈최후의 심판〉] 때문에 이 사실을 부인께 알려드리지 못했습니다. 사랑이라는 것은 그 어떤 감독하는 스승도 필요 없고 또 사랑하는 자는 잠도 자지 않는다는 것을 부인도 잘 아시리라 생각합니다. 그 사람은 연락책 같은 것은 더더욱 필요가 없지요. 제가 잊어버린 것처럼 보였을지 모릅니다만,

나는 전에 말씀드리지 않은 어떤 것을 실행하는 중입니다. 예기치 않은 어떤 것을 추가하기 위하여…[34]

자의식이 가득하고 일부러 비틀어서 쓴 이 문장은 산문으로는 잘 이해가 되지 않으나 미켈란젤로의 다음과 같은 시를 그대로 옮겨다 놓은 듯하다.

사랑이라는 것은
그 어떤 감독하는 스승도 필요 없고
사랑하는 자는 잠도 자지 않는다.
연락책 같은 것은 더더욱 필요가 없다.

그는 페르라르카 시의 한 행을 인용하면서 편지를 마쳤다. 이런 학식 높은 부인이 그 인용처를 금세 알아보고 또 그 의미를 곧바로 눈치챌 거라고 확신하면서. 이 편지에 콜론나 또한 예술가 못지않게 총명하면서도 공손하게 예의를 표할 줄 알았다. 그녀는 미켈란젤로에게 십자가형 드로잉을 보내준 데 대하여 감사하면서 "이 그림은 제가 보았던 다른 모든 그림을 십자가에 못박았습니다"라고 추켜세웠다.[35] 그녀는 그림을 그린 사람에 대해 수사적으로 의문을 표하면서 은근히 그 그림을 칭찬했다. "이 그림을 다른 사람이 그린 것이라면, 기다려주세요. 만약 당신이 그린 것이라면, 칭송을 드립니다. 하지만 만약 이것이 당신 그림이 아니고 곧 당신 손으로 이런 걸 그릴 거라면… 아니, 이건 당신 그림이에요. 그러니 내가 이것을 당신에게 돌려주지 않는다 하더라도 참을성 있게 기다려주세요." 그녀는 예술가에게 그림을 햇빛에 비추어 보았고, 확대경으로 면밀히 살펴보았으며, 거울에 비추어 보기도 했다면서, "이처럼 완벽하게 마무리된 드로잉은 본 적이 없습니다"라고 말했다.[36] 그녀는 궁정의 예의범절에 따라 예술가를 놀리면서 동시에 칭찬하는 법을 잘 알았다.

미켈란젤로는 이처럼 우아하고 높이 평가하는 답신을 받자 너무 좋아서 제정신이 아니었다. 예술가의 손에서 드로잉과 시가 계속 흘러나왔다. 그는 그녀의 열렬한 숭배자가 되었고 그녀는 고마워하기는 하지만 예술가의 열정적인 호감을 다소 경계하면서 받아들였다. 두 사람은 함께 만나서 시간을 보내기 시작했고, 그 꽃피어난 우정은 프란치스코 데 홀란다(1517~1584)의 소설 《로마에서 나눈 대화》에 잘 포착되어 있다. 포르투갈 출신 화가이자 작가인 홀란다는 두 사람이 주고받은 수준 높은 대화 그대로는 아닐지언정 그 분위기를 잘 포착했다. 두 사람의 친근한 우정은 콜론나가 미켈란젤로에게 이런 부탁을 한 것으로도 잘 알 수 있다. "오늘 작업을 하지 않으신다면 한가한 시간에 제게 오셔서 대화나 나누었으면 합니다."[37] 미켈란젤로가 언제 한가한 시간이 있었겠는가마는, 이 매력적인 여인을 위해 그가 일부러 시간을 낸 점을 볼 때 그가 그녀를 얼마나 존경했는지 잘 알 수 있다.

이 두 친구는 사실 이웃사촌이었다. 비록 콜론나는 로마의 고급 동네에 살고 미켈란젤로는 '까마귀 도살장'이라는 변두리에서 살았지만 말이다. 미켈란젤로가 집을 나서서 왼쪽으로 방향을 틀면 그는 그 비위생적인 동네에서 재빨리 벗어나 퀴리날레(퀴리날 언덕)로 올라간다. 그런데 부동산이 많은 콜론나 가문은 이 일대의 땅도 소유하고 있었다. 주위를 내려다보는 퀴리날레의 우뚝 솟은 언덕에 산 실베스트로 알 퀴리날레 교회가 서 있다. 홀란다의 소설은 이 두 친구가 가끔 만나서 그곳의 멋진 테라스로 나가 발아래 펼쳐진 도시의 풍경을 내려다보았다는 신화를 만들어냈다. 그 후 이 신화는 계속 확대 재생산되었다. 70대의 건장한 예술가가 산 실베스트로까지 걸어가는 데에는 10분이면 충분했을 것이다. 비록 가파른 비포장 등성이를 걸어 올라가야 했지만. 홀란다는 두 사람이 나눈 대화를 창작했지만, 두 사람의 우호적이고 지적인 만남까지 지어낸 것은 아니었다. 콜론나가 미켈란젤로에게 "제게 오셔서 대화나 나누었으면 합니다"라고 편지를 보냈을 때, 그것은 예술가가 전혀 거절할 생각이 없는, 적극 반기는 초대이기도 했다.

멀리 있는 친구들

그러나 미켈란젤로의 열렬한 반응이 피곤했을 수도 있다. 콜론나는 때때로 그에게 두 사람의 일차적 의무는 교회의 일을 충실히 하는 것임을 상기시켜야 했다. 콜론나는 정신적 위안을 찾아 산타 카테리나인 비테르보 수도원으로 피정을 갔다. 그곳에서 그녀는 자신이 비록 권면하기는 했지만 이제는 너무 노골적으로 그녀의 부재를 아쉬워하는 편지를 여러 통 받자 약간 위압되는 느낌이 들었다. 그녀는 귀족 부인다운 기지를 발휘하여 이렇게 답변했다. "만약 당신과 내가 나의 의무와 당신의 예절에 따라 계속 편지를 써야 한다면, 나는 수녀들에게 헌신의 시간을 바치지도 못하고 이곳 수도원의 예배를 포기해야 할 것이고, 당신은 그림 그리는 일에 종일 헌신하지 못하고 파올리나 예배당의 일을 포기해야 할 것입니다."[38] 미켈란젤로가 그 조언을 받아들이기까지는 시간이 조금 걸렸다. 그리하여 콜론나는 산타 카테리나의 수녀들에게 헌신했고, 미켈란젤로는 파올리나 예배당의 그림을 완성하는 데 더 시간을 바쳤다.

예술가의 손에서는 편지와 시가 계속 흘러나왔다. 비토리아 콜론나는 미켈란젤로가 시를 짓도록 영감을 안겨주는 원천이었다. 예술가의 가장 세련된 시, 아주 정신적인 회개시, 자신의 예술가 정체성에 의심을 품는 자의식적인 시 등은 모두 비토리아가 촉매 역할을 해서 나왔다.[39] 토마소 데 카발리에리와의 관계가 그러했듯이, 비토리아에 대한 최초의 열정은 서서히 식어갔지만 반면에 우정은 더욱 깊어지고 성숙해졌다.

콜론나의 시와 금욕적 성격에 영감을 받아서 미켈란젤로는 더 많은 시를 쓴다. 그가 이 진지한 부인에게 보낸 초기 소네트 중에는, 도나토 잔노티가 예술가를 위해 '수정해 준' 시도 있었다. 이 시의 구성이나 정서를 보면 이것이 굉장히 자의식적인 노력 끝에 나왔음을 알 수 있다.

존경하는 부인이여, 우리가 서로 만났을 때
당신이 보여준 놀라운 예의범절의 은혜에 조금이라도 덜
누가 되게 하기 위하여 저는 하느님이 제게 내려주신

얼마 안 되는 재주로 그 은혜를 되갚으려 했습니다.
하지만 그렇게 할 방도가 없었고 저를 구제할 수도 없었습니다!
혼신의 힘을 다 동원해도 그 높이에 도달할 수 없었지요.
그러니 저를 용서해 주십시오, 그렇게 무모하게 시도한 것을.
그저그런 몸부림에 지나지 않는 거지요. 나는 실수를 했고
배웠습니다. 그래서 이제 전보다 덜 바보가 되었습니다.[40]

그는 당시 유행하던 과장법—'일천 번'—을 사용하여 이 소네트를 마무리하면서 그녀의 시가 천상의 보물이라면 자신의 재주와 기술은 보잘것없는 물건에 지나지 않는다고 깎아내린다.

그 누가 비록 일천 번을 시도한다 해도
재주와 기술과 기억은 굴복해야 합니다.
그 누구도 되갚을 수 없는 천상의 보물 앞에서는.[41]

둘의 우정이 깊어지면서 미켈란젤로는 덜 아첨하면서 동시에 자기 자신을 조금 더 드러냈다. 특히 자신의 예술에 대해 많이 발언했다. "내 직업에서 믿을 만한 길잡이는 아름다움입니다. 그것은 내 앞에 하나의 생득권生得權으로 놓여 있으며, 두 예술〔그림과 조각〕에는 거울이요, 등불입니다."[42] 미켈란젤로는 예술가로서 자신이 품은 야망과 투쟁을 솔직하게 드러내는 시를 여러 편 썼다. 미완성의 소네트에 들어간 4행시 두 편은 그가 피렌체의 메디치 예배당에 안치할 조각 작품들을 제작할 때 겪었던 바와 비슷한 주제를 말한다. "예술은 시

샘하는 시간을 정지시키기 위한 투쟁이다." 그리고 이런 말도 했다. "산에서 캐내 온 단단한 돌로 만든 생생한 석상은 그것을 만든 사람보다 더 오래간다."[43] 그러나 아이러니하게도 그 소네트는 예배당과 마찬가지로 미완으로 남았다.

한편으로, 이것은 (천년 단위의 생명 기준을 가진) 예술의 불멸성에 대한 미켈란젤로의 예술적 능력과 신념을 표현한 말이다. 그림이 되었든 조각이 되었든—혹은 미켈란젤로의 말대로 '그 어떤 표현 수단이 되었든'—그는 죽음을 속여 넘기고 시간을 상대로 승리를 거둘 수 있는 초상을 창조할 수 있었다. 다른 한편으로, 그는 예술의 무용성無用性도 인정한다. 예술은 무오류도 아니고 진정으로 불멸하는 것도 아니라는 얘기다. 또 다른 시에서 그는 비토리아의 외모를 완벽하게 재현하지 못한다는 것을 실토한다. 적어도 그가 선호하는 대리석이라는 표현 수단으로는 비토리아와 똑같은 인물을 만들어내지 못한다는 것이다. "나는 돌덩어리를 조각할 뿐이지만, 그녀는 하늘의 예술품, 인간이 아니라 신성입니다."[44] 그가 비토리아 콜론나를 위하여 제작한 조각상은 '색깔이나 돌'로 된 것이 아니라 글로 지은 시였다. 그가 콜론나를 위해 쓴 시들은 자신감의 표현도 일부 있으나, 예술의 한계와 그 덧없음에 대한 날카로운 인식을 더 많이 보여준다.

여러 해에 걸쳐 무수한 탐색과 시도 끝에
현명한 예술가는 그 자신의 멋진 구상에 충실한,
단단한 알프스의 돌로 만들어낸
어떤 살아 있는 이미지를 획득한다.

그가 죽음에 가까이 다가갔을 때.
새롭고 고상한 것들에 예술가는 너무 늦게 도착하고,
그것도 잠시 지속될 뿐이다.[45]

예술에 관한 미켈란젤로의 가장 진실한 감정은 비토리아 콜론나에게 보낸 여러 시에서 잘 드러난다. 그녀에 대한 사랑과 존경을 표할 때 그런 감정도 아주 솔직하게 드러난다. "부인이여, 이곳 지상에서 당신은 천상의 것들에 대한 강력한 예표豫表입니다. 오로지 나 혼자만이, 나의 두 눈만이, 나의 온 존재가 당신에게서 천상의 기쁨을 느끼게 하소서."[46] 비토리아와의 우정은 미켈란젤로에게 창작의 샘을 콸콸 솟구치게 했고, 거기서 말과 멋진 드로잉의 물길이 거세게 흘러나왔다. 영국 빅토리아 시대의 사람들은 미켈란젤로 성격의 이런 부드러운 측면에 민감하게 반응하여 그것을 아름다운 그림으로 만들어냈다. 현대 독일 화가인 파울라 모데르존 베커도 예술가의 연애시가 정말 감동적이라면서 다음과 같이 논평했다.

거인처럼 단단한 이 거친 남자가 내면은 어린아이처럼 부드럽다. 사랑이 바야흐로 분출하여 그것을 담고 있는 그릇을 터뜨리려는 듯한 기세다. 그 사랑은 그의 온 존재를 뒤흔들고 있다! 온몸의 근육과 힘줄을 동원하여 자신을 그 사랑에 내맡기고 있다. 그런데도 어린 양처럼 온유하다. 그렇지만 순한 양이 된 그 시점에서도 그 힘줄은 각자 온 존재에 깃든 것보다 더 강력한 힘, 온기, 인간미를 발산한다.[47]

콜론나는 감사의 표시로 미켈란젤로에게 자신의 시를 수기하여 만든 '작은 책'을 선물했고, 예술가는 그것을 가장 소중한 보물로 간직했다(화보 9).[48] 그는 출판된 그녀의 시집도 소중하게 여겼다(화보 10). '그녀가 오르비에토와 비테르보에서 보내온 많은 편지'도 미켈란젤로의 보물이었다. 하지만 아쉽게도 그 편지는 다섯 통만 후대에 전해졌다.[49] 비토리아 콜론나와의 우정 덕분에 미켈란젤로는 자신의 시집도 발간해야겠다는 생각을 품게 되었다. 이것은 본질적으로 답례 성격의 선물이 될 터였고 그녀의 우정과 정신적 조언에 대한 감사 표시의 수단이기도 했다. 그리하여 예술가는 친한 친구 루이지 델 리초에게 시집 발간을 도와달라고 요청했다. 두 사람은 함께 그의 시 중에서 89편을 추렸다. 이 시들은 최종적으로 수정되었고, 정서되었으며, 순서에 따라 일련번호가 부여되었다.[50] 이 작업에 여러 달이 소요되었다. 미켈란젤로는 이제 자신의 시집을 발간한 역사상 최초의 예술가가 되려는 판이었다.

그러나 시집 발간 직전에 루이지 델 리초가 갑자기 사망한다. 동시대인들은 미켈란젤로가 슬픔과 절망으로 제정신이 아니었다고 전한다.[51] 그는 정말로 절망했고 고령의 나이에 너무나 외로웠다. 이제 친구가 없었다. 물론 그런 상실감을 함께 슬퍼해 줄 비토리아 콜론나가 있었으나 그녀는 저 멀리 떨어진 수도원에 들어가 있었기에 미켈란젤로의 슬픔을 함께 울어줄 수가 없었다. 미켈란젤로는 토마소 데 카발리에리와 여전히 우정을 유지하고 있었지만 예전처럼 그리 자주 만나는 사이는 아니었다. 토마소는 라비니아 델라 발레와 결혼도 했고 로마시 공무를 수행하느라 몹시 바빴다.[52] 지난 몇 년 동안 델 리초는 미켈란젤로와 가장 가까운 친구이면서 말동무로, 토마소 델 카발리에리보다 더 가까웠다. 예술가의 전기 작가들은 토마소를 더 주목했지만 말이다. 안타깝게도 우리는 미켈란젤로의 상실감이 어느 정도였는지 그 깊이를 측정할 수 있는 적절한 수단을 갖고 있지 않다. 그가 자신의 감정을 기록하지 않고 이에 대해서는 완전히 침묵을 지킨 까닭이다. 우리는 단지 그가 제정신이 아니었다, 절망에 빠졌다, 심란해했다, 정도의 말만 전해 들을 수 있을 뿐이다.

지난 70년 인생살이에서 미켈란젤로는 여러 친한 친구를 사귀었다. 미켈레 디 피에로 피포(1464~1552경)와 도메니코 디 조반니 판첼리(1464년 출생, 일명 토폴리노)는 석공인데 고향 세티냐노의 어린 시절 친구들이어서 아주 편안하게 생각했다. 줄리아노 부자르디니(1475~1554)는 시원치 않은 화가였으나 그래도 오랜 친구였다. 세바스티아노 델 피옴보(1485경~1547)는 재미있지만 불경한 구석이 있는 친구였는데 나이가 들수록 점점 잘난 체하는 경향이 있었다. 프란체스코 베르니(1497/98~1535)는 우스꽝스러울 정도로 재미있는 시인이고 훌륭한 저녁 식탁 말동무였다. 또 언제나 사람을 즐겁게 해주는 도메니코 다 테라누오바(일명 메니겔라)는 미켈란젤로로 하여금 '소란스러울 정도로 커다란 웃음을 터트리게 하는' 친구였다. 이들은 모두 미켈란젤로가 아주 편안하게 대할 수 있는 친구들이었다.

그리고 조반프란체스코 파투치(1559년 사망) 같은 좀 더 중요하고 깊은 우정도 있었다. 파투치는 피렌체의 산타 마리아 델 피오레 성당의 신부였는데 미켈란젤로는 이 사람과 장기간 우정을 나누었다. 파투치는 대체 불가능한 친구였으나 미켈란젤로가 1534년 이후에 로마에 영구히 정착하자, 역시 얼굴을 잘 드러내지 않는 바르톨롬메오 안젤리니(1540년 사망)가 서서히 그 자리를 채우기 시작했다. 이 두 사람은 좀처럼 낯을 내는 일이 없었지만 미켈란젤로와는 예외적일 정도로 오랫동안 다정한 우정을 나누었다.

안젤리니는 여러 해 동안 로마에서, 피렌체의 파투치 역할을 해주었다. 요컨대 미켈란젤로의 직업적·개인적 일들을 많이 관리해 주었다. 안젤리니는 점잖고, 자상하고, 그의 이름처럼 천사 같았다. 그는 1540년에 사망할 때까지 친구, 동료 시인, 소중한 사업 관리자로서 미켈란젤로에게 봉사했다. 안젤리니의 사망 이후에 루이지 델 리초처럼 미켈란젤로와 가까운 사람은 없었다. 더욱이 나이 일흔에 사귀는 친구들은 젊은 시절의 요란한 친구들보다 훨씬 소중했다.

루이지의 죽음을 맞아, 우리는 미켈란젤로가 시에서 피신처를 발견했을 거라고 짐작하기 쉽다. 그러나 그는 시의 위안마저도 외면했다. 그가 쓴 몇 편의 시는 혼란스러울 정도로 산만했는데 아마도 그의 절망적인 심리 상태를 그대로 드러낸 것으로 보인다. 시를 적어놓은 종이도 이곳저곳에 흩어져 있었다. 완성도 높은 미켈란젤로의 시들은 델 리초의 집에 가 있었다. 고인이 그 시들을 출판하는 일을 맡았기 때문이다. 다른 시들은 이런저런 노트와 편지에 끼적거린 것들이었다. 어떤 것들은 다른 시들에 비해 좀 더 완성도가 높았고, 어떤 것들은 편집을 해주겠다고 한 도나토 잔노티의 집에 가 있었다. 그러나 많은 시가 미켈란젤로 자신의 혼란스러운 문서들 속에 되는대로 처박혀 있었다. 예술가는 자신이 일가를 이룬 시인이라고 생각해 본 적이 없었고, 아주 개인적인 데다 고백적인 시들이어서 일반 대중에게 보일 만한 것들이 아니라고 생각했다. 게다가 그는 루이지 델 리초, 도나토 잔노티, 비토리아 콜론나 같은 학식 높은 친구들에 비하면 자신의 학문이 한참 뒤처진다고 생각했다.

델 리초가 옆에서 계속 격려해 주지 않았기에 그는 그런 산발적인 시편들을 한데 묶어볼 생각이 나지 않았다. 실제로 미켈란젤로가 루이지에게 보낸 마지막 시편들 중 하나는 편집되지 않은 마드리갈이었는데, 대명사의 지칭이 중복되거나 부정확했고, 두 친구가 스트로치 궁에서 살진 생선을 함께 먹자고 농담한 노트의 오른쪽 여백에다 황급히 휘갈겨 쓴 시였다.[53] 그는 그 상황을 회상하는 것도, 그 시의 첫 행을 떠올리는 것도 이제 즐겁지가 않았다. "아름다운 것들에 대한 기억 속으로 죽음이 찾아오네…." 죽음은 예기치 않게 루이지에게 찾아왔다. 미켈란젤로는 인생의 덧없음에 대한 일반적 생각으로 이 시를 썼으나 그것은 갑자기 아주 구체적이면서도 가슴 아픈 공감으로 다가왔다. "아름다운 것들에 대한 기억 속으로 죽음이 찾아오네. 그 사람의 얼굴을 당신의 기억으로부터 빼앗아가기 위해." 그렇다면 예술가의 시집을 발간하기로 한 계획은 어떻게 되었는가? 그것은 루이지 델 리초와 함께 죽어버렸다.

그리고 또 다른 죽음

미켈란젤로는 얼마 지나지 않아 또 다른 참사를 겪는다. 루이지 델리초가 죽은 지 석 달 뒤인 1547년 2월, 비토리아 콜론나가 갑자기 사망한 것이다. 그녀는 57세였고 미켈란젤로는 15세 연상이었다. 자신보다 젊은 가까운 친구들이 다 세상을 떠났는데 왜 그는 아직도 살아 있는가? 하지만 사태는 더 악화되었다. 그 다사다난한 해에 미켈란젤로는 두 친구를 더 잃었다. 한 명은 인문주의 작가 피에트로 벰보였고 다른 한 명은 시인 자코포 사돌레토(1477~1547)였다. 미켈란젤로의 문학 동아리가 갑자기 사라져 버린 것이다. 시집 출간 계획도 물거품이 되었고, 그는 이제 시 쓰기도 거의 포기했다. 남은 생애 만년의 18년 동안, 예술가는 많으면 서른다섯 편 정도, 혹은 적어도 그 절반 정도 되는 편수의 시를 썼다. 그러나 이 시들은 미완성의 단편이었고 읽어줄 사람도 없었다. 여러 가까운 친구들과 동료 시인들이 이제 이 세상 사람이 아니었기 때문이다. 그 시들은 발표되지도 않았다.[54]

깊은 우울 속에서, 미켈란젤로는 이렇게 썼다. "나는 노인이고 죽음은 내게서 청춘의 꿈을 빼앗아갔다. 노년이 무엇을 의미하는지 모르는 사람들은 노년이 되었을 때 자신이 동원할 수 있는 인내심을 가지고 그 노년을 참을 수 있기를. 왜냐하면 노년이란 미리 상상할 수는 없는 것이니."[55]

그가 만년에 쓴 시들 중에는 죽음을 동경하는 내용의 시도 있었다.

미켈란젤로, '죽음은 확실한 것이지만'으로 시작하는 소네트, 1547년 이후, 아포스톨리카 도서관, 바티칸 시국, 로마, 3211 fol. 76r.

죽음은 확실한 것이지만 그 시간을 모르네.

인생은 짧고 그나마 내게 남은 것은 얼마 안 돼.

생명은 내 감각을 즐겁게 하지만 내 영혼의 고향은 아니야.

영혼은 내게 죽고 싶다고 말하네.[56]

이렇게 시작하는 14행 소네트는 비관론이 크게 울려 퍼지는 음울한 노래다. '눈먼 세상' '꺼진 빛' '오류의 승리' '희망의 사라짐' '위험에 빠진 영혼' '피난처 없는 삶' 같은 우울한 표현이 여러 차례 나오고, 죽음과 그 유사한 단어도 계속 나온다.[57] 죽음은 이제 미켈란젤로의 생활에서 빼놓을 수 없는 한 부분이 되었다.

《그리스도의 은혜》

미켈란젤로는 자신의 시집을 출간하지 않았고, 이제 비토리아 콜론나의 시를 묶은 '작은 책'과 두 사람 다 높이 평가한 《그리스도의 은혜Beneficio di Cristo》에서 위안을 얻었다. 만토바의 베네데토라는 무명 작가가 속어〔라틴어가 아닌 이탈리아어〕로 쓴 이 책은 그 시대에 무척 인기 있고 영향력 큰 책들 중 하나였다. 출간 전에 필사본 형태로 널리 유통되었고, 마침내 1542/43년에 출간된 《은혜》는 널리 보급된 책이었다. 그 내용은 믿음에 의한 의화義化와, 하느님과 예수 그리스도와의 사랑스러운 관계를 통한 개인적 구제를 강조했다.[58] 그중에서 가장 위안이 되지만 다소 위험스러운 비정통적 주장은, 우리가 구원을 받기로 예정되어 있다는 주장이다.[59]

주로 성 바울과 성 아우구스티누스를 자주 인용하지만, 오리게네스, 성 암브로시우스, 성 바실리우스 같은 저자들도 인용하는 《은혜》는 속어로 쓰인 책을 읽는 독자들에게 이런 저명한 교부들의 사상을 널리 알린다. 미켈란젤로의 만년에 가장 중요한 종교적 영감의 원천인 성 바울은 '성 바울이 말하기를' '성 바울에 의하면' '성 바울이 증명하기를' '성 바울이 가르친 바에 의하면' '성 바울이 확인하기를' 같은 말들을 통해 《은혜》의 독자들에게 간접적으로 말했다. 성 바울은 만토바의 베네데토의 입을 거쳐 가르치고 확증할 뿐만 아니라 권면한다. "성 바울은 이렇게 가르칩니다." "성 바울은 이렇게 확증합니다." "성 바울은 이렇게 명령합니다." 성 바울은 또한 위로를 건네기도 한다. "성 바울이 우리에게 가르친 바에 의하면, 예수 그리스도를 믿는 모든 사람은 하느님의 자녀입니다."[60] 구약성경은 하느님에 대한 두려움을 가르치지만 신약성경은 사랑하시는 하느님, 믿음에 의한 의화에서 오는 정신적 행복을 가르친다.[61]

《은혜》는 교부 문헌을 광범위하게 활용하면서도 이해하기 쉬운 평범한 이탈리아어로 위로와 안식의 메시지를 전달했다. 이 책은 고통받는 영혼을 위한 진통제였고, 그러했기에 연로한 미켈란젤로를 비롯해 많은 이들이 그 책에 매료되었다. 그러나 교회의 눈으로 볼 때 그 책은 이단적이었다. 미켈란젤로 당시에 이단심문소•는 《은혜》를 금서 목록에 올렸고 수천 권이 불태워졌다.[62] 그럼에도 불구하고 이 책은 널리 읽히고 공유되고 논의되었다. 종교적 논의는 '광장, 작업장, 술집, 심지어 여자들의 빨래터'에서도 널리 행해졌다. 그리하여 한 설교자는 이런 경고를 내놓았다. "양복장이, 목수, 생선 장수, 기타 지상의 쓰레기들이 예정설의 신비, 믿음에 의한 의화, 하느님의 선지, 제단의 거룩한 성사, 은총과 자유의지, 신앙과 공로, 그 밖의 복잡한 종교적 문제와 교회의 교리를 멋대로 지껄이고 있다."[63]

'지상의 쓰레기'였던 적이 없는 미켈란젤로는 이런 종교적 논의를 듣기 위해 술집에 갈 필요는 없었다. 그는 당시 가장 학식 높은 종교사상가들에게서 그런 얘기를 들을 수 있었다. 비토리아 콜론나와 나눈 우정 덕분에 미켈란젤로는 그런 사상을 알게 되었고, 개혁 사상을 가진 사람들을 소개받았다. 그들은 개인적 영성을 믿었고, 믿음에 의

• 원어는 Inquistion. 가톨릭교회가 13세기에 교황 인노켄티우스 3세의 명령으로 이단의 교리 탄압과 이단자 처벌을 위해 설치한 기관. 특히 16세기 스페인에서 있었던 것은 가혹하기로 유명하다.

한 의화를 신봉했으며, 종교 개혁을 지지했다. 이런 사람들로 구성된 느슨한 집단을 가리켜 스피리투알리Spirituali(개인적이고 영성을 믿는 개혁적인 신자들)라고 했다.[64] 그 집단 중 상당수가 후안 데 발데스, 베르나디노 오키노, 일부 북유럽 개혁 사상가들의 가르침으로부터 크게 영향을 받았다. 좀 더 과격한 북유럽 사상가들의 가르침은 이탈리아의 중간책들에 의해 약간 완화된 형태로 이들에게 전달되었다. 그 당시 교회 내에 부패가 만연했던 까닭에 유럽 전역에서 개혁의 외침이 터져 나왔고, 페테르 마르티르 베르밀리, 마르칸토니오 플라미니오, 조반니 모로네, 피에트로 카르네세키, 가스파로 콘타리니, 베르나디노 오키노 같은 사람들이 그런 개혁의 요구에 귀를 기울였다.

미켈란젤로는 이 사람들만큼 지적 위상이 높지 못했고 개인적으로나 기질적으로 그들과 잘 어울릴 만한 사람이 아니었다. 그가 스피리투알리와 맺은 관계는 비토리아 콜론나, 루도비코 베카델리, 그리고 조금 강도는 떨어지지만, 나중에 캔터베리 대주교가 되는 레지널드 폴 추기경(1500~1558) 같은 사람들을 통해 간접적으로 이루어졌다. 이런 저명인사들 덕분에 미켈란젤로는 그 당시 이탈리아와 유럽을 휩쓸던 개혁 사상의 흐름을 알게 되었다. 처음에는 자유롭고 활발하게 전개되던 개혁 사상이 점차 위험성을 내포하게 되었다. 교회가 이 '이단'에 주의를 기울이기 시작하자, 미켈란젤로는 이른바 스피리투알리와의 관계를 감추기 위해 최선을 다했다.

간접적으로 관계를 맺고 공감했던 사람들이 박해를 받거나 추방되는 모습을 옆에서 지켜보기란 괴로운 일이었다. 1542년 로마에 이단 심문소가 설치되어 사람들에게 경각심을 불러일으켰고 한때 관용을 베풀던 교회는 이단을 모조리 축출하는 작업에 나섰다.[65] 그때까지 미켈란젤로는 비토리아 콜론나 및 개혁 사상가들과의 관계가 위험한 일이 될 수 있다고 생각하지 않았다. 그러나 콜론나는 스피리투알리와 알고 지냈으므로 이단에 가까이 다가서고 있었던 셈이다. 점점 더 의심과 비난의 눈길을 보내던 교회의 관점에서는 그렇게 보였다. 아마도 그녀는 정치적 인물이나 공적인 인물이 아닌 데다, 여자이고 독실한 과부여서 그런 의심을 피할 수 있었을 것이다. 혼란이 점점 더 가중된다고 느낀 그녀는 로마의 산 실베스트로 인 카피테로 피정을 가서 절반쯤 은거 생활을 하기로 선택했고, 이어 산타 카테리나 인 비테르보 수녀원으로 들어가 거의 수녀나 다름없는 생활을 했다. 그녀는 최악의 박해 사태가 닥쳐오기 전에 세상을 떠났다.

비토리아 콜론나와 미켈란젤로의 다른 친지나 지인 들은 그다지 운이 좋지 못했다. 강력한 교황 후보였던 레지널드 폴 추기경은 압력을 받아 잉글랜드로 돌아갔다. 베르나디노 오키노와 페테르 베르밀리는 이탈리아에서 국외로 달아났는데, 그런 행위는 곧 그들의 죄상을 시인하는 것이었고 따라서 그들과 접촉해 온 사람들에게 불명예를 안겼다. 루도비코 베카델리는 주교, 교황 대사, 로마 총사제 등을 역임하면서 교회에 수십 년간 봉사했는데도 이스트리아 해안에 있는 라구사(오늘날의 크로아티아 두브로브니크)로 발령을 받아, 사실상 좌천되었다. 조반니 모로네 추기경은 투옥되었고, 피에트로 카르네세키는 화형대에서 불타 죽었고, 가스파로 콘타리니는 독살된 것으로 추정된다.

이러한 박해, 자발적 추방, 죽음이 미켈란젤로에게 직접적인 영향을 미치지는 않았다. 그러나 이런 사태는 그런 사람들과 교유하거나 그들의 가르침에 공감할 경우에 어떤 위험이 들이닥치는지를 보여주었다. 그리하여 설사 미켈란젤로가 그들과 직접적인 접촉이 없었다 하더라도 그들과 교제하는 것은 엄청난 위험이 될 수도 있었다. 비록 간접적으로 아는 사이이기는 하지만 존경하는 사람들의 함구, 추방, 죽음을 목격하고서, 미켈란젤로는 어쩔 수 없이 이단심문소를 의식하면서 깊은 침묵에 빠져들었다. 아마도 이것이 미켈란젤로가 더는 시를 쓰지 않게 된 추가적 사유였을 것이다. 이단심문소의 무자비한 박해 속에서 미켈란젤로는 주류 교회 속으로 조용히 편입되어 들어갔다. 그의 가장 친한 친구들은 이제 죽고 없었다. 그리고 곧 다른 예기치 못한 사건들이 그의 만년을 장식하게 된다.

십자가형 드로잉

이제 시 쓰기가 쓸데없고 목적 없는 일이 되어버렸으므로 미켈란젤로는 드로잉에서 위안을 얻는다. 현존하는 미켈란젤로의 드로잉 중에는 약 여섯 점 정도가 십자가형 및 관련 주제를 다룬 것들이다. 이 중 좋은 것들은 루브르 박물관, 대영박물관, 윈저 성 등에 소장되어 있다. 이 일련의 드로잉은 주제, 스타일, 제작 양식, 이렇다 할 목적 없음 등에서 공통적이다.

한 드로잉에서 마리아와 요한은 십자가 가까이 서 있다. 두 사람은 아들이자 구세주인 분의 죽어가는 육체에서 마지막 온기라도 느끼려는 듯 간절한 자세다(화보 11). 그리스도는 Y자 모양의 십자가에 힘겹게 매달려 있고 그 얼굴은 죽음의 그림자가 드리워져 어둡다. 고개를 숙인 채 머리카락이 헝클어지고 찰싹 붙은 모습은 숨이 넘어가기 직전임을 보여준다. 그렇지만 그 마지막 순간에 그는 요한에게 어머니를 부탁한다. 인물들은 그 슬픔의 무게에 휘어져 거의 유령처럼 보인다. 옷을 두껍게 입은 마리아는 오른쪽 팔을 내밀어 자신의 아들을 가리키며 엄청난 슬픔을 표시하는 듯하다. 동시에 그녀의 두 팔은 가슴 앞에 포개어져 자신의 슬픔을 껴안고 있다. 떨고 있는 신체의 윤곽을 반복적으로 보여주는 두 인물의 사지는 해부학적 파격이라기보다는 이 비극적 드라마에서 연속적으로 벌어지는 여러 순간의 움직임을 포착하고 있다. 이러한 신체 윤곽의 반복•은 동시에 주님의 몸을 한번 만져보고 싶은 예술가의 손길을 암시한다. 분명 이런 드로잉은 개인적 기도와 명상의 한 형태다. 미켈란젤로는 자신의 죽음을 의식한 듯 이렇게 쓴다. "그 안에 죽음의 씨앗이 없는 생각은 태어나서는 안 되는 생각이다."[66]

미켈란젤로가 이런 십자가형 드로잉을 많이 그렸는지 상상해 보는 것은 까다로운 문제다. 이런 드로잉을 장기간에 걸쳐서 그렸는지 여부는 더욱더 상상하기가 어렵다. 학자들은 이 그림들의 제작 연대를 확신하지 못하여, '1550년대 무렵 혹은 1560년대 무렵'이라는 막연한 연대를 제시했을 뿐이다. 10년 이상에 걸쳐서 제작된 열두 점의 십자

• 신체의 윤곽을 말끔하게 하나의 선으로 표시한 것이 아니라 여러 번 덧칠하여 흔들리는 것처럼 보이게 한 것을 말한다.

가형 드로잉은 때때로 예술가의 '만년 작품'과 스타일을 대표하는 것으로 평가된다. 그러나 이 드로잉들은 그 특징, 스타일, 일관된 주제 등을 감안할 때, 어떤 한 시기에 집약적으로 제작된 작품들로 보인다.

이 드로잉들은 아주 감동적인 개인적 작품이다. 우리는 예술가가 거의 강박적일 정도로 같은 주제를 되풀이했음을 발견한다. 전지 종이 위에서 검은색 초크로 칠한 것은 그리스도에게 좀 더 가까이 다가가려는 몸부림처럼 보인다. 미켈란젤로는 이 모든 십자가형 드로잉을, 1547년 비토리아 콜론나의 죽음 직후의 단기간에—혹은 며칠 사이에—그렸는지도 모른다. 이 일련의 드로잉은 고통을 물리치려는 노력, 죽음을 슬퍼하면서 자그마한 위로라도 얻으려는 방법이었을 것이다. 비토리아가 그에게 준 '작은 책' 속의 종교시를 읽는 행위처럼.

십자가형 드로잉들은 그가 교유 초기에 콜론나에게 주었던 멋진 드로잉(화보 8)과 동일한 주제를 다룬다. 뒤에 그린 드로잉에서 그리스도의 파괴된 몸은 도저히 죽음을 이길 것처럼 보이지 않지만 말이다. 이 구슬픈 이미지들은 예술적 창작품이라기보다 예술가 자신을 위해 그려진 정신적 수련이다. 미켈란젤로는 그리스도의 몸을 그리고 또 그림으로써 그리스도에게 가까이 다가갔다. 그가 자신의 예술에 대해서는 의문을 표했을지언정 그리스도에 대한 신앙은 결코 흔들리지 않았다. 그리스도의 몸은 미켈란젤로가 결코 포기한 적 없는 유일한 신체적 이미지다. 그리스도는 그가 생애 후반에 제작한 두 점의 〈피에타〉 조각의 핵심 인물이고 또 이 일련의 드로잉에서도 가장 중요한 인물이다. 미켈란젤로는 드로잉을 여러 점 불태워버렸다고 하지만, 이 감동적인 드로잉들만큼은 그렇게 하지 않았다.[67] 만약 불태웠더라면 그건 신성 모독일 뿐만 아니라 우정에 대한 배신이 되었을 테니까.

루이지 델 리초와 비토리아 콜론나의 연이은 죽음 이후, 미켈란젤로의 시 쓰기와 드로잉은 현저히 그 제작 양이 줄어들었다. 예술가는 시 쓰기는 대체로 그만두었고 비토리아 콜론나와 토마소 데 카발리에리에게 선물로 주었던 그런 드로잉을 이제 더는 그리고 싶은 의욕이 없었다. 직업적으로 더 그려야 할 이유가 없었고 개인적으로는 그런 동기나 욕구가 일어나지 않았다. 사실 그때 그는 작품 제작의 의미와 타당성을 의심하기 시작했다.

서랍 속 소품 뒤지기

1546년에서 1547년의 몇 달 사이에 미켈란젤로에게 중요한 사람들 여섯 명이 세상을 떠났다. 비토리아 콜론나, 루이지 델 리초, 피에트로 벰보 이외에 세바스티아노 델 피옴보, 오타비아노 데 메디치, 프랑스 왕 프랑수아 1세가 바로 그들이다. 피옴보는 미켈란젤로의 친구이자 협력자였고, 메디치는 미켈란젤로가 그 아들에게 대부를 서 주었던 인물이고, 프랑수아 1세는 예술가를 열렬히 후원했을 뿐만 아니라, 미켈란젤로 자신이 메디치 가문의 지배로부터 피렌체를 해방시켜 줄 최후의 희망으로 여겼던 왕이다.

프랑수아 1세의 죽음은 다른 사람들에 비하여 개인적인 측면이 덜 했지만 그래도 나이 든 예술가에게는 충격이었다. 1546년 2월, 미켈란젤로는 '미켈란젤로 앞'이라고 쓰고 왕 자신이 친필로 '프랑수아'라고 서명한 편지를 받았다.[68] 이미 미켈란젤로의 〈부활하신 그리스도〉와 초창기 〈피에타〉의 석고 사본을 소장한 왕은 그 편지에서 예술가의 창작품을 하나 받고 싶다는 소망을 열렬히 피력했다. 자신이 이미 노인이라고 말한 미켈란젤로는(왕보다 20년 이상 연상이었다), 그래도 왕의 부탁을 들어주고 싶다는 뜻을 밝혔다. "제가 이미 말씀드린 바와 같이 저는 오래전부터 폐하를 위하여 대리석, 청동, 물감 등 어느 것이 되었든 작품을 하나 만들어드리고 싶다고 생각했습니다."[69] 그러면서 미켈란젤로는 하느님이 폐하께 행복한 장수를 내려주시길 바란다고 편지를 끝맺었다. 하지만 그로부터 1년도 채 안 되어 왕은 사망했다.

그 후 가슴 아프고 우울한 소식이 두 번이나 더 전해졌다. 첫째, 미켈란젤로의 조카딸 프란체스카가 남자아이를 낳던 중 그 아이가 죽었다는 소식이었다. 예술가는 '마치 자기 아들이 죽은 것처럼' 슬퍼했다.[70] 그리고 넉 달 뒤인 1548년 1월에 미켈란젤로의 동생 조반시모네 부오나로티•가 죽었다는 소식이 전해졌다. 미켈란젤로의 조카이며 상속자인 리오나르도 부오나로티가 전한 소식이었다. 이 소식에 미켈란젤로는 아주 절제된 슬픔의 답신을 보냈다. "리오나르도, 네

• 미켈란젤로는 다섯 형제 가운데 둘째다. 장남은 리오나르도이고 셋째는 부오나로토인데 조카 리오나르도는 셋째 부오나로토의 아들이다. 조반시모네는 넷째인데 쾌락과 방탕에 빠져 아메리카에 건너갔다 오기도 했고 말썽을 많이 일으켰다. 다섯째이며 막내인 지스몬도는 군인으로, 청년 시절 민병대원이었고 고향 세티냐노에서 농사를 지었다. 다섯 형제 중 부오나로토만 결혼했다.

가 보낸 최근 편지로 조반시모네의 죽음을 알게 되었다. 나는 몹시도 슬펐단다. 비록 내가 늙기는 했지만 그 애가 죽기 전에, 혹은 내가 죽기 전에 그 애를 만나보고 싶었는데."[71]

전기 작가들은 미켈란젤로와 그의 집안 형제들 사이의 문제를 다룰 때, 특히 이 문장을 간과하는 경향이 있다. 조반시모네는 미켈란젤로가 평생 분노가 끓어넘치는 편지를 써 보낸 동생이기도 했다. 그는 동생에 대한 재정적 지원을 끊어버렸을 뿐만 아니라 "그 팔난봉이 죽든 말든 그냥 내버려두어야 한다"라고 편지에서 언급했던 바로 그 동생이다. 이 말썽꾼이 아버지를 협박한다는 사실을 알고서, 화가 머리끝까지 치민 미켈란젤로는 편지에다 이렇게 썼다. "지금 이 순간, 말을 타고 피렌체로 달려가서 네가 얼마나 큰 잘못을 저질렀는지 알려주고 싶구나. … 내가 집으로 간다면 네놈의 눈에서 뜨거운 눈물이 흘러내리도록 해주겠다. 네가 그런 건방진 짓을 저지르면 어떤 벌을 받는지 단단히 알려줄 것이다."[72]

미켈란젤로 가족들이 서로 화를 내며 싸우는 사태가 대개 그렇듯이—이것은 과거나 현재의 이탈리아인들 사이에서 흔히 볼 수 있는 가정 내 분란인데—분노는 곧 가라앉았다. 그런 분개의 편지를 써가는 와중에도 끝부분에 이르면 화가 상당히 가라앉아 있다. 미켈란젤로는 오래전에도 이미 동생의 방탕한 태도를 용서한 적이 있었다. 그래서 조카 리오나르도에게 이렇게 썼다. "그는 내 동생이야. 어떻게 생겨먹었든."[73] 이제 로마에 살면서 나이 든 미켈란젤로는 죽기 전에 동생을 한번 보지 못한 게 후회스러웠다. 그리고 앞으로 남은 생에서 자주 그렇게 하듯이, 예술가는 자신을 하느님의 뜻에 맡겼다. "일이 그렇게 되어가는 게 하느님의 뜻이라면, 우리는 거기에 따를 수밖에 없지." 그러나 미켈란젤로는 조카 리오나르도에게 보낸 편지에서 개인적인 부탁을 하는데 그 내용이 자못 감동적이다. "동생이 어떻게 죽었는지, 고백성사를 했는지, 교회에서 지시하는 모든 일과 마지막 병자성사를 받았는지 알고 싶구나. 내가 그 소식을 듣고 그걸 확신할 수 있다면 지금보다는 덜 슬플 것 같구나."[74] 미켈란젤로는 기독교 신자인 데다 매우 종교적인 사람이어서 그런 점들이 몹시 중요했다. 그는 리오나르도에게서 불충분한 정보를 보고받자, 조카의 둔감한 태도를 꾸짖는다.

네가 보낸 편지를 보니 조반시모네의 죽음을 가볍게 넘겼구나. 내게 그 아이의 죽음에 대해 자세한 정보를 전하지 않은 걸 보니 말이다. … 네게 이런 말을 들려주고 싶구나. 그는 내 동생이야. 어떻게 생겨먹었든. 그러니 나는 슬퍼하지 않을 수 없고, 그 애의 영혼을 위하여 뭔가 해주고 싶구나. 네 아버지가 돌아가셨을 때와 똑같이 말이다.[75]

미켈란젤로는 막내 지스몬도(1481~1555)에게서 아무런 소식을 듣지 못한 일도 똑같이 섭섭해했다. "그 애는 나한테 편지를 한 통도 보내지 않아."[76] 소식이 없는 지스몬도는 미켈란젤로의 직계 중 유일하게 남은 형제였다. 그때는 1548년 1월이었고 로마의 날씨는 춥고 음산했다. 미켈란젤로는 축축한 겨울 몇 달 동안에는 파올리나 예배당에서 일할 수가 없었다. 그는 가족과 죽음에 대해 깊이 성찰했는데, 가족 생각만 하면 죽음이 떠오르는 것이었다. 근 73세가 다 된 미켈란젤로는 방금 사망 소식을 받은 동생은 물론이고 친구 중 누구보다도 나이가 많았다.

미켈란젤로는 이미 50년 전에 그와 비슷한 충격적인 죽음 소식을 접한 적이 있었다. 그때는 그의 생애에서 또 다른 전환점이 되는 1492년이었다. 예술가의 최초 후원자인 로렌초 데 메디치가 사망한 것이다. 로렌초 대공의 사망 직후에, 로렌초의 인문주의 동아리 중 두 저명인사인 안젤로 폴리치아노와 조반니 피코 델라 미란돌라도 사망했다. 그로부터 50년이 지난 1548년, 미켈란젤로는 피렌체 저술가인 베네데토 바르키(1503~1565)와 주고받은 편지 때문에 그 오래전 일을 떠올린다. 바르키는 당시 막 생겨난 피렌체 학술원 회원들을 상대로 학문적 연설을 하면서 미켈란젤로의 소네트 한 편을 주된 화제로 삼았다. 이 시는 바르키의 논평서가 출간된 덕분에 미켈란젤로의 시 중에 가장 잘 알려진 시가 되었는데, 첫 네 행은 미켈란젤로의 예술 이론을 수많은 논평가에게 알려주는 역할을 했다. "대리석 덩어리 안에서 탁월한 예술가가 실현하지 못하는 것은 없다네. 단, 그의 손이 지성의 인도를 따라야 하네."[77]

피렌체 학술원의 회원인 루카 마르티니는 바르키의 출간된 논평서를 미켈란젤로에게 보냈다. 예술가는 마르티니의 작은 책 선물을 자랑스럽게 생각했고 그 책을 친구 도나토 잔노티와 함께 보았다고 말했다. 미켈란젤로는 자신이 그 소네트를 쓴 사실을 인정하면서도 바르키의 고매한 논평이 너무나 멋지다고 감탄했다.

그 소네트를 제가 쓴 것은 맞습니다. 하지만 그 논평은 하늘에서 내려온 논평이었고 정말로 멋집니다. 이건 내 의견이 아니라, 내 친구 도나토 잔노티라고, 충분히 그런 판단을 내릴 만한 사람의 의견입니다. 잔노티는 그 책을 재미있게 읽었고 또 당신에게 안부 인사를 보냅니다. 그 소네트에 대해 말하자면, 나는 그 시가 그리 대단하지 않음을 잘 알지만, 자랑스러운 느낌이 드는 건 어쩔 수가 없군요. 그 시가 이처럼 학식 높고 멋진 논평의 대상이 되었으니 말입니다.[78]

미켈란젤로는 자신이 직접 인사하기보다는 마르티니에게 대신 감사 인사를 전해 달라고 요청했다. "내가 느끼는 애정, 호감, 예의에 걸맞은 그런 언사"로 꼭 인사를 대신 해달라고 부탁했다. 평소처럼 미켈란젤로는 자신이 생각하기에 고매한 학식 앞에서 다소 자신을 의식하는 행동을 한 것이다. 이어 그는 격언을 인용했다. "이런 좋은 명성을 누릴 때, 행운을 시험해서는 안 됩니다. 까마득한 높이에서 굴러떨어지는 것보다는 침묵을 지키는 편이 더 좋습니다." 그는 자신이 늙었다고 주장하면서 "죽음은 내게서 청춘의 생각을 앗아갔습니다"[79]라고 썼다. 그는 고매한 학술적 논의에 끼어들 처지가 아니었고 또 이제 더는 시를 쓰지도 않았다.

그러나 그 직후에 미켈란젤로는 바르키에게 직접 답변해야 할 일이 생겼다. 바르키가 회화와 조각의 상대적 장점에 관한 학술 토론—상호 대조paragone의 문제—에 대하여 의견을 내달라고 간절히 요청해 왔기 때문이다. 미켈란젤로는 마지못해 바르키의 질문에 대답했다. 그 과정에서 예술가는 아주 분명하면서도 명확한 예술 이론을 진술했다.

내가 보기에 회화는 조각을 닮아가는 정도에 따라 우수한 작품이 되고, 반면에 조각은 회화를 닮아가는 정도에 따라 열등한 작품이 됩니다. 그래서 나는 과거에 회화가 조각으로부터 그 빛을 얻는다고 생각하고, 그 둘 사이의 차이는 해와 달의 차이라고 보았습니다.[80]

그렇지만 바르키의 관련 논문을 읽고 미켈란젤로는 이제 생각을 바꾸었다고 말한다.

회화와 조각은 하나이며 같은 것입니다. 이런 일심동체이므로, 화가는 회화를 중시하고 조각을 우습게 보아서는 안 되며, 마찬가지로 조각가는 회화를 우습게 보아서는 안 됩니다. 나는 조각이라고 하면 대리석 덩어리에서 불필요한 것을 제거하는 작업, 더 나아가 회화 위에다 더 많은 것을 덧붙이는 작업이라고 말하겠습니다.[81]

그러나 미켈란젤로가 이런 추상적 논의에 별로 관심이 없었다는 것은 분명하다. "이런 논의는 인물상을 제작하는 것보다 시간이 더 많이 걸리기 때문입니다." 그런 다음 그는 더는 논의를 이어가지 않겠다는 듯이 자신의 고령을 환기했다. "나는 노인일 뿐만 아니라 이제 세상을 떠난 사람들 사이에 있어도 섭섭하지 않은 나이입니다."[82]

미켈란젤로가 베네데토 바르키와 주고받은 편지에서 드러나는 우울한 분위기는 최근에 있었던 루이지 델 리초와 비토리아 콜론나의 죽음과 관련이 있었다. 이러한 심적 분위기는 그 무렵에 조반프란체스코 파투치에게 보낸 편지에서도 잘 드러난다. 파투치는 미켈란젤로의 오랜 친구였을 뿐 아니라 피렌체 산타 마리아 델 피오레 성당의 주임 신부였다. 예술가의 심란한 정서적 분위기는 친구에게 보낸, 다음과 같은 앞뒤가 잘 연결되지 않게 휘갈겨 쓴 문장에서도 분명하게 드러난다.

> 최근에는 아주 우울하여 집에 계속 있으면서 내 물건들을 한번 살펴보았습니다. 그랬더니 내가 전에 당신에게 여러 번 보낸 소품들이 손에 잡힙니다. 그중에서 이제 네 편을 당신에게 보낼 텐데 이미 이런 것들을 보냈을지도 모릅니다. 그러면 당신은 내가 늙고 정신 나갔다고 하겠지요. 이 같은 심심풀이 일거리라도 있어야 슬픔 때문에 머리가 돌아버리는 일이 없을 것 같습니다. 그러니 놀라지 마시고, 내게 소식을 좀 전해 주십시오. 부탁입니다.[83]

이 편지는 생생한 그림을 보여준다. 어둑한 저녁 햇빛 속에서 노인은 향수에 사로잡혀 각종 개인 사물이 뒤섞인 침실 서랍을 뒤진다. 그는 시를 끼적거리곤 하는 종이 뭉치를 넘겨본다. 그중 어떤 것은 비토리아 콜론나에게 주려고 정서해 놓은 시다. 또 어떤 것들은 여러 해 전에 친구 파투치와 함께 읽은 것들이다. 많은 시가 미완성이고, 한때 델 리초와 함께 시집을 내려는 생각도 했지만 그렇게 하지 못한 것들이다. 그런데 이제 그 모든 일이 아주 무의미해 보인다. 그렇지만 그는 그중에서 네 편을 골라낸다. "내가 전에 당신에게 여러 번 보낸 소품들"이다. 그는 "내가 아직 살아 있음을 알리기 위해 몇 줄 적어본" 편지 속에다 이 소품들을 함께 동봉한다.

같은 편지에 미켈란젤로는 회화와 조각을 상호 비교하는 문제에 대하여 바르키에게 답변하는 쪽지—정성 들여 썼지만 내내 짜증을 느꼈던 쪽지—도 동봉하면서 파투치에게 그 쪽지를 "바르키에게 건네주라고 부탁하면서, 예술가 자신이 할 수 있는 것보다 더 훌륭하게 감사 표시를 해달라"라고 요청한다.[84] 이렇게 하여 그는 지루한 일을 한 건 처리한다. 바르키에게 보내는 쪽지의 초벌 원고는 아직도 그의 여러 문서 사이에 남아 있다. 그 글은 답변을 몇 줄 써 내려가다가 끼어든 다른 글이었다. 철학적 답변을 쓰는 도중에 갑자기 울적한 시상이 솟구쳐서 끄적거린 것이다.

… 이제 병약하고 피곤해진 이 덧없는 육신.
이렇게 살아가는 걸 피하려면 무엇을 해야 할까?
주님, 당신이 없다면, 나는 아무런 축복도 없습니다.
운명을 바꾸는 힘은 오로지 하느님 손에 있습니다.[85]

그 종이에 미켈란젤로는 이제 '달곰씁쓸한 눈물'을 흘릴 힘마저 없는 '피곤한 노인'의 울적한 생각을 적었다.[86] 그는 그 페이지에다 시적인 단편을 더 적다가 종이를 뒤집어서 마드리갈 한 편을 적었다.

또다시 여인의 아름다움이 나를 뒤흔들고
나를 격려하며 내게 채찍질을 가한다.
이제 오전 아홉 시의 기도는 지나갔고, 오후 세 시의 기도
그리고 저녁 기도도 지나가서, 밤이 오고 있다.

나의 출생과 운명 사이에서, 앞의 것은
죽음과 희롱하고 뒤의 것은 여기 지상에서
진정한 휴식을 내려주지 않는구나.
이제 나의 백발과 나의 고령을 내 것으로 받아들인다.
이미 내 손 안에는 저승의 차표가 들려 있다.
저승은 진정 참회하는 자만이 바라볼 수 있는 것.[87]

그는 이 종이 위에 쓴 시 단편이나 마드리갈을 파투치에게 보내지 않았다. 그것들은 모두 미완이다. 우리는 여러 차례 수정을 거쳐 종이 위에 정서된 시들만 '마드리갈'이라고 부른다. 미켈란젤로가 그 종이 위에 휘갈겨 쓴 것은 이런 온전한 수준에 도달하지 못했다. 미켈란젤로는 그것들을 완성된 작품으로 여기지 않았기에 보내지도 않았다. 그래서 그는 친구 파투치의 호의에 기대어 "내게 소식 좀 전해주십시오"라고 호소한다. 그게 어떤 소식인지는 그리 중요하지 않다. 미켈란젤로는 이제 "나의 백발과 나의 고령을 내 것으로 받아들"이며 죽음을 기다리고 있기 때문이다. 하지만 그는 앞으로 17년은 더 기다려야 할 것이다. 그는 자신의 인생이나 예술이 끝나려면 아직 멀었다는 것을 알지 못했다. 그는 인생의 또 다른 중요한 변곡점에 와 있었고, 여태까지보다 훨씬 더 바빠질 터였다.

3장

장수한 교황

미켈란젤로가 슬픔을 겪던 1540년대 중반 내내, 교황 파울루스 3세(알레산드로 파르네세: 1468~1549, 재위 1534~1549)라는 든든한 존재가 있었다. 파울루스와 미켈란젤로는 고령을 위시하여 공통되는 점이 많았다. 파울루스가 1534년 교황 자리에 올랐을 때 미켈란젤로는 59세였고 교황은 66세였다. 두 사람은 로렌초 데 메디치의 피렌체라는 용광로에서 단련되었다는 공통분모를 가진 동시대인이었기에 서로를 신임하고 존중했다. 그리고 그때로부터 반세기 이상이 지나간 지금, 그들은 교회와 그 내부 개혁에 헌신하는 매우 종교적인 사람들이 되어 있었다. 그들은 대부분의 동시대 사람들보다 더 오래 살고 있다는 울적한 사실도 공유했다.

알레산드로 파르네세는 피렌체와 로마에서 세련된 인문주의 교육을 받은 덕분에 교회의 세속 정치와 바티칸 관료 사회에서 유능한 행정가로서 능력을 발휘했다. 우리는 세바스티아노 델 피옴보와 티치아노(화보 12)의 초상화에서 예리한 지성과 강철 같은 결단력을 지닌 인물을 볼 수 있다. 그의 날카로운 눈은 주름진 둥근 눈썹의 그림자 아래에서 상대방을 강하게 응시한다. 오뚝한 일직선의 코는 그가 오래된 로마 가문의 후예임을 말해 준다. 그보다 덜 뚜렷한 사실은, 이 명민한 인물이 미켈란젤로의 친구이자 이 예술가의 최대 후원자였다는 점이다. 파울루스는 그 누구보다 미켈란젤로의 천재를 잘 알았고 또 그것을 잘 활용했다.

미켈란젤로의 전기 작가 조르조 바사리에 따르면, 교황은 선출된 직후에 미켈란젤로를 불렀다. 교황은 예술가에게 덕담을 건넨 후, 여러 가지 제안을 했다.

> 교황은 그에게 교황 옆에 있으면서 많이 도와달라고 설득하려 했다. 미켈란젤로는 율리우스 영묘가 완공될 때까지 우르비노 공작과 계약이 되어 있다고 대답하면서 그 요청을 거절했다. 그러자 교황은 화를 내며 이렇게 말했다. "나는 이 야망을 지난 30년 동안 간직해 왔소. 이제 내가 교황이 되었는데 그걸 충족시키지 못한다니 말이 되겠소? 내가 그 계약을 파기하도록 하겠소. 나는 무슨 일이 있어도 당신이 교황청에 봉사하도록 만들겠소."[1]

물론 교황은 화가 나서 그렇게 말했을 뿐, 율리우스 2세 영묘의 계약을 파기하지 않았다. 그 대신에 교황은 어느 적당한 날을 잡아서 한 무리의 추기경을 대동하고 로마 시내를 가로질러 비아 마첼 데 코르비에 있는 미켈란젤로의 집을 방문했다. 죽은 까마귀 고기와 돼지 내장을 팔던 상인들이 진홍색 옷을 입은 수행단이 진흙탕 동네를 방문하는 광경을 보고 얼마나 놀랐겠는가! 물론 스위스인 경비대가 구경꾼들을 멀리 물리쳤지만, 그 동네 사람들은 미켈란젤로의 집 현관

쪽으로 꾸역꾸역 몰려들었다. 몇 년 전에 여동생 빈첸차를 미켈란젤로의 집에서 강제로 끌고 갔던 그 오빠도 그때는 무모했던 자신의 행동을 후회했으리라.

교황과 수행단이 미켈란젤로의 집을 방문한 것은 특별한 영광이었다. 혹자는 이 사건을 알렉산드로스 대왕이 당대 최고의 화가 아펠레스의 작업실을 방문했다는 유명한 이야기처럼 하나의 전설로 치부해 버릴 수도 있을 것이다. 하지만 교황의 방문은 명백한 증거가 있다. 바로 이 방문 중에 에르콜레 곤차가 추기경이 〈모세〉 하나만으로도 율리우스 2세의 영묘를 충분히 빛낼 수 있을 것이라고 말했다. 이렇게 하여 미켈란젤로는 영묘 작업을 편안히 마칠 수 있게 되었을 뿐만 아니라 앞으로는 파울루스 교황의 일까지 맡게 되었다. 교황은 그 방문으로 미켈란젤로에게 매우 분명하게 힘을 실어준 셈이었다.

미켈란젤로는 곧 교황을 위해 상당히 많은 일을 한다. 파울루스는 먼저 예술가에게 〈최후의 심판〉(1536~1541) 그리는 일을 맡겼고, 이어 파올리나 예배당(1542경~1550)의 프레스코 작업도 맡겼다. 미켈란젤로는 여러 건축 공사도 발주 받았다. 먼저 카피톨리노 언덕(또는 캄피돌리오 언덕, 1538년경 시작)의 설계를 위시하여, 파르네세 궁전(1546년 시작), 그리고 맨 마지막으로 새로운 성 베드로 대성당(1546년 시작)을 맡았다. 파울루스 3세는 미켈란젤로에게 아주 적극적인 후원자였을 뿐만 아니라 큰 힘을 실어주는 지원자가 되었다.

파울루스의 재위 초기에 미켈란젤로는 건축가이자 교황청 관리인 자코포 멜레기노에게서 다정한 편지를 받았다. 그는 교황의 지시를 받아 그 편지를 보냈다. "교황 성하께서는 여기 혼자 계시고 가까이 대화를 나눌 사람이 없으니, 크게 불편하지 않다면 당신과 함께 대화를 나누고 또 함께 시스티나 예배당을 방문하기를 원하십니다."[2] 이 편지는 예술가와 교황이 서로 친밀한 사이였음을 보여준다. 그래서 바사리는 그 관계를 이렇게 과장되게 말했다. "파울루스 교황은 미켈란젤로를 너무나 존경하고 사랑하여 언제나 예술가의 비위를 맞추려고 애를 썼다."[3] 아무튼 바사리는 옆에서 두 사람의 관계를 직접 목격했고 또 미켈란젤로 자신의 언행이 이러한 진술에 신빙성을 보태준다. 파울루스는 1534년에서 1549년까지 장기간 재위했고 미켈란젤로는 이 기간에 많은 작품을 제작했다. 미켈란젤로의 나이가 60대 후반에서 70대 초반에 걸치는 고령이었다는 점을 감안하면 굉장히 생산적인 시기였다고 할 수 있다. 미켈란젤로는 과거를 회고하면서 교황으로부터 많은 특혜를 받았다고 인정했다. 그는 이 고마운 후원자의 우정과 지원을 높게 평가했다.

교황과 나눈 우정

비록 이 세상에서 맡은 각자의 역할과 책임과 지위는 달랐지만 파울루스와 미켈란젤로는 서로 존중하는 우정을 다져나갔다. 그들의 인생 경력은 사뭇 달랐지만 로렌초 데 메디치의 인문주의 동아리라는 환경에서 사회에 첫발을 내디뎠다는 점에서는 공통점이 있었다. 두 사람의 나이 차이, 사회적 지위, 교육 차이 등을 감안할 때, 그들이 1490년대 초기부터 만났을 가능성은 희박하다. 비록 피렌체에서 함께 성년을 맞이하지는 않았지만, 50년 뒤 그들은 로마에서 의기투합하는 다정한 친구 사이가 되었다. 공통의 근원을 가진 열매 위에서 자라난 우정에는 뭔가 특별한 점이 있었다. 두 사람 모두 '장엄자il Magnifico' 로렌초 데 메디치 대공과 그 주위의 학식 높은 사람들과 관련된 생생한 추억을 간직하고 있었다. 이 공통 체험만으로도 그들을 단단히 결속시키기에 충분했고, 특히 그 당시 로마의 불안정한 환경을 감안하면 그런 추억은 더욱 특별한 의미를 띠었다.

그들의 우정을 확실하게 보여주는 증거는 교황이 직접 내린 '모투 프로프리오motu proprio'〔자발적 교서〕다. 이 교서에서 파울루스는 미켈란젤로를 성 베드로 대성당의 최고 전결專決 건축가로 임명했다. 이 교서는 미켈란젤로를 가리켜 "우리의 사랑하는 아들 미켈 안젤로 부오나로티, 피렌체 시민, 우리 집안의 식구, 우리의 단골 식사 동무"[4]라고 했다. 교황과 예술가의 특별한 애정은 그들이 함께 나눈 음식, 와인, 식사가 생생하게 증언한다. 1547년 6월 중순의 어느 날, 미켈란젤로는 막 피렌체의 조카에게서 받은 새 트레비아노 와인 마흔네 병 중에 열 병을 교황에게 보냈다(원래 조카는 쉰 병을 보냈으나, 세 병은 수송 도중에 파손되었고 세 병은 세관 관리들이 압수했는데 아마도 그들이 마셨을 것이다).[5]

부오나로티 가문의 땅을 관리하는 조카 리오나르도는 로마에서는 구하기 어려운 토스카나 특산물을 미켈란젤로에게 정기적으로 보내왔다. 6월이면 트레비아노 와인을 마흔 병에서 쉰 병 정도 보냈고, 겨울에는 마르촐리노 치즈(때로는 카치오 양젖 치즈)를 열두 상자 정도 보냈다. 리오나르도는 라비올리〔고기 단자〕, 토스카나 콩과 소시지, 붉은색 혹은 흰색의 케치콩, 푸른 완두콩, 사과, 자두, 신선한 노란 배 등도 보냈다. 이런 특산품들이 도착하면 미켈란젤로는 토마소 데 카발리에리, 세바스티아노 델 피옴보, 바르톨롬메오 안젤리니 같은 가까운 친구들과 나누어 먹었다. 피옴보와 안젤리니가 작고한 뒤로는 부오나로티 농장에서 나오는 특산품을 그들 대신에 파울루스 교황에게 돌렸다.

한번은 미켈란젤로가 조카에게 라비올리 한 덩어리가 수송되는 도중에 상했다고 불평을 했다(피렌체에서 로마까지 물건을 보내는 데 때로는 일주일이 걸렸다). 미켈란젤로의 조카는 뭔가 특별한 것을 보낼 생각으로 라비올리를 보낸 것이었다. 이놈은 로마에 가면 장안의 화제가 될 거야, 하고 생각했다. 물론 신선한 라비올리를 보내기란 여간 어려운 일이 아니었다. 하지만 와인, 배, 상하지 않은 라비올리 등의 품질이 아주 좋으면, 이 불평 많은 숙부도 진정으로 고맙다는 감사 표시를 했다. 그러면서 조카에게 그 맛좋은 식품 중 상당수가 교황의 식탁에 올랐다고 알려주었다. 자신이 보낸 특산품이 기독교 세계 통치자의 식탁에 올랐다는 소식을 듣고서 리오나르도는 최고의 토스카나 특산품을 보내는 데 더욱더 신경을 썼다. 리오나르도의 친구들이나 이웃들은 교황이 부오나로티 특산품을 좋아하고 그것을 미켈란젤로와 함께 먹는다는 소식을 듣고서 부러워했을 것이다.

과일, 특히 배는 사회적 지위가 비슷하거나 상당히 친한 사람들 사이에서만 교환하는, 전형적인 귀족용 선물이었다.[6] 1548년 5월, 미켈란젤로는 파울루스에게 배를 서른세 개 보냈다. 교황은 "그 배들을 최고급이라고 생각했고 정말로 고맙게 여겼다."[7] 그 당시 "복숭아, 배, 사과는 좋은 와인을 곁들여야 한다"라는 속담에서 알 수 있듯이, 좋은 과일은 와인을 즐기는 데 필수품이었다.[8] 파울루스 교황은 건강상의 이유로 좋은 와인에 특별히 신경을 썼다. 1548년 5월에 미켈란젤로가 교황의 주방에 보낸 서른세 알의 부오나로티 가문 배는 바티칸 요리사들 사이에서 화제가 되지 않았을까. 가령 그 과일을 어떤 와인과 매치할 것인지, 멋진 와인에다 그 과일 조각을 어떻게 띄울 것인지 따위를 얘기하지 않았을까. 이 맛좋은 특산품을 받은 교황이 미켈란젤로에게 보낸 감사 편지는 아쉽게도 후대에 전해지지 않는다.

그 당시 사람들 대다수가 그러했듯이 파울루스와 미켈란젤로는 체액 이론을 신봉했다. 이것은 냉온과 건습의 원리에 의거하여 개인의 주된 기질을 쾌활한 기질, 성마른 기질, 무기력한 기질, 우울한 기질 등 네 가지로 나누는 방식이다.● 파울루스와 미켈란젤로처럼 나이 든 사람들은 차갑고 건조한 체질로 간주된다. 따라서 이런 사람들은 따뜻한 음식을 먹고 와인을 마시면 그런 체질을 보충할 수 있다고 보았다.[9] 교황은 뜨거운 여름 석 달 동안에는 몬테풀치아노산 와인을 즐겨 마셨으나 그래도 미켈란젤로가 정기적으로 봉헌하는 토스카나산 트레비아노 와인 선물도 고맙게 받았다.

● 체액 이론은 고대부터 내려온 윤리와 과학의 체계 안에 깊게 뿌리내린 사상이다. 르네상스의 체액 이론은 갈레노스, 히포크라테스, 이 두 사람에 대한 논평가들의 저작을 바탕으로 한 것인데, 인간의 몸에 있는 혈액, 점액, 황담액, 흑담액이라는 네 가지 체액의 뒤섞임을 가지고 인간의 행동을 설명한다. 여기서 쾌활한 기질, 성마른 기질, 무기력한 기질, 우울한 기질이라는 표현이 나왔다. 이 네 가지 체액이 서로 균형을 이루면 '좋은' 기질을 만들어내는 반면, 네 체액 중 어느 한 체액이 압도적으로 많으면 '병든' 기질 혹은 '사악한' 기질을 갖게 된다.

가장 좋은 트레비아노 와인은 발다르노 지방(부치네, 몬테바르키, 산조반니 같은 도시)에서 나온 것이었고 토스카나에서 생산되는 와인 중에 최고급의 비싼 와인으로 평가되었다.[10] 파울루스와 미켈란젤로는 자신들이 건조한 체질의 노인임을 감안하여 술을 절제하며 마셨다. 그렇지만 와인을 마실 때에는 즐거운 마음으로 마셨다. 미켈란젤로는 귀족처럼 옷 입기를 좋아하여 언제나 피렌체의 고급 옷감과 의복을 선호했다. 마찬가지로 와인도 최고급 토스카나 제품만을 고집했다. 그래서, 비록 때때로 불평을 터트리기는 했지만, 최고급 토스카나 특산품을 정기적으로 보내주는 조카를 고맙게 생각했다.

미켈란젤로는 파울루스와 우정을 다져나가면서 자연스럽게 막강한 파르네세 가문의 교황 최측근과도 어울렸다. 교황의 손자로서 높은 학식을 쌓은 알레산드로 파르네세 추기경(1520~1589)은 '일 그란 카르디날레il Gran Cardinale'〔위대한 추기경〕로 널리 알려져 있었다. 이 추기경은 미켈란젤로가 율리우스 후계자들과 협상할 때 도와주었고 또 수익 높은 교황청 일거리를 얻어주었다. 예술가는 파르네세 대가족 내의 여러 사람과 친해졌다. 가령 교황의 시종장 아스카니오 스포르차를 위해 미켈란젤로는 산타 마리아 마조레 예배당을 설계해주었다. 또 알레산드로 추기경의 비서인 안니발레 카로(1507~1566)는 아스카니오 콘디비가 《미켈란젤로의 생애》(1553년 출간)를 집필할 때 도와주었다. 루도비코 베카델리는 예술가의 친한 친구가 되었다. 이런 넓은 인맥은 여러 해 전 미켈란젤로가 메디치 동아리의 일원이었을 때 누렸던 바와 비슷한 연락망의 혜택을 안겨주었다. 실제로 파울루스 교황과 파르네세 가문 덕분에 미켈란젤로는 과거 메디치 가문에서 누렸던 혜택을 50년 세월이 흐른 후에 다시 누릴 수 있게 되었다. 교양 높은 친구들과 후원자들의 따뜻한 이해와 격려가 그의 만년의 작품 활동에 크게 힘을 실어주었다.

로마를 방어할 수 있겠는가?

1546년 8월, 파울루스 교황이 총애하던 건축가 안토니오 다 상갈로가 사망했다. 미켈란젤로는 안토니오의 숙부인 줄리아노 다 상갈로는 존경했지만, 거들먹거리기 좋아하고 잘난 체하는 그 조카는 대단치 않게 여겼다. 게다가 지난 몇 년 동안 안토니오는 로마의 축성과 관련해 공개적으로 의견이 불일치하는 등 미켈란젤로와 여러 번 갈등이 있었다. 로마는 약 17킬로미터에 걸치는 원형의 성벽만으로는 방어가 거의 불가능한 도시였다. 뛰어난 군사령관인 벨리사리우스도 기원후 6세기에 이런 방어상의 어려움에 직면한 바 있었다. 미켈란젤로 당시의 군대는 이처럼 넓게 퍼진 순환형 성곽을 방어할 만큼 대규모가 아니었다. 게다가 로마의 성벽은 너무 오래되었다. 보기에는 아무리 멋지다고 할지라도 화약 전쟁의 시대에는 몹시 낡은 것이 되어버렸다. 소수의 대포로 일정한 지역에 집중 포격을 가하면 높은 성벽도 순식간에 가루가 되어버릴 터였다. 따라서 문제는 두 가지였다. 로마의 어느 부분을 방어할 것이며 그 일을 어떻게 수행할 것인가? 미켈란젤로는 자신을 축성 전문가라고 자부했기에, 교황 면전에서 상갈로가 그런 언쟁을 벌인 점에 대해 내심 괘씸하게 여겼다.

상갈로 가문은 노련한 건축가를 많이 배출한 집안이었다. 사실 안토니오 다 상갈로는 어려서부터 그런 직업 훈련을 받은 소수의 르네상스 건축가 중 한 사람이었다. 르네상스 시기의 많은 건축가가 실은 다른 직업에 종사하다가 나중에 건축가가 되었다. 예를 들어 조토는 화가였고, 필리포 브루넬레스키는 금 세공사였으며, 레온 바티스타 알베르티는 학자, 미켈란젤로는 조각가였다. 이에 비하여 안토니오 다 상갈로는 본격 건축가로서 흠잡을 데 없는 가계를 자랑했고 게다가 폭넓은 경험을 쌓았다. 그러므로 그는 나름의 권위를 내세울 만했다. 하지만 그는 상대방을 짜증나게 만드는 방식으로 자신의 권위를 과시했다.

미켈란젤로가 현장에 나타나기 훨씬 이전부터 상갈로 집안은 다수의 건축 공사를 맡았는데 그중에는 당시의 교황인 파르네세가 발주한 것도 여러 건이었다. 게다가 상갈로 가문, 특히 안토니오는 근대식 축성 공사를 많이 해본 건축가 겸 시공업자였다. 안토니오 다 상갈로의 많은 시공 업적 중에서도 인상적인 것은, 교황 파울루스 3세가 소중하게 여기는 카스트로라는 소도시다.[11] 카스트로는 이탈리아 북부 라치오 지방의 독립 소공국의 수도인데, 그 공국은 파울루스 교황이 아첨 잘 하는 아들 피에르 루이지 파르네세에게 하사한 것이었다. 이 오래된 도시는 소규모 건축물이 들어선 곳에 불과했는데(어떤 동시대인은 '집시 오두막' 집단이라고 묘사했다), 상갈로가 이 도시를 건축학적으로 완전히 리모델링을 했다. 그 과정에서 상갈로는 근대식 방어전의 모범 사례로서 그 도시의 축성도 설계했다.

교황의 즉위 초기에 로마의 방어가 중요한 문제로 떠올랐을 때, 상갈로와 미켈란젤로는 최초로 공개 설전을 벌였다.[12] 미켈란젤로가 군사적 건축과 시공 분야에서 내세울 수 있는 권위는 1529~1530년에 고향 도시가 포위 공격을 받았을 때 피렌체 축성 총감독으로 활약한 일이었다(화보 13). 이 경력 덕분에 그는 1537년 무렵에 로마시의 방어에 자문역을 맡게 되었다.[13] 그러나 1540년대에 이르렀을 때, 미켈란젤로는 피렌체 시뇨리아를 위하여 작성했던 설계 도면을 수중에 가지고 있지 않았다. 게다가 더 나쁜 것은, 그 당시 피렌체가 전쟁에서 패배했다는 사실이었다. 그 당시 피렌체는 미켈란젤로의 방어 설계가 잘못되어서 패전한 것이 아니라 기아와 피로와 배신 때문에 항복했으나 그것은 변명의 사유가 될 수 없었다. 피렌체시가 항복한 것은 명확한 사실이므로 안토니오는 그것을 무자비하게 활용했다. 그러면서 안토니오는 카스트로를 건설할 때 작성했던 여러 설계 도면, 로마의 방어망을 크게 단축시키는 계획을 보여주는 도면을 제시하여 교황의 환심을 사려 했다.[14]

여기서 우리는 교황 앞에서 어떤 설전이 벌어졌고 그 결과가 어떠했는지는 쉽게 상상해 볼 수 있다. 다음 두 주장 중 어느 쪽이 더 설득력이 있었겠는가?

"저는 피렌체 축성을 맡은 적이 있습니다. 하지만 저의 설계는 의도한 대로 시공되지 않았습니다."

"저는 카스트로 소공국의 건축가로 일하면서 이 세상에서 가장 근대적인 방어 시설을 완공했습니다. 성하께서 그 도시를 방문하시겠다면 언제든 환영입니다."

상갈로는 자신의 주장을 뒷받침하기 위해 조수를 여러 명 고용했는데 그중에는 경험 풍부한 군사 시설 엔지니어 겸 지도 제작자인 레오나르도 부팔리니도 들어 있었다.[15] 이처럼 훌륭한 보좌진을 갖춘 작업장은 단 며칠 만에 관련 도면과 진흙 모형을 만들어 제출할 수 있었다. 미켈란젤로가 성채 방어의 아이디어를 단 하나라도 온전히 스케치하기도 전에 상갈로와 그 조수들은 근대적 각도의 돌출부를 갖춘 성채의 소규모 3차원 모형을 만들어 교황에게 보여주었다. 그 모형은 위로 비스듬하게 올라가는 형태를 취했고 맨 윗부분의 요각凹角 안에는 대포 거치대가 삼주어져 있었다. 이런 비스듬한 성벽과 둥그런 꼭대기 부분은 대포알을 빗나가게 하려는 의도로 고안되었고, 그보다 더 중요한 사항은, 성채의 돌출부가 잘 엄폐된 방위군들이 화력을 최대한 많이 발사하도록 해준다는 점이었다. 석궁이나 화승총을 쏘기 위한 낡은 돌출벽이나 총안銃眼을 없애버림으로써, 그 성채는 외견상 아주 견고한 구조를 보여주었다. 별 모양의 돌출부는 현대 무기의 희생양이 되기 쉬운 중세의 비효율적인 탑을 완전히 대체했다. 미켈란젤로는 상갈로의 설계안이 자신의 구상과 비슷하다고 반격을 가할 수도 있었겠지만, 그는 그 주장을 입증할 만한 모형이나 설계 도면을 가지고 있지 않았다. 교황이 아무리 미켈란젤로를 믿어준다고 해도, 안토니오 다 상갈로는 훨씬 더 좋은 대책을 가지고 나왔다. 그리하여 미켈란젤로는 그 논쟁에서 패했다.

상갈로의 로마 요새(화보 14)는 시의 남부 경계에 자리 잡은 아주 위협적인 구조물이었고, 후대의 더 좋은 축성술, 가령 미국의 티콘데로가 요새에서 프랑스의 마지노 선Maginot Line에 이르는 성채 축조 기술의 예고편이었다.[16] 성의 바깥에서 그 성벽을 바라본다면—그러니까 공격해 오는 적군의 관점에서 보자면—그 성벽의 전반적 구상, 즉 항공 조감도 같은 걸 파악하기가 불가능했다. 그런 만큼 어디를 공격해야 할지 난감해지는 것이다. 접근이 가능한 지점마다 높이 약 15미터의 위풍당당한 성벽, 약 300장의 벽돌로 쌓아올린 옹벽이 버티고 있었다. 게다가 성벽 바로 앞까지 접근해야 비로소 성벽의 모든 부분이 크고 작은 구경을 지닌 대포로 방어되고 있음을 파악할 수 있었다. 그것은 당시의 병사들이 겪어보았던 '관습적' 전투가 아니었다. 공성탑, 성벽 사다리, 발판용 갈고리, 파성추, 투석기, 창병·총검병·궁수 등은 이런 근대적 방어 시설 앞에서는 아무 소용이 없었다. 이제 성벽에 배치된 대포 수가 병사 규모보다 훨씬 중요해졌다. 상갈로의 새 성채 안에서 버티는 병사들은 안전함과 자신감을 완벽하게 느낄 수 있을 것이고 반면에 성벽 바깥에서 공격하는 자들은 차라리 다른 곳을 공격하고 싶은 생각이 들 것이었다.

상갈로는 도시의 한 지역에만 이런 거대한 성곽 구조물을 구축했다. 그것을 건설하는 데에는 오랜 시간이 걸렸고 건설비는 천문학적 단위였다. 그의 탁월한 건축 철학은 당시 가용할 수 있는 자원을 훌쩍 앞서갔다. 더욱이 포르타 아르데아티나[아르데아티나 성문]를 따라 성채를 건설하여 로마의 남쪽 출입로를 방어한다는 계획은 전략적으로 온당치 않았다. 성 베드로 대성당에서 멀리 떨어져 있고 또 로마 시민들이 많이 모여 사는 지역과도 거리가 상당히 떨어져 있어서, 그 새로운 성채는 가장 중요한 도심과 바티칸 단지를 보호하는 데 별로 중요한 역할을 할 수가 없었다. 그리하여 저 오래된 문제가 다시 제기되었다. 로마의 어느 부분을 어떻게 방어할 것인가? 그리고 그에 못지않게 중요한 질문이 연이어 터져 나왔다. 그 비용은?

언제나 실용을 추구하는 파울루스 3세는 상갈로에게 교황청에서 가장 중요한 지역인 바티칸 단지를 신경 쓰라고 주문했다. 똑똑하고 순종적인 상갈로는 트라스테베레를 마주 보는 가파른 바티칸 언덕의 자연 지리에 주의를 집중했다. 그리하여 '색슨Saxon'성문 쪽으로 들어오는 접근로를 보호하기 위해 반월형 능보稜堡를 갖춘 새로운 요새를 설계했다. 색슨 성문은 현재 '포르타 산토 스피리토'라고 알려진 성문인데, 남쪽을 바라보며 테베레강과 나란히 달리는 거리(현재는 '비아 룽가'로 알려진 거리)의 최종 도착지이기도 하다. 상갈로는 색슨 성문에 고전 고대의 장식적 언어를 부여함으로써 이 성문을 더 멋지게 단장하려 했다. 그는 높은 대좌 위에 거대한 백색 석회화travertine, 石灰華 기둥을 성벽에 붙여 세워놓고 그것을 바티칸 단지로 들어가는 획기적인 관문이라고 선언했다. 그 매력적인 고전풍의 건축물에 홀려서, 적군은 자신들이 파괴적 포격이 기다리는 비좁은 통로 속으로 유인되고 있음을 의식하지 못할 터였다. 상갈로는 교황의 보안 목적에 완벽하게 부응했다. 로마시를 방어할 뿐만 아니라 장식까지 해주는 구조물을 설계했으니 말이다.

이 획기적인 성문을 완공하는 데 필요한 석회화 덩어리들이 절반 이상 조달되어 필요한 곳에 투입되었다. 관문의 거대한 기둥들은 배경이 되는 벽돌 성벽에 기대어 성벽 높이의 약 3분의 2 지점까지 올라갔다. 그런데 1546년 늦여름의 어느 날, 상갈로가 갑자기 사망하는 바람에 공사가 전면 중단되었다. 불행하게도 그 성문은 미완으로 남았다(화보 15). 벽돌 성벽과 풍상에 시달린 석회화 덩어리들은 이제 공포심도 존경심도 불러일으키지 않는다. 그러나 미완 상태보다 더 나쁜 것은, 이 성문이 괴이할 정도로 절단되어 있다는 인상을 준다는 점이다.

여기서 우리는 이렇게 묻고 싶어진다. 왜 안토니오 다 상갈로의 색슨 성문은 절반 이상 공사가 진척되었는데도 완공되지 못했을까? 갑자기 공사가 중단된 이유는 무엇인가? 그 건축가의 존재가 성문의 최종 완공에 필수적 요소인가? 이러한 질문들은 중요하다. 왜냐하면 그것들은 미켈란젤로 생애 만년의 핵심 주제 하나를 해명해 주기 때문이다. 그의 동시대인들이 맡았던 여러 공사는 미완으로 방치되었지만, 미켈란젤로가 책임을 맡았던 건축물은 모두 완공되었다. 그의 사망 시에 미완으로 남아 있던 것들도 결국에는 완성되었다.

거대한 혼란

1546년 8월에 상갈로가 사망하자, 색슨 성문의 공사는 중단되었을 뿐만 아니라 파르네세 궁과 새로운 성 베드로 대성당 같은 핵심 건축 공사도 모두 멈춰 섰다. 미켈란젤로는 성가신 젊은 친구가 사라져 버린 것이 내심 후련했으나, 상갈로가 미완으로 남긴 공사를 자신이 떠맡게 되리라고는 꿈에도 생각지 못했다. 처음에 교황은 성 베드로 대성당의 건축가로 줄리오 로마노를 발탁하려 했으나 이 곤차가 궁정의 예술가는 상갈로가 죽은 지 석 달도 못 되어 만토바에서 사망했다. 물론 스승의 공사를 이어갈 수 있는 상갈로 휘하의 다른 건축가들도 있었다. 그런 사람들 중에서는 난니 디 바초 비조가 강력한 후보였다. 난니는 오랫동안 상갈로 가문과 인연을 맺어왔고 또 성 베드로 대성당 일에도 참여했다. 또 다른 후보로는 자코포 멜레기노가 있었는데, 그 또한 상갈로 밑에서 오랫동안 일했고 파울루스 3세가 1546년 11월 1일에 교황청 건축가로 임명한 사람이었다.[17]

따라서 교황이 미켈란젤로에게 기독교권에서 가장 큰 교회를 완공하는 막중한 책임을 맡겼을 때 그것은 정말로 놀라운 일, 혹은 충격적인 처사였다. 우리는 미켈란젤로의 편지와 다른 기록을 통해 예술가와 교황 사이에 오간 대화를 짐작할 수 있다. 그리고 그 나머지, 미켈란젤로의 최초 반응 등에 대해서는 상상력을 발휘해 볼 수 있다.

안 됩니다.
좋은 생각이 아니에요.
난니 디 바초 비조도 있고 멜레기노도 있지 않습니까?

미켈란젤로는 반대할 만한 이유가 많이 있었다. 우선 '새 교회'의 엉망진창인 상태가 마음에 들지 않았다. 그는 최근에 엄청난 개인적 상실의 충격을 겪었고 또 이미 나이가 너무 많아서 그 일을 맡기에는 적당치 않았다. 그는 최근에 죽은 안토니오 다 상갈로보다 나이가 많았다. 게다가 미켈란젤로의 점점 나빠지는 건강은 그 중요한 공사를 더욱 위태롭게 만들 수도 있었다. 상갈로는 61세에 죽었지만 미켈란젤로는 그보다 열 살이나 더 많았다! 이런 점들이 그가 성 베드로 대성당 일을 맡지 않으려는 구체적 사유였다. 그는 이런 말도 덧붙였다. "저는 건축가가 아닙니다."

우리는 이런 대화가 오갔으리라 상상해 본다.

두 사람 사이에 침묵이 흐른다.

파울루스는 교황이다.

미켈란젤로는 예술가이고 교황에게 봉사해야 하는 사람이다.

두 사람은 이미 12년을 같이 일해 왔고, 둘 다 70대의 노인이다.

파울루스는 아무 말이 없다.

그러자 미켈란젤로는 아직 파올리나 예배당, 즉 파울루스 기념 예배당의 프레스코도 완성하지 못했다고 말했다. 그건 사실이었다.

침묵.

미켈란젤로는 할 일이 너무 많아서 피렌체의 가족에게 편지 쓸 시간조차 없다고 말한다. 최근에 그의 조카는 왜 그리 편지가 없냐고 따져 묻기도 했다.[18]

"건축은 저의 전문이 아닙니다." 그는 다시 한번 항의한다. 물론 그건 진실이지만 약간 거짓이 섞인 말이다. 그는 자신이 토건업자로서 조금 경험이 있다고 주장한 적이 있었다. 토건업은 다른 기술보다 더 많은 다양한 기술을 필요로 한다는 것을 그는 잘 알았다. 사람은 구상과 모델만 가지고는 건물을 짓지 못한다. 이 때문에 안토니오 필라레테, 레온 바티스타 알베르티, 레오나르도 다빈치 같은 도면 건축가들에게서 많은 문제가 발생하는 것이다. 심지어 도나토 브라만테(1444~1514)조차 아름다운 도면 작성하기를 잘했지만 공학 관련 문제는 잘 해결하지 못했다.

피렌체의 요새 축성은 미켈란젤로가 대규모 건축 공사를 해보았다고 주장하는 주된 근거였으나 파울루스 3세는 로마 요새의 설계자로는 상갈로를 더 선호했다. 불안하고 어색한 시간이 흘렀고, 그 선택은 교황보다 예술가에게 더 견디기 어려운 순간이었다.

교황은 여전히 아무 말이 없다.

그때까지 미켈란젤로가 달성한 가장 큰 건축적 업적은 피렌체의 산 로렌초 교회의 파사드였다. 하지만 그 공사는 20년 전에 중도 취소되어서 그때 이후 예술가는 두고두고 그 일을 슬퍼하고 부끄러워했다. 그의 다른 두 건축 공사, 즉 메디치 예배당과 라우렌치아나 도서관 또한 미완의 상태로 남았다. 어느 경우든 새 베드로 대성당의 대대적 규모와 복잡한 구조는 이런 소규모 건축물을 압도하고도 남을 터였다.

교황은 미켈란젤로가 건설한 건물은 단 하나도 본 적이 없었다.[19] 사실 완공된 건물이 존재하지 않았다. 도대체 미켈란젤로를 성 베드로 대성당의 최고 수석 건축가로 임명하려는 교황은 어떤 합리적 근거를 갖고 있는가?

미켈란젤로는 이제 72세가 다 되어가고 있었다. 그런 엄청난 책임을 맡기에는 나이가 너무 많았다. 그는 대성당의 완공은 물론이고 그

성당이 어느 정도 유의미하게 진척되는 모습조차 보지 못한 채 죽을 가능성이 높았다. 그는 심지어 자신이 파올리나 예배당의 프레스코를 완성할 때까지 살 수 있을지도 확신이 서지 않았다. 그러니 그가 이런 엄청난 일을 맡는 것은 어리석고 무책임한 처사가 될 터였다. 1534년에 로마에 정착한 후 12년 동안 이 도시에서 살아온 미켈란젤로는 그동안에 성 베드로 대성당 공사가 조금이라도 진척되는 장면을 본 적이 없었다. 그런데 병약하고 고령인 그가 어떻게 혼란 덩어리의 대공사를 본궤도에 올려놓을 수 있겠는가?

계속 이어지는 침묵.

성 베드로 대성당은 모든 측면에서 혼란스러웠다. 브라만테 뒤에 온 건축가들은 모두 그가 애초에 진행한 중앙 집중적인 설계안으로부터 벗어났다. 40년의 세월이 흐르는 동안 건축가가 여섯 명이나 교체되었고 저마다 자기만의 독특한 건축 구상을 강요하려 들었다. 또한 문제가 많은 것이, 그 대공사를 감독하는 교황청 대리 기구였다. 그 기구의 이름은 파브리카 디 산 피에트로Fabbrica di San Pietro였는데 미켈란젤로는 줄여서 '파브리카'라고 불렀다. 이 관청은 참견하고 간섭하는 관료들이 계속 바뀌는 구조였다. 그 직원들은 인색한 데다 일을 방해하려는 성향이 농후했다. 이 감독 관리들은 모두 교황청에서 임명했고, 그들 중 상당수가 상갈로가 대성당 건축가로 일했던 지난 20년 동안 상갈로와 긴밀히 협조해 온 사람들이었다. 그들은 당연히 미켈란젤로에게 의구심을 품었다. 그가 상갈로의 뒤를 자연스럽게 이은 사람도 아니었고 노련한 상갈로를 대체할 만한 최고의 건축가도 아니었기 때문이다. 그들이 미켈란젤로의 임명을 엄청난 실수로 생각한다고 해서 나무랄 수만은 없었다.

파브리카에는 꼭대기에서 밑바닥까지 비효율성이 만연했고 부정부패를 부르는 정실주의가 횡행했다. 뇌물과 횡령이 판을 쳤다. 무능한 직원들이 엄청난 고가에 번드레한 자재를 사들이는 바람에 엄청난 낭비를 피할 수 없었다. 최하급의 수레꾼부터 붉은 모자를 쓴 추기경에 이르기까지, 파브리카의 방만한 조직과 수상한 거래 관행에서 파생한 눈먼 돈에 의해 오염되지 않은 사람이 없을 정도였다.

그럼에도 불구하고 그 건물의 일부가 건설되었다. 그것 또한 문제였다. 새로운 건축가가 부임할 때마다 성 베드로 대성당은 '발전'을 보였으나 브라만테가 세운 애초의 분명한 건축 구상으로부터 멀어져 갔다. 따라서 미켈란젤로로서는 더는 지지할 수 있는 건물이 아니었고, 구상·설계·시공에서의 다양한 흠결을 시정하기 위해 그가 할 수 있는 일도 그리 많지 않았다. 미켈란젤로가 보기에 상갈로는 최악의 범인이었으나, 그는 건축가들 중에서 가장 오랫동안 책임자 자리에 남아 있었다. 파울루스 교황은 미켈란젤로가 이 공사를 건네받아 상갈로의 설계를 계속 이어가리라 기대하는 것인가?

상갈로는 이미 남쪽 익랑의 상당 부분을 건설하여, 그 나름으로는 브라만테의 최초 설계안을 '개선'하려는 자신의 구상을 실현했다. 그는 회랑을 추가함으로써 건물 크기를 상당히 키워놓았다. 여기서 회랑이라 함은 대성당 테두리를 빙 두르는 통로를 가리킨다. 이 어리석은 조치 또한 다양한 문제의 발생을 예고했다.

그렇지만 교황은 여전히 말이 없었다.

또 다른 곤란한 문제는 나무로 만든 건물 모형이었다. 상갈로의 후임으로 들어가겠다고 생각하는 어리석은 사람은 이 거대한 나무 모형 탓에 엄청나게 제약을 받을 수밖에 없었다(화보 16). 그것은 정말 대단한 모델이었다! 그것은 톱질 모탕을 받침대 삼아 전시되어 있었는데, 받침대가 얼마나 큰지 그 밑으로 사람이 들락날락하면서 그 모형 돔을 자세히 구경할 수 있을 정도였다. 구경꾼은 그 채색 디테일에 경탄하면서 이것보다 20배 크기의 실물 대성당이 어떤 모습일지 상상할 수 있었다. 이 모형에는 경첩이 다수 쓰였는데, 내부로 문이 열려서 교회의 단면도를 보여주었다. 이 놀라운 건축 모형은 길이 약 7미터에 너비 6미터였다. 여덟 명의 목수가 7년 동안 달라붙어서 만들었고, 제작비만 해도 무려 4천 두카트가 들어갔다.[20]

상갈로의 모형을 보노라면 감동하지 않을 수 없었다. 산 로렌초 교회 파사드의 멋진 모형을 만들어본 경험이 있는 미켈란젤로도 상갈로의 모형이 비교를 불허하는 걸작임을 인정해야 했다. 그렇지만 그것은 과도한 사치였고 뻔뻔한 홍보용 전시물에 불과했다. 그 모형의 크기, 비용, 들어간 인력 때문에, 사실상 상갈로의 설계대로 공사가 진행될 수밖에 없었다. 그 모형을 보는 사람은 콘스탄티누스가 지은 원래의 성 베드로 대성당이 좀 더 웅장한 건물로 교체가 되겠구나, 하고 생각하게 된다. 그러나 미켈란젤로는 그 건물이 웅장한 것이 아니라 끔찍한 것이 되어버릴 거라고 보았다.

미켈란젤로는 파브리카가 자신의 임명을 결코 받아들이려 하지 않으리라는 것을 알았다. 특히 그가 상갈로의 설계를 바꾸겠다고 하면 벌 떼처럼 들고일어날 터였다. 교회 관리들은 대체로 현상 유지를 원했다. 그 현상이란 곧 상갈로의 모형이었다. 더욱이 이 관리들은 그 모형의 재정 지원을 승인했던 자들이었다. 그들이 이제 와서 그것을 변경하려 들겠는가? 미켈란젤로는 그런 변경에 대하여 파브리카의 지원을 이끌어낼 타당한 근거를 제시할 수 있는가? 그리고 솔직히 털어놓고 말해서, 왜 파브리카가 그를 지원해야 하는가?

무거운 침묵.

그 나무 모형은 요샛말로 한다면 '지상에 세워진 팩트'였다. 그렇지만 미켈란젤로는 그 설계를 따라서는 결코 대성당을 완공하지 못할 것이라고 주장했다. 모형 자체는 흥미롭지만, 막상 그것을 전면적으로 시공하려 든다면 대참사가 되고 만다고 보았다. 미켈란젤로가 보기에 그것은 아주 흉물스러운 건축물이 될 것이었다. 하지만 많은 사람들이 상갈로 모형에 기득권을 쥐고 있었다. 그들은 분명 이렇게 나올 것이었다. 왜 이렇게 진전된 단계에 와서 이 설계로부터 벗어나려 하는가? 이 멋진(그리고 값비싼) 모형은 이미 승인을 받아 제작되어 전시되고 있지 않은가? 대다수 사람들이 상갈로를 지지했다. 파브리카의 임원들은 그 모형의 제작비를 승인했다. 그 관청의 수석 조수들은 상갈로의 설계를 이해했고 그대로 실행하려 했다. 그리고 많은 노동자가 날마다 건설 현장에서 일하고 있었다. 그들의 고용 승계는 현상을 유지해야만 가능했다. 도대체 이런 현실에 대하여 미켈란젤로는 어떤 반론을 갖고 있다는 말인가?

이어 파울루스가 입을 열었다.

여러 가지 갈등을 일으키는 논증과 정서를 아예 무시해 버리고 교황은 결정을 내렸다. 그는 단단히 결심했다. 파울루스는 교황이었다. "예술가가 겪고 있는 엄청난 당황스러움"에도 아랑곳하지 않고, 파울루스 3세는 미켈란젤로를 성 베드로 대성당의 최고 전결권을 쥔 건축가로 임명했다.[21] 공식 부임 날짜는 이듬해인 1547년 1월 1일이었다. 미켈란젤로는 11월부터 교황과 협상해 왔다. 그는 내심 타협을 결심하고 1546년 12월 초부터 대체 설계안을 구상하고 있었다.[22] 그러나 갑작스럽게도 그는 이제 단순한 고문관이 아니라 최고 전결권을 쥔 건축가가 된 것이다.

예술가가 이미 우려했던 대로, 그는 머리가 안 돌아가는 파브리카 임원들, 방해만 하려 드는 감독관들, 그리고 말을 잘 안 들으려 하는 노동자들을 물려받았다. 그들은 경험이 많지 않은 신임 건축가를 의심스러워하는 눈초리로 바라보았고 그런 만큼 상갈로 모형을 따르려 하는 사람들이었다. 이처럼 엄청난 방해에 직면한 데다 파올리나 예배당의 프레스코도 완성하지 못한 상태로, 미켈란젤로는 마지못해서 그 새로운 책임을 맡았다. 그가 첫 번째로 한 일은 대성당 공사의 재정과 건설을 감독하는 파브리카 임원들을 만나는 것이었다. 그런 다음에는 현장 노동자들을 설득해야 했다. 그들이 다루는 재료만큼이나 고집 센 석공, 벽돌공, 기타 등등을.

'어리석은 양 떼'를 위한 풀밭

미켈란젤로가 예상했던 대로, 상갈로 모형은 곧 문제가 되었다. 많은 감독자가 교황만큼이나 공사 진척이 부진하다며 화를 냈고 그런 만큼 미켈란젤로가 상갈로 모형을 거부하는 이유를 이해하지 못했다. 미켈란젤로는 입 다물고 가만있지 못했다. 그 모형 지지자가 상갈로 설계를 '풀이 모자라지 않는 풀밭'이라고 말하자, 미켈란젤로는 까칠하게 대답했다. "그건 그렇습니다. 예술에 대해서 아무것도 모르는 멍청한 황소와 어리석은 양 떼를 위해서라면."[23] 이 말이 미켈란젤로 전기 작가 바사리가 지어낸 것일지 모른다는 생각이 들 수도 있겠지만 이런 진술을 뒷받침하는 어느 정도 객관적인 증거가 있다. 마음이 어느 정도 진정되었을 때, 미켈란젤로는 파브리카의 이해심 많은 임원인 바르톨롬메오 페라티노에게 보낸 편지에서 상갈로의 구상을 길게 비판했다.

> 상갈로는 외곽 회랑을 설치하기 위해 브라만테의 당초 설계안에서 햇빛이 들어오는 장소를 제거했습니다. 게다가 그 회랑 자체가 빛을 받아들이는 구조가 아닙니다. 거기에는 위아래로 도피처가 너무 많고 또 어둡습니다. 그러니 회랑은 온갖 악덕의 온상이 될 겁니다. 범법자들이 숨어들거나, 위조화폐를 만들거나, 수녀들을 임신시키거나, 다른 지저분한 비행이 저질러지기에 딱 좋은 공간입니다. 그래서 교회가 문 닫는 저녁때가 되면 거기 숨어드는 자들을 색출하기 위해 경비병을 스물다섯 명은 고용해야 할 것입니다.[24]

미켈란젤로는 상갈로의 설계 도면에 따르자면 인근의 파올리나 예배당을 위시하여 유서 깊은 건물 여러 채를 철거해야 한다는 점도 지적했다. 미켈란젤로는 페라티노에게 보낸 편지에서 이렇게 말했다. “나는 시스티나 예배당도 무사히 살아남지 못할 거라고 봅니다.”[25] 심술궂은 상갈로는 대성당 건물을 일부러 그렇게 크게 확대하여 미켈란젤로의 위대한 그림들마저 없애버리려 했던 것인가? 죽음이라는 우아한 개입자가 없었더라면 미켈란젤로의 프레스코 전체가 사라졌을지도 몰랐다. 그 편지에 서명하고 나서 미켈란젤로는 이런 신랄한 개인적 논평을 하지 않을 수 없었다. “상갈로의 모형을 보고 있노라면 내가 지난 세월 이루어놓은 모든 것이 파괴될 것이라는 생각이 듭니다. 그렇게 되면 정말로 엄청난 손실이 될 것입니다.” 이건 맞는 말이었다.

하지만 미켈란젤로는 상갈로가 저지른 대혼란을 정리할 수 있다고 생각했다. 그가 페라티노에게 장문의 편지를 쓴 의도는 다음과 같은 호소에서 분명하게 드러난다. 그는 상갈로 모형을 포기하고 브라만테의 원안을 고수하자고 호소한다. 이는 주목할 만한 사항인데, 미켈란젤로는 한때 자신의 라이벌이었던 브라만테에게 개인적으로 혐오감을 품고 있었는데도 불구하고 그런 호소를 했기 때문이다.

> 고대에서 현대에 이르기까지 브라만테는 건축 기술이 뛰어난 사람임을 부정할 수 없습니다. 성 베드로 대성당의 최초 설계 도면을 작성한 사람은 그였습니다. 그 설계 도면은 혼란스럽지도 않고, 분명하면서도 단순하고, 온 사방에서 빛이 들어와 자유롭습니다. 그래서 그것은 궁

전의 위엄 높은 면모를 조금도 잃지 않습니다. 그것은 멋진 업적이었고, 지금 보아도 여전히 그 설계 도면은 아름답습니다. 따라서 상갈로처럼 브라만테의 설계에서 벗어난 사람은 그 스스로 진리로부터 벗어난 사람입니다.[26]

미켈란젤로는 페라티노를 다정한 친구('아미코 카로amico caro')라고 부르면서 그 편지에다 '당신의 미켈란젤로'라고 서명했다. 페라티노는 감독청인 파브리카에서 몇 안 되는, 미켈란젤로에게 너그러운 임원이었다. 그는 역사적인 저명인사는 아니었지만 미켈란젤로의 말에 동감해 주었고 훼방 놓는 파브리카의 관료주의를 헤쳐 나가는 방법을 알려주었다. 페라티노 같은 사람의 도움과 교황의 무조건적 지원 아래, 미켈란젤로는 성 베드로 대성당에서 뭔가 성취할 수 있겠다는 희망을 품게 되었다. 그가 거둔 최초의 중요한 승리는 상갈로 모형을 혁파한 것이었다. 비록 그가 그 전투에서 승리를 거두기는 했지만, 아직 전쟁에서 승리한 것은 아니었다. 파브리카 및 상갈로의 충실한 지지자들과의 갈등은 그 후 몇 년 동안 지속되었다.

그다음에 미켈란젤로는 공사 현장을 둘러보았다.

40년 이상 파괴와 건설이 계속된 탓에 성 베드로 대성당은 울적한 몰골이었다. 네 개의 부벽을 아치가 서로 연결했지만, 아치를 가로지르는 중간 부분은 미완성이어서 그 위의 하늘에 그대로 노출되어 있었다. 임시 구조물이 대성당의 무덤을 풍상의 습기로부터 막아주고는 있었지만, 순례자들이 그 혼란스러운 공사 현장을 피해 가느라고 애를 먹었고 성당에 조금의 존경심도 품지 않았다.[27] 옛 대성당의 중

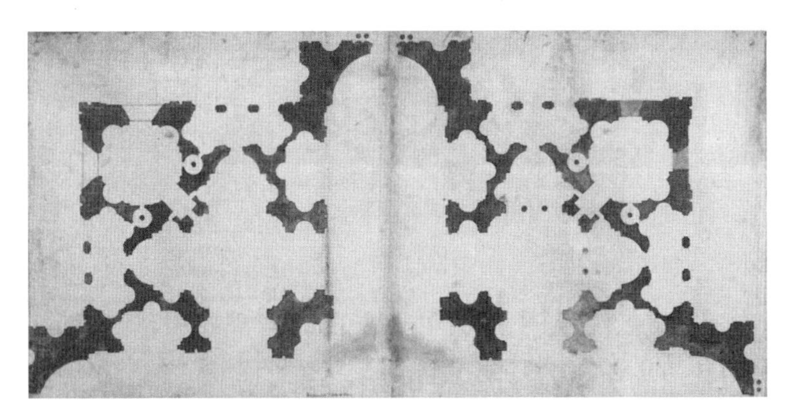

도나토 브라만테, 성 베드로 대성당의 설계도, 1505경, 우피치 미술관의 설계실(1A), 피렌체.

앙 회중석 기둥과 엔태블러처에서 나온 부서진 조각들 중 일부가 그곳을 황급히 철거할 때 그대로 현장에 내버려져 있었다. 새로운 공사 현장은 비계가 설치되었고, 밧줄, 기중기, 권양기 등이 투입되었으며, 건설용 돌과 장비가 잡다하게 쌓여 있었다. 옛 벽돌과 새 벽돌, 모래, 모르타르용 포촐라나〔화산재〕, 수레, 못, 밧줄, 도르래, 나무, 진흙 등이 온 사방에 어지럽게 널려 있었다. 동물 배설물과 쓰레기에서 풍겨 나오는 고약한 악취와 혼란한 작업 현장 분위기가 성 베드로 대성당 전체에 스며들어 있었다. 세상에서 가장 큰 공사 현장은, 새로운 교회의 예고편이라기보다 고대 로마의 허물어진 유적을 연상시켰다(화보 17과 18).

브라만테는 설계자로서는 뛰어났지만 엔지니어로서는 신통치 않았다. 그는 일찍이 교황 율리우스 2세에게서 기독교권의 가장 중요한 교회를 다시 설계하라는 지시를 받고서 과감한 해결안을 제시했다. 기독교로 개종한 로마 최초의 황제인 콘스탄티누스 대제는 기원

후 4세기 초에 베드로 성인의 무덤으로 여겨지는 땅 위에다 획기적이고 기념비적인 교회를 건설하라고 지시했다. 율리우스 2세가 브라만테에게 그 교회를 다시 설계해 보라고 지시했을 때, 그 건물은 이미 지은 지 천 년이 지난 오래된 교회였다. 그래서 벽들은 금이 가고 지붕은 물이 샜다. 브라만테는 이 천 년 된 교회의 지붕에 기념비적인 돔을 씌운, 중앙 집중형의 바실리카를 만들겠다고 제안했다. 이 대담한 설계는, 숭배되지만 퇴락해 가는 옛 바실리카를 깨끗이 허무는 것을 의미했다. 그리하여 기독교 초창기의 교회는 새 바실리카가 들어섬에 따라 차츰 사라졌다.

새로운 교회를 지어야 한다는 긴급한 열망 속에서 브라만테는 옛 바실리카를 망설임 없이 허물어버렸다. 하나씩 하나씩 철거된 콘스탄티누스 대제 교회의 한 덩어리 대리석 기둥은 여러 조각으로 분해되어 사라졌다. 이처럼 아름다운 고대 기둥들이 사라지자 로마 시민들은 브라만테를 가리켜 '일 루이난테Il Ruinante'〔파괴자〕라고 불렀다. 미켈란젤로는 그런 별명이 타당하다고 하면서 이렇게 지적했다. "벽돌을 한 장 한 장 쌓아 올리는 것은 쉽지만 그런 기둥을 만드는 것은 아주 어려운 일이다."[28] 게다가 브라만테는 중앙 돔을 지지하는 거대한 부벽 네 개를 건설하려고 할 때 그 기둥이 떠받쳐야 하는 구조물의 무게와 하중을 상당히 과소평가했다. 그리하여 미켈란젤로가 당장 해결해야 할 문제는 브라만테의 건축 구상을 살리되, 여러 가지 공학적 결점을 보완하는 것이었다. 그러나 이렇게 하자면 최근에 이루어진 건설 공사를 상당히 철거해야 했다. 어떻게 보면 40년의 건설 역사를 원점으로 되돌려야 하는 상황이었다. 그렇게 하자면 후원자와 예술가는 상당한 용기와 비전이 있어야 했다. 다행히도 교황은 예술가를 신임했다.

성 베드로 대성당을 다시 지으라는 파울루스 3세의 지시는 만년의 미켈란젤로에게 새로운 목적의식과 지향점을 제시했다. 대성당 일은 그의 평생에 걸친 최대 규모의 책임 사업이 될 터였고 개인적 관심사와 슬픔을 모두 내려놓게 만들었다. 성 베드로 대성당은 예술가가 맡은 최후의 임무였고, 노령, 절망, 죽음에 굴복하지 말아야 할 최선의 이유를 제공했다. 미켈란젤로는 이미 많은 업적을 이루었고, 그런 만큼 과연 이것이 얼마 남지 않은 삶을 바치는 가장 좋은 방법인지 의문을 품을 만했다. 그는 나이가 들었고 최근에는 사랑하는 친구들 여러 명을 먼저 보냈다. 그는 일찍이 이런 엄청난 도전에 직면한 적이 없었다. 하지만 그는 자신의 구원은 성 베드로 대성당을 되살리는 데 달렸다고 확신했다. 그리하여 미켈란젤로에게 남은 시간 동안에 성 베드로 대성당은 그의 곁에서 떠나지 않는 아주 중요한 관심사가 되었다. 교회는 그의 맨 마지막 몇 년의 시간에서 중심 서사가 되었다.

4장

성 베드로의 건축가

파울루스 3세는 결국 망설이는 미켈란젤로에게 대성당 공사를 맡도록 설득했다. 그렇게 된 것은 그가 교황이었기 때문일 수도 있고, 더 나아가 둘 사이에 와인과 배를 나누어 먹는 것 이상의 교감이 있었기 때문일 수도 있다. 교회는 교황과 예술가에게 일상생활과 목적의식을 부여했다. 두 사람은 그들에게 남아 있는 짧은 시간과 하느님에 대한 강한 책임의식을 예민하게 느끼고 있었다.

공사 현장을 정비하다

미켈란젤로에게 부과된 가장 긴급한 과제는 대성당의 돔을 지탱하는, 서로 마주 보는 네 개의 부벽을 강화하는 것이었다. 이 일에 대해서만큼은 아무런 이의나 논쟁이 있을 수 없었다. 브라만테의 공학적 설계가 부적절했다고 지적하는 건 쉬운 일이었고 최근에 죽은 상갈로보다 더 오래 전에 죽은 브라만테를 비난하는 것은 더 안전하기도 했다. 부벽들은 이미 겉보기에도 흠결이 있어 보였고 부벽을 가로지르는 아치는 금이 가기 시작했다. 미켈란젤로는 즉시 중앙 부벽들의 외부를 두텁게 하여 두께를 늘렸다. 그러나 그가 건물의 외부 벽에 시선을 돌리자 곧바로 상갈로 일파의 치열한 저항에 직면했다. '상갈로 일파'는 그들이 전에 모셨던 건축가에게 충성을 바치던 인부들과 작업반장들을 가리키는 말이다. 그들은 상갈로 밑에서 10여 년을 일해 왔으므로, 신임 건축가가 이런 복잡한 건물을 짓는 방법을 알고 있는지 의문을 품는 게 당연하다고 생각했다. 아니, 그는 과연 건축가이기는 한 걸까?

미켈란젤로는 상갈로의 외부 회랑을 제거하고 싶어 했다. 그 일은 간단한 문제가 아니었다. 지난 20년의 작업이 물거품으로 돌아가는 것을 의미했으니 말이다.[1] 이 작업에 대해 미켈란젤로는 다음과 같이 설명했다. 회랑은 성당 내부로 들어오는 빛을 크게 줄이며, 건물 구조의 관점에서 보더라도 돔의 엄청난 하중을 떠받치는 데 별로 도움이 되지 못한다. 그러나 상갈로 일파는 이런 시공상의 문제점을 이해하려 하기보다는 그것을 자기네 일파의 작업에 대한 비난으로 받아들였다. 그렇게 생각하는 그들을 설득하기란 쉬운 일이 아니었다. 그래서 미켈란젤로는 잠시 대성당의 북쪽 부분에 더 신경 쓰기로 했다. 거기에서는 강화 외부 벽을 건설하는 일이 가능했다. 그렇게 하여 한 쪽[북쪽]의 구조적 허약성을 이해시키면, 비판자들도 자연히 남쪽 익랑의 설계 결점과 구조적 허약성을 깨닫게 될 터였다.

그리하여 대성당 외부의 벽은 물론이고 내부의 서로 마주보는 중요한 네 부벽을 대상으로 동시에 보강 작업이 시작되었다. 외부 기둥은 건물의 외부 벽 속에 대부분이 들어가 있었기에 밖에서 볼 때는 벽에서 약간 튀어나온 기둥처럼 보였다. 따라서 외부 기둥은 저 혼자 독립적으로 서 있는 내부 기둥보다는 즉각 눈에 띄지 않았다. 그렇지만 외부 기둥은 돔의 무게와 압력을 흡수하는 아주 중요한 역할을 했다. 의심의 눈초리로 쳐다보는 상갈로 일파를 설득하기 위하여 미켈란젤로는 요샛말로 마케팅 전략을 구사했다. 설득의 수단은 당나귀와 노새였다.

미켈란젤로는 네 개의 외부 기둥 안쪽에다 나선형 경사로를 설계하여 설치했다. 경사로는 완만하게 위로 올라가는 통행로이므로, 발디딤이 단단한 당나귀와 노새가 건설 자재를 기둥의 가장 높은 곳까지 수송할 수 있었다. 이 역축들은 수천 장의 벽돌, 모르타르에 들어갈 모래와 석회, 밧줄, 나무 기둥, 비계용 널판, 대형 물통에 든 작업 용수와 마실 물 따위를 날랐다. 노련한 엔지니어만이 공사 현장에 많은 물이 필요하다는 것을 알아본다. 작업용 물도 많이 필요하지만, 노동자들도 일이 바빠, 흙손에서 모르타르를 씻어내거나 물로 목을 축이기 위해 비계를 내려갈 시간이 없으니 말이다. 그리고 역축들도 주위가 완전히 덮인 나선형 경사로를 올라갔으므로 자신들이 높은 곳으로 올라간다는 사실을 의식하지 못해 아무런 두려움 없이 올라갈 수 있었다. 노새꾼들은 말은 못 하지만 믿음직한 노새들을 쉽게 부릴 수 있었다. 심지어 점심 식사도 당나귀로 실어 날랐다. 미켈란젤로는 이런 시공법을 전설적인 인물 필리포 브루넬레스키에게서 배웠다. 피렌체 대성당의 작은 돔을 설계한 건축가 브루넬레스키는 대성당 공사 현장의 꼭대기 쪽에서 일하는 노동자들에게 건설 자재와 작업 용수를 제공하는 아주 효율적인 방법을 고안해 놓았다.

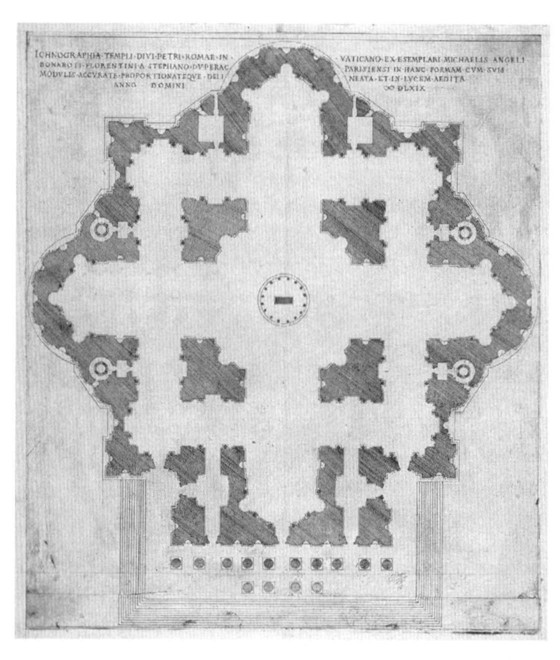

에티엔 뒤 페라크, 새 성 베드로 대성당을 위한 미켈란젤로의 설계도, 1569, 석판화, 메트로폴리탄 미술관, 뉴욕.

미켈란젤로는 일꾼들을 소규모 단위로 나누어 그들에게 날마다 명확한 지시를 내렸다. 그리하여 가장 저항이 심했던 일부 노동자들도 미켈란젤로가 건설 현장을 운영할 줄 아는 노련한 엔지니어라는 사실을 인정하기에 이르렀다. 미켈란젤로는 피렌체의 산 로렌초 교회 건설 공사에서 300명이 넘는 노무자와 기능공을 관리했고, 피렌체 축성 때에는 그보다 더 많은 작업 인력을 통제했지만, 로마의 성 베드로 대성당에서는 그런 사실을 아는 일꾼이 그리 많지 않았다. 고집 센 작업반장들도 곧 신임 건축가가 이 분야에 경험이 많은 사람이라는 걸 알아보았다. 그가 복잡한 대성당의 공사를 잘 파악했고 다양한 현장 일을 질서 정연한 순서에 맞추어 진행한다는 것을 인정했다. 미켈란젤로는 공사의 세부를 잘 알고 있었을 뿐만 아니라 복잡한 공사의 윤곽을 빨리 파악하는 능력이 있었다. 그것은 공부를 많이 한 인문주의자의 책상물림 지식이 아니라, 현장에서 몸으로 익힌 장인의 실무적 지식이었다. 미켈란젤로는 자신을 귀족의 후예라고 주장했지만, 일용직 노동자 못지않게 비계 설치하는 방법을 잘 알았다.

그뿐만 아니라 그는 양질의 밧줄이 얼마나 가치 있는지도 알았고, 건설 자재의 가격에 대해서도 훤했으며, 현장에 용수를 정기적으로 공급하는 게 중요하다는 점도 알았다. 그는 돌에 대해서도 일가견이 있었고 특히 옛 성 베드로 대성당에서 빼내 온 대리석을 아주 높이 평가하며 중용했다. 또 그런 위험한 일을 하다 보면 인명 희생이라는 비싼 대가를 치를 수도 있으니 특별히 안전사고에 조심해야 한다는 것도 알았다. 미켈란젤로는 성 베드로 대성당의 수석 건축가로 새로 임명되었으나, 현장 소장으로서도 여러 가지 책임을 직접 떠안아야 했다.

대성당 일을 시작한 직후, 미켈란젤로는 옛 성 베드로 대성당을 마구 파괴하는 작업을 즉각 중단하라는 지시를 내렸다. 옛 대성당의 건축 자재 중에는 재활용할 수 있는 것들이 있었다. 이를테면 대리석 옹벽, 엔태블러처 덩어리, 특히 원래의 기둥 따위가 그런 소중한 물자였다. 이런 것들을 철저히 잘 보관하여 재활용해야 한다고 미켈란젤로는 강조했다. 아마도 브라만테는 옛 대성당의 기둥들이 새 대성당에 들어가기에는 불충분하다고 생각했을 것이다. 하지만 그것을 쪼개서 쓸모없는 덩어리로 만드는 것보다 더 좋은 활용법이 분명히 있었다. 미켈란젤로는 익랑에 있는 제단 감실의 프레임으로 그 기둥들을 사용했다. 물론 그 기둥들이 구조적 요소로 이용되지는 못하겠지만 다채로운 빛깔을 내는 아름다운 기둥이라는 용도는 최대한 살려야 한다고 생각했다. 더욱이 이 기둥들은 콘스탄티누스 대제가 지은 교회의 건축적 유물이었다. 건설 물자가 부족하면 미켈란젤로는 다른 폐허에서 추가로 기둥을 구해 왔다. 예를 들어 1547년 4월, 그는 백색 화강암 기둥 두 개를 로만 포룸에 있는 초창기 기독교 교회인 산타 마리아 노바에서 이송해 오도록 계약했고, 적색 화강암 기둥 하나는 멀리 떨어진 카라칼라 공중목욕탕에서 가져오도록 조치했다.[2] 중세와 르네상스 시대의 다른 많은 건설업자와 마찬가지로, 미켈란젤로는 고대 로마와 중세 로마의 유적을 파손했다는 비난을 받을 수도 있을 것이다. 하지만 그런 식으로 훔쳐 온 기둥들은 모두 새 베드로 대성당 속으로 들어가서 제자리를 잡았다.

더 많은 돌, 낭비의 감소, 놋쇠 자

미켈란젤로는 자신을 가리켜 대리석 조각가라고 말했지만, 석회화 *lapis tiburtinus*에 대해서도 일가견을 갖고 있다고 생각했다. 석회화는 현지에서 많이 나는 돌로, 아우구스투스 황제는 로마시를 벽돌의 도시에서 '대리석'의 도시로 변모시킬 때 이 돌을 많이 활용했다. 로마인들은 인근 티볼리, 아니에네강(테베레강의 지류)의 바닥에서 다량으로 발견되는 이 백색의 석회질 돌을 가져다가 로마시를 건설했다.

석회화는 주로 석회질 침전물로 이루어져 있고, 구멍이 많이 난 석회암으로, 질감이 풍부하고 로마의 밝은 햇빛을 잘 흡수하여 좋은 빛깔을 내뿜었다.

티볼리의 석회화 채굴 현장에서 성 베드로 대성당까지의 거리는 약 30킬로미터다. 그 돌을 실은 이륜마차 혹은 사륜마차로는 이틀이 걸리는 거리이며, 비아 티부르티나에 있는 세테카미니에서 하룻밤을 묵어야 한다. 수송비는 협상할 수 있다. 석회화를 가득 실었을 경우의 수송비는 돌덩어리의 크기와 동원된 황소 마릿수에 따라 달라진다. 도로가 진흙탕이 되면—그런 일이 자주 벌어졌는데—수레는 천천히 움직여야 하고, 그에 따라 추가된 시간과 추가된 황소에 대한 요금이 반영되어 수송비가 올라간다. 진흙탕 길은 사소한 부정부패를 부추기는 온상이었다. 수레꾼들은 도로 사정이 안 좋다고 불평하면서 그들 마음대로 값을 올려 불렀고 그것이 기존의 관행이었다. 그랬는데 신임 수석 건축가는 이런 부풀려진 비용에 제동을 걸고 나섰다. 건축가와 휘하의 깐깐한 대리인들은 부풀려진 가격과 느슨한 작업 일정에 대하여 궁색한 변명을 늘어놓는 것을 일절 용납하지 않았다. 돌이 도착하면 미켈란젤로와 그 휘하의 신임받는 반장들은 그것들을 검사해 품질 수준을 점검했다. 그리하여 불량한 돌들은 수령이 거부되고 수레꾼들은 빈손으로 돌아가야 했다. 이렇게 몇 주가 지나가자 돌이 주기적으로 예측 가능한 일정에 따라 현장에 도착했다. 석공들이 지연되는 돌을 기다리다가 잘 개어놓은 점액질의 모르타르가 딱딱하게 굳어서 못 쓰게 되는 일도 사라졌다. 노동력과 자재의 낭비를 줄임으로써 갑자기 일의 효율성이 높아지고 비용도 줄었다.

현장의 작업반장들은 신임 건축가가 공사 현장의 여러 측면을 아주 소상히 아는 사람이라는 것을 마지못해 인정해야 했다. 미켈란젤로는 날마다 노련한 실무 감각을 증명했다. 가령 그는 짐 들어 올리는 기계를 고안했는데 그것은 교묘하면서도 효율적이었다. 이 일은 그가 받침대와 활차, 도르래, 권양기, 계선주繫船柱 따위를 잘 아는 엔지니어임을 보여주었다. 이런 장비들은 건물이 높이 올라갈수록 더욱더 중요하게 사용되는 도구였다. 미켈란젤로는 밧줄도 잘 알았다. 밧줄은 건설업자, 채석공, 수레꾼, 조선공, 선원, 소도둑, 정육업자, 수송업자, 교수형 집행자 등에게 필수적인 물품이었다. 언제나 낡은 밧줄은 갈아주어야 하고 추가로 밧줄을 구해 올 필요가 있었다. 그런데 안타깝게도 노무자들의 태만으로 밧줄을 실외에 그대로 방치하는 일이 잦았다. 그러면 밧줄은 습기에 오래 노출되어 삭아버린다. 아니면 도난을 당하거나.

조선업을 주로 하는 베네치아 사람들은 밧줄 제조 실력이 뛰어났다. 하지만 그들이 만든 밧줄은 쉽게 구매할 수가 없었다. 그 제작소는 국가 전매 사업이었고 철저한 보안 속에서 작업했다. 어느 날, 미켈란젤로는 자신이 여러 해 전에 들었던 말을 그대로 중얼거렸다. 여러 해 전 피렌체의 산 로렌초 교회 건설 공사장에서 그의 작업반장이었던 미켈레 디 피에로 피포가 이렇게 말했던 것이다. "좋은 밧줄만 갖고 있어도 공사는 성공한 거나 다름없습니다."[3] 성 베드로 대성당의 일꾼들은 공사용 밧줄을 더욱 조심스럽게 간수하기 시작했다. 그들의 목숨이 비계를 묶어주는 밧줄, 무거운 건축 자재를 들어 올리는 밧줄, 약 60미터 높이에서 벽돌 작업을 할 때 그들의 불안정한 자세

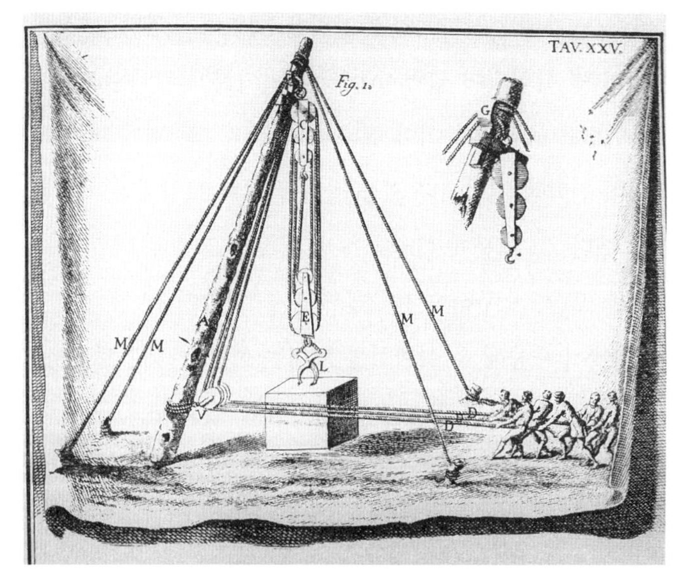

무거운 것을 들어 올리는 기계, 1743, 석판화, 니콜라 차발리아의 《성곽과 다리》에 수록. 워싱턴 대학교, 세인트루이스.

를 고정해 주는 밧줄에 달려 있다는 것을 깨달았기 때문이다. 곧 신임 건축가는 건설 현장에서 유능한 사령탑으로 인정받기에 이른다. 게다가 그는 좋은 아이디어를 많이 내놓았다.

미켈란젤로는 커다란 종을 사서 매 시간마다 울리게 했다. 그리하여 일꾼들은 언제가 점심 식사 시간인지, 또 언제가 퇴근 시간인지 명확하게 알게 되었다. 미켈란젤로는 작업일을 엿새로 정했고 작업 시간도 표준화했다. 일반적으로 노무자들은 해 뜰 무렵에서 해 질 무렵까지 일했는데, 겨울에는 저녁 기도 시간까지, 여름 석 달 동안에는 마지막 기도 시간까지 일하도록 했다. 석공들은 자신이 일할 때 사용하는 도구를 들고 왔다. 미켈란젤로는 현장에다 대장간을 설치하여 끌을 날카롭게 갈아주었고 장비를 보수해 주었다. 현장에는 석공이 여러 명 투입되어 있었기에 끌을 날카롭게 갈아주려면 지속적으로 무연탄을 공급해 주어야 했다. 미켈란젤로는 넓게 퍼진 작업 현장의 여러 전략적 지점에다 지붕 달린 간단한 모양새의 석공용 헛간을 짓게 했다. 그 덕분에 석공들은 비가 오면 그리로 피할 수 있었고 또 장비를 도난으로부터 안전하게 지킬 수 있었다.

티볼리에서 수송해 온 석회화를 쪼개는 석공을 '세가토리segatori'라고 불렀는데, 이들에겐 더 넓은 공간이 필요했고 또 그곳은 아주 혼잡했다. 그들은 돌을 절단하는 연마용 슬러리(석회나 석고 따위와 같은 불용해물에 물을 탄 걸쭉한 액체)에 들어가는 엄청난 모래와 물—아주 많은 물!—을 필요로 했다. 포르타 카발레제리 근처에 있는 고대의 수도교는 원래 우마용 식음수를 제공하는 곳이었다. 이곳에서 약간의 물을 얻어 올 수 있었지만 그곳의 급수량은 거대한 공사 현장에서 필요한 양에는 턱없이 모자랐다. 그다음 수원은 테베레강이었는데 거리가 공사 현장으로부터 1200보 떨어져 있었다. 미켈란젤로는 당나귀 수송대를 조직하여 테베레강에서 현장까지 1회 왕복에 두 개의 커다란 배럴 통에 물을 실어오게 했다. 이 당나귀들은 일반 역축이었고 음식과 식용수를 수송하는 엘리트 당나귀나 노새는 아니었다. 미켈란젤로의 나선형 경사로를 따라 벽돌, 모래, 나무 널판 등을 높은 곳에 실어다 주는 당나귀들은 따로 있었다.

대리석 석공은 '스카르펠리니scarpellini'라고 부르는데, 공사 현장 여러 곳에 흩어져 있었다. 현장에서는 망치와 끌의 시끄러운 소리가 지속적으로 울려 퍼지는데, 그런 소리가 석공들에게는 아름다운 노랫

소리였지만 기도하는 사제들에게는 짜증나는 소음이었다. 최고급 기량을 보유한 석공은 '인타글리아토리intagliatori'라고 하는데 보수 또한 가장 높았다. 이들은 기둥의 최상부와 맨 밑부분의 돌을 쪼갰고 또 미켈란젤로가 직접 설계한 여러 가지 복잡한 몰딩도 조각했다. 기록에 의하면, 미켈란젤로는 피렌체 출신의 인타글리아토리인 촐라에게 두 기둥의 캐피털〔기둥머리〕을 조각하게 했고, 동시에 두 장인 피에트라 산타와 파볼로 다 보르고를 고용하여 각자 기둥을 하나씩 맡아 조각하라고 지시했다.[4] 이들에게는 맡겨진 일을 완수하기까지 8개월의 말미가 주어졌다. 이는 커다란 돌덩어리에 복잡한 코린토스풍 기둥머리를 조각하기가 그만큼 어렵다는 것을 보여준다. 또 촐라의 탁월한 솜씨와 속도를 말해 주기도 한다. 그가 8개월 동안 캐피털을 두 개 조각한 데 비하여, 나머지 두 장인은 같은 기간 동안 하나밖에 조각하지 못했으니 말이다. 이런 전문 조각공들은 높은 보수를 받았고, 정밀한 자, 측경양각기〔물건의 두께, 원통의 외경, 구멍의 내경 따위를 재는 기구〕, 끝부분이 아주 날카로운 끌, 천공기〔구멍을 뚫는 기계〕, 그들의 작업을 구체적으로 안내해 줄 주석 형판形板, template〔모범으로 제시되는 측면도〕 같은 최고의 도구를 필요로 했다.

미켈란젤로는 건축의 세부와 형판의 많은 도면을 손수 작성했다. 그러면 숙련된 조수가 그 작성된 디자인의 비례에 따라 두 배 혹은 네 배로 확대하여 실물 크기의 패턴으로 삼을 수 있었다. 그러면 전체 주석 판에서 형판들을 잘라내 넓은 현장 여러 장소에서 일하는 조각공들에게 배분되었다. 만약 어떤 형태가 이례적이거나 복잡하다면, 목공이 삼차원 모형을 만들어 모든 석공이 참조하게 했다. 이렇게 하면스카르펠리니와 인타글리아토리가 건축가의 도면 그대로 돌을 조각할 수 있었다. 미켈란젤로는 코린토스 양식 기둥머리의 도면 혹은 측면도를 하나만 작성하면 되었고, 그런 다음에 각 도면을 바탕으로 형판을 여러 개 복제하는 식이었다. 그래서 고도로 숙련된 조각공은 여러 달에 걸쳐 작업하더라도 도면이 여러 개 필요하지 않았다. 물론 미켈란젤로나 그가 신임하는 작업반장들이 정기적으로 현장에 나가 진척 상황을 점검했고 그렇게 해서 일정하게 품질 수준을 유지했다.

밧줄의 경우에는, 표준 치수가 건설 현장에서 아주 중요했다. 표준화 작업이 없으면 아치도 돔도 적절하게 건설할 수 없었다. 하지만 당시에 표준 치수라는 것은 존재하지 않았다. 가장 널리 쓰이는 단위인 브라초〔팔 길이〕는 밀라노(0.599미터), 피렌체(0.584미터), 로마(0.670미터) 등에서 각각 그 길이가 달랐다. 이처럼 이탈리아 전역에서 '표준'은 지방마다 달랐다. 줄자, 매듭 있는 밧줄이 대부분 건축 노동자의 팔뚝 길이를 대체했지만, 여전히 표준 수치와 관련해서는 혼란이 있었다. 그런데 아주 사소한 오차조차 시공에 심각한 오류를 초래할 수 있었다. 미켈란젤로는 이 문제를 잘 알았다. 그가 산 로렌초 교회 공사를 할 때, 피렌체에서 사용하는 브라초가 피에트라 산타 석산에서 사용하는 브라초와 달랐던 경험이 있었던 것이다. 그 석산은 피렌체 영토 내에 있었는데도 그런 차이가 났다. 이런 문제에 대응하기 위하여 미켈란젤로는 석산에 브라초 수치를 미리 보내 휘하 일꾼들이 표준 수치를 철저히 준수하게 했다. 그는 성 베드로 대성당 공사에서도 이처럼 철저하게 표준 수치를 고집했다. 치수에 약간의 차이라도 있으면 큰 차질이 빚어졌기 때문이다.

1547년 9월, 미켈란젤로의 조카는 그에게 놋쇠 자를 보냈다. 미켈란젤로가 세계에서 제일 큰 대성당 공사를 맡았다는 소식을 들었으니 리오나르도는 그것이 적절한 선물이 되리라 생각했다. 로마에서 가장 중요한 건물은 우수한 피렌체 장비를 사용하여 건설되어야 마땅했다. 게다가 놋쇠로 만든 자는 대단히 비쌌다. 리오나르도가 최근에 보낸 과일인 배보다 더 값이 나갔다. 불쌍한 리오나르도. 그는 까다로운 작은아버지의 비위를 맞추려고 최선을 다하고 있었다. 작은아버지는 온갖 트집을 잡으면서 짜증을 내는 사람이었기 때문이다. 지난해에 보낸 와인이 신통치 않았다, 라비올리가 수송 도중에 상했다, 네가 부쳐준 셔츠는 농부도 입을 수 없는 물건이다, 네가 사들이려고 하는 땅은 한 무리의 사기꾼들이 강매하려는 땅이다, 등등.

이 최근의 선물도 미켈란젤로의 분통을 터트리는 물건이었다. "너는 내게 놋쇠 자를 보냈다. 마치 내가 이런 물건이 없으면 안 되는 석공이나 목공이라도 되는 것처럼. 그런 걸 집 안에 놔두는 것은 너무 창피한 일이다. 그래서 나는 그것을 없애버렸다."[5] 그러니 그 선물은 소기의 목적을 달성하지 못했다. 리오나르도가 유명한 조각가·화가·건축가인 작은아버지의 성격을 충분히 파악하기까지는 여러 해가 걸렸다. 미켈란젤로는 다른 많은 동시대의 피렌체 사람들과 마찬가지로 체면에 무척 신경 쓰는 사람이었다. 미켈란젤로는 당대의 최고 예술가였지만 동시에 자기 자신을 고상한 가문 출신의 귀족이라고 생각했다. 그는 신사 대접 받기를 열망했다. 그러니까 두 손을 써가며 육체노동을 하지 않는 사람, 아무리 비싼 것이라 할지라도 놋쇠 자 따위는 들고 다니지 않는 사람으로 인정받기를 바랐다. 궁극적으로 미켈란젤로는 장인과 귀족이라는 두 가지 역할을 놀라울 정도로 잘 해냈다. 고상한 가문 출신의 피렌체 귀족으로서 그는 놋쇠 자 따위는 결코 옆에 두지 않을 사람이었다. 그렇지만 성 베드로 대성당의 장인들에게는 표준 치수의 중요성을 강조했다. 그러니 그는 아마도 그 놋쇠 자를 장인들 중 한 사람에게 줘버렸을 것이다.

건설 일꾼들에게 신임 얻기

어느 날, 미켈란젤로는 큐폴라 드럼cupola drum〔탐부르tambour, 둥근 기둥 밑에 쓰이는 원기둥꼴 받침돌〕의 몰딩을 조각하는 문제를 두고서 노련한 조각공 두 명이 언쟁을 벌이는 상황에 개입했다. 그들의 의견 불일치를 해결하기 위하여 미켈란젤로는 즉석에서 측면도(후대에 전해짐)를 작성하고 망치와 끌을 들어서 정확하게 그 도면대로 몰딩을 조각했다.[6] 두 조각공은 깊이 감명했다. 수석 건축가가 여전히 자기 손으로 저처럼 빠르고 정교하게 몰딩을 깎아내다니! 게다가 그는 나이가 일흔이 넘지 않았는가! 물론 성 베드로 대성당 현장의 조각공들은 조각가 겸 건설업자라는 미켈란젤로의 예전 경력을 알지 못했고 또 별로 신경 쓰지도 않았다. 그들은 그보다는 정기적으로 임금을 받을 수 있게 해주는 건축가를 더 존경했다.

건설 현장의 일꾼들이 여러 가지 개선 사항을 높이 평가한 반면,

대성당 감독청인 파브리카의 감독관들은 미켈란젤로의 탁월한 현장 관리를 쉽게 인정해 주지 않았다. 그들은 나선형 경사로나 정밀하게 그린 형판 측면도 등을 별로 높이 평가하지 않았다. 그보다는 건설 비용, 특히 기존 건물의 철거에 따르는 비용에 더 신경 썼다. 그래서 미켈란젤로는 감독관들 앞으로 불려 나가 여러 가지 획기적 결정을 내린 데 대하여 해명을 해야 했다. 그들이 불평할 것임을 예상한 건축가는 우호적인 감독관인 바르톨롬메오 페라티노에게 편지를 썼다. 이 편지는 바로 우리가 앞에서 이미 보았던 그 편지다. 이 편지에서 미켈란젤로는 상갈로의 모형을 비판했고 브라만테의 최초 설계안으로 되돌아갈 것을 강력히 권고했다. 미켈란젤로는 파브리카 감독관들이 상갈로의 외부 회랑에 상당한 거금이 투입된 점을 우려한다는 걸 알고 있었으므로 이렇게 해명했다.

> 지금까지 지어진 외부 회랑에 대해서 말씀드리면, 그들[임원들]은 10만 스쿠디scudi가 이미 들어갔다고 말합니다. 하지만 이는 사실이 아닙니다. 해체 작업은 1만 6천 스쿠디면 해낼 수 있는 일이고, 또 해체하더라도 큰 손실은 없을 것입니다. 왜냐하면 잘 보수한 돌과 기초 부분은 재활용될 것이기 때문입니다. 그러면 파브리카는 20만 스쿠디라는 비용을 절약할 뿐만 아니라, 300년이라는 건설 기간도 절약할 수 있습니다.[7]

미켈란젤로는 상갈로의 작업을 전반적으로 비판하면서도 그중 상당 부분을 구제하여 재활용할 수 있다고 주장한 것이다. 이미 들어간

돈은 낭비되지 않을 것이었다. 미켈란젤로는 상갈로가 구상한 회랑을 짓지 않는 대신, 거기에 들어간 돌과 기초 부분을 외부 벽의 보강에 잘 쓰겠다고 제안했다. 외부 벽은 돔의 하중을 견디기 위한 것이므로 잘 보강하면 일석이조의 효과를 낼 수 있었다. 그것은 합리적이면서도 효율적인 일 처리 방식이었다. 상갈로의 엉터리 설계에 들어가는 건설 비용을 승인했을 뿐만 아니라, 미켈란젤로의 대체 건설 방법을 의문시하던 임원들을 은근히 비난하면서도 그렇게 기분 나쁘게 하지는 않았으니 말이다.

불화의 먹구름

파브리카의 두 임원, 조반니 아르베리노와 안토니오 데 마시미는 미켈란젤로의 공사 진행 방식을 두고 몹시 불만스럽다는 의견을 피력했다. 두 사람은 자신들의 권위가 크게 훼손되었다고 생각했다. 한 직원이 오로지 미켈란젤로의 지시만 받겠다고 그들에게 말하면서 비위가 확 상해 버렸던 것이다. 그래서 아르베리노와 데 마시미는 교황에게 분노에 가득 찬 불평의 편지를 보냈다. 파울루스 3세는, 미켈란젤로는 공사 진행만 맡은 건축가이고 행정 업무의 권한이 부여된 것은 아니라고 답해서 화가 난 두 사람을 달래려 했다. 두 임원은 여전히 불만을 느끼면서 미켈란젤로의 건설 계획을 샅샅이 알아야겠다고 고집했다. 그가 상갈로의 목재 모형을 따르지 않으려고 하는 것이 아주 분명하게 드러났다는 것이었다. 교황은 두 임원과 수석 건축가 사이의 회의를 승인했다. 하지만 파울루스 3세는 건축가의 예민한 성격을 잘 알고 있었기에, 두 임원에게 미켈란젤로를 부드럽게 대해야 한다고 미리 귀띔했다.[8]

회의는 성사되었으나 곧 불쾌한 언쟁과 대결로 바뀌고 말았다. 화가 난 미켈란젤로는 두 임원이 그들의 지위를 이용하여 금전적 이득을 취하려 한다고 비난했다. 서로 분노하며 자신의 생각을 말했으나, 해결된 것은 거의 없었다. 그 후에 교황이 참석한 회의에서도 두 임원은 여전히 불만을 토로했다. 교황이 "미켈란젤로는 회화와 조각뿐만 아니라 건축에서도 진귀한 장점을 갖고 있소"[9]라고 말하며 건축가에 대한 신임을 천명했기 때문이다. 그러자 두 임원은 시중에 떠도는 소문을 읊어댔다. 미켈란젤로가 건축물의 규모를 축소하여 대성당이 아니라 '쬐끄마한 소성당'[10]을 만들려 한다는 것이다. 그들은 미켈란젤로의 공사 계획을 전면적으로 알려주지 않으면 공사 감독을 책임지지 않겠다는 뜻도 밝혔다. 교황은 그들의 항의를 묵살하고 그만 가보라고 말했다. 이어 교황은 미켈란젤로에게 공사 계획을 자세히 듣고는 만족스러워했다. 두 임원은 공사 진행에는 간섭하지 말고 행정 업무만 보라는 지시를 받았다.

간섭하기 좋아하는 파브리카의 감독관 문제는 잠시 해결된 것처럼 보였으나 미켈란젤로는 곧 그들이 얼마나 끈질기게 훼방을 놓으려 하는지 알아차렸다. 미켈란젤로가 파울루스 3세의 무조건적인 신임을 얻었는데도 거듭하여 그들과 싸움을 하게 되었다. 파울루스가 안토니오 다 상갈로가 미완으로 남긴 공사들을 모두 떠맡게 함으로써 상황은 더욱 심각해지고 문제가 늘어났다. 그런 공사 중에서 특히 로마의 축성과 파르네세 궁전의 건설이 중요했다. 교황은 파르네세 궁전이 어서 빨리 완공되기를 간절히 바랐다. 하지만 예기치 않게도 지저분한 공격이 터져 나온 곳은 바로 그 파르네세 궁전 공사였다.

난니 디 바초 비조

난니 디 바초 비조(1568년 사망)는 피렌체의 건설업자인 바초 비조의 아들이다. 아버지 비조는 1520년대에 산 로렌초 교회 공사 때 처음엔 교회 파사드 공사(추후 취소됨), 그리고 이어서 라우렌치아나 도서관 공사를 함께 했다.[11] 아버지 비조는 10년 이상 유능한 작업반장으로 일하면서 일꾼들을 감독하고 기초 공사 때에는 미켈란젤로에게 여러 가지 소중한 조언을 해주었다.

미켈란젤로의 탁월한 관리 능력은 기술적으로 유능하고 믿을 만한 인재를 알아보는 눈썰미에서 나왔다. 피렌체에서 그는 '친척, 친구, 이웃'의 인맥을 총동원하여 유능한 사람들을 지속적으로 만날 수 있었다. 바초 비조 이외에도 미켈레 디 피에로 피포, 도나토 벤티, 스테파노 디 토마소 루네티, 안드레아 페루치, 메오 델레 코르테, 스키피오네 다 세티냐노 등이 그런 이들이었다. 또 판첼리 가문 출신들도 미켈란젤로를 도왔는데, 그중에는 우스꽝스럽지만 아주 믿을 만한 도메니코 디 조반니 판첼리도 들어 있다. 도메니코는 '토폴리노'〔작은 생쥐〕라는 별명으로 더 잘 알려져 있다. 이런 사람들은 대부분 미켈란젤로보다 나이가 많았는데 우수한 기술을 터득했을 뿐 아니라 건축업의 여러 분야에서 폭넓은 경험을 쌓은 경력자들이었다. 이들 모두가 예술가에게 충성을 바쳤고 그와 10년, 20년 혹은 그 이상 함께 일했다. 그들은 산 로렌초 교회 공사에 투입된 많은 노동자 가운데 핵심적인 인물들이었고 미켈란젤로는 그들의 도움을 높이 평가했다.

로마에서도 미켈란젤로는 그처럼 믿을 만한 작업반장 팀을 꾸렸다. 다행스럽게도 다수의 피렌체 사람들이 로마의 공사장으로 옮겨 왔고, 뒤이어 안정적인 일자리를 원하는 후배 세대도 그들에게 합류했다. 그러나 1540년대에 이르러 미켈란젤로가 가장 신임했던 작업반장들, 가령 도나토 벤티와 안드레아 페루치는 사망했다. 미켈레 디 피에로 피포와 토폴리노는 미켈란젤로보다 10세 연상이어서, 이제 80대 중반의 노인들이었다. 미켈란젤로는 이들이 로마로 옮겨 오지 않으리라는 사실을 잘 알았다. 바초 비조도 죽었으나, 그의 아들 난니가 성 베드로 대성당에서 함께 일했다. 그러나 그 아들은 아버지만 한 인재가 아니었다. 미켈란젤로는 믿을 만하고 충성스러운 작업반장을 원했으나, 난니는 계속 말썽을 일으켰다.[12]

안토니오 다 상갈로와 마찬가지로 난니 디 바초 비조는 경험 많은 건설업자 집안 출신이었다. 다른 일꾼들과 마찬가지로, 난니는 미켈란젤로가 과연 대성당 공사를 맡을 만한 사람인지 의문을 품었다. 여러 해 전에 자기 아버지가 산 로렌초 교회 공사에서 경험 없는 미켈란젤로에게 조언을 많이 해주지 않았던가. 난니는 미켈란젤로가 비트루비우스의 건축 이론을 이해하지 못할 뿐만 아니라 그 원리를 따르지도 않는다고 생각했다. 실제로 미켈란젤로가 라틴어를 읽지 못한다는 소문이 널리 퍼져 있지 않은가! 난니는 더는 모욕당하지 않겠다고 생각했고 대성당 공사는 물론이고 파르네세 궁전을 설계한 상갈로의 설계를 바꾸는 걸 용납할 수 없었다. 특히 미켈란젤로가 파르네세 궁전까지 책임지게 되었다는 사실에 난니는 몹시 화가 났다. 미켈란젤로는 이미 대성당 공사로 바쁘니까 그 궁전 공사는 자기가 맡아야 옳다고 생각했다.

파르네세 궁에서 벌어진 막간극

난니 디 바초 비조의 질투와 분노는 이해할 만했다. 미켈란젤로는 다른 노련한 사람들을 모두 제치고 성 베드로 대성당의 건축가로 임명되었을 뿐만 아니라, 미완의 파르네세 궁전(화보 19)까지 자문을 맡게 되었다. 궁전은 거의 완공된 상태였으나 코니스〔처마 돌림띠〕는 아직 설치되지 않은 상태였다. 코니스 도안은 풍부한 지식과 경험이 필요한 작업인데, 난니는 미켈란젤로가 아닌 자신이 적임자라고 생각했다.

상갈로의 기존 도안을 '수정'해야 한다는 미켈란젤로의 혁신적 아이디어는 난니를 더욱 화나게 했다. 이 미완의 대건축물의 비례가 잘 맞지 않는다는 것을 증명하기 위해 미켈란젤로는 코니스의 일부를 나무 모형으로 만들게 했다. 난니는 그런 조치에 벌컥 화를 냈다. 안토니오 다 상갈로가 모형을 만드느라고 시간과 돈을 낭비했다고 비판한 사람이 누구던가? 게다가 미켈란젤로의 코니스 모형은 "너무나 거대했고, 비록 나무로 만들어지긴 했지만 너무 무거워서 그것을 지면보다 약간 높은 곳에 올려놓으려면 석공이 모형의 벽을 지지해 주어야 할 정도였다."[13] 난니와 그 지지자들에 따르면, 미켈란젤로의 코니스 도안은 고전 건축의 원칙과 비례에 어긋났다. 다시 말해 비트루비우스의 건축 이론을 무시한 것이었다. 그건 사실이었다.

미켈란젤로가 최종적으로 제작한 건설한 코니스는 거대했다. 하지만 그것은 대규모 저택을 성공적으로 마무리해 주는 균형 잡힌 형태였다(화보 19와 20). 그것은 이론적이라기보다 시각적으로 타당한 도안이었다. 미켈란젤로가 볼 때, 고전적 과거는 노예처럼 추종해야 하는 일련의 원칙을 제시하는 것이 아니라, 그의 활발한 상상력을 촉진시키는 풍요로운 유산이었다. 마찬가지로 최근에 나온 건축적 사례도 반드시 추종해야 하는 것은 아니었다. 특히 도안과 비례에 오류가 있을 때에는 반드시 그 사례를 따를 필요가 없다고 보았다. 예술가는 한번은 이런 말을 했다. "예술가가 건전한 판단을 내리려면 두 눈에 컴퍼스를 가지고 있어야 한다."[14]

평소와 마찬가지로 미켈란젤로는 한 수 아래로 생각되는 인물들에게는 자신의 의도를 밝히지 않았다. 그리하여 난니는 공격에 나섰고 그가 내뿜는 독은 널리 퍼졌다. 피렌체의 한 친구는 미켈란젤로에게 난니의 그런 소행을 편지로 보고했다. 질투에 사로잡힌 난니가 시내를 돌아다니며 과장된 허세를 부리고 있다고 전했다. 그 자신이 모형을 직접 만들어 "당신이 황당하고 유치한 짓을 하고 있다"라는 것을 똑똑히 증명해 보이겠다고 말했다고 한다. 더 나아가, 난니는 교황이 자신을 신임한다고 주장하면서, 미켈란젤로가 엄청난 돈을 낭비하고 있다고 주장했다 한다. 피렌체 친구는 계속하여 이렇게 말했다. "그는 이런 말들을 지껄이고 돌아다닐 뿐만 아니라, 당신의 명예와 평판을 해치려는 온갖 나쁜 말을 하고 있습니다. … 이처럼 그는 당신에 대하여 일천 가지 어리석은 말을 내뱉어서 당신의 친구들을 화나게 합니다. 그런 행동이 당신의 명예를 다소라도 손상시킬지 모른다고 보는 거지요. 사람들이 그의 말을 그다지 믿지는 않지만, 그래도 줄기차게 당신을 비방하고 돌아다니니까, 어떤 사람들은 그의 말을 믿는다는 얘기도 있습니다."[15]

미켈란젤로는 자신의 명예를 지키는 일에 아주 민감했지만 난니와 그 일파의 중상모략에 직접 대응하는 것을 자제했다. 그는 일찍이 이런 말을 한 적이 있었다. "아무 쓸모도 없는 자와 싸우는 사람은 아무런 소득도 올리지 못한다."[16] 미켈란젤로는 직접 대응하지는 않고 그 중상비방의 소식을 알리는 편지를 대성당 공사 감독청인 파브리카의 우호적 인사인 바르톨롬메오 페라티노에게 건네주면서 간단한 추신을 썼다. "바르톨롬메오 씨, 이 편지를 한번 읽어보시기 바랍니다. 이 두 악당은 내가 파르네세 궁전 공사에서 한 일과 관련해 거짓말을 퍼트리고 있습니다. 그리고 이제는 성 베드로 대성당 감독청의 임원들에게 대성당 공사 관련 거짓 정보를 제공하고 있습니다. 한번 잘 생각해 보십시오. 내가 그들에게 베푼 친절에 이런 식으로 보답하고 있는 것입니다. 이런 비열한 악당들에게 무엇을 더 기대할 수 있겠습니까?"[17]

미켈란젤로는 과거에 난니의 아버지에게 신세 졌던 일을 생각하면서 그 아들과 공개적으로 대결하는 것만은 피하려 했다. 그러나 난

1. 미켈란젤로, 〈모세〉, 율리우스 2세 영묘, 산 피에트로 인 빈콜리, 로마.

2. (위) 미켈란젤로가 살았던 집의 정면, 비아 마첼 데 코르비에서 파세자타 델 자니콜로로 옮겨 옴, 로마.

3. (아래) 에티엔 뒤 페라크, 미켈란젤로 집 인근에 있던 트라야누스의 기둥, 16세기 후반 무렵, 석판화, 개인 소장, 세인트루이스.

4. 미켈란젤로, 율리우스 2세 영묘, 1545, 산 피에트로 인 빈콜리, 로마.

5. 미켈란젤로, 〈라헬〉, 율리우스 2세 영묘, 1545, 산 피에트로 인 빈콜리, 로마.

6. 미켈란젤로, 〈레아〉, 율리우스 2세 영묘, 1545, 산 피에트로 인 빈콜리, 로마.

7. 작자 미상, 〈비토리아 콜론나의 초상〉, 콜론나 궁전, 로마.

8. 미켈란젤로, 〈십자가형〉, 검은색 초크 드로잉, 비토리아 콜론나에게 선물로 준 것, 대영박물관, 런던, inv. 1895-9-15-504r.

I

Poi che'l mio casto amor gran tempo tenne
L'alma di fama accesa; ed ella un angue
In sen nudrìo, per cui dolente hor langue
Volta al Signor, onde'l rimedio uenne.
I santi chiodi homai sian le mie penne,
Et puro inchiostro il pretioso sangue,
Vergata carta il sacro corpo exangue,
Si, ch'io scriua ad altrui quel ch'ei sostenne.
Chiamar qui non conuien Parnaso o Delo:
Ch'ad altra acqua s'aspira, ad altro monte
Si poggia, u' piede human per se non sale.
Quel sol, che alluma gli elementi e'l cielo;
Prego, ch'aprendo il suo lucido fonte;
Mi porga humor a la gran sete eguale.

II

Con la croce a gran passi ir uorrei dietro
Al Signor per angusto erto sentiero
Si ch'io in parte scorgessi il lume uero
Ch'altro che'l senso aperse al fedel Pietro.
Et se tanta mercede hor non impetro:
Non è ch'ei non si mostri almo et sincero
Ma comprender non so con l'occhio intero
Ogni humana speranza esser di uetro.
Che s'io lo cor humil puro et mendico
Appresentassi a la diuina mensa;
Oue con dolci et ordinate tempre
L'agnel di Dio nostro beato amico
Se stesso in cibo per amor dispensa
Ne sarei forse un di satia per sempre.

2

9. 비토리아 콜론나, 소네트를 담은 '작은 책', 미켈란젤로에게 선물로 준 것. 아포스톨리카 도서관, 바티칸 시국, 로마, Cod. Vat. Lat. 11539, fols. 1v–2r.

392

Ma quanto fece allor pungente strale
Più larga piaga, tanto oggi mi uanto
Di noua gioia, e doue piansi, or canto,
E l'alma spoglio d'ogni antico male.
Vostra mercè, Madonna, che rompeste
Il corso al pianto, e d'aspra indegnitade
Sgombraste il cor con note alte, e modeste.
L'alme, ch'or san del ciel tutte le strade,
Crebbero al gioir lor ben mille feste
Piene di casto amore, e di pietade.

IL FINE.

10. 출판된 비토리아 콜론나의 시집. 미켈란젤로가 소장했던 책으로, '조각가 미켈란젤로'라는 서명이 있다. 대영도서관, 런던, C.28a.10.

11. 미켈란젤로, 〈십자가형〉, 검은색 초크 드로잉, 대영박물관, 런던, inv. 1895-9-15-509r.

12. 티치아노, 〈교황 파울루스 3세의 초상〉, 1545~1546, 캔버스에 유화, 카포디몬테 미술관, 나폴리.

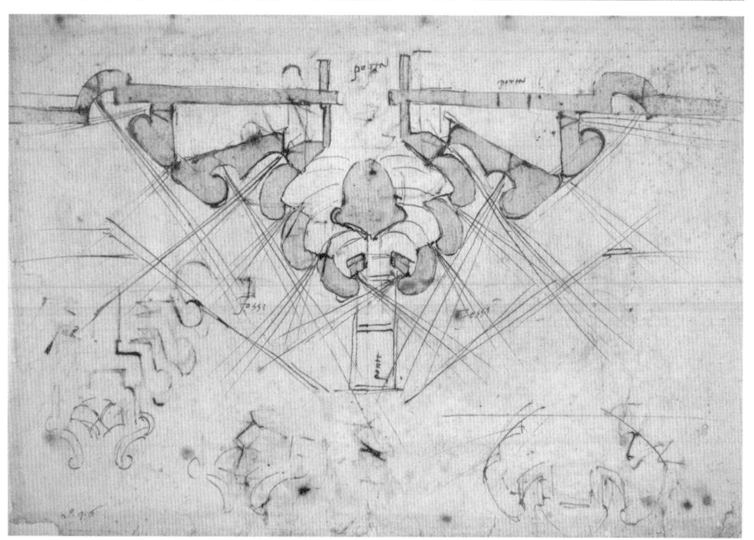

13. 미켈란젤로, 요새 강화를 위한 설계 드로잉, 카사 부오나로티, 피렌체, no. 22A.

14. 소(小) 안토니오 다 상갈로, 강화된 요새, 1540년대, 로마.

15. 소(小) 안토니오 다 상갈로, 색슨 성문, 1543~1546, 로마.

16. 소(小) 안토니오 다 상갈로, 성 베드로 대성당의 나무 모형, 1539~1546, 바티칸 시국, 로마.

17. (위) 마르턴 판 헤임스커르크, 새 성 베드로 대성당 드로잉, 1530년대, 베를린달렘 미술관, 베를린, Kupferstichkabinett 79D2a52r.

18. (아래) 마르턴 판 헤임스커르크, 새 성 베드로 대성당 드로잉, 1530년대, 베를린달렘 미술관, 베를린, Kupferstichkabinett 79D213r.

19. (위) 소(小) 안토니오 다 상갈로, 파르네세 궁전, 1534~1568, 로마.

20. (가운데) 파르네세 궁전, 미켈란젤로가 설계한 코니스의 일부, 1547, 로마.

21. (아래) 파르네세 궁전, 미켈란젤로가 설계한 안뜰 쪽 3층 창문의 일부, 1547, 로마.

22. (위) 미켈란젤로, 〈사울의 개종〉, 1542~1550경, 프레스코 파올리나 예배당, 바티칸 시국, 로마.

23. (아래) 미켈란젤로, 〈베드로의 십자가형〉, 1542~1550경, 프레스코, 파올리나 예배당, 바티칸 시국, 로마.

24. (왼쪽) 미켈란젤로, 〈반항하는 노예〉, 1513경, 루브르 박물관, 파리.

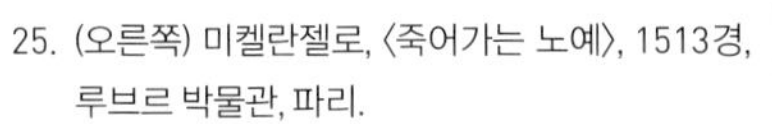

25. (오른쪽) 미켈란젤로, 〈죽어가는 노예〉, 1513경, 루브르 박물관, 파리.

26. 도나토 브라만테, 템피에토, 1502, 산 피에트로 인 몬토리오, 로마.

니는 속은 좁아 터졌지만 야망은 거대한 악당이었다. 그는 미켈란젤로가 그때까지 거듭하여 겪어온 그런 부류의 사람이었다. 그때나 지금이나 이탈리아 사회를 결속시키는 상호 혜택과 지원의 불문율을 지키지 않는 사람 말이다. 난니는 계속하여 말썽을 부렸다. 그리고 1564년 미켈란젤로가 사망하자, 뻔뻔스럽게도 그 즉시 자신을 성 베드로 대성당의 건축가로 자천하기도 했다.[18] 그러나 오랫동안 미켈란젤로를 괴롭힌 그 악의 때문에 난니는 어떤 혜택도 얻지 못했다.

다행스럽게도 교황의 지원 아래, 미켈란젤로의 파르네세 궁전 설계는 그대로 시행되었다. 코니스 이외에 미켈란젤로는 안뜰을 내려다보는 3층 창문도 디자인했다(화보 21). 특히 이 창문은, 처음 보면 전임자들의 디자인과 별다를 바 없어 보이지만, 미켈란젤로의 창의적인 건축 언어를 잘 보여준다. 미켈란젤로는 과감한 혁신으로 명성이 높지만, 이 창문은 선배 건축가의 도안에다 현재 진행 중인 공사를 잘 통합시키는 미켈란젤로의 능력을 보여주는 여러 사례 가운데 하나다. 그는 이미 수십 년 전에 피렌체 대성당의 드럼을 설계할 때 그런 능력을 발휘했다. 마찬가지로 그가 산 로렌초 교회의 성물聖物 단壇을 디자인할 때도 브루넬레스키가 기존에 만들어놓은 교회 설계안에 딱 들어맞게 했다. 또 메디치 예배당의 새 성구실聖具室을 설계할 때도 옛것을 완전히 대체하지 않고 상호 보완하도록 조치했다.

이처럼 선배 건축가의 설계에 신경 쓰면서도 미켈란젤로는 그 자신의 독창적인 아이디어를 내놓았다. 가령 세부와 장식 부분에서 그런 독창성이 두드러졌다. 예를 들어 파르네세 궁의 창문에는 독창적인 특징을 많이 있다. 여러 겹으로 된 박공이 대표적 특징인데, 이 박공은 물방울 장식과 사자 머리로 장식된 트라이글리프(도리아식 건축에서 석재의 세 줄기 세로 홈 장식)로 지지된다. 이 디자인을 시공한 석공들은 미켈란젤로에게서 구두로 지시를 받았거나 아니면 도면, 형판, 나무 모형 등을 보면서 작업했을 것이다. 그래서 미켈란젤로의 석조 건축 언어는 때때로 복잡한 목공 일을 연상시킨다.

미켈란젤로는 실무적인 감독 위주의 건축 공사를 지향했지만, 그가 파르네세 궁전의 공사장에 직접 나가서 감독하는 일은 드물었다. 그는 노련한 석공이자 오랫동안 건설 현장의 작업반장으로서 일한 베네데토 스켈라에게 권한을 위임하여 일상적인 업무를 감독하도록 했다. 산 로렌초 교회 공사에서도 그랬지만, 그 일은 미켈란젤로의 의도를 잘 아는, 아주 노련한 작업반장과 소수의 숙달된 기능공을 필요로 했다. 이 전문가들이 미켈란젤로의 멋진 설계를 아름다운 조각품으로 만들어냈다. 비록 현장에서 스켈라가 일상적 업무를 감독·지휘하기는 했지만 완성된 궁전은 스켈라가 아니라 미켈란젤로의 작품이었다.

그 외에 다른 일들에도 미켈란젤로는 직접 신경을 써야 했다. 파울루스 3세는 미켈란젤로의 재능을 최대한 많이 활용하려는 마음을 자제하지 못했다. 후원자와 예술가는 함께 협력하여, 그냥 놔두었더라면 평범한 건축물이 되어버렸을 파르네세 궁전의 설계를 크게 향상시키는 여러 아이디어를 내놓았다. 그리하여 길고 넓은 내부 통로에다 아름다운 비례를 지닌 비상한 평면형 아치를 추가하여 장식적 효과를 냈다. 테베레강 위에다 다리를 놓아 파르네세 궁과 그 주변의 저택인 파르네시나와도 연결했다. 또 두 점의 고대 유물, 즉 〈파르네세 헤라클레스〉와 새로 발견된 〈파르네세 황소〉를 궁으로 가져와 통합된 정원 구상안의 일부로 편입시켰다.

물론 이런 작업은 성 베드로 대성당에 집중해야 하는 시간을 어느 정도 빼앗아갔다. 하지만 이 공사들은 만족도가 아주 높았다. 새 대성당과는 다르게, 그것들은 예술가와 후원자가 살아 있는 동안에 완성될 수 있었기 때문이다. 파울루스가 오래 살수록—실제로 그는 아주 장수한 교황이었다—미켈란젤로가 맡아야 할 공사 수는 늘어났다. 처음에는 〈최후의 심판〉이 있었고 그다음에는 대성당 공사, 파르네세 궁전, 그리고 아직도 덜 끝난 캄피돌리오와 파올리나 예배당이 있었다. 그러나 이런 여러 공사 중에서 가장 힘든 것은 역시 성 베드로 대성당 건설 공사였다. 이 공사는 미켈란젤로의 생애가 끝날 때까지 계속 그를 괴롭힐 터였다.

필수 불가결한 현장 소장과 작업반장

곧 미켈란젤로는 성 베드로 대성당의 건설 방향을 바꾸어놓았다. 공사 현장은 더욱 잘 조직되었고, 건설 공사는 빠르게 진척되었으며 일꾼들에게는 뚜렷한 목적의식이 생겨났다. 미켈란젤로는 서서히 파브리카의 오래된 직원들을 그 자신이 선택한 참모들로 교체해 나갔으며, 심지어 상갈로 충성파 중 몇몇을 포섭하기도 했다. 그중 대표적인 인물이 현장을 두루 돌아다니는 현장 소장인 자코포 멜레기노였다.

귀족 가문 출신인 멜레기노(1480경~1549)는 페라라 출신인데 고향에서 인문주의 문학과 법학을 공부했다. 그는 1520년대에 파르네세 가문을 위해 봉사하다가 승진하여 알레산드로 파르네세 추기경의 건축 고문 겸 측근이 되었다. 1534년에 알레산드로가 교황 파울루스 3세로 즉위하자, 멜레기노는 산 마르코 궁전, 산타 마리아 인 아라코엘리, 파올리나 예배당, 그 인근의 살라 레자, 새로운 성 베드로 대성당 등 로마에 있는 파르네세 가문의 여러 건설 공사 현장에서 일했다.[19] 성 베드로 대성당 공사에서는 안토니오 다 상갈로 밑에서 경험 많은 건설업자로 활약했던 멜레기노는 로마의 요새를 강화하는 건으로 미켈란젤로가 상갈로와 논쟁을 벌였을 때 상갈로 편을 들었다. 그러나 상갈로 사후에 멜레기노는 새 건축가에게 충성을 바치기 시작했고 의무감에 충실한 현장 소장으로서 미켈란젤로를 '명예롭고 위대한 분'이라고 불렀다.[20] 그는 1549년 11월 사망할 때까지 성 베드로 대성당의 수석 현장 소장('소프라스탄테soprastante')으로 충실하게 일했다. 멜레기노는 다음 세대의 건설업자를 훈련시키는 데 공을 들였다. 그리하여 그의 제자 자코모 비뇰라는 미켈란젤로가 맡은 로마 건축 공사장 여러 곳을 뛰면서 크게 활약했다.

멜레기노 옆에는 '또 다른 우리의 수석 현장 소장'인 살베스트로도 있었다. 미켈란젤로가 그 자리에 이 사람을 임명했다는 점 외에는 그에 대해서 알려진 인적 정보는 없다. 살베스트로가 죽자 미켈란젤로는 1551년에 그의 빈자리에 프란체스코 가토('고양이 프란체스코')를 임명했는데, 이 사람에 대해서도 알려진 바는 없지만 필수 불가결한 조수였던 것으로 보인다.[21] 인력과 자재를 조직하는 현장 소장은 미켈란젤로의 측근으로 활약하면서 그의 계획과 지시를 이행했다. 때때로 현장 소장은 건축가의 현장 대리인 자격으로 미켈란젤로에게 온전히 위임을 받아 독립적으로 일했다. 미켈란젤로는 피렌체의 산 로렌초 교회에서 15년간 시공 경험을 쌓은 덕분에 사람들의 재능을 잘 알아보는 판단력이 있었다. 역사적으로 이런 사람들의 공로가 잘 알려지지는 않았지만, 미켈란젤로는 자신이 필요로 하는 부류의 사람들을 잘 알아보았고, 그래서 거의 무명인사인 바스티아노 다 산 지미냐노를 발탁할 수 있었다.

미켈란젤로는 성 베드로 대성당의 건축가로 임명된 직후, 파브리카의 임원들에게 바스티아노 다 산 지미냐노를 현장 소장으로 고용해 달라고 요청했다.[22] 그러나 미켈란젤로는 새로운 직원을 뽑을 때마다 파브리카에 타당한 이유를 제시해야 한다는 사실을 발견했다. 파브리카는 그 신청을 한동안 거부하다가 마침내 동의했다. 이렇게 하여 미켈란젤로는 유능한 현장 소장인 멜레기노, 살베스트로, 바스티아노 다 산 지미냐노라는 삼두마차를 운영할 수 있었다. 그들은 미켈란젤로의 핵심 팀원으로서 봉사했다.

물론 세바스티아노 말레노티, 체사레 베티니, 피에르 루이지 가에타, 제로니모 데 라 가자타, 조반니 바티스타 비치 같은 다른 조수들도 있었다. 이중에 비치는 피렌체 외곽의 작은 마을인 세티냐노 출신이었다. 그 외에 미켈란젤로의 고향 마을에서 믿을 만한 조수가 많이 나왔다.[23] 성 베드로 대성당 같은 대규모 공사는 작업반장을 여럿 투입해야 했다. 많은 수의 반장이 채용되었으나 떠나는 자는 드물었다. 최초에 고용된 사람들은 바스티아노 다 산 지미냐노, 안토니오 라바코, 조반니 바티스타 데 알폰시스, 세바스티아노 말레노티 등이었다. 난니 디 바초 비조 같은 소수의 작업반장은 현장을 떠나지도 않고 계속 남아서 속을 썩였다. 멜레기노와 살베스트로 같은 사람들은 미켈란젤로보다 먼저 세상을 떠났다. 작업반장 체사레 베티니는 살해되었다. 자연사든 아니든, 조수들의 죽음은 그에게 큰 심적 부담을 안겼다. 그들은 모두 미켈란젤로보다 젊은 사람이었고, 그래서 그에게 성 베드로 대성당 공사에 바칠 시간이 얼마 남지 않았음을 상기시켰기 때문이다.

놀라울 정도로 많은 사람이 대성당 공사 현장에서 일했다. 새 교황이 선출될 때마다 은행가, 상인, 아첨꾼 들이 로마로 몰려왔지만 목공, 석공, 벽돌공 같은 기능공들은 대체로 고향 마을에 그대로 머물렀다. 따라서 미켈란젤로가 지휘하는 성 베드로 대성당 공사는 예외적인 경우였다. 피렌체 출신 노동자들 여러 사람이 로마에 영구 정착했으니 말이다. 또 촐리, 판첼리, 페루치 가문의 후예 중에는 피렌체에 적을 두면서도 '로마인'이 되어버린 경우가 많다.

미켈란젤로는 산 로렌초 공사에서는 서류 작업도 맡았으나, 대성당 공사에서는 서류를 담당하는 행정 업무는 맡지 않았다. 바티칸 관리들이 구매, 회계, 임금, 장부 기록 등을 담당했다. 미켈란젤로는 날마다 유지해야 하는 노동력 수준도 걱정하지 않았다. 그는 중앙 통제탑을 설치하여 인력의 고용, 조직, 배치, 임금 같은 업무를 유능한 노무반장에게 맡길 수 있었다. 게다가 그는 아주 소중하게 여기는 측근 한 명을 늘 옆에다 두었다. 그 사람, 우르비노는 피렌체 사람도 아니고 유명하지도 않았지만, 미켈란젤로의 업무 진행이 일정하게 유지되도록 해주는 나침반 같은 존재였다.

프란체스코 디 베르나르디노 아마도리, '우르비노'

프란체스코 디 베르나르디노 아마도리(1556년 사망)는 우르비노 근처의 마르케에 있는 카스텔두란테(현대의 우르바니아) 출신이었다. '우르비노'라는 그의 별명은 고향 이름에서 나온 것이다. 우르비노는 미켈란젤로의 75년 경력에서 미켈란젤로와 한집에 살며 최측근으로서 도와준 식구들 중에 가장 오래 살았고 또 가장 사랑받은 사람이었다. 한집 식구들로는 그림자 같은 인물인 실비오 팔코네와 아주 게으르고 허영심 많은 피에트로 우르바노가 있었다. 피에트로는 결국 붉은 벨벳 신발을 신고서 나폴리로 달아났다. 피에트로 우르바노 다음에는 마음은 착하지만 다소 무능한 안토니오 미니가 들어왔는데 그는 1523년부터 1531년까지 미켈란젤로의 개인 조수로 일했다. 미니가 프랑스로 떠나자, 미켈란젤로는 우르비노라는 대타를 채용했는데, 그의 별명은 전에 미켈란젤로 집에서 일했던 피에트로 우르바노와 유사하지만, 두 사람의 성격은 정반대였다. 원래 제자로 들어온 이들은 일차적으로 집 안 하인이었고 이차적으로 작업 조수였다. 그들은 심부름하기, 회계 장부 정리하기, 집과 공사 현장에서 미켈란젤로 돕기 등 다양한 일을 했다. 이런 하인 중에서 우르비노는 제일 중요한 존재였다.

우르비노는 〈최후의 심판〉, 아라코엘리의 산타 마리아 교회 내 체키노 브라치의 능묘, 그리고 교황 율리우스 2세의 영묘 등 미켈란젤로가 맡은 로마의 여러 공사 현장에서 총반장 역할을 수행했다.[24] 그러나 미켈란젤로가 우르비노를 소중하게 여긴 것은 그가 유능한 석공이자 현장 소장이었기 때문만은 아니다. 예술적 능력은 다소 떨어졌지만 장기간 미켈란젤로의 집에서 하인으로 일한 우르비노는 다정한 말동무로서 온전하게 주인에게 헌신했다. 우르비노는 사회적 계급, 지능, 복종 등의 측면에서 리어 왕의 광대, 햄릿의 호레이쇼에 해당하는 인물이었다. 주인에게 깊은 애착을 느끼고 흔들림 없는 충성을 바친 점에서 그는 광대와 호레이쇼와 비교하더라도 조금도 손색이 없었다.•

70대 노인인 미켈란젤로가 건설 현장에 직접 나가지 못하거나 다른 일을 보아야 할 때면 우르비노가 주인을 착실하게 대신하여 현장 업무를 보았다.[25] 게다가 우르비노는 성 베드로 대성당의 파브리카 열쇠를 맡았다. 이 말인즉슨 그가 작업 현장에 제일 먼저 도착하고 맨 나중에 퇴근한다는 뜻이었다.[26] 그러나 미켈란젤로의 대리인 노릇을 한다는 게 언제나 쉬운 일은 아니었다. 잘난 체하기를 좋아하는 자코포 멜레기노가 미켈란젤로의 뜻을 따르지 않고 반박하자, 우르비노는 제멋대로인 현장 소장을 견제하여 뜻을 따르게 하려고 언어적·신체적 폭력을 사용했다. 멜레기노는 미켈란젤로가 아니라 우르비노에게서 지시를 받는 상황을 불편하게 여겼다.[27] 미켈란젤로는

• 리어 왕의 '광대'는 셰익스피어의 〈리어 왕〉에 나오는 인물로, 리어 왕의 잘못을 비난하면서도 조언해 주는 양심 역할을 한다. 〈햄릿〉의 호레이쇼는 햄릿 왕자의 절친한 친구로, 왕자가 자신의 사후에 뒤처리를 부탁한 인물이다.

주로 파브리카의 고집 센 임직원들에게 우르비노가 자신의 위임을 받아 충분한 권한을 가지고 대리인 역할을 한다고 통보함으로써, 이런 작은 분쟁을 계속 중재해야 했다.

믿을 만한 현장 소장과 작업반장 팀을 구축하고, 공사 현장의 인력과 자재를 잘 단속함으로써, 미켈란젤로는 성 베드로 대성당의 건설 속도를 크게 진척시켰다. 그러나 파울루스 3세는 조급해했고 완공이 안 된 공사 수는 자꾸만 늘어났다. 1548년 여름이 돌아와 날씨가 따뜻해지고 해가 길어지자 미켈란젤로는 성 베드로 대성당의 공사 진척을 감독하고, 파올리나 예배당의 프레스코를 완성해야 해서 몸이 백 개라도 당해 낼 수가 없었다.

파올리나 예배당

1541년에 〈최후의 심판〉이 완공되기 전에, 그리고 1547년에 성 베드로 대성당의 건축가로 임명되기도 전에 파울루스 3세는 새로 지어지는 파울루스 기념 교회인 파올리나 예배당에다 그림을 그려달라고 미켈란젤로에게 부탁했다. 이 예배당에 들어간 두 점의 대형 프레스코 작업은 단속적으로 이어져 근 8년이나 걸렸다(1542경~1550). 예배당 장식 작업은 자주 중단되었고 때로는 지붕의 누수와 화재 같은 예기치 않은 사고도 벌어졌지만, 그렇게 지연된 주된 이유는 예술가가 율리우스 2세의 영묘 작업, 이어서 성 베드로 대성당, 파르네세 궁전, 캄피돌리오 등 파울루스 3세가 발주한 다양한 공사에 매달려 있었기 때문이다. 교황과 예술가, 두 사람 중 어느 한 사람이 사망할 때까지 과연 이런 공사를 얼마나 많이 완공할 수 있을까?

원래 이 예배당은 크게 늘어난 교황청 업무를 보기에는 너무 비좁아진 옛 파르바parva〔자그마한〕 예배당을 대체하기 위해 지어진 것이었다. 안토니오 다 상갈로가 파울루스를 위해 설계와 시공을 맡았다. 상갈로는 균형이 잘 잡힌 건축의 보물을 창조했다. 파올리나 예배당은 시스티나 예배당보다 규모가 작았지만 그래도 상당한 공간을 차지했다. 파올리나는 성사 예배당과 교황 선출 예배당이라는 두 가지 기능을 담당했다. 앞으로 이곳에서 교황이 계속 선출되어 베드로의 후계자라는 임무를 시작하게 될 터였다. 시스티나에 비하여 덜 알려진 이 예배당은 기독교의 가장 거룩한 성지 가운데 하나였고, 미켈란젤로의 위대한 두 프레스코(하지만 덜 알려진)가 그려진 곳이다.[28]

마주 보고 있는 두 프레스코 중 첫 번째 프레스코인 〈사울의 개종〉(화보 22)을 미켈란젤로가 완성한 직후인 1545년 7월에 파울루스 교황은 이 새로운 예배당을 방문했다.[29] 교황은 그 벽화를 보고서 크게 만족했다. 그 예배당은 건축과 그림이 어우러진 걸작이었다. 이제 맞은편의 프레스코도 빨리 완성해야 할 때가 되었다. 예술가와 교황은 그 빈 벽에 어떤 그림을 그려 넣어 장식할지를 의논했다.

미켈란젤로는 곧 바티칸 일꾼들에게 두 번째 벽에다 비계를 설치하라고 지시했다. 파올리나에 일꾼 두 명이 투입되어 수직으로 세워진 기둥을 보강했고, 숙달된 밧줄 일꾼 한 사람이 그 기둥들을 수평의 가로 널에 연결했다. 두 번째 수직 기둥들을 세울 때 얼추 장방형 비계가 만들어졌고 이어 보강재 버팀목을 대각선 형태로 투입하여

파올리나 예배당 내부, 바티칸 시국, 로마.

비계를 단단하게 버틸 수 있게 했다. 치수를 재고, 목재를 자르고, 수평의 널판과 보강재를 투입했다. 이어 한 칸 위로 올라가 다음 단계의 비계를 구축했다. 위로 올라갈수록 설치할 면적이 넓어졌고, 그래서 더 많은 가로 보강재, 즉 자재·밧줄·인력을 투입해야 했다. 그렇게 비계가 완벽하게 설치되자, 벽 담당 일꾼이 건설된 벽에다 수백 개의 짧은 틈새를 끌로 대강 파놓으면 그걸 기준으로 플라스터plaster, 즉 회반죽이 두툼한 층을 이루도록 벽에다 바른다. 플라스터가 다 마르면 이어서 묽은 석회와 화산재를 섞어서 만든 인토나코intonaco〔소석회〕로 된 얇은 층을 각 구간별로 날마다 번갈아 바른다. 이렇게 조심스럽게 만든 석회의 표면 위에다 예술가가 그림을 그리는 것이다. 파울루스 3세의 방문에 고무된 미켈란젤로는 두 번째 프레스코 작업에 착수했다.

프레스코 작업을 하려면 중간에 방해받지 않고 온전히 열 시간을 투입해야 한다. 첫 두 시간은 그림물감을 개고, 붓을 정돈하고, 전사용 밑그림을 준비하는 데 들어간다. 이렇게 하는 동안 인토나코가 말라서 일정한 상태가 유지된다. 화가 첸니노 첸니니는 그 상태가 두텁고, 축축하고, 끈적끈적해야 한다고 말했다. 플라스터가 거의 준비되면 조수 한두 명이 밑그림을 벽에다 붙이고, 예술가 혹은 그의 조수는 숯가루가 든, 구멍 뚫린 주머니를 가지고 그 윤곽선을 탁탁 쳐서 일련의 점선을 만든다. 이것을 가리켜 '숯가루질'이라고 한다.

이어 밑그림을 제거하고, 화가는 벽에 남겨진 점선과 옆에 붙여놓은 밑그림을 참조해 가면서 그림을 그리기 시작한다. 이렇게 하여 이른바 '황금 시간', 즉 화가가 그림 그리기에 집중하는 때가 된다. 그의 붓에서 흘러나온 물감은 약간 축축한 플라스터 표면에 옮겨진다. 플라스터가 마르면서 물감의 반짝거리는 빛깔은 충만한 색조가 천천히 사라지고 광택 없는 평면적인 색깔이 되어간다. 한편 바로 옆에서는 조수가 또 다른 부분에다 인토나코를 바르고, 잠시 뜸을 들인 후에 화가가 머리, 외투, 손동작 등을 완성하기 위해 그쪽으로 옮겨 간다. 이렇게 하여 플라스터, 물감, 화가 사이에 완벽한 조화가 이루어지고, 거친 벽돌 벽이 부드럽고 반투명한 색깔로 바뀐다.

화가는 그날의 플라스터가 건조될 때까지 집중하여 그림을 그린다. 플라스터는 처음에는 끈적거리다가 시간이 지날수록 손가락으로 눌러도 들어가지 않을 정도로 단단한 경도를 유지한다. 때때로 화가는 자신의 업무가 이 프레스코보다 더 중요하다고 생각하는 잘난 척하는 어떤 추기경의 방문을 받아 작업이 중단되기도 한다. 플라스터가 굳은 뒤에도 미켈란젤로는 그 단단한 표면 위에다 작업을 계속하면서 물감을 더 투입하여 수정·추가한다. 벽이 완전히 마르면 화가는 아주 비싼 특별한 물감, 가령 울트라마린 블루로 작업하기 시작한다. 이 안료는 인토나코가 아주 딱딱하게 굳은 다음에나 사용할 수 있다. 조수들은 그날 나온 쓰레기들을 정리하기 시작하지만, 미켈란젤로는 계속하여 그림을 그린다. 아직도 해야 할 일이 많기 때문이다. 조수들은 퇴근하기 전에 밑그림을 둘둘 말고, 붓을 씻어서 정리하고, 물감 찌꺼기를 청소한다. 개지 않은 물감들은 파우더를 바른 뒤 덮어서 잘 보관하고, 소중한 청금석과 값비싼 울트라마린 파우더를 특별히 잘 간수한다.

숙달된 조수가 날카롭게 벼린 흙손을 가지고 여분의 플라스터를 제거하고 깨끗한 대각선을 그어 그날의 작업 분량을 표시한다(이탈리아어로는 이를 '조르나타giornata' 한다고 한다). 그러면 이튿날 그 선을 기준으로 새롭게 플라스터 작업을 하여 이음매가 없게 한다. 미켈란젤로는 시스티나 예배당에서 작업할 때보다 이곳 파올리나에서 더 천천히, 더 많이 생각하면서 작업했다. 두 번째 프레스코인 〈베드로의 십자가형〉(화보 23)은 89회의 '조르나타'를 거쳤다. 앞서 완성된 〈사울의 개종〉은 85회를 거쳤다.[30] 두 번째 벽화는 더 느리고 신중한 작업이었다.

어쩌면 내일은 조수들이 비계의 맨 위칸을 제거하고 그다음 아랫부분의 작업을 준비할 것이다. 하지만 거장 미켈란젤로는 아직도 그림을 그리고 있다. 그는 아직도 어떤 특정한 색깔, 특히 땅 색깔과 관련되는 황색, 황갈색, 적갈색이 오늘 밤에 좋은 파우더와 함께 개어지기를 기대할 것이다. 그렇게 해야 내일 아침 작업을 다시 시작할 때 시간 낭비가 없으니 말이다. 이렇게 많은 일을 했는데도 거장은 조수들을 다 퇴근시키고 한참 뒤에야 혼자서 집으로 돌아간다. 집에 가서 조각 작품을 수정해야 하고, 드로잉도 해야 하고, 편지도 써야 한다.

그해에는 겨울 추위가 빨리 닥쳐와서 예배당에서의 작업을 중단했다. 미켈란젤로가 파올리나 예배당 작업을 완료하기 위해 다시 작업에 들어간 것은 4년이 흐른 뒤였다. 그처럼 자주 중단되고 또 교황이 새로 추가한 공사가 많았다. 성 베드로 대성당 공사 때문에 파올리나 예배당이 뒤로 밀린 것이다.

바티칸으로 가는 길

미켈란젤로는 건강이 허용하는 한 바티칸에 자주 올라갔다. 처음에는 〈최후의 만찬〉을 그리기 위해서였고 그다음에는 파올리나 예배당의 벽화를 그리고, 이어 성 베드로 대성당 공사를 감독하기 위해서였다. 그가 그때보다 젊었던 시절에 트라야누스 광장의 집에서 대성당까지 빠른 걸음으로 걸어가면 40분 정도 걸렸다. 하지만 이제는 걸어가는 일이 거의 없다. '말을 소유한 것을 자랑스럽게 여긴' 미켈란젤로는 집 뒤쪽의 마구간에서 키우는 자그마한 밤색 말을 타고 가는 것을 더 좋아한다.[31] 미켈란젤로는 노인이다. 그는 침대에서 천천히 일어나고, 옷도 천천히 입는다. 모든 일이 전보다 더 시간이 걸린다.

그의 말도 그만큼이나 나이를 먹었고 피곤해한다. 그 말을 닦아주고 안장을 얹는 등 마사馬事를 돌보는 하인 바스티아노 역시 동작이 느리다. 그가 게을러서가 아니라 그 말도 예술가처럼 급하게 일하는 것을 좋아하지 않기 때문이다.

과거에 성 베드로 대성당으로 올라가는 길이나 퇴근길에 미켈란젤로는 스트로치 궁에서 자주 멈추었다. 그 궁전은 폰테 산탄젤로(전에는 폰스 아엘리우스라는 이름으로 알려진 다리) 근처에 있는 피렌체 동네의 비아 데이 반키에서 사람들 눈에 잘 띄는 지형지물이었다. 루이지 델 리초가 작고하기 전만 해도 미켈란젤로는 거기에 들르면 친구에게서 따뜻한 환대를 기대할 수 있었다. 로베르토 스트로치도 반갑게 맞아주었다. 그 저명한 피렌체 은행가가 마침 그 궁전에 있는 경우라면 말이다. 스트로치는 프랑스의 리옹에서 주로 시간을 보냈다. 그곳에서 피렌체 상인들을 상대로 거래를 하거나, 아니면 프랑스 왕의 순회 궁정을 따라다녔다. 미켈란젤로는 저명한 사업가이며 동료 피렌체 사람인 스트로치와도 친밀한 관계를 유지했다. 미켈란젤로와 그의 집안은 50년 동안 스트로치와 이런저런 거래를 해왔고, 그래서 미켈란젤로는 부오나로티 가문이 스트로치 가문으로부터 받은 여러 은고를 아주 고맙게 생각했다.[32]

전염병이 돌던 1544년 여름에 미켈란젤로는 고열이 나면서 몹시 위험한 상태가 되어 쓰러졌다. 루이지 델 리초는 미켈란젤로에게 스트로치 궁으로 잠시 이사 오라고 강력히 권하여 성사시켰다. 그 궁전에는 집안 주치의가 항시 대기하고 있어서 한 달여에 걸쳐 투병을 하는 동안 예술가를 아주 밀접하게 관찰하면서 치료해 주었다. 로베르토 스트로치는 당시 프랑스에 가 있었으나, 로마에서 정기적으로 보고가 올라온 덕분에 미켈란젤로가 천천히 건강을 회복해 가는 것을 면밀히 주시할 수 있었다.[33] 미켈란젤로가 마침내 위험에서 벗어나자, 예술가는 소네트를 한 편 써서 루이지 델 리초에게 심심한 감사를 표했고 또 함께 동봉한 편지에서 로베르트 스트로치에게 '보답하겠다'라고 맹세했다.[34] 실제로 그는 보답 이상의 것을 했다.

미켈란젤로는 로베르토 스트로치에게 미완성 대리석 조각상인 〈반항하는 노예〉와 〈죽어가는 노예〉를 선물했다. 이 두 조각상은 현재 루브르 박물관에 소장되어 있다(화보 24와 25). 이것들은 놀라운 선물이었다. 또 스트로치로서도 쉽게 감당할 수 없는 물건이었다. 사람 실물보다 크기가 큰 이 조각상들은 무게만 몇 톤이 나가서 쉽게 이동시킬 수도 없었다. 이 두 인물은 하나의 짝인가? 그렇다면 무엇을 의미하는가? 어떤 사람들이 주장하듯이 두 인물은 노예 혹은 포로인가?(만약 그렇다면 어떤 노예 혹은 포로인가?) 자세히 따져보면 그 조각품은 델라 로베레 가문의 소유였다. 원래 율리우스 2세 교황의 영묘에 쓰려고 했으니 말이다. 미켈란젤로는 이 조각상들을 로베르토 스트로치에게 주어서는 안 되었다. 그래서 그는 후에 이 문제에 대하여 어물어물 얼버무리면서 위장했다. 미켈란젤로가 생존했을 당시에 그의 전기를 집필했던 작가들도 이 두 작품에 대해서는 잘 알지 못했다.

이 두 작품을 로베르토 스트로치에게 건네준 후에 미켈란젤로는 상당한 불안감을 느꼈다. 그 선물은 정치적 함의가 있었을 뿐만 아니라 아주 위험했다.[35] 선물을 준 지 얼마 안 된 시점인 1547년 11월에 피렌체의 메디치 정부는 추방자들과 어울리거나 심지어 대화를 나누는 행위를 일절 금지하는 법령을 반포했다. 그중에서도 스트로치는 으뜸가는 반정부 추방자였다. 미켈란젤로의 조카 리오나르도는 그 금지령을 예술가에게 알리면서 피렌체에서는 미켈란젤로가 스트로치와 가깝게 어울리며 지낸다는 소문이 나돈다고 귀띔했다. 미켈란젤로는 다음과 같은 답신을 보내 교묘하게 진실을 회피했다.

> 그 법령을 내게 알려준 건 너무나 고맙구나. 나도 앞으로 각별히 몸조심하마. 내가 스트로치의 저택에서 투병했다는 소식에 대해서 말해 보자면, 나는 그들의 집에 머무른 게 아니라 루이지 델 리초 씨의 집에 머물렀다고 말하고 싶다. … 나는 그 집에는 이제 다니지 않는다. 모든 로마 시민이 내가 어떤 생활을 하고 있는지 증인이 되어줄 수 있다. 나는 언제나 혼자다. 나는 잘 나돌아다니지도 않고 또 누구에게도 말을 걸지 않는다. 특히 피렌체 사람이라면 더욱 그렇다.[36]

미켈란젤로가 투병 장소를 이런 식으로 미세하게 구분하는 것은 두 가닥 머리카락의 두께를 구분하려 하는 것이나 마찬가지였다. 그렇지만 그는 피렌체에서 떠도는 소문에 민감하게 반응해야 할 이유가 있었다. 스트로치 가문과 관계되는 일이라면 그렇게 위장해야 할 더 그럴듯한 이유가 있었다. 고향 도시에 가족과 재산을 그대로 두고 온 대부분의 피렌체 사람들처럼 미켈란젤로는 그 금지령을 아주 심각하게 받아들였다. 만약 그 금지령을 철저히 단속한다면 미켈란젤로 집안의 지위와 재정적 안전이 크게 위협을 받을 수 있었기 때문이다. 만약 그가 반란자들과 어울린다고 고소를 당한다면 부오나로티 가문은 얼마든지 국외 추방과 재산 몰수를 당할 수 있었다. 그래서 미켈란젤로는 '언제나 혼자'라든지, '누구한테도 말을 걸지 않는다'는 노골적이지만 잘 계산된 과장법을 이용해 평소에 권력자들을 조심하고 정치와는 단호하게 무관한 태도를 유지해 온 그의 습관을 그대로 반영한 것이다. 그래서 이 편지에서는 두 대리석 조각상 얘기가 나오지 않는다.

미켈란젤로는 평소 버릇처럼 집안사람들에게 이렇게 말했다. "말이든 행동이든 어떤 방식으로든 관여하지 마라. 마치 전염병이 도는 상황에 처한 것처럼 행동해라. 언제나 제일 먼저 달아나는 사람이 되어라." 이것은 평생에 걸쳐 그의 행동 지침이 되었다.[37] 이런 태도는 비겁하다고 말할 수도 있겠으나 동시에 신중하다고 볼 수도 있다. 미켈란젤로 당시에 이런 속담이 나돌았다. "현명한 사람은 온갖 위험을 다 알기에 비겁하다."[38] 미켈란젤로의 형은 과거에 이렇게 조언했다. "바람 부는 대로 따라가야 안전한 거야."[39] 평화가 정착된 시기에도 미켈란젤로 집안사람들은 서로 이렇게 조언했다. "최대한 시대의 흐름에 맞추어 나아가도록 해라. 너 자신의 일이 아닌 일에는 끼어들지 마라."[40]

정치적 분규를 언제나 경계했다는 점에서 미켈란젤로는 그 당시의 많은 사람들과 별반 다르지 않았다. 평화가 정착되지 않은 급변하는 상황에서 사람들은 정치적 동맹을 자주 바꿀 수밖에 없었다. 피렌체 귀족 조반니 모렐리는 아들들에게 이런 조언을 했다. "권력자들과 언제나 좋은 관계를 유지해라. 그들의 뜻과 명령에 복종하고 따라라.

그들이나 그들의 행동에 대하여 나쁘게 말하지 마라. 설사 그들이 나쁜 사람이라고 할지라도 침묵을 지키고, 말을 걸어오기 전에는 먼저 말하지 마라."[41] "네 일에 신경 쓰고 아무에게도 말을 걸지 마라." 부오나로티 가문은 이 계명을 지켰고 그것은 당시에 아주 널리 퍼진 정서이기도 했다. 그리하여 다음의 압축된 속담이 나왔다. "입은 다물고 눈은 떠라."

늘 경계하고 있으려면 신중해야 했다. 그 당시의 아주 파괴적인 정치 행태와 점점 더 위태로워지는 종교적 분위기를 감안하여 미켈란젤로는 철저히 자기보전을 선택했다. 친구들과 친지들이 보복당하거나 추방당하는 모습을 거듭 지켜보면서 그런 인생관은 더욱 철저하게 굳어졌다. 당연히 그는 스트로치 가문이나 당시에 정권을 잡고 있던 메디치 가문의 공개된 적들과 어울리는 일을 기피했다.

아무튼 미켈란젤로가 그 가문과 연을 맺었던 생활은 이제 끝났다. 그를 스트로치 가문에 연결시켜 주었던 강력한 고리인 루이지 델 리초는 이미 작고했다. 미켈란젤로는 비아 데이 반키에 있는 그 집과 더는 거래할 일이 없었다. 그러나 폰테 산탄젤로를 통과하여 테베레 강을 건너는 것은 성 베드로 대성당으로 걸어가거나 말을 타고 가는 유일한 통로였다. 그래서 그는 자주 피렌체인 동네를 통과했다. 그러다 보니 때때로 스트로치 저택의 집사장이나 집 안 하인들이 그를 알아보고 인사를 해왔다. 그들과 나누는 인사는 진정이었으나 실은 슬픈 것이었다. 그것은 한때 행복했으나 지금은 사라져 가는 교우 관계의 희미한 흔적에 불과했으니 말이다.

미켈란젤로는 다리 위에서, 쓰레기가 흩어진 강둑에서 올라오는 고약한 냄새를 맡았다. 산토 스피리토 병원 아래의 진흙 강둑을 따라, 빨래하는 여인들이 빨래를 방망이로 세차게 두드리거나 현지 방언과 타지 방언으로 중구난방 노래 부르는 소리가 들려왔다. 그 천천히 흘러가는 초록색의 강물은 도시의 주된 수원이면서 세탁기인가 하면 쓰레기 하치장이기도 했다. 일단 다리를 건너면 미켈란젤로는 성 베드로 대성당 주위에 조성된 지저분하지만 번창하는 동네로 들어섰다. 그는 1496년 23세 당시에 처음 와보았던 로마의 인상을 기억했다. 바티칸 대단지는 혼잡했다. 그러나 보니파키우스 8세 이래 가장 부패한 교황인 알렉산데르 6세 교황•의 시대에 건설된 곧게 뻗은 넓은 거리는 도시의 생활과 위생을 크게 향상시켰다. 미켈란젤로는 훨씬 넓어지고 개선된 비아 델 펠레그리노를 따라 걸었던 일을 기억했다. 그 길은 테베레강 다리에서 라파엘레 리아리오 추기경의 새로운 궁전으로 이어지는 도로였다. 그 거리는 젊은 예술가에게 강력한 인상을 남겼다. 또한 미켈란젤로가 세속적인 추기경이 한 손에 움켜진 교회 권력을 처음 접하고서 강한 인상을 받았던 방문이기도 했다.[42]

더욱 인상적인 것은 알렉산데르 6세가 건설한 넓은 비아 알레산드리나였다. 그 길은 황폐한 중세풍의 바티칸 단지를 가로질러 곧바로 성 베드로 대성당으로 이어지는 도로였다. 그러나 그 거리—1490년대에는 신작로—는 지난 50년에 걸쳐서 가건물이 난립하는데도 아

• 알렉산데르 6세 교황은 마키아벨리의 《군주론》에서 이상적 군주의 모델로 제시된 체사레 보르자의 아버지다. 교황인데도 축첩하여 자식을 낳았고 온갖 이권 개입, 부정부패, 정실주의를 자행하여 가장 부패한 교황으로 악명이 높다.

무런 제재도 하지 않은 부작용을 그대로 드러내고 있었다. 그 길을 걸어가노라면 물건을 팔겠다고 적극적으로 호객 행위를 하는 거리 장사꾼들 때문에 발걸음이 지연될 정도였다. 그들이 파는 물건은 헌 옷, 순례자의 지팡이와 휘장, 침구용 밀짚, 종교적 장신구, 가짜 성물, 치료약, 강장제, 최음제, 각종 먹거리, 견과류와 사탕과자, 돼지 족발, 내장, 정체가 수상한 동물 고기, 비틀린 목에서 아직도 피가 배어 나오는 통닭, 맛 좋은 비둘기 고기, 부글부글 끓는 기름에 튀긴, 뭔지 모를 기름기 많은 고기 등이었다. 음욕을 채우려는 사람들(그런 자들은 수두룩했다)은 마음껏 그런 욕구를 채울 수 있었다. 얼굴에 짙은 입술연지를 바르고 가슴 부분이 낮게 팬 드레스를 입은 여자들이 노골적으로 젖가슴을 드러내 보였고, 또 다른 여자들은 호객행위를 하기 위해 부끄러운 줄 모르고 치마를 들어 올려 보였다. 저 아래쪽 이면 도로로 들어가면 가장 수요가 많은 욕망의 대상도 진을 치고 있었다. 숫처녀처럼 보이는 복장을 했으되, 온몸에 털이 전혀 없는 어린 소년들이 그들이었다.

파울루스 3세 치하의 로마는 여전히 죄악이 판치는 세상의 수도였다. 부도덕, 부정부패, 성적 난잡함이 판치면서 곪아 터지는 도시였다. 파울루스 3세가 개혁을 실천하려고 노력하고 있는데도 불구하고 과거의 도덕적 타락과 노골적인 정실주의 때문에 지속적으로 조롱을 당하고 있었다. 도시에 떠돌아다니는 스캔들성 가십에 따르면 교황은 전에 정부情婦를 두고 사생아를 여럿 낳았다고 했다. 이 교황이 곧 미켈란젤로에게 일을 주는 사람이었고 또 파올리나 예배당에다 거대한 프레스코 두 점을 그리게 한 사람이었다. 미켈란젤로는 다른 사람들과 마찬가지로 내심 이런 질문을 던졌을 수도 있다. 현재의 교황이 과거 보르자 가문의 알렉산데르 6세 교황보다 덜 부패했다고 말할 수 있을까?

미켈란젤로는 그 두 교황 밑에서 살았고 또 일을 받았다. 그는 알렉산데르 교황 말년에 로마에 처음 도착했고, 현재는 파울루스 3세의 수석 예술가로 일하고 있었다. 물론 그는 알렉산데르를 개인적으로는 알지 못했다. 단지 그 교황이 끊임없이 사악한 가십의 대상이라는 것만 알았다. 하지만 파울루스에 대해서는 훨씬 잘 알았다. 이 교황은 교회 개혁뿐만 아니라 자신의 친정인 파르네세 가문의 출세에도 매진하고 있었다. 파울루스는 허리가 굽은 허약한 노인이었지만 단호한 의지와 총명한 지성을 발휘했다. 정치적으로 그는 무자비했으나 미켈란젤로에게는 아주 다정하고 배려심이 깊은 교황이었다.

이처럼 미켈란젤로는 교황과 좋은 관계를 유지하고 있었기에 그를 비판할 이유가 없었다. 보니파키우스에서 알렉산데르를 이어 파울루스에 이르는 교황들은 끊임없는 소문의 대상이었다. 하지만 가십에 대해서, 특히 교황과 같은 권력자들에 대해서 미켈란젤로는 오래전에 이런 교훈을 가슴속에 받아들여 명심하고 있었다. "너 자신의 일에나 신경 써라."

더욱이 파울루스의 개인 생활과 세속적 관심사가 무엇이든 간에 미켈란젤로는 그를 다른 방식으로 이해했다. 그는 신앙과 교회의 더 큰 영광에 매진하는 정직한 사람이었다. 이제 나이 든 미켈란젤로는 큰 가문들의 정치적 분규—메디치 대 스트로치, 콜론나 대 오르시니, 델라 로베레 대 파르네세—를 직접 목격했으므로 그런 분규에 끼어들지 않는 것이 현명하다는 굳건한 믿음을 품고 있었다. 예술가는 오르시니 가문을 제외하고는, 이런 라이벌 가문들을 위해 일한 적이 있었다. 미켈란젤로는 계몽된 후원자에게 고용되었을 때에는 일이 번창했다. 생애의 이 단계에서 그는 자신이 존경하는 사람들을 위해서만 일을 했고, 후원자들도 그를 대할 때 예의를 갖추어서 진정한 존경심을 내보였다. 그 외의 사람들에게는 이미 너무 나이가 많다, 사전 계약한 일들도 다 하지 못하고 있다는 핑계를 대며 물리쳐 버렸다.

파울루스 3세가 세속적으로 무슨 잘못을 했든 간에, 파울루스는 미켈란젤로를 고용하고 우대해 준 교황이었다. 미켈란젤로는 그처럼 한결같은 후원 아래에서 그나 교황이나 아주 소중하게 여기는 이상들을 시각적으로 표현하는 일에 몰두했다. 바티칸 궁으로 말 타고 가는 예술가에게는 이 점이 가장 중요했다.

미켈란젤로는 포르토 델 브론초에서 말을 내려 경비병에게 인사를 했다. 서로 상대방의 이름은 알지 못했다. 미켈란젤로는 살라 레자로 들어가는 뒷계단을 걸어 올라가 그 장식 없는 거대한 방에 잠시 멈추어 섰다. 이 방은 시스티나 예배당과 파올리나 예배당에 인접한 교황의 접견실로 새로 지정된 방인데, 사방 벽이 프레스코로 장식해 달라고 아우성치고 있었다. 저 벽들에는 어떤 주제의 그림을 그려야 할까? 누가? 이게 파울루스가 미켈란젤로에게 발주할 다음 공사가 될까? 예술가는 잠시 현재 파올리나 예배당에다 그리고 있는 프레스코가 이 인접한 홀에 들어설 장식 그림과는 어떤 조화를 이루어야 할지를 상상하기도 했을 것이다. 하지만 그가 벽화를 더 그릴 의사가 있었을까? 그는 이미 70대였고 앞으로 얼마 살지 못하리라고 확신하고 있었다. 파올리나 예배당은 작업이 절반만 완성되었고 이제 계절은 한겨울에 접어들었다. 공기가 너무 축축하여 그림을 그릴 수가 없었다. 아무튼 그가 이 혹한의 겨울 날씨를 무릅쓰고 바티칸까지 말을 타고 온 이유는 교황을 만나기 위해서였다.

또 다른 뼈아픈 상실

해마다 1월 25일이면 파울루스 3세는 성벽 밖의 성 바울 대성당(산 파올로 푸오리 레 무라)에 가서 미사를 올림으로써 자신의 보호성인 기념일을 축하했다.[43] 1549년, 파울루스 교황은 파올리나 예배당에서 미사를 올림으로써 자신의 영명축일을 기념할 수 있기를 간절히 바랐다. 그러나 불행하게도 성 베드로 대성당의 일이 미켈란젤로의 시간을 너무나 많이 잡아먹고 있어서, 예술가가 그해에 파올리나 예배당의 벽화를 완성할 가능성은 별로 없었다. 그 미완성 예배당은 때때로 예기치 못한 사유 때문에 한 번에 여러 달씩 방치되었다. 몇 년 전, 미켈란젤로는 격분하면서 바티칸을 뛰쳐나왔다. 그가 그려놓은 '아름다운 인물들'이 예배당에 스며든 빗물로 망쳐졌기 때문이다.[44] 습기 많은 로마의 겨울 날씨는 프레스코가 완성되기 어렵게 만들었다. 잘 개어놓은 플라스터가 제대로 들러붙지 못했고, 계속되는 습기로 벽면이 잘 마르지 않았으며, 벽에서 피어나는 곰팡이는 그림 작업에 심각한 위협이 되었다. 게다가 따뜻한 날씨가 돌아온다 해도 미켈란젤로는 대부분의 시간을 성 베드로 대성당 공사 현장에서 보냈다.

파울루스 3세는 어쩌면 자신에게 남은 시간이 별로 없다는 것을 의식하고서, 1549년 10월에 파올리나 예배당을 방문했을 것이다.[45] 예배당은 비계와 각종 장비, 가령 나무판자, 톱질용 모탕, 발판, 방수포, 물이 들어 있거나 혹은 비어 있거나 굳은 석회가 들어 있는 각종 양동이 따위가 흩어져 있었다. 예배당 한가운데에는 밑그림, 버려진 종이, 지저분한 작업복, 쓰레기 더미 등이 방치된 커다란 작업용 테이블이 있었다. 82세의 교황은 그런 혼란스러운 예배당 안으로 걸어 들어가 힘들게 비계 위로 올라갔다. 그는 미켈란젤로가 이미 해놓은 작업을 살펴보면서 예술가가 다음에는 무엇을 그리려 하는지 물었다. 두 사람은 적절한 주제와 파울루스의 소망에 대해 얘기했다. 계절은 한창 가을로 날씨가 차가워지고 있었다. 실제로 교황의 방문 직후에 날씨는 급변하여 매우 추워졌다. 미켈란젤로는 날씨가 다시 따뜻해질 때까지 작업을 중단해야 할 것으로 내다보았다.

차가운 겨울 날씨에도 불구하고 교황은 퀴리날레 언덕에 있는 자신의 별장으로 갔고 그곳에서 갑자기 열병에 걸려 체력이 소진되기 시작했다. 교황의 사망에 따른 사회적 동요를 우려하여 파울루스의 손자 알레산드로 파르네세 추기경은 교황 근위대에게 성문들을 폐쇄하고 카스텔 산탄젤로를 점령하라고 지시했다. 11월 9일에 이르러, 교황의 의식은 또렷했지만 용태가 가망 없다는 점이 분명해졌다. 그는 추기경들을 침상 곁으로 불러서 병자성사를 했다.[46] 그다음 날 그는 사망했다.

미켈란젤로는 엄청난 충격을 받았다. 그가 조카에게 보낸 편지를 보면 그 충격의 정도가 얼마나 깊었는지 헤아려볼 수 있다. 교황의 사망 5주 후에 보낸 편지에서 그는 엄청난 상실감을 토로한다.

> 나는 교황의 죽음에 말로는 다할 수 없는 엄청난 슬픔을 느낄 뿐만 아니라 그에 못지않게 상실감을 느끼고 있다. 나는 지금껏 성하께 은고를 많이 받았고 앞으로 더 많고 더 좋은 것을 받으리라고 희망하고 있었어. 하지만 이것이 하느님의 뜻이라면 우리는 참고 견뎌야겠지. 그분의 죽음은 아름다웠어. 그분은 최후의 순간까지 의식이 또렷했어. 그분은 "하느님, 저의 영혼에 자비를 베푸소서" 하고 최후의 말씀을 하셨어.[47]

조카에게 평소대로 인내를 강조하면서도—"우리는 참고 견뎌야겠지"—예술가는 마치 자신이 교황의 마지막 순간을 목격한 것처럼 쓴다. "그분의 죽음은 아름다웠어. 그분은 최후의 순간까지 의식이 또렷했어. 그분은 '하느님, 저의 영혼에 자비를 베푸소서' 하고 최후의 말씀을 하셨어." 미켈란젤로는 자신의 최대 후원자이자 보호자, 자신의 친구이자 저녁 식사 동무를 잃어버린 것이다. 나중에 쓴 한 편지에서 그는 조카가 왜 와인을 계속 보내오는지 의아하다고 말했다. 이제는 그것을 함께 나누어 마실 사람도 없는데 말이다.[48] 루이지 델 리초, 비토리아 콜론나, 그리고 이제 파울루스 교황. 그의 생애에서 가장 중요한 기둥 셋이 사라져 버렸다. 이제 누가 남아 있단 말인가?

파올리나 예배당 작업의 마무리

그보다 몇 년 전인 어느 날, 미켈란젤로는 〈최후의 심판〉을 마무리 하던 중에 울퉁불퉁한 비계 널판에 걸려서 넘어져 다리를 다쳤다.[49] 다행히 그는 그 프레스코를 거의 완성한 상태였고 그 비계가 그리 높은 편은 아니었다. 그런데 이제 다시 그는 파올리나 예배당에서 흔들거리는 사닥다리를 위아래로 오르내리고 있었다. 나이로 보자면 그는 이런 위험한 구조물에 의지하여 높은 곳에 올라가면 안 되었다. 더욱이 빈약한 조명 속에서 벽에 딱 붙어 웅크린 채, 한 번에 여섯 시간 이상 작업할 수 있는 체력도 안 되었다. 그는 나중에 바사리에게 이렇게 불평했다. "이 일은 상당한 노력이 필요합니다. 그림, 특히 프레스코는 어느 정도 연령이 지난 사람에게는 어울리는 일이 아닙니다."[50] 이제 72세인 미켈란젤로는 그 '어느 정도 연령'을 지나도 한참 지난 사람이었다. 이 힘든 일은 파울루스 3세의 사망 이후에는 말하자면 참회하는 작업이 되었다.

파올리나 예배당의 서쪽 벽은 햇볕이 직접 들지 않아서 미켈란젤로는 해가 잘 드는 동쪽 벽부터 먼저 작업했다. 그 벽화의 주제는 빛, 통찰, 예지였고 제목은 〈사울의 개종〉이었다(화보 22). 그리고 4년의 시간 터울을 두고서 그는 이제 서쪽 벽을 작업했다. 그는 자신이 그리고 있는 〈베드로의 십자가형〉에 등장하는 사람들만큼이나 깊은 어둠 속에서 웅크리고 작업했다(화보 23). 예술가는 이런 음울한 장면을 어떻게 구상했을까?

해 저물 녘의 어두운 빛 속에서 로마 병사들은 또 다른 신성 모독자를 십자가형에 처하려는 준비 작업을 하고 있다. 이미 다른 많은 사람들이 그런 식으로 처형을 당했기에 그것은 흔히 있는 처형장 풍경이 될 수도 있었다. 하지만 이 범죄자는 거꾸로 매달린 채 처형 당하기를 요청했다. 그것은 괴상한 요청이었지만 허락이 떨어졌다. 하지만 그런 식으로 처형된다고 해서 죽음이 더 신속하게 찾아오는 것은 아니었다. 오히려 정반대 현상이 벌어졌다. 평소대로라면 십자가형을 당하는 사람은 질식하여 곧 숨을 거둔다. 그러나 이 경우, 손발의 살섬이 기이한 방식으로 뜯겨져 나가고, 당사자는 피를 천천히 흘리며 고통스럽게 죽는다.

네로 황제 시절에 무수한 처형 건수가 있었으므로, 이 처형장에 여자를 포함하여 저렇게 많은 사람이 구경 나왔다는 사실은 다시 보아도 기이하다. 그들은 저처럼 가난한 사람에게서 무엇을 바라는 걸까? 그가 걸친 누더기는 설사 벗겨낸다고 하더라도 팔아먹을 수도 없었다. 석양의 흐린 빛이 자니쿨룸 언덕 위로 서서히 사라져 가기 시작하자, 이 음울한 장면 주위로 점점 더 많은 사람이 몰려들었다. 어떤 사람들은 네로 대경기장 쪽에서 오고 어떤 사람들은 지저분한 트라스테베레 동네에서 왔는데, 계단 위에 걸터앉아 있다. 그들은 다양한 외국 차림새를 하고 있으나 대부분이 가난하다.

십자가 아래쪽 경사면에는 한 노파와 세 젊은 여인이 옹기종기 모여서 이상한 몸짓을 하고 있다. 이 수다스러운 여인들은 은밀한 눈빛과 안타까워하는 낮은 목소리로 방금 온 사람들에게 어떤 일이 벌어지고 있는지 말해 준다. 이 벽화를 관람하기 위해 예배당에 들어온 우리는 새로 온 사람들이다. 이 마녀 같은 여인들이 우리가 만나는 첫 번째 사람들인데 이들은 우리에게 낮은 목소리로 말하며 감히 쳐다보기 어려운 끔찍한 광경에 주의를 환기시킨다.

혹시 있을지도 모를, 사람들의 동요를 우려하여 로마인 대장은 포르타 아울레리아 인근의 로마군 진지에 추가로 기마 병사를 파견하라고 명령을 내려놓았다. 그들은 이제 막 현장에 도착하여 남쪽의 언덕 꼭대기에 모습을 보이고 있다. 보통 처형장 주변에는 사람들이 별로 없는데 이 십자가형은 갑자기 놀라울 정도로 많은 사람을 끌어당기고 있다. 어떤 사람은 놀라는 눈빛으로, 어떤 사람은 측은해하는 시선으로 바라보고 있으나, 대다수 사람들은 그들 나름의 생각에 깊이 빠져 있다. 이 그림을 그리면서 깊은 생각에 잠겼던 미켈란젤로처럼.

몇 달 전, 교황이 마지막으로 이 예배당을 방문했을 때, 두 사람은 예배당 벽화 장식을 완성하는 데 어떤 주제가 좋을지를 의논했다. 베드로와 바울은 로마 가톨릭교회의 핵심 성상이어서 로마 전역에서 널리 발견된다. 가령 두 성인은 성 베드로 대성당에 이르는 길목인 테베레 다리의 입구 양옆을 장식한다. 성 베드로 대성당에서 두 성인은 안토니오 필라레테가 제작한 거대한 청동 대문(1445) 위에서 한 쌍을 이루고 있고, 조토가 1320년경에 제작한 스테파네스키 알타르피에세, 대리석 제단 뒤 닫집 위 두 성인의 그림(1320경), 그리고 라파엘로가 시스티나 예배당을 위해 구상한 양탄자(1515~1516)에도 두 성인이 한 쌍을 이루고 있다. 두 성인의 2인 1조는 잘 확립된 오랜 전통이었고, 두 성인의 사목 활동 초창기 혹은 음울한 순교 장면 등은 단골 주제였다.

그렇다면 파울루스 3세와 미켈란젤로가 파올리나 예배당의 두 번째 벽화 주제로 어떤 주제를 선택하는 것이 적절했을까? 이제 파울루스 교황이 서거했으니, 미켈란젤로는 실제로 어떤 주제의 그림을 그려 넣어야 하고 또 그 이유는 무엇이었을까? 교황 율리우스 2세의 영묘와 마찬가지로, 미켈란젤로는 또다시 그 일을 발주했던 사람의 사후에 그것을 완수해야 하는 입장이 되었다. 오로지 예술가만이 원 발주자의 '원래 의도'를 알고 있는 셈이었다.

어쩌면 그리스도가 베드로를 부르는 장면이 동쪽 벽의 개종 장면을 더 적절히 보완해 줄 수 있었을 것이다. 또 파올리나 예배당이 베드로의 후계자〔교황〕를 선출하기 위해 추기경들이 모여서 회의를 하는 장소라는 점을 감안했을 때 더욱 그럴듯한 주제일 것이다. 그러나 미켈란젤로는 반대편 벽의 그림과는 다소 어울리지 않는 〈베드로의 십자가형〉을 그렸다. 조르조 바사리가 《뛰어난 화가, 조각가, 건축가 들의 삶》 초판본에서 이 그림의 제목을 '베드로에게 천국 열쇠를 건네는 그리스도'라고 오인한 일은 암시하는 바가 많다. 바사리 책의 초판본은 1550년에 나왔는데 미켈란젤로가 파올리나 예배당의 두 번째 벽화를 막 시작한 때이기도 했다.[51] 바사리는 그런 착오를 용서받을 만한 구석이 있다. 당시 그런 도상이 잘 알려져 있었고 또 확립되어 있었으므로, 사람들이 충분히 그런 기대를 할 만했던 것이다. 바사리는 〈사울의 개종〉 맞은편에 베드로의 죽음을 그린 그림으로 짝 지어지는 비전통적 구도를 받아들일 준비가 되어 있지 않았던 것이다. 로마의 어디를 둘러보아도, 초창기 원시 기독교 교회에서부터 가장 최근의 장식적인 일련의 작품들—수백 점에 이르는 베드로와

바울 2인 1조 그림들—에 이르기까지 〈사울의 개종〉이 베드로의 순교와 짝 지어진 적은 없었다.[52]

파울루스 3세는 사망했고 파올리나는 그의 예배당이자 유산이자 기념비가 되었다. 〈사울의 개종〉 맞은편에 성스러운 순교 장면이 배치되었다는 것은 예상 밖의 일이었지만 그렇다고 해서 이해하지 못할 일도 아니었다. 교황직 즉위 초기에 파울루스는 베드로 성인의 순교지인 자니쿨룸 언덕에 있는 브라만테의 템피에토(화보 26, '작은 예배당'이라는 뜻)를 원상 복구하고 미화하는 작업을 했다.[53] 파울루스 교황은 베드로 성인의 후계자로서 성인과 이해관계가 있었으니만큼, 미켈란젤로가 파울루스 교황을 그런 성스러운 장소와 연결한 것은 아주 자연스러운 일이었다. 파울루스를 기념하는 파올리나 예배당에 〈베드로의 십자가형〉을 그리는 것은 그 두 사람과 두 장소를 연결하는 일이었다. 파울루스 교황이 템피에토를 재단장한 덕분에 현대의 순례자들은 순교의 현장을 방문할 수 있고, 베드로의 십자가를 위해 팠던 구덩이 속으로 들어가 볼 수 있고, 또 그 장소에 몬트오리오[황금산]라는 이름을 부여한 황금색 모래를 일부 가져올 수 있다.[54] 미켈란젤로가 무릎을 꿇고 베드로의 십자가 밑바닥에 있는 구덩이에다 손을 집어넣는 인물을 그려 넣음으로써, 성스러운 유적지와 그것을 묘사한 벽화의 상호 관계는 더욱 뚜렷해졌다.

더욱이 미켈란젤로가 그린 이 벽화의 일차적 주제는 베드로의 순교, 즉 죽음이 아니었다. 사도 베드로는 오늘날까지도 살아 있다. 그는 근육질의 강인한 어부였다. 사람을 낚는 어부. 베드로의 강렬한 눈빛은 우리의 가슴을 찌른다. 그 눈빛은 흔들림 없는 신앙의 선언이고 기독교도에게 의무를 다하라는 강력한 권고다. 초대 교황인 베드로는 새로 즉위하는 교황에게 그의 의무를 상기시킨다. 교황은 베드로의 후계자이고, 지상에서 그리스도의 대리인이며, 하느님의 기름부음을 받은 자라는 얘기다. 베드로는 모든 교황에게 이렇게 묻는다. 너는 나를 따라할 용기와 결단력이 있는가? 그의 준엄한 용모는 우리가 이 지상에서 살아가는 동안에 그리스도의 일에 혼신의 힘을 다하라고 요구한다.

미켈란젤로는 〈사울의 개종〉에서 많은 사람을 그려 넣었다. 이 벽화 속의 모든 인물은 예기치 않은 그리스도의 출현에 각자 다른 방식으로 반응한다. 이어지는 혼란한 상황 속에서 그들은 각자 그 자신의 목적과 미래에 대하여 질문을 던진다. 충성스러운 로마 병사들은 사울을 계속해서 박해할 것인가? 아니면 그들은 기독교로 개종한 사울의 선교 임무에 함께 따라 나설 것인가? 그들이 궁극적으로 어떤 결론을 내릴지는 우리의 관심사가 아니다. 왜냐하면 그들 중 누구도 우리를 바라보지 않고 또 우리를 개입시키지 않기 때문이다. 우리는 벌어진 일을 바라보고 있지만 그 사건의 일부는 아니다.

그러나 반대편 벽화는 사뭇 다르다. 베드로의 십자가형 앞에서 우리는 더는 익명의 구경꾼이 아니며 그 상황에 대한 개입과 책임을 피할 수 없다. 베드로 십자가형에 참가한 10여 명의 인물은 직접적이든 간접적이든 우리를 바라보고 있다. 약간 빗나가는 시선이라 해도 똑바로 쳐다보는 시선 못지않게 우리를 긴장시킨다. 이 벽화 속의 인물들은 과거 역사 속 인물이 아니라 우리의 현재 삶에 참여하는 살아 있는 사람들이다. 그들을 피할 길은 없다. 왼쪽에 있는 병사들은 언덕을 올라가 몬토리오 쪽으로 가고 있고, 다른 사람들은 반대쪽에서 아래로 내려오면서 우리의 공간 속으로 직접 걸어 들어온다. 예술사가의 관점에서 볼 때 동체가 일부 잘려 나간 이 인물들은 다소 어색해 보인다. 그러나 신앙이 있는 사람들이 볼 때, 그 인물들은 우리를 바라보며 우리에게 말을 걸고 있고, 우리와 비슷하게 생겼으며, 우리의 공간 속으로 걸어 들어온다. 우리는 그 풍경 속으로 삼켜질 듯하다. 이 벽화는 예배당의 장식품에 머물지 않고 우리에게 그 광경 속에 동참하라고 요구한다.

미켈란젤로는 이 프레스코를 뒤쪽으로 약간 들어간 측면 벽의 표면에다 그렸다. 그리하여 이 벽화들은 거대한 그림자 박스[보석 따위의 전시용 앞면이 유리로 된 상자] 혹은 디오라마 투시화처럼 보이고, 결과적으로 3차원성을 획득한다. 관람자가 양쪽 벽에서 한두 발짝 뒤로 물러서면 바닥이나 양쪽 가장자리에 있는 인물들이 잘려 나간 동체로 보이는 게 아니라, 원근법적 배경에서 부분적으로만 보이는 인물처럼 나타난다. 그들은 확대되어 있지만 보이지 않는 공간, 가령 무대 뒤에서 등장하는 듯하다. 이것은 복제화나 사진에서는 포착되지 않는 극적인 효과로, 현장에 가서 직접 보아야만 확인할 수 있다. 미켈란젤로는 물론 그 점을 의도했다.

서거한 교황의 세례명은 파울루스이지만 자신이 베드로의 진정한 후계자임을 증명했다. 파올리나는 그의 예배당이고 미켈란젤로가 교황이며 친구이고 위대한 후원자였던 사람에게 바치는 추모 기념물이었다. 또한 파울루스 교황은 그리스도의 대리인 자격으로 미켈란젤로에게 하느님의 가장 큰 교회를 지으라고 명령했다.

파울루스 교황의 기념비는 자코모 델라 포르타가 설계하여 새로운 성 베드로 대성당의 성가 합창대 자리에 세워졌다. 눈에 띄는 좋은 장소, 화려한 대리석과 청동의 구조물, 미켈란젤로 작품으로부터 받은 다양한 영향에도 불구하고 델라 포르타의 무덤은 기념비로서는 파올리나 예배당에 한참 미치지 못한다. 파올리나 예배당은 두 기념물 중 더 개인적인 것이고, 미켈란젤로에게는 더욱 의미 깊은 자서전적 작품이기도 하다. 〈베드로의 십자가형〉 장면 하나에만 미켈란젤로의 자화상이 세 개나 들어가 있는 것이 결코 놀라운 일은 아니다.

1550년 12월. 몹시 추운 겨울이었다. 예배당이 완공되었다. 그래서 미켈란젤로는 스스로에게 이렇게 물었다. 왜 나는 이 추운 날에 집을 나서서 다시 한번 바티칸으로 올라가고 있는가? 그것은 너무 당황스러워서 답하기 어려운 질문이다. 그는 공사 대금 받기를 기대했다. 그게 지나친 기대인가? 교황의 예술가가 할 일을 다 해놓고서 그에 대한 보수를 원하는 것이? 파울루스 3세가 살아 계실 때 그에게 주어진 임무가 많았고 그것들은 전반적으로 만족스러웠다. 심지어 안토니오 다 상갈로에게서 물려받은 일조차 그러했다. 하지만 때때로 그에게 기대되는 일은 믿기 어려운 것들이었다. 교황의 예술가로서, 그는 카메라 아포스톨리카Camera Apostolica〔교황청 비서실〕의 후원 아래 이루어지는 모든 예술적 활동을 감독해야 하는 책임이 있었다.

그는 파올리나 예배당에 새로 완성된 벽화들을 다시 한번 점검할 생각으로 바티칸에 들렀다고 생각했을 수도 있다. 그렇게 하면 자연스럽게 다음 벽화를 무엇으로 해야 할지 상상해 보는 계기가 될 터였다. 그는 인근 살라 레자에 벽화를 그릴 작정이었다. 하지만 신임 교황 율리우스 3세는 미켈란젤로에게 교황 침실의 침대 기둥을 도금 처리 해달라고 요청했다.[55] 미켈란젤로는 이런 간단한 일은 그 자신이 직접 하지 않았지만, 교황의 예술가로서 그 일이 정확하고 효율적으로 수행되도록 감독할 책임이 있었다. 교황은 너그럽고 온화한 사람이었기에 미켈란젤로는 그걸 불평할 수는 없었다. 그건 교황청 예술가가 해야 할 일이었다.

교황청의 하급 관리들을 상대해야 하는 것은 그가 바티칸에서 영위해야 하는 생활의 또 다른 측면이었다. 미켈란젤로는 이미 오래전에 자신이 카노사 백작의 후예라는 주장이 교황청 관료 사회에서는 별로 먹히지 않는다는 것을 발견했다. 바티칸 계급 사회에서의 승진은 아주 모호한 일련의 규칙과 예절에 따라 이루어졌다. 미켈란젤로는 단순한 예술가였을 뿐이다. 다른 수십 명의 청원자와 마찬가지로 그는 교황 비서인 피에르 조반니 알레오티를 찾아가야 했다. 포를리 주교인 알레오티는 지루하고, 뻰질뻰질하고, 거만한 자였다. 그의 공식 직함은 율리우스 3세의 마에스트로 델라 카메라〔비서실장〕였다. 알레오티는 전에 파울루스 교황의 집사장을 맡았던 터라 자신을 교황청의 필수 요원이라고 생각했다. 미켈란젤로는 그자 모르게 '일 탄테코세Il Tantecose'〔쓸데없이 참견하는 자〕라는 별명을 지어주었다. 부하들에게 쓸데없는 지시를 끊임없이 내리는 자였기 때문이다. 게다가 알레오티는 모든 사람을 자기 부하로 여겼다. 이렇게 하여 한때 교황청 자금을 분배하던 하급 관리인 알레오티는 자신을 찾아온 미켈란젤로를 그 자신보다 하급인 교황청 관리에게 보냈다. 그리하여 찾아간 건방지기 짝이 없는 그 하급 관리는 미켈란젤로에게 이름의 철자가 어떻게 되느냐고 물었다. 그런 다음 그 왜소한 관리는 자신의 몸집만큼이나 큰 회계 장부에다 '화가 미켈란젤로에게 지불'이라고 기입했다.[56] 그 관리 앞에는 기독교 세계와 그 너머의 지역에까지 잘 알려진 유명한 조각가·화가·건축가·시인인 미켈란젤로 부오나로티가 서 있었다. 하지만 이 밴댕이 소갈머리의 바티칸 하급 관리에게 예술가는 교황청 급여 명단에 올라 있는 직원에 지나지 않았다. 미켈란젤로는 영수증에 서명했다. 그는 교황청 계단을 내려와 차가운 겨울바람이 불어오자, 두꺼운 모직 외투로 몸을 감싸고 말에 올라 천천히 집으로 돌아왔다.

5장

새 교황, 율리우스 3세

파울루스 3세 이후에 개최된 교황 선출 회의는 역사상 가장 긴 회의 중 하나였고 파올리나 예배당에서 처음으로 열린 회의였다. 그때는 미켈란젤로가 서쪽 벽의 프레스코를 막 마친 터여서 비계가 여전히 한쪽 벽에 설치되어 있었다. 그는 회의가 개최되는 동안 예배당에 접근할 수 없었다. 그처럼 작업이 강제 중단된 것이 그리 못마땅하지 않았다. 교황 서거 직후에 많은 로마 시민이 그러했던 것처럼 미켈란젤로도 자신의 미래를 몹시 불안한 시선으로 바라보고 있었다. 도시는 혼란에 빠져 있었다. 교황 궐위 기간의 혼란을 틈타서 무뢰배 청년들이 도시를 방황하면서 남의 재산을 훔쳐 가거나 여기저기서 분란을 일으켰다. 시민들은 새 교황이 선출될 때까지 그냥 집에 머무르는 것이 최선의 방법이었다.

교황 선출 회의는 근 석 달 동안 계속되었고, 마침내 서로 각축하는 여러 당파 모두가 받아들일 수 있는 타협적인 인물이 선출되었다. 1550년 2월에 조반니 마리아 초키 델 몬테 추기경(1487~1555)이 선출되어 율리우스 3세(재위 1550~1555)라는 교황명을 쓰게 되었다(화보 27). 미켈란젤로는 피렌체의 친구에게 만족하는 어조로 편지를 써 보냈다. "이제 새 교황이 선출되어 그가 어떤 인물인지 알게 되었다네. 로마는 그 사실을 기뻐하고 있고, 새 교황이 즉위하면 좋은 일만 생기리라 기대하고 있어. 특히 교황은 관대한 분으로 소문이 나서 가난한 사람들에게는 좋은 일이 많을 걸세."[1] 미켈란젤로는 자신이 75세나 되었다는 점을 의식하면서 새 교황이 "나의 고령 때문에 과연 나를 필요로 할지 모르겠네"라고 의구심을 표했다.[2] 하지만 그런 의구심은 근거 없는 생각이었다. 곧 율리우스는 3세는 미켈란젤로가 교황청 건축가임을 재확인했고 그 직후 그에게 여러 가지 주가 공사를 맡겼다.

예술가의 전기

1550년, 조르조 바사리가 《뛰어난 화가, 조각가, 건축가 들의 삶》(화보 28)이라는 책을 발간하면서 미켈란젤로의 생애는 일반 대중의 관심사가 되었다. 이 책의 초판본에 들어간 예술가들 가운데 생존자는 미켈란젤로가 유일했다. 바사리는 미켈란젤로를 다룬 전기의 첫 문장을 성인 전기에나 어울릴 법한 과장법의 수사로 시작하는데 꼭 신약성경의 한 문장을 떠올리게 했다.• "그 무렵 인자한 하늘의 아버지이신 하느님은 눈길을 지상으로 돌리시어 예술가들의 이런 헛된 노력과 성과 없는 연구, 그리고 주제넘은 자부심 때문에 어둠과 빛의

• 신약성경 〈히브리서〉의 첫 문장을 가리킨다.

차이만큼이나 뚜렷하게 진리에서 멀어져 가는 것을 인식하시고 이러한 그릇됨으로부터 우리를 구원하시려고, 만능의 넋을 지닌 한 사람을 지상에 내려보내기로 하셨다."[3]

우리 시대에는 유명인사와 정치인의 전기가 그들의 생존시에 아주 빠르게 출판되어 나오고 있다. 그러나 근대가 시작되기 이전, 전기는 일반적으로 주인공이 사망한 이후에 집필되었다. 1550년에 발간된 바사리의 미켈란젤로 전기는 주인공이 자신의 전기를 직접 읽을 수 있는 기이하면서도 예외적인 상황을 만들어냈다. 아마도 조반니 보카치오의 《프란체스코 페트라르카의 생애와 죽음》(1340년대)을 읽었을 것으로 추정되는 페트라르카의 경우를 제외하고, 이런 선례는 거의 없었다.[4] 왕들의 경우, 자신들의 업적이 일반 대중에게 선포되거나 자신들이 들을 수 있도록 크게 낭독하게 하는 경우가 있었다. 예를 들어 시스티나 예배당의 펜덴티브pendentive〔장방형 부분의 모서리에 세우는 역삼각형의 아치 구조로, 돔을 떠받치는 기능을 함〕는 침대에 누운 채 왕국의 연대기를 듣고 있는 아하수에루스 왕을 보여준다. 그러나 플루타르코스나 수에토니우스의 전기에 나오는 유명한 인물들이 자신의 전기를 직접 읽는 일은 없었고 또 샤를마뉴 대제가 아인하르트의 《샤를마뉴 대제의 생애》를 읽거나 새뮤얼 존슨이 제임스 보스웰이 집필한 자신의 전기를 읽는 일은 없었다. 하지만 미켈란젤로는 자신의 전기를 직접 읽었을 뿐만 아니라 바사리의 칭송 일색 전기에 공손하게 사례하는 것 이상의 조치를 취했다.

미켈란젤로의 그 당시 심적 상태는 바사리의 위인전에 등장하는 의기양양하고 자신감 넘치는 인물과는 사뭇 달랐다. 예술가는 친구이며 위대한 후원자였던 파울루스 3세를 바로 얼마 전에 여읜 상황이었다. 그는 현재의 지위가 불안했고 성 베드로 대성당 공사나 기타 미완의 공사들도 그 미래가 불투명했다. 동시에 그는 아직도 후사가 나오지 않은 부오나로티 가문의 장래도 불안해했다. 미켈란젤로는, 바사리가 자신을 마치 하느님이 특별히 지상에 내려보낸 인물인 것처럼 묘사했지만 자신의 영혼이 구제받을 수 있을지 점점 걱정이 되었다. 게다가 첫 문장의 과장된 수사를 제외한다면, 자신의 여러 업적을 다룬 글을 읽는 것은 다소 심란한 일이었다. 특히 그런 일들이 아주 오래전 청년 시절의 일이고 보면 더욱 그러했다. 게다가 잘못된 시작, 중간에 포기한 공사, 실패작 등을 다시 떠올리는 과정이 그리 기분 좋지만은 않았다.

바사리의 책 출간으로 미켈란젤로는 자신의 업적과 현재의 고령을 되돌아보게 되었다. 더욱이 그 자신의 전기를 읽으니—마치 그의 생애가 끝난 것처럼—예술가는 자신의 생애와 유업에서 좀 더 적극적인 역할을 하고 싶다는 생각이 들어, 자신의 전기를 직접 편집하고 저술하기에 이르렀다.[5] 바사리가 쓴 전기를 일부 수정하고 또 자신의 인생사를 직접 얘기해 보고 싶어진 미켈란젤로는 제자인 아스카니오 콘디비를 설득하여 전기를 쓰게 했다. 이렇게 하여 콘디비의 미켈란젤로 전기가 3년 뒤인 1553년에 나왔다(화보 29).[6] 바사리와 콘디비의 두 전기에서 가장 중요한 차이점은 미켈란젤로 자신의 신상 문제였다. 그 차이는 대체로 그의 집안의 역사와 관련된 사항인데, 이제 70대에 들어선 예술가에게 자신의 집안이 후대에 어떻게 알려지느냐 하는 것은 중요한 문제였다.

미켈란젤로의 다섯 형제 중에 결혼한 사람은 딱 한 명이었다. 그러므로 가문의 후사는 동생 부오나로토의 아들인 리오나르도에게 전적으로 달려 있었다. 미켈란젤로는 이 조카가 얼마나 중요한 역할을 하는지 잘 알았기에 그에게 "우리 가문을 다시 일으키고 영원하게 만들어서 … 우리 가문의 대가 끊어지는 일이 없게 해라"라고 강권했다.[7] 1549년에 미켈란젤로는 스물일곱 살 난 조카를 로마로 불러서 부동산 투자, 피렌체 본가의 수리, 조카의 혼인 가능성 등을 의논했다. 나이 든 예술가는 자신이 곧 죽을 거라고 생각했기에 이렇게 쓴다. "나는 이제 영적·세속적 문제들을 정리하고 싶구나."[8]

미켈란젤로는 가문의 족보에 깊은 의무감을 느꼈고 그래서 자주 이렇게 말했다. "우리는 아주 고상한 가문의 후예다. 우리는 아주 오래전부터 피렌체 시민이었고 우리 가문은 여느 가문 못지않게 고상한 가문이다."[9] 이런 자랑스러운 주장은 그의 가문이 카노사 백작의 후예라는 믿음에 근거를 둔 것이었다. 이러한 가문의 역사는 1520년에 인증을 받았다. 당시 카노사 백작 알레산드로가 예술가를 "사랑하고 존경하는 친척, 카노사의 미켈란젤로 부오나로토에게"라고 부르면서 편지를 보냈기 때문이다. 백작은 집안의 문서에서 두 가문이 서로 연결되어 있다는 사실을 확인했다면서 미켈란젤로에게 가문의 오래된 영지를 한번 방문해 달라고 초청했다.[10] 당시 미켈란젤로의 자기인식과 자존감 면에서 가문의 족보는 굉장히 중요한 사안이었다. 그는 자신의 집안이 유서 깊은 가문이라고 확신했고, 그런 생각이 평소 행동거지에 영향을 미쳤으며, 바사리가 쓴 자신의 전기를 다시 쓰게 하려는 노력으로 나타났다.

줄리오 보나소네, 〈미켈란젤로의 초상〉, 석판화, 1546, 워싱턴 대학교, 세인트루이스.

바사리는 미켈란젤로가 지상에 온 것이 하느님의 뜻이라고 주장하면서 전기를 시작했으나, 미켈란젤로의 권유로 전기를 집필하게 된 콘디비는 아주 다른 방식으로 첫 문장을 썼다. "뛰어난 조각가이자 화가인 미켈란젤로 부오나로티는 카노사 백작의 후예다. 레조 지역에 영지를 둔 카노사 가문은 고상하고 명성 높은 집안으로서, 황실과의 인척 관계뿐만 아니라 그 고상한 기품과 유서 깊은 가계로 온 사방에 잘 알려져 있다."[11] 미켈란젤로 말고 다른 예술가는 자신이 황실의 후예라고 주장한 적이 없었고 그것을 믿지도 않았다. 이 믿기 어려운 주장에 뒤이어 가문의 근원, 성명, 문장紋章 등을 묘사하는 장황한 문장이 나온다. 이런 대목은 다른 예술가들에게는 별로 해당하지 않는 사항이었다. 콘디비는 고상한 가문 출신, 가문의 오래된 역사, 높은 사회적 신분 등 분명 미켈란젤로가 가장 중요하다고 생각하는 바를 강조했다. 줄리오 보나소네가 제작한 판화가 콘디비 전기의 속표지에 유일한 그림으로 실려 있었는데 아마도 미켈란젤로가 공식적으로 승인한 초상화였을 것이다.[12] 이 그림의 라틴어 기명은 '파트리투스 플로렌티누스Patritus Florentinus'라고 적혀 있는데, 이는 '피렌체의 귀족'이라는 뜻이다.•

전기가 가져온 또 다른 결과

생전에 두 권의 전기를 펴냈다는 것은 전례 없는 일이었을 뿐 아니라, 미켈란젤로의 세속적 명성을 더욱 높여주었다. 그의 생애와 업적은 일반 대중의 관심사가 되었고 높은 기대감을 불러일으켰다. 바사리는 전기 끝부분에 이르러 미켈란젤로가 현재 진행 중인 공사를 간략히 언급하면서 캄피돌리오, 성 베드로 대성당, 그리고 미완의 피렌체 〈피에타〉를 예거했다. 그러면서 이 〈피에타〉가 "그의 다른 모든 작품을 능가할 것"이라고 예측했다.[13] 바사리는 "그가 신성한 손으로

• 초상화 속 라틴어 기명에는 이런 라틴어 문장이 들어 있다. Quantum in natura ars naturque possit in arte hic qui natura par fuit arte docet. "자연에 의해 교육받은 이 사람은 그의 예술 속에서 자연과 예술의 본성을 아주 탁월하게 구현할 수 있었다."

만든 것은 모두 영원한 생명을 얻을 것"이라고 말한 뒤, 다음과 같은 수사적 언사로 문장을 끝맺었다. "그가 이승을 떠날 때, 그의 불멸의 작품들은 계속하여 지상에 남을 것이고, 그 명성은 온 세상에 알려져 모든 사람의 찬양, 문필가의 문장 속에서 영원히 영광스럽게 살아갈 것이다."[14] 이런 과도한 찬사와 미래의 영광에 대한 예측은 당시 미켈란젤로의 심리 상태와는 별로 어울리지 않았다. 예술가는 자신의 여러 미완성 작품을 아주 심각하게 여겼다. 그런 미완의 작품으로는 바사리가 언급한 캄피돌리오, 성 베드로 대성당, 피렌체 〈피에타〉가 있었고 그 외에도 피렌체 산 로렌초 교회의 대리석 파사드, 아직도 완공되지 않은 메디치 예배당과 라우렌치아나 도서관, 그리고 다수의 미완성 조각품들, 가령 〈성 마태오〉, 〈네 명의 죄수〉(피렌체 아카데미아 미술관), 〈승리〉, 〈다윗/아폴론〉, 〈메디치 마돈나〉 등이 있었다. 이런 조각품들은 그가 방치한 피렌체 작업장에서 먼지를 뒤집어 쓰고 있었다.[15]

미켈란젤로가 이런 미완의 작품들 중 상당수를 완성할 것이라는 바사리의 은근한 기대감을 물리치기 위해, 콘디비는 이렇게 주장한다. "현재의 교황 율리우스 3세는 미켈란젤로의 위대한 천재를 인식하고 또 높이 평가하지만, 교황은 필요 이상으로 예술가에게 부담 주는 일은 피하려 하고 있다. 내가 판단하기에 이런 점은 그를 고용했던 다른 교황 밑에서 나온 여러 작품보다 더욱더 예술가의 명성을 높여준다."[16] 콘디비는 여기서 미켈란젤로의 명성과 장래의 영광이 오로지 그가 실제로 완수한 작품들에만 달린 것은 아니라고 주장한 것이다. 그래서 콘디비는 캄피돌리오를 아예 언급조차 하지 않은 것이다. 그는 미켈란젤로가 지금도 열심히 피렌체 〈피에타〉를 조각하고 있는 것처럼 웅변적으로 묘사한다. 그가 이 작품을 곧 포기할 것이라는 사실을 전혀 모른 채. 그리고 콘디비는 성 베드로 대성당에 대해서는 간략히 언급하면서 이 공사에 대한 미켈란젤로의 책임을 상당히 면제해 준다. "그는 건축가라는 직업을 자발적으로 선택한 적이 없다." 그러면서 콘디비는 계속 이렇게 써 나간다.

> 실제로 그러했다. … 파울루스 교황이 미켈란젤로를 [성 베드로 대성당의 건축가로] 임명하려 했을 때 … 그는 건축가 일은 자신의 본업이 아니라면서 거절했다. 그가 너무 강력하게 거절하자 교황은 그에게 강제로 그 일을 맡으라고 시키며 그 임무를 적시하는 모투 프로프리오까지 내렸고, 이 교서는 그 후 교황 율리우스 3세에 의해 추인되었다.[17]

정말 놀라운 일은 1550년의 바사리도, 1553년의 콘디비도 성 베드로 대성당 공사는 별로 언급하지 않았다는 점이다. 두 저자는 미켈란젤로의 가장 중요한 공사에 대해서는 과장된 언사를 낭비하지도 않았고 과도한 칭송을 늘어놓지도 않았다. 바사리는 미켈란젤로 사후인 1568년에 전기를 수정했을 때, "그의 불멸의 작품들은 계속하여 지상에 남을 것이고 … 사람들의 찬양 속에서 영원히 영광스럽게 살아갈 것이다"라고 썼던 과도한 수사법의 문장을 삭제한다. 그 대신에, 완성된 작품들이 너무 적다고 언급하면서 미켈란젤로의 완성된 작품들은 대부분 젊은 시절에 제작된 것들이라고 말한다.[18] 여전히 성 베드로 대성당 얘기는 거의 하지 않았다.

미켈란젤로와 율리우스 3세

미켈란젤로를 교황청 건축가로 임명한 교황 파울루스의 '모투 프로프리오'는 그 가치를 입증했다. 그때 이후 모든 교황이 그 내용을 재확인했으니 말이다.[19] 미켈란젤로가 남은 생애를 살아가는 동안, 성 베드로 대성당에 관한 한 그의 지위와 권위는 일부 저항이 있기는 했으나 굳건히 보장되었다. 파브리카 임원들의 확고한 저항에도 불구하고 율리우스 3세는 "모투 프로프리오의 내용을 확인함으로써 미켈란젤로를 옹호했을 뿐만 아니라 고상한 칭송의 말씀도 많이 하사하셨다. 그는 파브리카 임원들이나 다른 사람들의 불평에는 귀를 기울이지 않았다." 콘디비에 따르면, 미켈란젤로는 "교황 성하의 사랑과 후원을 감사히 받아들였고 또 자신의 뜻을 늘 존중해 준 배려를 높이 평가했다."[20]

교황 율리우스 3세가 그처럼 예술가를 중시하고 그에게 공감했기에 미켈란젤로도 자연히 그에게 복종하는 마음으로 봉사했다. 아스카니오 콘디비는 얼마 전부터 미켈란젤로의 집에서 함께 숙식을 했기에, 자연히 예술가와 교황의 관계를 직접 목격하게 되었다. 콘디비는 자신의 저서 《미켈란젤로의 생애》에서 율리우스가 미켈란젤로를 아끼며 특별히 보인 배려를 장황하게 묘사했다. 콘디비의 책은 사실 자서전이나 다름없다는 점을 감안할 때, 그의 언사나 정서는 상당 부분 미켈란젤로 자신의 것이라고 볼 수 있다.

미켈란젤로는 현재의 교황 율리우스 3세에 의해 예전과 다름없이 존중받았다. 교황은 완벽한 판단력을 지닌 군주이고, 재능 있는 사람이라면 누구든지 널리 사랑하고 후원하는 분이다. 그분은 특히 회화, 조각, 건축을 사랑했다. 이는 교황이 교황청과 벨베데레의 추가 공사를 미켈란젤로에게 맡긴 것, 또 그분의 빌라 줄리아 공사까지 맡겼다는 점에서도 분명히 알 수 있다.[21]

콘디비는 직접 목격한 바를 서술했기에 미켈란젤로와 새로운 교황 사이의 친밀하면서도 서로가 존중하는 관계를 생생하게 묘사할 수 있었다. 그러나 예술가는 파울루스 교황에게 느끼던 바와 같은 친밀감을 율리우스 3세에게서는 느끼지 못했다. 율리우스 3세는 아주 다른 사람이었고 교황 재위 기간도 파울루스의 그것에 비해 3분의 1밖에 안 되었다. 많은 점에서 율리우스는 자만하는 르네상스 군주들의 초창기 시절로 회귀하는 인물이었으나 그런 군주들이 지녔던 높은 학식과 세련된 취미는 갖추지 못했다. 율리우스는 농부의 거친 외양과 투박한 매너를 갖고 있었으므로, 그림이든 글이든 그를 우호적으로 묘사한 초상화는 별로 없다. 엄청난 식욕의 소유자로 거대한 덩치였던 율리우스는 우아한 사회적 매너와는 거리가 있는 사람이었다. 그러나 미켈란젤로는 율리우스가 교황으로 선출되자 낙관론을 표했고 그의 즉위 직후에는 리오나르도가 피렌체에서 보낸 트레비아노 와인을 함께 나누어 마시기도 했다.[22] 하지만 다른 특산품들은 교황에게 보내지 않았다. 율리우스 3세가 양파를 좋아하여 교황의 식탁에서 엄청난 양이 소비되고 있다는 것을 알았기 때문이다.[23] 율리우스가 동통의 발작으로 자주 침대에 드러누울 때, 유럽의 상황은 악화하고 있었다.

새 교황은 위험한 시대를 살고 있었다. 그는 점점 심각해지는 오스만튀르크의 위협이나, 스페인과 프랑스의 상호 갈등에 대응할 준비가 별로 되어 있지 않았다. 두 유럽 국가의 정치적 권모술수는 유럽의 불안정한 평화를 위협했다. 율리우스는 우유부단하여 동요하는 성격이었다. 게다가 교황청의 재무 상태도 좋지 않아 그의 권위를 강력히 내세울 수 없었고 그가 선택할 방안도 많지 않았다.

율리우스가 교황 자리에 오른 지 2년 만에 신성로마제국의 황제 카를 5세와 프랑스 왕 앙리 2세—이 두 군주는 이탈리아 땅에 영유권을 주장할 수 있는 합법적 근거를 갖고 있었다—사이의 긴장된 관계는 더욱 악화하여 언제 전쟁이 터질지 모르는 상황이 되었다. 다시 한번 이탈리아는 유럽 열강이 쟁패하는 전쟁터가 되었다. 그 전쟁은 소규모였지만 잔인한 국지전 형태로 전개되었다. 시에나는 피렌체와 코시모 데 메디치의 손에 굴욕적인 패배를 당했다. 1552년 12월, 로마 시민들—그중 일부는 1527년의 로마 약탈 사건을 경험했다—은 스페인 군대가 교황령 지역을 침공해 들어오는 것을 보고 공포에 몸을 떨었다.[24] 그러나 미켈란젤로의 편지를 보면 당시 로마에 그런 광범위한 공포가 퍼져 있었다는 것을 알아내기 어렵다. 미켈란젤로는 이런 국제 정세는 전혀 모르는 사람처럼 1552년 12월 17일에 조카에게 편지를 보내 그가 피렌체에서 사들이려 하는 부동산이 아무런 문제가 없는 깨끗한 등기 이전의 물건이냐며 우려를 표한다. 미켈란젤로는 "가격에 대해서는 걱정하지 마라"라고 첨언해, 마치 그 부동산이 예술가의 가장 긴급한 관심사인 것처럼 말한다.[25] 정치나 겁먹은 로마 시민에 대한 얘기는 전혀 나오지 않는다.

미켈란젤로의 편지는 비교 대상이 없는 귀중한 정보의 원천이기는 하지만, 종종 우리가 예술가의 생애나 세계정세에 대하여 뭔가 정보가 필요한 순간에는 때때로 도움이 되지 않는다. 12월 중순에 보낸 이 편지 이후에 약 석 달 이상 편지는 전면 중단되었다. 이 시기에는 국제적 긴장과 정치적 위기가 점점 고조되고 있었다. 미켈란젤로와 리오나르도가 일주일 간격으로 편지를 주고받았다는 점을 감안할 때, 이런 중단 자체가 시사하는 바는 크다. 이것은 일종의 '부정에 의한 증거'다. 구체적 정보는 제공하지 않지만 그래도 뭔가를 말해 준다. 정치적 상황이 너무 불안정하여 전반적인 공포가 로마를 휩쓸고 있었다. 그러니 편지를 쓸 여력이 없었던 것이다. 그로부터 약 4년 뒤에 이와 유사한 상황이 발생하자 미켈란젤로는 그 위험 신호를 재빨리 알아보고 실제로 그 도시를 벗어나 피란을 떠났다.

율리우스 3세가 미켈란젤로의 일거리를 더 늘리다

이탈리아와 해외의 혼란스러운 상황을 제대로 통제할 수 없던 율리우스 3세는 로마와 몇 건의 선호하는 공사 쪽으로 시선을 돌렸다. 그는 로마 시민들, 특히 가난한 사람들의 생활 형편을 향상시키기 위한 개혁 조치를 다수 단행했다. 교황은 매너가 거칠고 세련미는 부족했지만 종교적 의무는 꼼꼼히 수행하는 인물이었고, 자신이 교회의 경건한 수문장임을 증명했다.[26] 더욱이, 율리우스 3세는 미켈란젤로를 교황청을 빛나게 하는 '신사-건축가'로 여겨서 우대했다. 교황은 예술가를 특별히 배려했고 여러 추기경과 교회 고위 인사들이 보는 앞에서 미켈란젤로를 자신의 바로 옆자리에 앉혔다.[27] 율리우스 3세의 5년 단명 재위 기간에 미켈란젤로에게 맡겨진 새로운 공사 건수는 크게 늘었다. 교황은 야심 찬 계획이 많았고 미켈란젤로는 곧 전보다 더 바빠졌다. 교황의 요청을 거절하기가 어려웠기 때문이다.

성 베드로 대성당이라는 일차적 의무에 더하여, 미켈란젤로는 벨베데레 안뜰에서 브라만테가 작업했던 계단을 다시 디자인했고, 같은 장소의 분수도 함께 설계한 것으로 알려져 있다. 그는 또한 리페타(테베레강의 항구) 근처의 산 로코 교회 바로 곁에 세워질, 로타강의 새로운 궁전('사도使徒' 궁정)의 설계도도 작성했고, 몬토리오의 산 피에트로에 있는 델 몬테 예배당의 장식을 위한 자문역도 맡았다. 그는 율리우스 3세의 관심 공사였던, 로마시 외곽에 위치한 빌라 줄리아의 설계와 시공에서도 자문 역할을 했다. 빌라 줄리아는 포르타 델 포폴로와 비아 플라미니아 인근인 핀초 언덕 등성이에 있는 교황의 개인 별장이었다. 이러한 추가 공사에서 미켈란젤로가 어떤 역할을 맡았고 어느 정도까지 개입했는지 학자들의 의견이 분분하다. 제수 교회의 설계와 폰테 로토의 재설계를 포함하여, 율리우스는 여러 일에서 미켈란젤로의 도움을 요청했다. 특히 '폰테 로토Ponte Rotto'는 '파손된 다리'라는 뜻인데 테베레강이 홍수로 넘칠 때마다 무너지는 바람에 그런 별명이 붙었다. 미켈란젤로의 이름은 로마 이외의 지역에서 수행되는 공사에도 연결되었는데, 가령 파도바 대성당의 성가대석 설계가 대표적이다.[28]

75세의 예술가가 이런 공사를 얼마나 많이 수행할 수 있었을까? 그는 카피톨리노와 성 베드로 대성당 공사를 감독하는 동시에 이런 다양한 공사를 수행해야 했는데 과연 얼마나 중요한 역할을 할 수 있었을까? 콘디비는 율리우스 3세가 매우 자제해 가면서 미켈란젤로에게 일을 요청했다고 말한다. 그렇지만 미켈란젤로의 이름이 율리우스 3세가 발주한 공사의 상당수와 연관되어 거론된다는 것은 의미심장하다. 교황은 미켈란젤로가 적극적으로 개입해 주기를 바랐다.

콘디비는 이렇게 말했다. "교황 성하가 발주한 회화 및 건축 작업과 관련하여, 성하는 거의 언제나 미켈란젤로의 의견과 판단을 구했고, 종종 이 분야의 장인들을 그의 집으로 보내 의견을 구했다."[29] 파울루스 3세가 과거에 마첼 데 코르비에 있는 미켈란젤로의 집을 직접 방문한 적이 있었듯이, 율리우스 3세는 정기적으로 예술가의 작업장으로 대리인을 보내 자문을 받아오라고 지시했다. 이처럼 나이 든 예술가를 존중하고 우대했으니 그런 사실이 동시대인들에게 널리 알려졌을 것이다. 이는 예술가/건축가의 위상이 높아졌음을 보여줄 뿐만 아니라, 건축 관행에서도 변화가 있었음을 보여준다.

우정의 시작

율리우스 3세가 자문을 구하는 예술가들 중 한 사람으로 39세의 조르조 바사리(1511~1574)가 있었다. 1550년 2월에 율리우스 3세가 선출된 직후, 바사리는 피렌체에서 로마로 서둘러 내려왔다. 다른 많은 사람들과 마찬가지로, 새 교황 선출의 기회를 적극적으로 활용하기 위해서였다. 로마에서 바사리는 알토비티가 저택에 머물렀다. 그는 빈도 알토비티의 추천으로 산 피에트로 인 몬토리오 추모 예배당의 제단 뒤쪽 장식 그림 그리는 일을 맡았다. 그 예배당은 교황의 델 몬테 쪽 친척들이 묻힌 곳이기도 했다.[30] 바사리는 포르타 델 포폴로 북쪽의 핀초 언덕에 있는 교외 빌라(이 건물 공사는 교황이 소중하게 여기는 또 다른 일이기도 했다)의 자문역도 맡았다. 미켈란젤로는 교황의 신임을 받으며 이 두 공사의 고문관 역할을 했다. 미켈란젤로와 바사리는 후자가 로마에서 일하는 6개월 동안에 친해졌고, 그리하여 오랜 기간에 걸치기는 했으나 단속적인 우정이 시작되었다.

바사리는 1550년 여름에 피렌체로 돌아갔다. 그러기 전에 미켈란젤로와 바사리는 하루 동안 기독교 순례자가 되어 함께 시간을 보내기로 했다. 바사리는 마침 희년이었고 로마의 순례 교회들을 방문하여 특별한 면죄부를 얻을 수 있었다. 더욱이 그것은 바사리가 그의 영웅과 함께 하루를 온전히 보낼 수 있는 특별한 기회이기도 했다. 그는 몇 년 후 《뛰어난 화가, 조각가, 건축가 들의 삶》의 제2판(1568)에서 이 에피소드를 아주 자랑스럽게 소개한다.

> 그 당시[1550년] 바사리는 미켈란젤로를 매일 방문했다. 어느 날 아침[그해는 희년이었는데], 교황은 두 사람에게 말을 타고서 로마 시내의 일곱 교회를 순례하여 면죄부를 얻으라는 다정한 하명을 내리셨다[미켈란젤로는 75세의 고령이어서 희년 중에 로마를 방문하는 젊은 순례자들처럼 튼튼하지 않으므로 그리 한 것이다].[31]

바사리는 두 예술가가 함께 보낸 시간을 크게 과장한다. 그 일이 벌어지고 난 뒤 15년이 흐른 시점에 글을 쓰면서 바사리는 자신이 "미켈란젤로를 매일 방문했다"라고 썼다. 미켈란젤로가 새 베드로 대성당 공사와 다른 로마 공사들로 아주 바빴다는 사실을 감안하면 이러한 진술은 과장임이 틀림없다. 좋게 보아서, 자신이 미켈란젤로와 아주 친밀하다는 주장을 뒷받침하기 위해 그런 진술을 했을 것이다. 바사리는 피렌체로 돌아갈 때, "미켈란젤로와 바사리는 헤어짐을 슬퍼했고 날마다 서로에게 편지를 썼다"라고 기술했다. 이 또한 황당무계한 주장으로, 문서 기록에 의해 즉각 부정되는 얘기다.[32] 미켈란젤로가 1550년에 바사리에게 보낸 첫 번째 편지부터 그가 사망한 1564년까지, 두 사람이 주고받은 편지는 총 스물세 통이 후대에 전해졌다. 이것들 외에 추가로 일곱 통이 더 있는데 모두 바사리가 보낸 것으로, 미켈란젤로의 손에 보관되지 않은 것들이다. 13년 동안 약 서른 통의 편지가 교환된 셈인데, 이걸 가지고 날마다 편지를 주고받았다고 할 수는 없다.[33] 할 일이 많은 고령의 예술가는 가장 소중하고 빈번한 편지 상대인 조카 리오나르도 부오나로티에게도 일주일에 한 번 편지를 쓰기가 어려웠다. 바사리와 미켈란젤로 사이의 편지 교환은 단속적이었다. 더욱이 미켈란젤로는 상대방에게서 두세 통을 받은 후에 답장을 쓰는 경우가 잦았고 어떤 때는 편지를 받고서 몇 주가 지난 후에야 겨우 답장을 하는 경우도 있었다.[34]

1550년의 순례에 대해서 말해 보자면 그 일은 미켈란젤로보다는 바사리에게 더 중요한 일이었음이 분명하다. 바사리는 회고하는 관점에서 또 자신의 이야기에 신빙성을 더 높이기 위한 목적으로 순례

때 있었던 두 사건을 서술했다. "두 사람은 이 교회에서 저 교회로 순례하면서 아주 열렬하고 유익하게 예술을 논했다. 바사리는 이런 활발한 대화에 힘입어, 다른 예술 관련 자료들과 함께 적절한 기회에 발표될 대화록을 작성했다."[35] 바사리가 기록한 두 번째 사건은 이런 것이다. 두 사람이 악명 높은 다리인 폰테 로토를 경유해 테베레강을 말 타고 건너갈 때, 미켈란젤로가 이렇게 외쳤다. "조르조, 이 다리는 흔들거리네. 우리가 다리 위에 있을 때 붕괴할지 모르니 빨리 건너가세."[36]

하루 온종일 말 타고 순례하는 코스에서, 바사리가 일부러 언급하지 않은 대화 주제가 하나 있었다. 1550년 3월에 《뛰어난 화가, 조각가, 건축가 들의 삶》을 발간한 직후에 바사리는 미켈란젤로에게 그 책을 한 부 증정했다. 로마 시내를 말 타고 순례할 때, 미켈란젤로와 바사리가 '아주 열렬하고 유익하게 예술을 논했다면' 두 사람이 바사리의 책에 대해 논의하지 않았다고 상상하기는 어렵다. 만약 미켈란젤로가 그 책에 대하여 칭찬 일색의 말을 했다면 바사리는 미켈란젤로의 말을 《뛰어난 화가, 조각가, 건축가 들의 삶》의 제2판에서 언급하지 않았을 리가 없다. 하지만 아무 말도 없으니 그 침묵이 수상한 것이다.

바사리는 피렌체로 돌아간 후 즉각 편지를 냈다. 하지만 미켈란젤로는 열렬한 숭배자로부터 편지를 세 통 받고서야 겨우 답신을 보냈다.[37] 그때도 미켈란젤로는 자신의 직업적·사교적 중개인으로 활동하던 친구 조반프란체스코 파투치 편에 편지를 보냈다.[38] 그리고 미켈란젤로가 마침내 답신을 보냈을 때에는, 바사리의 《뛰어난 화가,

조각가, 건축가 들의 삶》을 받았다는 감사 편지가 아니라, 산 피에트로 인 몬토리오의 델 몬테 가족 예배당을 장식하라는 율리우스 3세 교황의 발주 공사를 논의하기 위해서였다. 바사리의 책은 미켈란젤로의 편지 어디에서도 구체적으로 거론된 적이 없다.

바사리에게 처음 보낸 편지 말미에서, 미켈란젤로는 열렬한 숭배자의 '높은 칭송'을 언급하면서 그가 "죽은 사람을 되살려냈다"라거나 "살아 있는 사람의 생명을 연장했다"라고 다소 농담조로 칭찬을 했다.[39] 이것은 미켈란젤로가 바사리의 《뛰어난 화가, 조각가, 건축가 들의 삶》을 받은 지 5개월 만에 쓴 편지이므로, 미켈란젤로가 그 책을 언급하며 이런 칭찬을 한 것 같지는 않고 감사 표시를 한 것은 더더욱 아닌 듯하다. 혹시 냉소적으로 그런 말을 했다면 몰라도. 우리는 미켈란젤로의 편지에 언급된 바사리의 '높은 칭송'이 구체적으로 무엇을 가리키는지 알 수 없다. 미켈란젤로가 이런 칭찬의 말이 가득한 편지들을 제대로 보관하지 않았기 때문이다. 그러나 미켈란젤로의 뒤늦은 회신과 농담조로 미루어 보아, 미켈란젤로가 사교적 의무 수행하기를 불편하게 여겼거나, 바사리의 전기에 단호하게 침묵을 지키려다 보니 그렇게 된 게 아닐까 하고 짐작할 수 있을 뿐이다. 미켈란젤로는 바사리의 수사적 과장법에 당황하기는 했어도 젊은 숭배자의 열렬한 관심을 고맙게 생각했고, 그래서 두 사람은 아무런 마찰 없이 교황 율리우스 3세를 위해 예술가-상담역의 일을 해나갈 수 있었다.

빌라 줄리아

예를 들어 '빌라 줄리아'를 한번 살펴보자(화보 30). 율리우스 3세는 이 대규모 교외 건축 및 정원 단지를 첫 삽 뜬 후 5년 이내에 완공하고 싶어 했다. 단지는 궁전 건물, 곡선형의 외부 회랑, 여러 층위의 안뜰과 정원을 품은 양 날개, 님파이움nymphaeum〔분수, 꽃, 조각 등으로 장식된 로마의 외부 건물로, 휴식 공간〕, 몇 에이커에 달하는 프레스코와 치장 벽토 장식으로 구성되었다. 게다가 테베레강의 자그마한 하항에서 이 빌라에 이르는 진입로가 설치될 예정이었다. 또한 아쿠아 베르지네 수도교의 급수 방향을 바꾸어서 3만 6천 그루의 조림 식수로 단장된 이 단지에 물을 제공할 예정이었다. 이 '빌라'는 시골의 평범한 별장이 아니라, 엄청난 대규모 건축과 시공을 해야 하는 경이로운 공사였다. 이런 대규모 공사를 율리우스의 교황 재위 기간에 끝마쳐야 하는 상황이었다.

이런 다면적 대규모 건물의 건축가와 설계자로 어떤 사람들이 활약했을까? 당시의 기록은 자코모 비뇰라, 바르톨로메오 암만나티, 조르조 바사리, 타데오 추카로, 프로스페로 폰타나, 바로니노 다 카살레 몬페라토, 미켈란젤로 등의 이름을 전한다. 성 베드로 대성당의 용광로에서 단련을 받은 비뇰라(1507~1573)는 율리우스 3세가 선호하는 건축가였지만 미켈란젤로가 더 크게 명성을 떨치고 있었다. 미켈란젤로는 아마 이 공사에서 가장 적게 개입했을 텐데, 그래도 이 공사에 가담한 예술가 중에 가장 중요한 인물이었다. 그는 설계도를 몇 장 스케치하고, 남들의 도면과 설계를 검토하고, 그들이 하는 일을 감독했을 것이다. 하지만 가장 중요한 사실은 그가 후원자의 지원과 신임을 받았다는 사실이다. 콘디비는 보고서에 직접 이렇게 기록했다. "교황은 거의 언제나 미켈란젤로의 의견과 판단을 구했다."[40] 이렇게 하여 대화와 조언이 그 건물의 건축에 기여했다. 율리우스는 경청했고 미켈란젤로가 내놓는 조언을 신중하게 고려했다.

자코모 비놀라가 공사 시공의 핵심 인물이었고, 미켈란젤로는 가끔 그 공사에 신경을 썼다. 그런데 공사의 건축가, 시공을 감독한 건설자, 일을 조직한 현장의 작업반장, 시공을 실제로 담당한 일용직 노동자, 현장에서 별로 시간을 보내지는 않았지만 최종 승인을 하는 설계자/조언자인 미켈란젤로 중에서 누가 이 공사와 관련하여 가장 잘 기억되고 있는가?

율리우스 3세가 교황으로 있는 동안 미켈란젤로의 독특한 지위는 예술가의 신분 상승을 부분적으로 설명해 준다. 건축가의 역할과 지위에 변화가 생기면서 건축 관행에도 변화가 왔다. 점점 더 신체 노동보다는 창의적인 발상이 건축 공사의 권위와 설계를 좌우하는 결정적 요소가 되었는데, 바로 미켈란젤로가 이러한 인식 변화가 생기는 데 적지 않게 기여했다. 미켈란젤로는 성 베드로 대성당 공사를 떠맡은 직후부터 실무적 장인과 공사 관리인이라는 지위를 넘어서서 수석 건축가/설계자이자 최고의 권위를 지닌 인물로 신분이 상승했다. 장인 계급에서 귀족 대우를 받는 건축가 계급으로 격상된 것이다. 교황들은 그를 선호했다. 몇몇 까다로운 교황을 제외하고 모두가 그의 말을 경청하고 존중해 주었다. 그는 가장 경험 많은 건축가였고 후원자들이 가장 선호하는 자문역이었다. 그의 권위는 50년 이상 드로잉, 프레스코, 나무, 대리석, 청동, 그리고 각종 건축업의 모든 분야에서 작업하면서 얻은 풍부한 지식에서 유래했다. 그는 돌과 대리석으로 하는 조각 작업의 모든 속성을 상세히 알고 있었다. 석산에서 돌을 발견하고, 채굴하고, 수송하고, 절단하고, 조각하고, 연마하고, 세우고, 설치하는 작업을 속속들이 파악했다. 게다가 이런 여러 단계의 작업에서 발생할 수 있는 각종 시공 관련 문제를 훤히 꿰고 있었다. 그 누구도 지식과 경험 면에서 그에게 필적할 수 없었다. 미켈란젤로는 다양한 분야에서 놀라운 업적을 달성함으로써 그 어떤 선배 예술가보다 동시대인들의 인정을 많이 받아내고 또 그 직업의 위상을 한층 높인 예술가였다.

델 몬테 예배당

로마 교외의 빌라 이외에도 율리우스 3세는 자신이 선호하는 또 다른 공사를 신속하게 완공하기를 간절히 바랐다. 바로 로마의 산 피에트로 인 몬토리오라는 중요한 교회에 있는 가족 장례 예배당을 건축하는 것이었다. 미켈란젤로는 아예 첫 시작부터 이런저런 방식으로 이 공사에 관여한 듯하다. 그는 이미 여러 가지 일에서 책임을 맡고 있었는데, 왜 그리고 어떻게 이 공사에 관여하게 되었을까?

미켈란젤로는 산 피에트로 인 몬토리오에 관심을 보일 만한 이유가 여러 가지 있었다. 그 교회는 아주 성스러운 장소, 즉 베드로의 순교지로 추정되는 곳에 세워진 프란체스코회 교회였다. 미켈란젤로는 젊은 시절에 브라만테와 라파엘로에게 반감을 품었음에도 불구하고 이 교회 바로 옆에 세워진 브라만테의 템피에토를 존중했고, 이 교회의 높은 제단을 장식하는 라파엘로의 〈그리스도의 현성용〉도 높이 평가했다. 미켈란젤로는 이 두 예술가의 작품을 존중했을 뿐 아니라 오래전부터 산 피에트로 인 몬토리오 일에 관여해 왔다. 그가 가장 먼저 발주 받은 작업은 성 프란체스코의 성흔聖痕•을 주제로 그림을 그리는 것이었다. 이 그림은 왼쪽에 있는 첫 번째 예배당의 제단 뒤쪽 장식 그림으로 쓸 예정이었는데 결국 그려지지 않았거나 인멸된 것으로 추정된다. 그리고 몇 년 뒤, 그는 세바스티아노 델 피옴보 교회에 그의 〈그리스도에게 가해진 채찍질〉의 밑그림을 제공했다. 이 그림은 그 교회의 바로 맞은편에 있는 보르게리니 예배당의 장식화로 쓰였다. 율리우스 3세가 그 교회 내에 있는 가족 예배당을 완공하기를 바라던 그 시점에, 미켈란젤로는 파올리나 예배당의 프레스코인 〈베드로의 십자가형〉을 완성해 가고 있었다. 이 그림은 시각적으로나 지리적으로나 도상학적으로 볼 때 자니쿨룸 언덕에 있는 이 가장 거룩한 장소[베드로 순교지]와 연결되었다.

빌라 줄리아와 마찬가지로, 델 몬테 예배당의 일과 관련해서 미켈란젤로는 자문역을 맡았다. 예술가는 이 공사를 자신이 직접 맡을 시간이나 의사가 없었지만 율리우스 3세는 그의 조언을 중시했다. 공사 발주의 초창기 단계에서 율리우스 3세는 조각가 라파엘레 다 몬

• 성흔은 아시시의 성 프란체스코와 그 밖의 여러 사람 몸에 나타났다고 하는 상처의 흔적으로, 그 형태는 십자가에서 예수 그리스도가 입었던 상처 자국과 같았다고 한다.

델 몬테 예배당, 1550~1553, 산 피에트로 인 몬토리오, 로마.

텔루포를 선호하여 자신의 조상들을 위한 장례 기념물을 조각하게 했다. 몬텔루포는 숙련되고 노련한 대리석 조각가였다. 피렌체의 메디치 예배당과 로마의 율리우스 2세 교황 영묘, 이렇게 두 다른 공사에서 미켈란젤로 밑에서 일한 바 있었기에 몬텔루포는 존중을 받았고 또 불러주는 사람들이 있었다. 그는 현 교황의 가족 예배당 같은 중요한 공사를 수주할 만한 사람이었다. 그러나 미켈란젤로는 다소 유보적이었다. 몇 년 전 미켈란젤로는 몬텔루포에게 율리우스 2세 영묘에 들어갈 예언자와 시빌(영매)의 인물상을 조각해 달라고 의뢰한 적이 있었다. 그런데 몬텔루포가 만들어서 가져온 보기 흉하고 평범한 인물상은 저 장대하고 당당한 영묘에서 가장 허약한 부분이었다. 콘디비가 영묘를 가리켜 '비극'이라고 한 것은 어떤 인물상들—가령 몬텔루포가 만들어서 가져온 두 인물상—에 대한 미켈란젤로의 실망을 반영한 말일지 모른다. 그 인물상들은 율리우스나 미켈란젤로가 원하던 것이 아니었다.

과거에 율리우스 2세 영묘를 지을 때 몬텔루포와 관련해 이런 경험이 있었기에, 미켈란젤로가 새 교황에게 더 나은 예술가를 추천한 것은 그리 놀라운 일이 아니다. 이렇게 해서 몬텔루포는 과거에는 선호되는 건축가였을지 모르나, 이제 미켈란젤로가 상담역을 맡으면서 그 일은 바르톨로메오 암만나티에게 돌아갔다. 델 몬테 예배당은 미켈란젤로가 설계안을 제공했다거나 대리석 조각상을 제작해서가 아니라, 그 일을 몬텔루포의 평범한 솜씨로부터 구제한 덕분에 걸작이 되었다. 암만나티는 더 나은 선택이었음을 너끈히 증명했다.

권한의 위임

교황 율리우스 3세 시절에, 미켈란젤로는 건축가로서 공사 현장의 작업 관행에 일대 변화를 일으켰다. 자신의 다양한 임무를 동시에 수행하기 위해 그는 협력자들에게 시선을 돌려 그들에게 점점 더 많은 권한을 위임했다. 미켈란젤로의 후반기 예술과 건축은 이런 개인적 관계에 크게 의존했다. 재정 지원을 하는 후원자, 현장에서 작업을 감독하는 작업반장, 그리고 헌신적인 공사 관리자들의 도움을 받았다. 그는 위임하는 방법을 배웠다. 과거에 미켈란젤로는 새로운 일거리를 받으면 그걸 이유로 그전에 받았던 일들은 포기하거나 연기하는 경향이 있었다. 가령 율리우스 2세의 일을 맡자 피렌체의 팔라초 델라 시뇨리아에서 발주한 〈카시나 전투〉 벽화를 미완으로 남긴 채 떠났다든지, 파울루스 3세 아래에서 일하기 위해 피렌체의 다른 공사들을 그냥 놔두고 떠났던 것이 그런 사례다. 파울루스 3세, 이어 율리우스 3세 밑에서 일하는 동안 미켈란젤로는 새로운 일을 맡되 세세히 감독하지는 않는 방법을 배웠다. 나이가 많다, 이미 맡은 일이 한두 가지가 아니다, 라는 변명을 하기는 했지만, 그는 새로운 일거리를 거부하기보다는 그것들을 좀 더 효율적으로 관리하는 방법을 터득했다. 그는 멀찍이 떨어져서 크게 개입하지 않으면서 공사를 관리했다. 그는 여전히 최종 결재권자였지만 다른 사람들을 통해 일하되 필요한 때와 장소에서만 자신의 권한을 행사했다.

게다가 교황 율리우스 3세가 새로 하고 싶은 공사가 많았으나 교황청의 금고는 거의 고갈된 상황이어서, 미켈란젤로는 깊은 구상은 고사하고 간단한 대화나 스케치 단계에 그치는 공사에도 여러 건 관여했다. 그리하여 이런 공사들은 상당수가 미켈란젤로의 사후에 착수되거나 완공되었다. 그러나 어떤 공사가 위대한 예술가의 이름과 조금이라도 결부되면 미켈란젤로의 이름이 거론되다가 결국에는 그의 작품으로 돌려졌다. 여기서 단일 설계자라는 개념은 복잡한 역사적 현실을 제대로 반영하지 못한다는 사실을 알 수 있다. 예를 들어 피로 리고리오가 1560년대 초에 바티칸 벨베데레 궁정 안뜰의 엑세드라exedra〔뒷변이 오목하게 들어간 회합용 현관〕와 계단을 완공했다 하더라도 미켈란젤로의 이름과 명성이 그 공사와 건설한 사람에게 권위를 부여하는 식이다. 피로 리고리오는 다른 많은 사람들과 마찬가지로 자신이 미켈란젤로의 제자이자 협력자라고 주장했고 그 결과 반사 영광과 권위의 빛을 그 자신에게 비추었다. 상호 교제에 의한 명성은 그렇게 하여 일반적인 현상이 되었다.

이렇듯 그 행위나 명성 덕분에 미켈란젤로는 르네상스 후기 로마의 건설 분야에서 핵심 인물로 부상했다. 어떤 공사가 되었든 그는 예술가, 설계자, 공사 관리자, 기업가, 자문역 등 다양한 역할을 맡았다. 그는 밑에 데리고 있는 노동자들에게 설계안, 조언, 지침을 내려주었고 그를 고용한 교황에게도 똑같은 서비스를 제공했다. 100년 뒤 잔로렌초 베르니니(1598~1680)는 제2의 미켈란젤로를 자임하면서 마찬가지로 일인 다역을 맡았다. 율리우스 3세 교황 아래에서 미켈란젤로는 공사의 핵심 인물이 되거나 그게 아니면 자문역을 맡았다. 직접 건설을 하지 않는 경우에는 설계를 했다. 설계를 하지 않는 경우에는 구상을 스케치했다. 직접 개입하지 않는 경우에는 의견을 제시했다. 이처럼 어떤 공사를 미켈란젤로가 완공할 수 없는 경우라 하더라도 그 구상과 계획 단계에서 핵심적 역할을 했다. 콘디비가 강조한 것처럼, 후원자들은 종종 미켈란젤로의 '의견과 판단'을 구했다. 미켈란젤로가 과거에 언제나 이런 방식으로 일했던 것은 아니다. 이는 비교적 최근에 생겨난 작업 방식이었는데, 그가 선택해서라기보다 당시의 다망한 상황과 후원자들의 여러 요구 사항 때문에 불가피하게 취한 방식이었다.

드로잉, 믿음직한 조력, 구두 의견 등으로 미켈란젤로는 자신의 견해를 표명하고 실현시켰다. 교황들의 후원은 물론이고 그의 지위, 경험, 고령 등이 그의 목소리에 권위를 실어주었다. 이렇게 하여 미켈란젤로는 그 자신의 활동 범위를 넓히고 확대했다. 시스티나 예배당 천장에 그려진 '데우스 엑스 마키나deus ex machina'〔느닷없이 등장한〕 하느님과 마찬가지로 미켈란젤로는 여기, 저기, 모든 곳에 등장했다. 하지만 고령인 탓에 언제나 몸소 그곳에 갈 수는 없었다. 그는 자신의 뜻과 지시를 대리인들을 거쳐 다양하게 표출했다. 그러면 협력자들과 하급 일꾼들이 그의 뜻대로 공사를 수행했다. 미켈란젤로의 지시는 교황과 점점 더 효율적으로 되어가는 교황청 관료제의 권위가 뒷받침해 주었다.

하지만 거기에는 의도치 않은 결과도 발생했다. 미켈란젤로는 그 자신을 위해서 일할 시간이 별로 없었다. 더는 청년 시절처럼 온 세상을 깜짝 놀라게 할 만한 독립된 대리석 조각상을 제작할 수가 없었다. 로마 〈피에타〉는 50년 전에 조각되었고, 〈모세〉는 40년 전에 조각되었으며, 〈부활하신 그리스도〉가 산타 마리아 소프라 미네르바에 설치된 것은 30년 전 일이었다. 율리우스 2세의 영묘에 들어간 〈라헬〉과 〈레아〉가 일반 대중을 위해 전시된 마지막 작품인데 그것도 벌써 5년 전의 일이었다. 미켈란젤로는 이제 건축가가 되었다. 최초의 근대적 '스타 건축가'였다.

미켈란젤로는 이제 70대 후반에 들어섰다. 그렇지만 어떤 날에는 여전히 망치와 끌 쪽으로 손을 뻗었다. 그는 대리석에 마음이 끌렸다. 엄청나게 큰 대리석 덩어리가 어서 조각해 달라고 그를 불렀다. 그는 밤늦게까지 조각을 할 수 있도록 양초가 부착된 종이 모자를 고안했다.

다른 모든 것을 능가하는 작품

1553년의 어느 날 저녁, 조르조 바사리는 마첼 데 코르비 거리에 있는 미켈란젤로의 집을 방문했다. 아마도 포르타 델 포폴로 외곽에 율리우스 3세의 새로운 빌라를 건설하기 위한 설계 도면을 가져가기 위해서였을 것이다. 미켈란젤로는 손에 램프를 들고서 문을 직접 열어주었다. 바사리는 찾아온 용건을 말했고 두 사람이 대화를 나누는 동안 미켈란젤로의 하인 우르비노가 이층에 도면을 가지러 갔다. 그 시간의 흐릿한 불빛에 의탁하여 바사리는 미켈란젤로의 작업장 내부를 들여다보았는데 거기서 커다란 대리석 조각상을 목격했다. 바사리가 좀 더 자세히 들여다보려고 하자 미켈란젤로가 손에 든 램프를 바닥에 떨어트렸고, 방 안은 잉크 같은 어둠 속으로 침잠해 버렸다. 짐짓 어색한 체하면서 미켈란젤로는 바사리에게 시선을 돌리면서 다소 슬픈 어조로 말했다. "어느 날 내 몸은 저 램프처럼 되어버리겠지요. 그리고 내 빛은 꺼져버리겠지요." 예술가는 이어서 이렇게 말했다. "나는 너무 늙어서 죽음이 종종 내 옷자락을 잡아당기며 이제 그만 함께 가자고 합니다."[41] 노년에 들어서 자주 그랬듯이, 미켈란젤로는 당시 계속 죽음을 생각했다. 그가 조각상을 제작하고 있을 때 죽음에 대한 생각이 그의 마음을 흐려놓았음이 분명하고, 그래서 미켈란젤로는 바사리가 그 조각상을 보는 게 싫었던 것이다.

바사리는 그때를 회고하면서 미켈란젤로가 외부 관찰자—설사 동료 예술가라 할지라도—에게 미완성 작품을 내보이는 게 싫었을 거라고 이해했다. 여기에는 그럴 만한 이유가 있었다. 미켈란젤로는 그 조각품을 제작하면서 여러 가지 문제에 봉착했다. 그 작품은 기술적 문제가 있는 예술 작품 이상으로, 깊은 개인적 의미가 깃든 작품이었다. 미켈란젤로는 자신의 무덤 표지물, 자신의 마지막 유언과 유언장, 혹은 마지막 창작물로서 그 〈피에타〉를 조각하고 있었다. 그는 그것을 세상 사람들과 공유하기가 싫었다.

미켈란젤로는 성 베드로 대성당의 건축가로 임명된 직후부터 소위 피렌체 〈피에타〉를 조각하기 시작했다. 그 착수 시기는 1546년과 1547년에 몇몇 가까운 친구들이 사고하여 고통스럽던 때로부터 그리 멀리 떨어진 시점이 아니었다.[42] 그가 이 시기에 제작한 십자가형 드로잉과 마찬가지로, 이 〈피에타〉는 그런 상실의 충격을 완화하고 그 자신의 예상된 죽음과 대면하기 위한 작업으로 시작되었다. 그러나 이 작품을 조각하는 초창기부터 그는 여러 가지 심리적·신체적 도전에 직면했다. 그런 문제들 중 하나는 작업하는 대리석 덩어리를 미켈란젤로 자신이 직접 석산에서 캐어 오지 않았다는 것이다. 그것은 '스폴리아spolia'〔잔여물〕, 즉 과거 로마 기념물을 제작하다 남은 거대한 대리석 덩어리였다. 그가 그런 거대한 돌덩어리를 채굴하여 수송하는 업무를 면제받은 것만 해도 큰 혜택이었다. 그러나 대리석은 직접 채굴해 온 것을 가지고 해야 조각이 잘된다. 시간이 지나면 굳어져서 조각 작업을 하기가 더 어려워진다. 금방 캐온 대리석은 망치질에 잘 순응한다. 오래된 대리석은 불꽃과 자잘한 조각을 일으키면서 끌질에 완강하게 저항한다. 그렇지만 그 오래된 돌덩어리가 미켈란젤로의 마음을 끌어당겼다. 그는 즉각 일을 시작할 수 있었고 그 거대한 크기가 그의 야망을 부채질했다.

〈다윗〉에 뒤이어, 피렌체 〈피에타〉는 미켈란젤로가 조각한 가장 큰 작품이다(화보 31). 이 작품은 그의 조각상 중에 대작이다. 예술가는 거대한 대리석 덩어리와 마주했을 뿐만 아니라, 엄청나게 어려운 임무를 자신에게 부여했다. 그 거대한 대리석 덩어리로 네 인물을 조각하기로 한 것이다. 유명한 고대 조각 작품인 〈라오쿤〉도 세 명으로 구성되어 있는데 미켈란젤로는 네 명에 도전한 것이다.

로마의 박물학자 대大 플리니우스는 〈라오쿤〉을 하나의 대리석 덩어리에서 만들어낸 3인 앙상블이라며 극찬했다. 이 조각품은 1506년 로마에서 발견되었을 때, 즉각 르네상스 조각가들에게 가장 수준 높은 기준을 제시했다. 그러나 미켈란젤로와 그의 친구 줄리아노 다 상갈로가 발굴 현장에 호출되어 그 조각 난 고대 작품의 파편을 맞추어 보니 하나의 돌덩어리로 만든 것이 아니었다! 실제로는 대리석 덩어리 여섯 개를 가지고 만든 다음에 잘 이어붙인 것이었다. 플리니우스의 기록은 오류로 판명되었다. 하지만 이러한 사실은 르네상스 조각가들의 도전 의식을 더욱 강화했다. 가장 유명한 고대 조각가도 해내지 못한 일을, 근대의 예술가가 과연 성공할 수 있을까?

3인 앙상블을 조각하는 작업의 문제점도 엄청나게 많았다. 그러나 하나의 돌덩어리에서 네 명을 조각하는 건 그 어려움이 기하급수적으로 늘어난다. 4인 앙상블은 심지어 잔로렌초 베르니니를 비롯해 17세기와 18세기의 위대한 대리석 기술자들도 감히 시도하지 못한 작업이었다. 그때까지 미켈란젤로는 예술적 경력에서 다인 조각상을 딱 세 번 제작했다. 〈바쿠스〉, 로마 〈피에타〉, 〈부르주 마돈나〉가 그것들인데 모두 2인 앙상블이다. 그는 두 점의 다른 앙상블, 즉 〈메디치 마돈나〉와 〈승리〉도 시작했는데 이들은 결국 미완으로 남았다. 그는 헤라클레스와 카쿠스로 이루어진 2인 조각품도 야심 차게 시작했으나, 이 프로젝트는 구상과 소규모 진흙 모형 이상으로는 진전하지 못했다. 그러니 전에 예술가는 4인 앙상블은 고사하고 3인 구도도 시도해 본 적이 없었다.

미켈란젤로는 로마 〈피에타〉, 〈바쿠스〉, 〈다윗〉, 〈모세〉 같은 경이로운 작품을 창작하면서 경력을 쌓아올렸다. 젊은 시절에 그는 자신이 상상하는 인물은 전부 조각할 수 있었고, 냉정하게 저항하는 대리석을 유연한 옷 주름이나 사람의 투명한 살로 변모시킬 수 있었다. 그러나 여느 기술이 그러하듯이, 조각도 끊임없는 연습을 필요로 했다. 지난 20년 동안 미켈란젤로는 〈라헬〉, 〈레아〉, 〈바쿠스〉를 조각했으나 이 피렌체 〈피에타〉만큼 야심 찬 것은 없었다. 고전 고대의 조각 작품이 영감을 주고 또 선례를 수립했다 할지라도, 이런 4인 앙상블의 대담함과 무모함은 전례가 없는 아주 놀라운 시도였다.

미켈란젤로는 오래전부터 근대의 예술가가 모든 면에서 고대의 예술가에 필적한다는 주장을 해왔다. 그러나 이 피렌체 〈피에타〉를 제작하면서 그는 고대 예술가들에게 필적하는 데 그치지 않고 그들을 능가하고자 했다. 그의 나이는 70대 후반으로 들어서고 있었다.

일흔넷에 대리석 조각하기

프랑스의 암호학자이자 연금술사인 블레즈 드 비제네르는 외교적 임무를 품고 1549년에 로마에 도착했다. 그는 미켈란젤로의 조각 작품에 대해 생생한 기록을 남겼는데, 후일 피렌체 〈피에타〉로 알려지는 작품의 초창기 단계를 묘사한 것이었다.

> 나는 60세가 넘은 데다 더는 건장하지 않은 미켈란젤로가 조각 작업을 하는 현장을 목격했다. 그는 아주 단단한 대리석에서 15분 사이에 상당한 양의 돌을 깎아냈는데, 젊은 조각가 세 명이 서너 시간 동안 깎아낼 수 있는 것보다 더 많은 양이었다. 그 모습을 직접 목격하지 않았더라면 도저히 믿을 수 없는 작업 속도였다. 나는 저러다가 대리석 덩어리가 산산조각 나버리는 게 아닐까 하는 생각이 들었다. 그가 너무나 맹렬하고 격렬하게 작업했기 때문에 작업장 바닥에는 손가락 서너 개 두께의 돌 파편이 계속 떨어져 내렸다.[43]

블레즈 드 비제네르가 미켈란젤로의 나이를 잘못 알았던 것은 차치하더라도(조각가는 당시 74세였다) 예술가의 힘, 속도, 민첩함은 분명 그 프랑스인을 감동시켰다. 하지만 그는 그 조각에 등장하는 인물이나 주제에 대해서는 언급하지 않았다. 블레즈 드 비제네르가 또 알지 못했던 것은 미켈란젤로의 분노와 격정이 문제를 일으켰다는 사실이다.

바사리는 미켈란젤로의 피렌체 〈피에타〉에 대하여 "사람을 아주 피곤하게 하는 작품으로, 돌로 그런 작품을 만드는 경우는 드물다"[44]라고 하여 그것이 이례적인 작업이었음을 암시한다. 블레즈 드 비제네르와 마찬가지로, 바사리는 작업 중이던 그 작품을 보았으며, 《뛰어난 화가, 조각가, 건축가 들의 삶》의 초판에서 이렇게 썼다. "그 작품이 그의 다른 모든 작품을 능가할 것이다."[45] 그러나 이 책의 개정판을 낼 무렵에 바사리는 작품의 슬픈 운명을 알고 있었다. 그 작품은 완성되지 못했고, 예술가 자신에 의해 파손된 채 버려졌다. 그리하여 바사리는 그게 미켈란젤로의 최고 걸작이 될 것이라는 기대를 접고 그 작품을 독특한 물건이라고 흐릿하게 칭송한 후에 사람을 너무 피곤하게 만드는 희귀한 작품이라고 말했던 것이다.[46] 그 작품은 바사리의 높은 기대에 부응하지 못했고, 미켈란젤로 자신도 만족시키지 못했다.

미켈란젤로는 대리석의 품질을 판단하는 능력이 뛰어났으나 그 덩어리 안에 감추어진 흠결까지 완벽하게 파악할 수는 없었다. 이는 미켈란젤로가 예전에 완성한 조각 작품들에서 만났던 문제점을 상상해보면 충분히 이해할 수 있다. 〈부활하신 그리스도〉의 첫 번째 버전은 얼굴 부분에 검은 정맥이 지나간다. 〈반항하는 노예〉는 얼굴과 목 부분에 보기 흉한 금이 가 있었다. 메디치 예배당의 〈밤〉은 하자 있는 돌덩어리로 만든 것이어서, 미켈란젤로는 왼쪽 팔을 조각할 때 충분치 못한 대리석에 만족해야 했다. 회화나 진흙 모형은 추가로 덧붙일 수 있지만, 대리석 조각은 재료를 계속해서 깎아내는 과정이므로 수정의 여지가 별로 없다.

미켈란젤로는 조각하는 과정에서 계속 변경과 수정을 가했다. 그가 일부러 초대형 돌덩어리를 채굴하는 이유는 미리 발견하지 못한 하자에 대응하고, 불가피한 수정을 가해야 할 때 여분의 돌덩어리를 확보하기 위해서였다. 그러나 4인 앙상블 조각을 시도하면서 미켈란젤로는 그 돌덩어리가 비록 거대하기는 하지만 운신의 폭이 별로 없음을 깨달았다. 성모는 그리스도와 서 있는 니코데모에 비해 너무 덩치가 작았다. 그리스도의 머리 부분을 건드리지 않는 한, 성모의 얼굴을 완성할 만큼 돌이 충분히 남아 있지 않았다. 또 미켈란젤로는 성모의 왼쪽 손—아들을 떠받쳐야 할 손—을 마무리할 재료를 충분히 남겨놓지 않았다. 그 손 부분을 완성하려면 이미 완성되어 반짝반짝하게 닦아놓은 그리스도의 동체 부분을 건드려야 했다. 미켈란젤로가 이 구도에 변경을 가하면 다른 인물들에게 영향을 미칠 테고 그러면 전체 앙상블을 재고해야 했을 것이다.

미켈란젤로는 그리스도의 왼쪽 다리 부분을 조각하는 데 더 큰 어려움에 봉착했다. 어쩌면 그 복잡한 자세를 실현시킬 만큼 돌이 남아 있지 않았거나, 그리스도의 다리가 어머니의 무릎에 걸치게 한 구도의 성적 암시를 난처하게 생각했을 수도 있다.[47] 이러한 문제들은 서로 떨어져 있는 것이 아니라 서로 영향을 미치고 있었기에 처리하기가 난감했다.

미켈란젤로는 엄청난 좌절감을 느끼며 작품에 계속해서 망치질을 했다. 우리는 대리석 덩어리가 갑자기 파손되었는지, 아니면 다리 부분이 의도적으로 생략되었는지 명확히 알지 못할 것이다. 그리하여 우리가 최종적으로 보는 것은 부축을 받으려 하는 그리스도의 동체 부분이다. 이렇게 잘 다듬어놓은 작업은 미켈란젤로가 직접 한 것일 수도 있으나, 아마도 그의 조수 티베리오 칼카니가 나중에 했다고 보는 게 더 무난할 것이다. 칼카니는 이 작품이 더는 파손되지 않도록 막아준 인물이다. 우리는 원숙한 거장이 해결 불가능한 문제에 봉착했다고 상상하기를 꺼린다. 하지만 이 피에타(현재 피렌체 〈피에타〉로 알려짐)의 경우, 우리는 이 작품과 관련된 개인적·기술적 장애를 목격하게 되는데 그것이 결국 작품의 운명을 결정하고 말았다.

미켈란젤로의 첫 〈피에타〉: 무덤에서 제단까지

우리는 미켈란젤로의 4인 앙상블을 〈피에타〉라고 부르지만, 원래 피에타는 2인 구도로 널리 알려져 있다. 미켈란젤로가 23세 때 처음 제작한 〈피에타〉도 2인 구도였다. 이 초기 조각 작품은 어떤 위세 높은 프랑스 추기경의 무덤(원형 구조물)을 장식한 용도였다. 그 무덤은 로마의 가장 유명한 매장지인 옛 성 베드로 대성당의 익랑에 있었다. 산타 페트로닐라 혹은 '프랑스 왕 예배당'이라는 이름으로 알려진 이 고대 후기의 로툰다rotunda〔둥근 천장을 가진 큰 홀〕는 샤를마뉴 대제 이래로 프랑스 고위 인사들이 선호한 영면 장소였다. 아름답게 조각된 미켈란젤로의 대리석 작품은 '로마에서 가장 아름다운 조각품'[48]을 만들어내겠다는 결심을 구현한 것이었다.

그게 1498년의 일이었다. 그로부터 50년이 흘러갔고 그동안 많은 일이 벌어졌다. 성 베드로 대성당을 황급히 재건하려는 교황 율리우스 2세의 계획 때문에 콘스탄티누스 대제가 지은 성당은 철거되었고 자연히 그 성당의 익랑에 있던 산타 페트로닐라의 로툰다도 해체되었다. 새로운 성당의 더 큰 영광을 위해 희생된 것이다. 프랑스인들을 기독교 세계의 심장에서 제거했다는 것이 부가적 혜택이었는데

미켈란젤로, 〈피에타〉, 1498~1499, 성 베드로 대성당, 바티칸 시국, 로마.

그건 참으로 잘된 일이었다(적어도 율리우스 2세의 시각에서 볼 때). 이렇게 하여 미켈란젤로가 제일 처음 제작한 〈피에타〉의 유랑이 시작되었다.

1550년대에 이르러, 최초의 〈피에타〉는 두 번이나 이동했으나, 새 성당이 미완 상태여서 최후의 안식처를 찾아야 하는 처지였다. 한때 위세 당당했던 프랑스 추기경의 유해는 그 묘표와 헤어져 이장되었다. 〈피에타〉는 이제 부분적으로만 남아 있는 옛 성 베드로 대성당의 제단 위에 놓이게 되었다. 미켈란젤로는 이 작품의 유랑을 어떻게 생각했을까? 이제 무덤이 아니라 제단을 장식하는 〈피에타〉의 의미와 기능 변화에 대해 무슨 생각을 했을까? 미켈란젤로는 과거를 되돌아 보면서 초창기의 두 조각 작품인 〈바쿠스〉와 〈피에타〉가 실패작이라고 결론내렸을 수도 있다. 이 두 작품은 애초의 제작 목적에 봉사하지도 못했고 적절한 장소에 안치되어 있지도 않았다. 실물보다 큰 〈바쿠스〉 대리석상은 미켈란젤로에게 〈피에타〉를 조각할 기회를 가져다주었지만, 그것을 발주한 라파엘레 리아리오 추기경에 의해 인수가 거부되어 미켈란젤로는 그것을 실패작으로 간주했다.

젊은 자부심이 만들어낸 〈피에타〉는 이제 우울한 생각을 일깨웠다. 50년 전, 자부심 넘치던 23세의 미켈란젤로는 성모의 가슴 부분을 가로지르는 띠에다 그 자신의 이름을 새겨 넣었다. 하지만 그 후에는 자신의 작품에 서명하는 일은 없었다.

왜 니코데모와 막달라 마리아인가

이제 다시 한번 미켈란젤로는 연민, 슬픔, 탄식, 비탄이라는 주제를 가진 작품을 조각했다. 또 다른 〈피에타〉였다. 물론 마리아와 그리스도가 새로운 구도에서 핵심 인물이지만, 다른 두 인물은 어떻게 볼 것인가?

덩치 큰 남자가 허리를 숙여서 죽은 아들을 껴안는 마리아를 부축하고 있다. 이 인물은 미켈란젤로가 맨 처음 깎아낸 것으로, 피라미드 구도의 맨 윗부분을 고정시키는 역할을 했다. 두꺼운 외투 옷자락이 근육질의 넓은 어깨를 감싸고 있고, 약간 숙인 고개는 승모僧帽 같은 두건의 주름에 감싸여 있다. 얼굴은 약간 그림자가 져 있으나 우리는 쑥 들어간 눈, 뭉툭한 코, 다듬지 않은 턱수염 등으로 내성적인 얼굴이라는 걸 짐작할 수 있다. 세련되게 닦이지 않고 완성되지 않은, 이 거친 대리석 덩어리는 우리와 일정한 거리를 두고 있다. 그리하여 우리는 우리 자신의 깊은 명상에 잠기면서 '거울을 통하여 어둡게' 대상을 바라보게 된다.

이 인물은 요셉인가 아니면 니코데모인가? 미켈란젤로는 두 사람 모두와 자신을 동일시할 수 있었다. 아리마태아의 요셉은 명망 있는 의회 의원(〈마가복음〉 15:43)이었고 유대인 최고 의회의 의원이었으며 바리새인이지만 남몰래 그리스도를 따르는 사람이었다. 요셉과 니코데모 둘 다 그리스도를 십자가에서 내릴 때 현장에 있었던 인물들이므로, 작품 속에 넣을 만한 사람들이다. 요셉과 마찬가지로, 미켈란젤로는 부유한 귀족이었으나 이 세상의 삶으로부터 부와 명성 그 이상의 것을 얻고자 했다. 예술가는 니코데모에게도 동질감을 느꼈다. 전승에 의하면 니코데모도 조각가였고, 그리스도의 맨 마지막 순간에 그 자신을 예수를 헌신적으로 따르는 사람이라고 선언했기 때문이다. 그래서 미켈란젤로 자신도 이제 생애 막바지에 이르렀다고 느끼고서 구세주에게 자신의 열렬한 신앙을 선언하고 싶었던 것이다.

요셉인가, 니코데모인가? 조각하는 내내, 즉 6년이 넘는 세월 동안 미켈란젤로는 요셉과 니코데모를 동시에 생각했을 것이고, 마침내 그런 이중적 의미를 말끔히 정리하지 않고 그대로 내버려 두었다. 대다수 사람들은 니코데모 쪽을 선호하지만, 관람자들은 자기 좋을

대로 생각할 수 있다. 미켈란젤로는 자신의 깊은 생각을 겉으로 드러내지 않았다.

돌덩어리의 중심부 깊숙한 부분에는 그리스도와 마리아가 있다. 이들의 오른쪽에 미켈란젤로는 네 번째 인물인 막달라 마리아를 조각했다. 막달라 마리아는 그리스도의 오른쪽이라는 특별한 자리를 차지하고 있다.

막달라 마리아는 〈피에타〉나 십자가에서 내려지는 장면에서 핵심적인 인물은 아니다. 더욱이 막달라 마리아는 미켈란젤로의 작품에 별로 등장하지 않았다. 딱 두 번의 예외가 있었는데 회화에서만 나왔다. 그녀는 미켈란젤로의 초창기 그림 〈매장〉(런던 내셔널갤러리 소장)에서 무릎 꿇은 젊은 여자로 등장한다. 그리고 미켈란젤로가 구상하고 자코포 다 폰토르모(1494~1557)가 그린 〈놀리 메 탕게레〉•에서 중심인물로 나온다.[49] 미켈란젤로가 피렌체 〈피에타〉를 작업하는 현장을 직접 목격한 콘디비는 4인 구도가 진귀한 시도라는 것을 알았다. 그는 "미켈란젤로는 아이디어로 가득했고 그래서 날마다 뭔가를 탄생시켜야 했다"[50]라고 그 작품을 칭송하는 글을 썼다. 그러나 미켈란젤로의 예술 작품에서 성모 마리아를 제외하고 여성 인물이 비교적 드물다는 점을 감안할 때 이런 질문이 떠오른다. 왜 막달라 마리아인가? 왜 지금인가?

• 라틴어 'Noli me tangere'의 음역이며 '나를 붙들지 마라'라는 뜻이다. 〈요한복음〉 20장 17절에 나오는 말로, 부활하신 예수가 막달라 마리아에게 한 말. "내가 아직 아버지께 올라가지 않았으니 더 이상 나를 붙들지 마라. 내 형제들에게 가서 '나는 내 아버지시며 너희의 아버지이신 분, 내 하느님이시며 너희의 하느님이신 분께 올라간다'라고 전하여라." '놀리 메 탕게레'는 곧 예수의 승천을 의미한다.

미켈란젤로는 피렌체 〈피에타〉 제작에 착수할 무렵에, 〈라헬〉과 〈레아〉 등 경건한 여성 인물상을 몇 점 제작했다. 또 십자가형 드로잉에는 성모 마리아가 등장하고 파올리나 예배당의 〈베드로의 십자가형〉 프레스코에는 슬퍼하는 여성들이 등장한다. 그는 일찍이 그 신앙과 경건함으로 자신을 감동시켰던 비토리아 콜론나의 죽음을 아직도 슬퍼했다. 따라서 〈피에타〉를 창작하는 과정에서 미켈란젤로의 생각이 또 다른 모범적 여성인 막달라 마리아에게 집중된 것은 그리 놀라운 일도 아니다. 막달라 마리아는 원래 죄인이었으나 그리스도를 통하여 구원을 얻은 여성이다. 4인 구도에 그녀를 포함시킨 것은 그 자체로 의미심장한 결정이었다. 그녀가 그리스도의 생애에서 차지하는 특별한 위치와 〈피에타〉에서 수행하는 역할을 고려할 때, 그러한 미켈란젤로의 선택은 수긍할 만하다.

막달라 마리아

막달라 마리아는 구세주이신 주님의 오른쪽이라는 특별한 자리에서 무릎을 꿇고 있다. 그녀는 그리스도의 시신을 부축하고 있다. 그리스도의 오른손과 팔은 그녀의 어깨 위에 떨어져 있고 손가락이 등을 가볍게 스친다. 그리스도의 어머니 마리아는 슬픔에 잠겨 있고 십자가형을 당한 아들의 기울어진 머리 때문에 얼굴이 약간 가려져 있다. 따라서 관람자를 마주 보면서 그리스도를 우리에게 제시하는 사람은 막달라 마리아다. 막달라 마리아의 침착한 시선은 균형 잡힌 머리와 천사 같은 머리띠에 의해 강조된다. 그녀의 자세와 묵언 중의 호소는 시신이 무덤 속으로 내려질 때 나오는 말들을 상기시킨다. "나는 부활이요, 생명이다. 나를 믿는 사람은 죽더라도 살고, 또 살아서 나를 믿는 모든 사람은 영원히 죽지 않을 것이다"(〈요한복음〉 11:25). 실제로 막달라 마리아는 예수의 부활을 맨 처음 목격하고 전한 인물이므로, 죽음 이후의 그리스도의 삶에서 핵심적 인물이었다.

베네치아에 살았던 미켈란젤로 동시대인 티치아노(1488/90~1576) 같은 사람들이 그린 마리아 그림들과는 대조되게도, 미켈란젤로는 이 여성을 덩치가 작은 결혼 적령기의 인물로 구상했다. 그녀의 자그마한 유방은 그리스도의 맨살에 거의 맞닿아 있으나 두꺼운 옷 주름, 뒤로 조금 기울어진 순결한 상체가 그 접촉을 사전에 차단한다. 〈놀리 메 탕게레〉의 구도에서 보이는 것처럼, 미켈란젤로는 신체적 접촉의 긴장을 고조시키는데 이는 우리에게 막달라 마리아의 예전 죄인 신분과 그리스도에게 헌신하는 새로운 삶을 동시에 연상시킨다. 막달라 마리아의 보이지 않는 왼손은, 신앙의 상대역 인물인 니코데모를 감싸 안고 있는데, 이 두 사람의 약간 기울어진 머리는 그들의 신앙적 관계를 추가로 암시한다. 미켈란젤로와 마찬가지로, 막달라 마리아와 니코데모는 참회하는 사람들로서 그리스도를 통하여 구원을 얻기를 동경한다. 이렇게 하여 서로 연결된 막달라 마리아와 니코데모라는 두 인물은 미켈란젤로가 자신의 묘표墓標로 사용하고 싶어 하는 조각품에 특별하면서도 강렬한 의미를 부여한다.

막달라 마리아의 덩치는 언뜻 보면 작아 보인다. 관람자가 이 조각을 바라보는 각도에 따라 그 위상이나 상대적 중요성이 달라지는 것이다. 그녀는 신체적으로나 도상학적으로 조연급 인물인데, 이는 율리우스 2세의 영묘에서 〈라헬〉과 〈레아〉가 〈모세〉의 조연인 것과 비슷하다. 이 두 여성 인물상은 특히 〈모세〉와 관련하여 자주 부정적 논평을 불러일으킨다. 미켈란젤로는 〈라헬〉과 〈레아〉를 얼마든지 원하는 크기로 창조할 수 있었다. 대리석도 충분히 남아 있었고, 두 여인상을 안치할 벽감도 현재보다 더 큰 인물상을 수용할 수 있었다. 그들의 다소 작은 크기와 표현 방식, 그리고 그다지 매끄럽지 않은 표면의 연마도는 미켈란젤로 자신의 결정이었다. 〈라헬〉과 〈레아〉는 〈모세〉와 경쟁하지 않는다. 오히려 코러스처럼 〈모세〉를 돋보이게 하는 상대역을 맡고 있다. 그들은 우리의 시선에 방향성을 부여하여 확대시킴으로써 우리를 명상과 기도 속으로 인도한다. 그들은 예언자의 천둥 같은 목소리에 합류하는, 겨우 들리는 온유한 목소리다. 이 두 인물상에서 미켈란젤로는 비율, 위치, 마감의 조각 문법을 철저히 준수했다.

4인 구도의 피렌체 〈피에타〉에서, 막달라 마리아는 〈라헬〉이나 〈레아〉 같은 인물상의 유사한 상대역이면서 가치 있는 후계자다. 물론 막달라 마리아가 제시하는 더 큰 문제는 그녀를 4인 앙상블에 포함시켜 만족스러운 구도를 이루어내는 것이었다.

예술가가 이 조각 작품을 티베리오 칼카니에게 불하했을 때, 막달라 마리아 부분은 꽤나 진전된 상태였다. 그녀의 머리와 그리스도의 오른쪽 팔을 연결시키는 돌의 크기를 볼 때, 이 두 인물의 크기는 칼카니가 이 조각상을 인도받은 이후에도 별로 달라지지 않았음을 알 수 있다. 이런 비례는 미켈란젤로가 결정한 사항이었지 칼카니가 그런 것이 아니었다. 칼카니는 겸손하고 민감한 청년이었으므로 막달라 마리아의 아름다움을 금방 알아보았고 그런 만큼 그녀의 형태를 잘 다듬으려고 했을 뿐, 그 크기나 위치를 바꾸려 하지는 않았다. 그는 그리스도 상과 성모 마리아 상 사이의 문제 있는 부분에 개입하지 않기로 결심했고, 또 겸손한 심성의 소유자였으므로 거칠게 끌질 된 니코데모 상에 최종 수정도 가하지 않았다. 그는 니코데모가 곧 미켈란젤로의 대역임을 알아보았을 가능성이 높다.

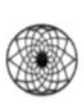

미켈란젤로는 니코데모를 조각하면서 곧 자기 자신을 조각했다. 이 인물상은 유일하게 널리 인정되는 예술가의 자화상이며 동시대인들이 그렇게 인정해 주는 유일한 조각상이기도 하다. 니코데모처럼, 미켈란젤로는 구원을 추구하고 죄의 용서를 희망하는 '순례자 영혼'으로서 구세주에게 헌신했다. 하느님을 찾아 여행을 떠나는, 참회하는 순례자의 모습을 그린 미켈란젤로의 초상화가 친구이자 숭배자인 레오네 레오니(1509~1590)에 의해 그려졌고 그 그림은 다시 메달로 제작되었다. 그 메달을 제작하는 데에도 참여했을 가능성이 있는 미켈란젤로는 그 최종 금메달과 은메달을 높게 평가했다. 그는 그 메달 두 개를 피렌체의 조카에게 보냈고 두 개는 자신이 보관했다.[51] 메달의 뒷면에는 〈시편〉 51장의 문장이 새겨졌다. "제가 불의한 자들에게 당신의 방법을 가르치겠습니다." 이 시는 미켈란젤로 자신의 시로도 읽힐 수 있고 또 참회하는 순례자인 예술가의 초상화이기도 하다.

하느님, 당신의 자애에 따라 저를 불쌍하게 여기소서.
당신의 크신 자비에 따라 저의 죄악을 지워주소서.
저의 죄에서 저를 말끔히 씻으시고
저의 잘못에서 저를 깨끗이 하소서![52]

피렌체 〈피에타〉는 미켈란젤로의 신심을 웅변적으로 표현한 작품으로, 애초에 그 자신의 무덤에 묘표로서 그 쓰임새를 의도했던 작품이다. 그러나 거기에 딜레마가 있었다. 그 조각을 완성한다는 것은 대리석을 생생하게 살려내는 것인 반면, 그 자신은 죽음에 순명해야 했다. 그는 그런 역설을 시로 표현했다. "… 잘못된 관념을 내세우고 내 영혼에 큰 피해를 입히면서, 여기에다 신성한 대상을 조각하려 하고 있노라."[53] 그러나 여러 기술적·심리적 이유 탓에 이 작품은 미완으로 남을 운명이었다.

미켈란젤로가 포기한 작품을 칼카니가 수습하다

예술가는 그 조각 작품의 제작을 포기했다. 그렇다면 언제? 예술사가들은 무엇보다도 확실한 연대를 선호한다. 가령 사건이 시작된 날짜나 끝난 날짜를 주목한다. 미켈란젤로가 프로젝트를 시작한 날짜를 확정하는 것은 종종 가능한 일이지만 그 작품을 완성하거나 포기한 날짜를 확정하기는 아주 까다롭다. 그러나 피렌체 〈피에타〉의 경우에는 시작한 날짜마저 불확실하다. 하지만 전문가들 사이에서는 비토리아 콜론나가 사망한 해인 1547년경에 시작했을 것이라는 합의가 이루어져 있다. 미켈란젤로는 1553년에도 여전히 이 작품을 조각했는데, 그때 바사리가 그 작품을 보는 것을 거부함으로써 이 조각상에 대한 불만을 의도치 않게 드러내고 말았다. 그 무렵, 그는 다른 일들을 많이 맡고 있었고, 이 작품만 해도 무려 6년 동안이나 공을 들인 상황이었다. 무려 6년이나!

미켈란젤로는 성 베드로 대성당에 들어간 초창기 〈피에타〉를 대략 1년 만에 완성했다. 〈다윗〉은 3년 안에 완성했고 시스티나 예배당 천장의 그림은 4년 만에 완전히 다 그렸다. 〈모세〉와 마찬가지로, 이 후기의 〈피에타〉는 미켈란젤로의 작업장에 여러 해 동안 묵혀 있었다. 자신의 무덤 묘표를 디자인해서 그것을 6년씩이나 가지고 있는 사람이 과연 몇이나 될까? 그가 이 작품을 포기한 것은 1553년, 혹은 1554년이나 1555년의 어느 때일 것이다. 하지만 그는 이 작품을 즉시 다른 곳으로 옮기지는 않았다. 이것은 〈모세〉보다 컸는데, 우리는 〈모세〉를 옮기는 일이 얼마나 힘든 작업이었는지 이미 앞에서 살펴보았다. 〈피에타〉는 완성되지도 연마되지도 않았을 뿐 아니라 여러 주요 부속물이 파손되었다. 그것은 훼손된 작품이었다.

무슨 이유에서든 미켈란젤로는 이 작품을 포기했으나, 종종 암시되는 것처럼 내다 버리지는 않는다. 그는 이 작품을 친한 친구이자 은행가인 프란체스코 반디니(1496경~1562)에게 주었고 반디니는 다시 미켈란젤로의 젊은 조수인 티베리오 칼카니에게 이 조각상을 주면서 보수해 달라고 요청했다.[54] 비록 그의 성은 '발꿈치'라는 뜻이지만, 티베리오는 피렌체의 부유한 집안에서 태어나 사회적 사닥다리를 착실히 타고 올라온 사람이었다. 1530년대 혹은 1540년대에, 칼카니 집안은 피렌체에서 로마로 이주했고 그의 아버지는 폰테 산탄젤로 근처의 피렌체 동네에 있는 산 첼소 교회 근처에서 가게가 둘 딸린 집을 샀다. 이렇게 하여 잘 자라고 잘 교육받은 티베리오는 1550년대 초 아직 20대일 때 미켈란젤로에게 소개되었다. 소개인은 프란체스코 반디니와 또 다른 피렌체 친구이자 작가이자 열렬한 공화파 인사인 도나토 잔노티였다. 칼카니는 미켈란젤로의 충실한 하인 우르비노가 1556년에 사망하자 곧 그 빈자리를 메워주는 아주 가까운 조수 겸 말동무가 되었다.

바사리는 다음과 같이 보고했다. "미켈란젤로는 칼카니를 좋아했으므로 그에게 자신이 부숴버린 대리석 〈피에타〉를 완성하라고 주었다. 그 파손된 조각상은 티베리오에 의해 다시 조립되었는데, 부서진 조각이 총 몇 개인지는 알지 못한다."[55] 평생을 통틀어서 가장 까다로운 조각품을 조각하다가 좌절감을 느낀 미켈란젤로는 그 훼손된 조각상을 그의 마음을 잘 이해하는 조수에게 건네주었다. 미켈란젤로가 신임하는 그 젊은이는 파손된 부분을 복구하여 그 작품을 살리려고 최선을 다했다. 그는 이 작업으로 별로 공로를 인정받지 못했지만, 그 작품을 감상하기 위해 피렌체의 두오모 오페라 미술관을 찾는 사람이 아주 많다는 사실은 그의 보수 작업이 성공적이었음을 여실히 보여준다. 이런 방문객 중에 그 작품의 미완성 비례에 신경 쓰는 사람은 거의 없으며 많은 이들이 그리스도의 한쪽 다리가 없다는 사실도 그다지 의식하지 못한다. 그보다는 이 작품의 애상적 정서에 감동하고 숙연해진다.

피렌체 〈피에타〉가 미켈란젤로의 집에서 다른 곳으로 옮겨진 것은 그로부터 몇 년 후의 일이었다. 그는 여생의 상당 기간을 그 작품과 함께 살았다.[56] 어떤 날에 그 조각상은 미켈란젤로에게 그리스도의 희생, 성모 마리아의 슬픔, 인생의 무상함과 덧없음을 연상시켰다. 또 어떤 날에는 예술가에게 자만심을 조심하라고 경고하면서 예술의 무용성無用性을 일러주었다. 그래서 그는 "예술에는 오류가 많다"라고 노래한 것이다. 이 조각은 또한 미켈란젤로에게 미완으로 남겨놓은 작품이 많다는 사실을 끊임없이 상기시켰다. 미완성 작품이 이처럼 많다니, 이 얼마나 낭비되고 불완전한 인생인가? 그는 그렇게 생각했다. 피렌체 〈피에타〉 이후에 미켈란젤로는 대리석 조각상은 딱 하나만 더 만들려 했다. 그것 또한 〈피에타〉였고 이것 역시 미완으로 끝날 운명이었다.

"내 인생의 오랜 여정이 이제 끝났구나"

〈피에타〉로 어려움을 겪던 이 무렵에, 미켈란젤로는 〈내 인생의 오랜 여정이 이제 끝났구나〉라는 제목의 소네트를 지었다. 이 시는 그 조각품을 제작할 때 겪는 어려움과 직접적으로 연결되어 있거나 아니면 그로부터 영감을 받은 듯하다. 그는 1554년 9월에 이 시의 완성본을 조르조 바사리에게 보냈다. 바사리는 이 시를 《뛰어난 화가, 조각가, 건축가 들의 삶》의 제2판(1568)에 수록했고, 그리하여 미켈란젤로의 시 중에서 널리 알려진 시가 되었다.

이러한 '출판'의 역사는 그 소네트도 〈피에타〉의 조각만큼이나 문제적이라는 사실을 은폐하는 경향이 있다. 사실 그 작품들, 즉 시와 조각은 미켈란젤로가 창조적 예술의 어려움뿐만 아니라 그 가치를 깊이 명상하는 계기가 되었다. 그가 최고 권위를 자랑했던 조각 분야에서도, 미켈란젤로는 점점 더 비관주의로 흐르고 있다는 인상을 지울 수가 없다. 그는 한스럽다는 듯이 이렇게 말한다. "자신의 예술과 삶의 끝에 이르기 전에는 아무도 완벽하게 마스터할 수는 없다."[57] 어떤 시적詩的 파편에서—혹은 어떤 순간적 명상에서—그는 자신의 오도된 노력을 개탄하면서 예술의 '궁극적 무용성'을 탄식했고, 예술이란 실은 '잘못된 생각'虛業임을 깊이 깨달았다.[58] 그는 깊이 절망하면서 이렇게 썼다. "예술과 임박한 죽음은 서로 함께 가지 못하나니."[59] 이런 비관적 논평이, 그가 바사리에게 보내《뛰어난 화가, 조각가, 건축가 들의 삶》의 제2판에 '발표하게' 했던 시를 끄적거린 전지의 바로 밑에 쓰여 있었다.[60] 그러나 미켈란젤로는 그 시를 창작하면서 겪었던 엄청난 고뇌에 대해서는 바사리에게 말하지 않았다. 그것은 미완성의 〈피에타〉를 그 젊은이에게 보여주지 않으려 했던 것과 비슷한 심리적 소치였다.

미켈란젤로가 이 14행 소네트를 쓰기 시작한 전지(화보 32)는 그가 대리석으로 만들어내려 했으나 그렇게 하지 못한 작품의 여러 가지 특징을 잘 보여준다. 시든 조각이든 처음엔 잘 시작하다가 예기치 못한 어려움에 봉착하여 점점 더 깊은 좌절을 느낀다는 내용이다. 그는 문제점들을 공략하여 어느 정도는 성공을 거두기도 하고 때로는 몇몇 시행을 미해결인 채로 남겨둔다. 현재 전해지는 전지는 예술가의 동요하는 심리를 깊숙이 들여다보게 해주고, 그의 창작 과정을 잘 드러낸다. 그 과정은 점점 더 산만하고, 파편적이고, 비非직선적이고, 자주 미완의 상태로 남는다. 그가 다루는 수단이 돌이든 글이든.

미켈란젤로는 소네트의 첫 4행을 먼저 썼고, 이어 두 번째 4행의 세 번째 줄에서 말을 더듬기 시작하다가, 4행 중 2행을 수정하면서 세 가지 버전을 남겼다. 모두 그 자신의 인생이 '에로르 카르카error carca'라는 깨달음을 표현한 것이다. 거의 번역하기가 불가능한 이 이탈리아어 어구는 죄악과 무용성으로 얼룩진 예술적 실패라는 두 가지 어두운 뉘앙스를 담고 있다.[61] 이런 시 창작의 어려움을 해결하지 못한 채, 미켈란젤로는 다음과 같은 압도적 비관론을 토로한다. "아, 이 엄청난 노예근성이여! 이 지루함이여! 잘못된 생각이여! 내 자신의 영혼에 치명적 위험을 안기면서 이곳에서 내 끌질로 신성한 것을 만들어내려 하는구나."[62] 이 지점에서 "내 인생의 오랜 여정이 이제 끝났구나"로 시작되는 소네트의 집필이 중단되었고 한동안 이 시를 방치한다.

인생을 여행에 비유한 시를 쓰면서 미켈란젤로는 아마도 페트라르카의 소네트, 〈망각으로 만선인 나의 배는 비탄의 바다를 항해하도다〉를 염두에 두었는지도 모른다. 또 더 큰 의미에서 본다면, 그는 《신곡》에서 묘사된 단테의 자기발견, 참회, 구원을 상상했을 수도 있다.[63] 단테가 어두운 숲속에서 길을 잃었다면, 미켈란젤로는 허술한 배를 타고서 풍랑이 몰아치는 바다를 여행했다. 두 순례자는 삶의 한가운데에서 방향을 잃었다. 자신이 많은 오류를 저질렀다는 미켈란젤로의 인식은 "곧 바른 길을 잃어버렸네"라고 탄식한 단테의 심경과 공명한다. 단테는 현명한 시인 베르길리우스와 사랑하는 여인 베아트리체라는 두 안내인에게 동정과 보살핌을 받을 수 있었다. 이제 단테보다 두 배나 더 나이가 많은 미켈란젤로는 오로지 하느님만을 안내자로 모시고 있었다. 불행하게도 미켈란젤로의 주님은 단테의 베르길리우스와 베아트리체만큼 도움을 주지도 않았고 동정을 베풀지도 않았다. 미켈란젤로의 주님은 미지의 존재였고, 예술가가 아주 구슬픈 어조로 부르고 또 부르는 막연한 기대 속의 존재일 뿐이다. 빽빽하게 쓴 글씨로 쓰인 그다음의 6행에서 미켈란젤로는 곧 닥쳐올 죽음과 침묵하는 하느님 앞에서 예술은 아무 쓸모가 없다는 인식을 날카롭게 표현한다.

> 신선하고 초록인 봄철은 몰라. 인생의 막다른 끝에서,
> 우리가 감각, 욕망, 사랑, 동경을 모두 바꾸어버린다는 걸.
> 이런 것들은 지나간 세월의 잔재물일 뿐이야.
> 우리의 영혼은 더 많은 것을 원하나 그럴수록 세상은 더 작아져.
> 예술과 임박한 죽음은 서로 함께 가지 못하나니,
> 하느님, 이제 제게서 무엇을 더 바라십니까?[64]

단테와는 다르게 미켈란젤로는 인생의 한가운데에 있지도 않았고 거의 종착역을 향해 다가서고 있었는데도, 여전히 예술가는 그 자신의 길, '올바른 길'을 발견하지 못한다. 마침내 그는 시를 쓰던 전지를 90도 각도로 접어서 '오류로 가득한'으로 끝나는 시행의 네 번째 버전을 다시 끼적였고, 이렇게 하여 자신의 인생이 '오류로 가득

하다'라는 탄식을 반복했다.[65] 우리가 이 시의 완성된 버전, 예술가가 조르조 바사리에게 최종적으로 보낸 소네트만 읽는다면 그 창작 과정을 올바르게 파악하지 못하고 만다. 그 시는 중간에 갑자기 중단되었을 뿐만 아니라, 예술가가 점점 더 예술과 인생에 대하여 부정적 인식으로 빠져들었는데 그런 점이 감추어져 있기 때문이다. 특히 시인 프레더릭 님스가 생생하게 번역해 놓은 시는 더욱더 그런 느낌을 파악할 수 없게 만든다.

내 인생의 오랜 여정이 이제 끝났구나, 험난한 대양에서
불안정한 배에 기대어 나는 세상의 마지막 정박지에 도달했노라.
좋든 나쁘든 내 항해 일지를 작성할 준비가 되었네.
한때 예술이 우러러보아야 할 최고의 주님이라는
어리석은 망상을 가슴에 품고 살았지. 이제는 잘,
아주 잘, 알게 되었다네, 그게 실은 한 덩어리 거짓말임을.
하지만 인간은 슬프게도 그것을 보물인 양 소중히 여기지.
내가 전에 느꼈던 소중하고, 어리석고, 가슴 아팠던 동경들은
이제 다 어떻게 되었는가? 예술과 인생의 이중 죽음이 다가오는
이 시점에서? 하나의 죽음은 확실하고, 다른 죽음은
몹시도 가혹한 경고를 발하고 있구나.
그림과 조각이 이제 더는 영혼을 위로해 주지 못하는구나.
영혼은 신성한 사랑에 고정되어 있구나.
십자가에서 두 팔을 벌려, 우리를 그 품에 좀 더 꼭 안아주려고.[66]

바사리는《뛰어난 화가, 조각가, 건축가 들의 삶》의 제2판에 미켈란젤로의 시를 그냥 실어준 것 이상의 일을 했다. 그는 '가필'을 하면서 철자와 단어를 열 군데 이상 수정했다.[67] 이렇게 편집된 버전과는 대조적으로, 자필 초고는 서로 잘 연결이 안 되고, 집필 과정에서 겪은 난산의 역사, 그리고 깊은 절망에 빠진 예술가의 심리를 잘 보여준다. 예를 들어 바사리 책에 들어 있는 소네트 중 "그림과 조각이 이제 더는 영혼을 위로해 주지 못하는구나. /영혼은 신성한 사랑에 고정되어 있구나"라는 시행은 초고의 동일한 부분과 비교하면 훨씬 덜 비관적으로 들린다. 초고는 이러하다. "영혼은 더 많은 것을 원하나 그럴수록 세상은 더 작아져. /예술과 임박한 죽음은 서로 함께 가지 못하나니." 그리고 바사리 판본의 소네트 중 마지막 부분, "영혼은 신성한 사랑에 고정되어 있구나. /십자가에서 두 팔을 벌려, 우리를 그 품에 좀 더 꼭 안아주려고"는 초고의 다음과 같은 구슬픈 탄식에 비하여 한결 밝은 분위기다. "하느님, 이제 제게서 무엇을 더 바라십니까?"[68] 초고와 발표된 시를 서로 비교해 보면, 미켈란젤로의 절망적 외침—"하느님, 이제 제게서 무엇을 더 바라십니까?"—이 그리스도가 십자가 위에서 두 팔을 벌려서, 참회하는 예술가를 안아주려 하는 구원의 희망으로 바뀌어 있다.

우리가 미켈란젤로의 드로잉과 미완성 조각 작품들을 보면서 예술가의 본뜻을 알아내려고 애쓰는 것과 마찬가지 방식으로, 그의 시 가운데 단편적이고 불완전한 파편에도 신경을 써야 한다. 미켈란젤로의 드로잉, 조각, 시 들은 고통스러운—언제나 성공적이지는 않은—창작 과정에 침잠한 예술가의 모습을 드러낸다.[69] 우리가 미켈란젤로의 위대한 예술적 업적을 칭송하는 것은 옳은 일이다. 그러나 동시에 그는 생애 말엽에 자신의 예술을 거짓말 덩어리요, 쓸데없는 것으로 생각했고 심지어 '나 자신의 영혼에 치명적으로 위험한 것'[70]으로 보기도 했다. 한때 '우러러보아야 할 최고의 주님'이라고 여겼던 예술이 이제 생애 만년에 '오류로 가득한 것'으로 바뀌어버렸다.[71]

소네트든, 대리석 조각이든, 성 베드로 대성당이든, 79세의 예술가는 예술 작업을 하기가 점점 더 어려워졌다. 칼카니와 바사리는 미켈란젤로가 이 세상에 내놓지 않으려 했던 작품을 완성하고 보존하는 데 여러 가지 방식으로 도움을 주었다. 이렇게 하여 미켈란젤로는 자신이 실제로 창작한 것 이외의 것에도 작자의 지위를 인정받는다. 그가 두 손으로 직접 만드는 것만 작자로 인정되는 것이 아니라 구상과 창의만으로도 작자 자격을 획득한 것이다. 이러한 강조점의 이동은 미켈란젤로를 전반적으로 이해하는 데 중요한 사항이다.

미켈란젤로의 집안 사정

1551년의 어느 날, 피렌체 예술가인 벤베누토 첼리니가 비아 마첼데 코르비에 있는 미켈란젤로의 집 앞에 나타났다. 셰익스피어의 《햄릿》에 나오는 허영기 많고 잘난 체하는 전령 오스릭•처럼, 첼리니

• 《햄릿》 제5막에서 클로디어스가 보낸 전령으로, 햄릿과 레어티스 사이에서 벌어지는 검술 시합의 여러 조건을 햄릿에게 알려주는 인물. 햄릿은 이 시합 도중에 숙부 클로디어스의 간계를 파악하고 숙부를 죽이지만 그 자신 또한 목숨을 잃는다.

는 미켈란젤로에게 찬양의 인사말을 길게 늘어놓은 반면에, 그 집의 하인인 우르비노에게는 거의 아는 체를 하지 않았다. 첼리니는 피렌체 대공 코시모 데 메디치(1519~1574)가 보낸 사람이었다. 코시모는 미켈란젤로를 열렬히 '고향'으로 다시 데려오고 싶어 했다. 첼리니는 미리 준비한 말을 시작했으나, 첼리니가 예상했던 대로 미켈란젤로는 그의 말을 멈추게 하고 성 베드로 대성당 공사 때문에 로마를 떠날 수 없다고 말했다. 그러나 첼리니는 기죽지 않고 고향으로 돌아오는 게 좋을 것이라고 또다시 강조했다. 고향 도시는 공정하게 그지없는 군주에 의해 다스려지고 있고, 대공은 세상 어느 군주보다 천재를 우대한다는 말도 했다. 첼리니가 나중에 회고한 바와 같이, 우르비노는 그 회담에 시종 참여했다.

> 그는 바로 옆에 우르비노 출신의 청년을 대동하고 있었다. 그 청년은 집안일을 전반적으로 돌보는 집사장으로, 벌써 여러 해 동안 미켈란젤로를 모시고 있었다. 그 청년은 예술에 대해서는 배운 바가 없음이 분명했다. 내가 계속 타당한 귀향의 주장을 펼치니까 미켈란젤로는 대답할 말이 없는 듯했다. 그는 갑자기 이 우르비노라는 자에게 고개를 돌렸는데 마치 그의 의견을 구하려는 것 같았다. 이자는 다소 투박한 방식으로 갑자기 큰 목소리로 소리쳤다. "나는 그나 내가 지하에 들어가기 전까지는 나의 미켈란젤로와 절대 헤어지지 않을 것입니다." 나는 그런 황당한 말에 실소하지 않을 수 없었다.[72]

우리는 허세를 잘 부리고 자기 자신에 대하여 과장된 언사를 자주

한 첼리니가 자서전에 적어놓은 내용을 그대로 믿어서는 안 된다. 하지만 이 경우 그는 자기도 모르게 그 순간의 상황을 있는 그대로 묘사한 듯하다. 미켈란젤로는 고개를 돌려 '이 우르비노라는 자'에게 의견을 구했으며, 그러자 우르비노가 '나의 미켈란젤로'에게 절대적 충성심을 드러내며 소리쳤고, 그리하여 첼리니는 그 청년의 어리석은 태도에 웃음을 터트릴 수밖에 없는 상황. 하지만 우르비노의 예언은 그대로 실현되었다. 별로 배운 것이 없는 무식한 도우미인 우르비노는 죽을 때까지 미켈란젤로에게 충성을 바쳤다. 첼리니는 우르비노보다 더 위대한 예술가일지 몰라도 이 하인은 첼리니보다 훨씬 더 위대한 친구였다.

미켈란젤로가 혼자 살았다는 얘기는 널리 퍼진 신화가 되었으나 사실 그는 혼자 산 적이 없고, 특히 중년 이후에 로마에서 살면서부터는 결코 혼자인 적이 없었다. 입주 남자 조수들뿐만 아니라 집 안에 일종의 '가정'을 꾸리고 있었다. 한두 명 혹은 그 이상의 여자 가정부가 언제나 미켈란젤로의 집 안에 있었다. 이 가정부들은 장을 봐오고, 요리를 하고, 집 청소를 하고, 빨래를 했다. 그들이 집안일을 다 해주었다. 피렌체에서 보낸 청년 시절, 미켈란젤로와 그의 나머지 네 형제는 모나 마르게리타라는 가정부의 손에 컸고, 모나는 남자뿐인 부오나로티 집안에서 사실상 집안일의 기둥 역할을 했다.• 미켈

• 미켈란젤로의 어머니 프란체스카 디 네리 델 미니아토 디 시에나는 1455년이나 1457년에 출생한 것으로 추정되며 1472년 결혼해 이듬해 장남을 낳고 1475년 미켈란젤로를 낳았다. 다섯째이자 막내인 지스몬도를 낳은 1481년 병사했다. 미켈란젤로는 어머니의 따뜻한 손길을 느낄 만한 나이인 여섯 살에 사별하여 그 후로 모정에 깊은 허기를 느꼈다. 이런 점이 미켈란젤로가 일련의 〈피에타〉를 제작한 정신적 배경이 되었다.

란젤로는 1534년에 피렌체를 떠날 때, 모나 마르게리타가 종신 보살핌을 받을 수 있도록 조치해 주었다. "나는 그녀를 결코 모른 체하지 않을 겁니다"라고 그는 형에게 말했는데, 이는 미켈란젤로가 죽어가는 아버지에게 한 약속이기도 했다. 미켈란젤로는 그 약속을 지켰고 모나 마르게리타가 1540년에 사망하자 "마치 그녀가 큰 누이인 것처럼" 크게 슬퍼했다.[73]

미켈란젤로가 모나 마르게리타의 성실한 봉사를 평생 받아왔다는 점을 감안할 때, 그가 다른 집안 가정부들을 다소 미흡하게 생각한 것은 그리 놀라운 일도 아니었다. 예술가의 가혹한 평가에 따르면, 깨끗하고 점잖은 가정부는 찾아보기 어려웠다. '그들이 모두 돼지요, 창녀'이니 더 그럴 수밖에 없었다. 하지만 그는 여자 가정부의 도움 없이는 생활할 수가 없었고 여자들이 '집 안에 전혀 없었던 적'은 딱 한 번뿐이었다.[74] 그러니 미켈란젤로가 매주 기록해 놓은 여자 가정부들의 주급, 그들이 가끔 일으키는 말썽 이상의 것을 알지 못하는 건 그리 놀라운 일도 아니다. 구체적인 예를 들면, 그는 모나 카테리나가 '너무 거만해서' 해고했다. 그러나 카테리나가 거만하든 말든 미켈란젤로는 그녀의 도움이 필요했으므로 한 달 뒤에 그녀를 다시 고용했다.[75]

그의 동료인 우르비노가 1551년 9월에 결혼하여 이 부부가 예술가의 집에서 함께 살게 되자, 집안 '식구'가 많이 늘어났다. 미켈란젤로는 집 안에 우르비노 부부를 위한 방을 마련해 주었고(유포 창문 덮개도 제공했다), 우르비노의 신부 코르넬리아 콜로넬리는 물론이고 이 부부의 여자 하인도 미켈란젤로 집에서 살기 시작했다.[76] 또 다른 여자 가정부와 그녀의 딸, 자코포라는 남자 조수, 가축을 돌보는 바스티아노 등도 함께 살았다. 바스티아노는 한때 병들었다가 이제는 튼튼해진 밤색 말, 암탉 몇 마리, 그리고 '의기양양한' 수탉을 돌보았다. 과거에 미켈란젤로의 부재를 '탄식했다'는 고양이는 이제 사라진 지 오래였다.

코르넬리아가 1554년에 아들을 낳고 그 이듬해인 1555년에 둘째 아들을 낳자, 80세의 예술가는 소란스러운 대가족에게 둘러싸이게 되었다. 그는 우르비노 맏아들의 대부를 섰고, 부부는 그 아이의 이름을 미켈란젤로라고 지었다. 식구가 늘어난 것을 자랑스럽게 여긴 예술가는, 피렌체에서 제조한 모직 옷감 중에서 가장 고급인 암자색의 라시아 옷감으로 만든 드레스를 코르넬리아에게 선물했다. 옷감과 그 품질에 민감한 미켈란젤로는 "최고급으로 사라"라고 지시를 내렸고, 그 옷감이 도착하자 "아주 아름답다"라고 의기양양하게 말했다.[77] 이 에피소드는 19세기에 유행한 살롱화畵의 단골 주제처럼 들린다. "위대한 미켈란젤로 부오나로티는 그의 충실한 하인 프란체스코, 일명 우르비노의 아내 코르넬리아 콜로넬리에게, 그들 부부의 첫아들을 미켈란젤로라고 명명하는 세례식에서 피렌체에서 만든 최고급 암자색 라시아 드레스를 하사했다."

그것은 미켈란젤로의 오랜 인생에서 드물게 찾아온 만족스러운 한 순간이었다. 하지만 슬픔은 그에 뒤이어 곧바로 닥쳐왔다. 1554년에 조카 리오나르도가 남자아이의 탄생을 알려왔을 때, 미켈란젤로는 축축하게 젖은 헝겊 조각처럼 반응했다. 어쩌면 리오나르도는 좀 더 조심했어야 옳았다. 미켈란젤로는 그에게 이렇게 썼다. "온 세상이 눈물 흘릴 때 웃음을 터트려서는 안 된다."[78] 리오나르도와 그의 아내 카산드라가 부오나로티 가문에서 오래 기다리던 남자아이를 순산했는데 그가 그런 반응을 보였다니 다소 의외다. 그리고 그 1년 뒤에 리오나르도의 둘째 아들이 태어나 미켈란젤로라는 이름을 붙여주었는데, 이 아이는 생후 일주일 만에 사망함으로써 미켈란젤로의 상시적 비관론을 확인시켜 주는 듯했다. "리오나르도, 지난번 편지에서 미켈란젤로가 죽었다는 소식을 알게 되었다. 그 아이가 태어난 것이 나의 즐거움이었다면 그 죽음은 커다란 슬픔이 아닐 수 없구나. 하지만 우리는 그 사실을 끈질기게 참아내야만 해."[79]

하지만 그의 인내는 6개월 뒤에 다시 시험을 받았다. 미켈란젤로의 동생이며 유일하게 살아 있던 형제 지스몬도가 사망한 것이다. 예술가는 기독교적인 체념과 하느님의 뜻에 대한 철저한 믿음 속에서 이 죽음을 침착하게 받아들였다. "내 동생 지스몬도의 사망 소식을 듣고서 엄청난 슬픔을 느꼈지. 우리는 이 사실을 받아들여야 해. 그가 의식이 또렷한 상태로 교회의 모든 성사를 다 받은 채로 죽었으니 우리는 그에 대하여 하느님께 감사드려야 해."[80] 인내와 체념은 미켈란젤로가 슬픔에 맞서기 위해 자주 꺼내 드는 처방전이었다. 그러나 그 어떤 처방전도 그가 곧 겪게 될 슬픔을 완화해 주지는 못했다.

죽음 중에서도 가장 슬픈 죽음

남동생 지스몬도의 죽음을 견인주의자처럼 받아들인, 1555년의 리오나르도에게 보낸 편지에서 미켈란젤로는 자신의 생각을 크게 어지럽히는 일에 대해 털어놓았다. 그가 사랑하는 하인 우르비노가 몹시 아프다는 내용이었다.

> 나는 여기서 몹시 불안하게 지내고 있다. 우르비노는 아직도 침대에 누워 있고 상태가 아주 안 좋아. 도대체 무슨 일이 벌어지려는 건지 모르겠구나. 나는 그가 내 아들인 것처럼 걱정이 돼. 그가 지난 25년간 나를 충실해 보필해 왔기 때문이지. 나는 이제 노인이어서 다른 사람을 내 취향대로 훈련시킬 시간도 없어. 그래서 너무나 슬프구나. 그러니 네가 거기 아주 독실한 신자를 알고 있다면, 부탁이니 우르비노의 회복을 위해 하느님께 기도를 올려달라고 해다오.[81]

우르비노는 6월에 병이 나서 다섯 달 동안 침상에 누워 있었다. 미켈란젤로는 정신적 긴장으로 몹시 피로했다. 그는 탕약, 시럽, 하제, 황금을 바른 마름모꼴 캔디 등 많은 의약품을 사들였다. 당시에는 황금이 가치가 높으니 치료에도 효과가 있다는 생각이 널리 퍼져 있었다.

9월 초가 되자, 우르비노는 날마다 무슨 약을 먹었다. 두 약제사가 번갈아 약을 조제했다. 히솝(강력한 향기의 유럽산 박하), 옥시멜(꿀과 초산을 섞은 것), 카시아, 계피, 정향, 줄렙(입가심 설탕물), 살구, 머위, 제비꽃 기름, 장미수, 알코올, 설탕 등을 섞어서 만든 조제약이었다. 그중 일부 조제약은 아주 비상한 재료, 가령 여우 기름, 가루로 만든 사슴뿔, 미세한 베네치아 설탕, 사람의 음모(여자의 것인지 남자의 것인지는 명시되지 않음) 등이 포함되었다. 방혈(피 빼기)은 하지 않았다. 하지만 이런 다양한 약제를 몇 달에 걸쳐서 복용하다 보니 우르비노는 '위장을 위한' 것이 필요해졌다. 또 심장과 간장을 위해 달인 즙도 필요했다.[82] 하지만 백약이 무효였다. 그해 11월 말에 우르비노는 유언을 하고 1556년 1월 3일에 조용히 숨을 거두었다.[83] '내 아들인 것처럼'를 그를 사랑했던 미켈란젤로는 심리적으로 너무나 동요하여 리오나르도에게 그 사실을 알려주기 위해 편지를 쓸 때, 날짜를 한 달이나 잘못 적기도 했다.

지난밤, 12월 3일 아홉 시에 프란체스코, 일명 우르비노가 나에게 엄청난 슬픔을 남기고서 이 세상을 떠났다. 나는 너무나 비통하고 가슴이 아파서 차라리 그와 함께 이승을 떠나는 편이 더 쉽겠다는 생각이 든다. 나는 그를 정말로 사랑했고 그도 그런 사랑을 받을 만큼 내게 헌신적으로 봉사했지. 그는 충성과 헌신으로 가득 찬 훌륭한 사람이었어. 그러나 이제 그가 가버려서 나는 목숨이 없는 사람처럼 되어버렸고 그 어디에서도 평화를 찾을 수가 없구나.[84]

미켈란젤로는 우르비노의 세례명을 불러줌으로써 오랜 길동무에 대한 존경의 마음을 표했을 뿐만 아니라 아주 깊은 슬픔을 드러내 보였다. 미켈란젤로는 너무 슬픈 나머지 리오나르도에게 시간을 좀 내어 로마로 와줄 수 없겠느냐는 희망도 말했다. 같은 날, 예술가의 신임 개인 조수인 세바스티아노 말레노티도 리오나르도에게 편지를 냈다. "저는 당신에게 전에 편지를 써본 적이 없습니다." 말레노티는 그렇게 말하고서 미켈란젤로가 '슬픔으로 정신을 놓을까 봐' 이렇게 펜을 들게 되었노라고 설명했다. 그는 리오나르도에게 '삼촌의 생명을 연장시키기 위해서라도'[85] 로마를 방문해 달라고 요청했다. 우르비노의 사망 이후에, 말레노티는 약국들의 요금 청구서를 정산하고, 장례식 비용을 지출하고, 고인의 이름으로 산타 마리아 인 아라코엘리, 산타 마리아 소프라 미네르바, 산티시미 아포스톨리 등의 수도원에 헌금을 기부했다.[86] 그 주 토요일에 미켈란젤로는 또다시 리오나르도에게 편지를 썼다.

> 리오나르도, 지난주에 나는 너한테 편지를 써서 우르비노의 죽음을 알렸고 내가 엄청난 혼란과 불행에 빠져 있으니 네가 여기로 좀 와주었으면 좋겠다는 뜻을 말했다. 한 달 정도 네 집안일에 손실이나 위험이 없게 조치해 놓고서 이곳으로 와주었으면 좋겠다는 뜻을 다시 알리고 싶어 이렇게 편지를 쓴다. … 어서 와. 내가 나이 많은 노인이니 죽기 전에 너와 이야기를 나눌 수 있다면 정말 기쁘겠구나.[87]

이 편지에 말레노티가 보내는 또 다른 방문 요청의 편지가 동봉되어 있었다. "이제 슬픔으로 제정신이 아닌 불쌍한 노인에게 그 방문이 큰 위로가 될 것"이라는 내용이었다.[88] 우르비노가 사망하고서 근 두 달 동안, 미켈란젤로의 고뇌는 계속하여 그를 무기력하게 만들었다. 1556년 2월 23일, 그는 조르조 바사리에게 편지를 썼다.

> 친애하는 조르조 씨. 나는 글을 쓸 기력조차 없으나, 그래도 당신의 편

지에 답하려고 애를 써보겠습니다. 당신은 우르비노가 죽었다는 것을 알고 있습니다. 하느님께서 그를 통해 내게 커다란 은총을 내려주셨으니, 나의 엄청난 상실감과 무한한 슬픔은 그 끝이 어디인지 모르겠습니다. 그 은총은 이런 것입니다. 우르비노는 살아 있는 동안에는 내가 살아갈 수 있도록 해주었고, 죽을 때에는 내게 죽는 방법, 후회하는 마음이 아니라 죽음을 소망하는 마음으로 죽어야 한다는 걸 가르쳐주었습니다.

나는 그를 지난 26년 동안 데리고 있었고 그가 아주 충성스럽고 헌신적인 사람이라는 것을 깨달았습니다. 이제 내가 그를 부자로 만들어주었고 그가 내 옆에서 노년의 위로와 버팀목이 되어주기를 바랐는데 그만 홀연히 사라진 것입니다. 그러니 이제 나는 천국에서 그를 다시 만나는 것 이외에 희망이 없습니다. 하느님은 그에게 행복한 죽음을 내려주심으로써 장차 그렇게 되리라는 신호를 내게 보내주셨습니다. 그는 자신의 죽음을 슬퍼하기보다는 너무나 살아가기 어려운 이 변덕스러운 세상에 나를 남겨두고 가는 것을 더 안타깝게 여겼습니다. 이제 내 몸의 상당 부분은 그를 따라 이미 하늘로 가버렸으니, 내게는 끝없는 슬픔 말고는 남아 있는 게 없습니다.

이렇게 부탁하는 것이 당신에게 큰 폐가 되지 않는다면 벤베누토 [첼리니] 씨에게 답변을 보내지 못한 것에 대하여 나를 대신하여 양해를 구해 주십시오. 내 머릿속에 슬픈 생각이 가득하여 이렇게 감정이 북받친 상태에서는 편지를 쓸 수 없으니 말입니다.[89]

이렇게 미켈란젤로는 바사리가 그에게 보낸 장문의 위로 편지에

길고 우애에 넘치는 답신을 보냈다. 미켈란젤로의 이 편지는 조카에게 보낸 것과는 달리, 자신의 감정을 좀 더 직접적으로 드러냈다. 이런 모습은 그들의 우정을 잘 보여주는 단서다. 리오나르도보다 나이가 많고 원숙한 바사리는 복잡한 가족 관계에 얽혀 있지 않은 동정심과 분별심이 풍부한 사람이어서 미켈란젤로는 자신의 속내를 솔직히 털어놓을 수 있었다. 미켈란젤로는 노골적으로 아첨하는 첼리니 같은 사람에게는 편지 쓸 생각이 나지 않았으나, 바사리는 믿을 만한 중개인으로 여겨 그런 심경을 토로했던 것이다.

이제 끈질긴 우울증이 미켈란젤로를 따라다녔다. 그해 후반부에 미켈란젤로는 또 다른 리오나르도 자녀의 죽음을 알게 되었다. 프란체스카라는 딸아이였는데 생후 9일 만에 죽었다. 미켈란젤로는 프란체스카의 죽음에 '커다란 유감'을 표시했다. 하지만 이렇게 덧붙였다. "나는 그 사실에 별로 놀라지 않는다. 피렌체의 인구를 늘려주는 것은 우리 가문의 운명이 아니기 때문이다. 그러니 네가 지금 곁에 두고 있는 자식[당시 두 살 반이던 부오나로토]만이라도 살려달라고 하느님께 간절히 기도하거라. 그리고 너도 건강에 조심하여 오래 살아 있도록 해라."[90] 리오나르도와 카산드라의 다음 아이인 바르톨로메아가 생후 2주 만에 사망하자, 이러한 운명론은 골이 더 깊어졌다. "리오나르도, 딸아이의 사망 소식을 방금 들었다. 그건 나를 별로 놀라게 하지도 않는구나. 우리 집안에는 한 대에 한 아이 이상이 생기지 않으니까 말이야."[91] 그래서 그는 1560년 초에 알레산드라의 출생 소식을 듣고서 기뻐했다. "네가 딸을 낳았다는 소식을 듣고 기뻤다. 우리 가문이 아이 하나만 있는 것보다는 그 딸아이를 통하여 다른 집안과 동맹할 수 있는 건 좋은 일일 테니 말이다."[92] 그러나 넉 달 뒤에 똑같은 슬픈 역사가 반복되었고 미켈란젤로도 거의 똑같은 슬프면서도 병적인 정서를 드러냈다.

> 리오나르도, 며칠 전 네 편지를 받고서 네 딸아이 알레산드라가 죽었다는 소식을 알았다. 나는 매우 슬펐지만, 그 아이가 살아났더라면 더 놀랐을 것이다. 우리 집안에는 한 대에 한 아이 이상이 생기지 않으니까 말이야. 우리는 이 사실을 받아들여야 하고, 하나 남아 있는 아이를 성심성의껏 보살펴야 한다.[93]

1556년에서 1560년까지 다섯 해 동안, 미켈란젤로는 조카손자 중에 남자아이 하나와 여자아이 셋을 잃었다. 이런 여러 슬픈 사건들은 미켈란젤로를 전보다 더 부드럽고 관대한 마음을 가진 사람으로 만들었다. 미켈란젤로의 이런 여린 마음을 동시대인들은 때때로 목격했으나 미켈란젤로의 전기 작가들은 대체로 무시해 버렸다. 미켈란젤로는 우르비노의 미망인과 그 아이들에게 재정적 지원을 베풂으로써 위안을 얻었다. 우르비노 유족은 생애 만년의 예술가 마음속에서 점점 더 중요한 자리를 차지했다. 마찬가지로 그는 조카 리오나르도의 가족과 집안일에 점점 더 깊이 신경 썼다. 그리하여 이제 그 어떤 것도 미켈란젤로가 죽음을 깊이 명상하는 것을 가로막지 못했다. 하지만 그는 성 베드로 대성당의 탄생을 지켜보기 위해 좀 더 살아 있어야 했다.

6장

1555년, 로마

1555년 3월 6일에 미켈란젤로는 여든이 되었다. 그로부터 2주 뒤인 3월 23일에 교황 율리우스 3세가 사망했다. 전처럼 로마는 또다시 혼란에 빠져들었다. 바티칸 경비대 이외에, 추가로 병사 2천 명이 동원되어 교황 선출 선거에 들어간 추기경단을 경호했다.[1] 총 37명의 추기경 중에 로마에 거주하는 30명이 파올리나 예배당에서 만나 심의에 들어갔다. 공사용 비계나 그림 도구가 없는 깨끗한 공간에서 처음 열리는 회의였다. 눈먼 사울과 노려보는 베드로의 얼굴이 추기경 회의에 무게감과 긴박감을 더했다. 회의가 진행되는 내내 예술가는 집에 머물렀다.

최종적으로 뽑힌 후보는 마르첼로 체르비니 추기경이었는데 그는 전직 바티칸 도서관의 관장이자 온유하고 존경받는 지식인이었다. 그는 또 교황 파울루스 3세의 친밀한 고문관으로서 교황청 수석 기록관을 지내기도 했다. 그와 미켈란젤로는 서로 잘 알고 있었다. 특히 두 사람이 과거에 아주 심각한 의견 불일치를 겪은 이후에 더욱 그러했다.

몇 년 전, 체르비니 추기경은 미켈란젤로의 성 베드로 대성당 공사 관리를 비판했다. 체르비니는 미켈란젤로가 파브리카의 권위를 훼손하고 있고 "모든 것을 임원들에게 감춘다"[2]라는 두 임원의 불평을 타당하게 보면서 지지했다. 그 후 벌어진 회의에서 파울루스 3세는 미켈란젤로에 대한 신임을 재확인하면서 체르비니를 포함한 비판자들의 불평을 일축했다.

그래서 체르비니가 1555년 4월에 교황 마르첼루스 2세가 되어 즉위했을 때 미켈란젤로는 성 베드로 대성당 공사에서 자신이 크게 어려움을 겪을 것으로 예상했다. 그러나 문제가 불거지기도 전에 마르첼루스가 선출 3주 만에 갑자기 사망했다. 특별한 업적을 남기지 못하고 지나간 그 3주 동안, 다성 합창 음악의 귀재인 조반니 팔레스트리나는 〈마르첼루스 교황을 위한 미사곡〉을 작곡했다. 미켈란젤로는 시스티나 예배당에 울려 퍼진 이 걸작 합창 음악을 분명 들었을 것이다. 비록 예술가가 시인이기는 했으나 음악에는 그다지 조예가 없었지만 말이다. 그보다 여러 해 전에 그의 친구 루이지 델 리초는 널리 존경받는 프랑스-플랑드르 작곡가인 자크 아르카델트에게 미켈란젤로의 서정시 두 편으로 작곡을 해달라고 의뢰했다(그 후 1543년에 출간되었다). 미켈란젤로는 작곡가에게 어떻게 사례를 해야 할지 몰라 델 리초에게 '옷감이나 돈'[3]을 좀 보내주라고 요청했다. 델 리초는 미켈란젤로에게 참으로 도움을 많이 준 친구였기에 미켈란젤로는 그가 너무나 그리웠다.

미켈란젤로의 충실한 하인이었던 우르비노가 오래 앓다가 사망하고, 교황 마르첼루스도 갑자기 사망하자(미켈란젤로가 성 베드로 대성당의 건축가로 임명된 후 세 교황이 시차를 두고 연달아 사망했다), 그렇지 않아도 취약한 예술가의 심적 안정은 더욱더 동요했다. 자신의 위치와 성 베드로 대성당의 미래가 불안해진 미켈란젤로는 피렌체의 조카에게, 교황청 건축가로서 전권을 위임한 파울루스 3세의 교서를 다시 보내달라고 요청했다.[4] 너무나 소중한 문서였기에 안전하게 보관하려고 피렌체로 보내놓았는데, 이제 큰돈을 들여서 다시 로마로 가져오게 한 것이다. 아마도 새로 선출된 교황에게 그 교서를 내보일 생각이었을 것이다.

성 베드로 대성당에서 미켈란젤로의 지위가 아무리 불확실하다고 해도, 공사 현장은 이제 믿을 만한 사람들의 손에 맡겨져 있었다. 그가 가장 신임하는 작업반장 중 한 사람인 세바스티아노 말레노티는 성 베드로 대성당 공사를 감독하고 있었을 뿐만 아니라 미켈란젤로의 대가족 집안에 합류하여 아예 그의 집에서 함께 살고 있었다. 말레노티는 우르비노처럼 미켈란젤로에게 중요하고 친밀한 존재가 되지는 못했다. 그러나 그는 그 충실한 하인의 죽음이 남긴 엄청난 빈자리를 채우려고 최선을 다했다.

세바스티아노 말레노티

지미냐노 출신인 세바스티아노 말레노티는 미켈란젤로와 함께 성 베드로 대성당에서 1550년경부터 1557년까지 약 7년간 일했다. 그는 미켈란젤로가 여러 해 전에 산 로렌초 교회 공사를 할 때 고용했던 작업반장들과 비슷한 일을 하는 작업반장이었다. 숙련되고 융통성이 큰 기능공인 그는 인력과 자재를 관리했고 날마다 벌어지는 공사 진행 상황을 챙겼다. 건설 공사에서 아주 중요한 역할을 하는 이런 인물들이 후원자와 건축가의 그늘에 가려져 무명인사로 남는 것은 다소 기이하게 보일지도 모르겠다. 물론 몇몇 예외도 있다. 가령 스페인 엘에스코리알 성당 공사의 프라이 안토니오 데 비야카스틴이나, 피렌체 스트로치 궁전 공사에서 포괄적 현장 감독 업무를 맡아 르네상스 건축사에 이름을 남긴 일 크로나카 등이 그러한 예외다. 그러나 대부분의 경우에 역사는 건축가 혹은 설계자만 기억하지, 실제 시공을 감독한 작업반장은 기억하지 않는다. 세바스티아노 말레노티뿐 아니라 그의 성 베드로 대성당 후임자들은 그리하여 별로 이름이 알려지지 않은 무명 인사로 남았다.

말레노티는 유능한 데다 직선적인 면이 있어서 매우 유능한 현장 감독이 되었다. 그는 시공에서 세부사항을 열심히 챙겼고 날마다 내려야 하는 수백 가지 결정을 알아서 내렸다. 안 그랬더라면 그 부담은 고스란히 미켈란젤로에게 돌아왔을 것이다. 미켈란젤로는 날마다 스케치를 해서 주거나 말레노티에게 구두로 지시를 내림으로써 효과적으로 성 베드로 대성당의 시공을 지휘할 수 있었다. 하루 종일 현장에서 근무하고 미켈란젤로의 집으로 퇴근한 말레노티는 미켈란젤로와 마주 앉아서 그날의 진행 상황과 문제점을 살펴본 뒤에 그다음 날의 계획을 짰다. 특별한 설계 문제—가령 형판 드로잉이 필요한 기둥의 아랫부분이나 가장 높은 부분—가 없거나, 간섭하는 파브리카 임원들과 해결해야 할 문제가 없다면, 미켈란젤로가 현장에 직접 나갈 필요는 없었다. 이런 방식의 업무 절차는 아주 효율적이었으나,

난니 디 바초 비조는 미켈란젤로가 “남들 눈을 피해 밤에만 일한다”라는 중상모략을 퍼트리고 다녔다. 이러한 비난은 부분적으로 사실이기도 했다. 말레노티가 퇴근 후에 업무를 보고했으므로 미켈란젤로는 낮에도 밤에도 일할 수 있었고 난니 같은 ‘악당’의 기웃거리는 시선을 피할 수도 있었다.

고령과 병환 탓에 성 베드로 대성당 현장에 정기적으로 나갈 수 없게 되자, 미켈란젤로는 현장 감독으로부터 밤마다 보고를 받으며 진행 상황을 챙겼다. 나이 든 예술가는 아침에 기동하려면 시간이 약간 더 걸렸고 도시를 통과하여 현장까지 갈 때도 천천히 갔다. 또 현장에 도착했다고 해도 공사가 벌어지고 있는 높이까지 올라가서 살펴볼 수도 없었다. 스무 살의 벽돌공이 익랑의 아치 지붕 바로 아래까지 올라온 여든의 건축가를 직접 보는 일이 과연 얼마나 있었겠는가?

성 베드로 대성당 공사장의 현장 감독 업무 외에도 말레노티는 미켈란젤로의 말동무, 비서, 집안일 처리 등을 함께하면서 부분적으로 우르비노의 빈자리를 채워주었다. 그러나 말레노티는 개인 비서이자 말동무였던 우르비노와는 다르게 공사 현장에서 보내는 시간이 훨씬 더 많았다. 이렇게 하여 그는 미켈란젤로와 공사 현장의 원만한 진행에 없어서는 안 될 인물이 되었다.

신장 결석으로 고생하다

미켈란젤로는 80대 노인치고는 건강이 좋은 편이었으나 갑자기 신장 결석에 걸렸다. 그는 소변을 볼 때마다 극심한 고통을 느꼈고 조카에게 이렇게 하소연했다. "밤이나 낮이나 신음을 하고 있고, 잠을 통 잘 수가 없고, 안정을 얻을 수가 없구나."[5] 미켈란젤로는 1년이 넘게 '엄청난 고통'이라고 말한 신장 결석으로 고생했다.[6] 그는 '좋은 의사'에게 치료를 받을 수 있어서 다행이라고 했는데, 그 의사는 저명한 해부학자인 레알도 콜롬보다. 그렇지만 미켈란젤로는 이런 고백도 했다. "나는 치료약보다는 기도를 더 믿는다."[7] 르네상스 시대의 치료약 수준을 감안하면 그것이 더 현명한 대처였을 수도 있다. 그 당시에는 약이라고 해봐야 환약, 습포, 탕약, 다소 수상한 조제약이 전부였다. 예술가의 고통을 덜어주기 위해 한 돌팔이 의사는 아니스〔향신 채소〕, 아욱 뿌리, 아욱 잎사귀 등을 버무려서 물에다 끓인 탕약을 권했다. 이 돌팔이 의사는 이 미지근한 상태의 탕약을 매 시간 마시라고 권했다.[8] 예술가는 인근 비테르보에서 수송해 온 광천수를 마시자 고통이 한결 완화되었다. 그는 그 물을 와인 대신 마셨고 두 달 내내 요리용으로 썼다. 마침내 신장 결석의 파편이 일부 몸 밖으로 빠져나오자 그는 조카에게 희망에 찬 편지를 보낼 수 있었다.[9] 신장 결석은 고통스러운 병이었는데도 미켈란젤로는 유머를 발휘했다. "나는 오줌과 그게 흘러나오는 작은 관에 대하여 좀 더 자세히 알게 되었지."[10]

미켈란젤로는 비테르보 광천수가 나오는 지역의 정확한 위치를 적시한 적은 없었으나, 현대의 광천수 제조업자들은 이 물로 예술가가 신장 결석의 고통을 치료했고, 바로 그 물을 병에다 넣었다고 널리 선전하고 있다. 19세기에 로마의 신분 높은 부인들은 '스페인 계단'

근처의 유명한 '영국 다실'에서 차를 마셨다. 이 다실은 그들의 차가 다른 무엇보다 이뇨 작용이 탁월하다고 선전했다. 그리고 그 차는 미켈란젤로가 선호했던 그 광천수만으로 만든다고 광고했다.

신장 결석이 문제를 일으키지 않았을 때는 고령이 문제였다. 말레노티는 거의 매주 일요일마다 미켈란젤로의 조카 리오나르도에게 편지를 썼는데, 때로는 미켈란젤로의 간단한 편지를 동봉했다. 1556년 3월의 한 편지에서 리오나르도는 미켈란젤로의 동봉된 편지를 읽었다. 우르비노의 죽음에 대한 슬픔이 서서히 가시고는 있지만 여전히 미켈란젤로가 우울증에 시달리고 있으며 우르비노의 과부에게 선물로 주문한 옷감이 피렌체에서 아직 도착하지 않아 울적하다는 내용이었다.

> 리오나르도, 그 옷감을 도대체 어떤 악당에게 주문한 것이냐? 나는 여기서 한 달이나 그걸 기다렸고 다른 사람들도 기다리고 있어서, 정말 불쾌하다. 그 옷감을 수송하는 노새꾼에게 무슨 일이 벌어졌는지 알아보아라. 만약 수배된다면 그걸 빨리 내게 보내라. … 나는 이런 일 말고도 부담되는 일이 너무나 많다. 내가 얼마나 많이 분노와 갈등을 겪는지 일일이 열거할 수 없을 정도야.[11]

그리고 말레노티는 리오나르도에게 이해한다는 듯이 설명했다. "그분은 나이가 들었고 다른 많은 사소한 일들이 그분의 심기를 크게 건드린다네."[12] 옷감이 마침내 도착하자 불편하던 심기가 다소 누그러졌다. 그렇지만 그는 온몸이 전반적으로 허약한 느낌이라고 말했다. "우르비노가 죽은 뒤로 나는 몸이 아주 약해졌다. 어느 순간이든 나의 마지막 순간이 될지도 몰라."[13] 예술가는 리오나르도와의 편지 교환 속도를 서서히 회복했고 일상적인 주제, 가령 사들여야 할 농장, 피렌체에서 부쳐야 할 음식과 옷감, 예술가의 나이 등에 대해서 말했다. 리오나르도는 와인과 토스카나 특산물을 정기적으로 미켈란젤로에게 보내왔다. 1556년 7월, 미켈란젤로는 와인이 '지금껏 받아본 것 중에 최상품'이라고 말하면서도 이런 슬픈 말을 덧붙였다. "하지만 그것을 나눠줄 사람이 이제는 없구나. 내 친구들이 다 세상을 떠나버렸으니."[14] 늘 '미켈란젤로의 곁에 붙어 있는' 말레노티는 미켈란젤로의 심기와 건강에 대하여 정기적으로 보고했다. 말레노티가 자주 쓰는 말은 이러했다. "그분의 고령을 생각하여 그분을 대할 때 인내심을 가져야 합니다."[15] 미켈란젤로는 말레노티의 실용적·도덕적 도움을 받아가며 조금씩 우울증을 극복하여 성 베드로 대성당 공사로 되돌아갔다. 그렇게 하기 위해 "가장 큰 시련을 씩씩하게 견디는 정신력을 발휘했다."[16] 성 베드로 대성당 공사는 '가장 큰 시련'이었지만, 그것은 미켈란젤로의 인생에서 중심이 되었다.

교황 파울루스 4세

교황 마르첼루스 2세가 1555년 5월에 사망하자, 잠피에트로 카라파(1476~1559) 추기경이 교황으로 선출되어 파울루스 4세라는 이름으로 교황 자리에 올랐다(재위 1555~1559). 카라파는 사랑받는다기

〈교황 파울루스 4세〉, 목판화, 1568, 에모리 대학교, 피츠 신학 도서관, 애틀랜타.

보다 존경받는 사람이었다. 그는 깊은 신앙심과 높은 원칙을 준수하는 인물이었고 허약해진 교황청을 일으킬 적임자로 널리 인정되었다. 파울루스라는 교황명을 얻자마자, 그는 보수적이고 원칙적인 교회를 굳건히 지향한다고 암암리에 선언했다. 그는 하느님의 강력한 도구임을 자임하면서 가혹하면서도 으스스한 목표를 추구했다. 그는 교회 내의 권한 남용을 척결하고 로마 이단심문소의 기능을 강화하는 데 광적으로 몰두했다.[17]

파울루스 4세의 교조적 보수주의 안에는 진보적 개혁가들이나 '믿음에 의한 의화sola fide'[•]라는 개념을 포용할 여지가 없었다. 의화는 가톨릭교회의 보편적 권위에 도전하는 개신교의 핵심 교리 중 하나였다. 여러 해 전에 미켈란젤로는 비토리아 콜론나와 이른바 스피리투알리라는 개혁가들을 통해 개혁적 신학 사상에 노출된 바 있었다. 그런 사람들 중에는 콜론나, 레지널드 폴, 가스파로 콘타리니, 조반니 모로네, 그리고 카리스마 넘치는 베르나디노 오키노 등이 있었다. 이들 중 대다수가 사망했거나, 이탈리아에서 추방되어 해외로 건너갔다. 다른 사람들과 마찬가지로 미켈란젤로는 파울루스 4세의 재위 기간에 아주 조심스럽게 행동했다. 그는 개인적·정치적 분규로 문제를 일으킬 사람이 아니었기 때문에 교황의 은총을 계속 받을 수 있었다. 스트로치 가문 사람들이나 피렌체 유배자들과의 관계에서 진리를 약간 왜곡했던 것처럼, 미켈란젤로는 스피리투알리와 자신의 관계도 매우 능숙하게 위장했다. 게다가 그가 이제 이 그룹의 인사들 가운데 교유하는 사람은 루도비코 베카델리가 유일했다.

루도비코 베카델리

미켈란젤로는 여러 친구의 사망으로 밀접한 사업 관계자를 잃어버리긴 했지만 말동무가 부족하지는 않았다. 따라서 노년의 미켈란젤

• 루터가 내세운 종교 개혁 3대 강령 중 하나. 나머지 둘은 '오로지 성서로만sola scriptura'과 '오로지 은총으로만sola gratia'이다.

로가 언제나 혼자였다고 생각하는 것은 중대한 착오다. 가령 프랭크 주잇 매더는 한때 인기 높았던 책《이탈리아 회화》에서 이렇게 말했다. "그 주인처럼 정돈되지 않고 지저분한 로마의 스튜디오에서, 그는 개집에서 금방 빠져나온 개처럼 세상과 자기 자신을 향해 으르렁거렸다."[18] 이런 이미지는 인상적이기는 하나 미켈란젤로를 몹시 불성실하게 묘사한 것이다. 그의 귀족적 성격, 가족을 향한 끊임없는 관심, 사람들이 북적이는 집안 환경, 가까운 친구들에게서 느끼는 지속적인 행복 등을 전혀 고려하지 않은 시각이다. 실은 이런 친밀하고 소중한 우정이 있었기에 그들을 자꾸 잃어버리는 것이 미켈란젤로의 생애 만년에 상실이라는 아픔을 안겨주었던 것이다.

루도비코 베카델리(1501~1572)는 볼로냐 명문가 출신으로, 세련되고 잘 교육받은 고위 성직자이자 시인이었다. 그는 비토리아 콜론나, 레지널드 폴 추기경, 피에트로 벰보와 조반니 델라 카사 같은 인문주의 저술가들과 친구 사이였다.[19] 미켈란젤로와 베카델리의 우정은 이처럼 교양이 풍부한 사람들과의 상호 교제로 다져졌다. 사실 베카델리는 미켈란젤로가 지속적으로 마음이 끌리는 젊은 사람이었다(예술가보다 25세 연하였다). 미켈란젤로와 베카델리가 서로 주고받은 시들은 그들의 깊은 우정, 종교적·개인적 정서의 공유를 잘 보여준다. 두 사람은 1540년대에 베카델리가 파브리카의 임원으로 근무하면서 새로운 차원의 우정을 발견하게 되었다. 만약 베카델리가 임원으로 계속 근무했더라면 미켈란젤로의 성 베드로 대성당에서의 지위는 훨씬 좋은 쪽으로 다르게 흘러갔을 것이다. 그러나 율리우스 3세가 베카델리를 베네치아의 교황 대리대사로 보냈고 이어 에밀리아의 총

주교로 임명했다. 루도비코 베카델리가 1555년에 라구사(현대의 두브로브니크)의 대주교로 임명되면서, 무척 결정적이고 고통스러운 작별이 닥쳐왔다. 그는 아드리아해를 건너 달마티아로 갔고 다시는 로마로 돌아오지 못했다. 이 작별은 예술가가 감당해야 하는, 또 다른 상실이었다.

루도비코 베카델리가 떠난 후에야 두 친구는 편지 교환을 열심히 해야 할 이유를 발견했다. 일단 헤어지고 나니 전에 쌓았던 우정이 얼마나 깊었는지 깨날은 것이다. 루도비코 베카델리는 미켈란젤로의 모순적인 정서를 완벽하게 이해해 주는 진귀한 친구였다. 미켈란젤로는 신체적 욕망을 느끼면서도 정신적 동경이 강했고, 지상의 관심사로부터 멀리 벗어나기를 소망했지만 동시에 하느님의 종으로서 자신의 의무를 완벽하게 수행하겠다고 결심한 이였다. 전에 루도비코 베카델리가 베네치아의 교황 대리대사였을 때 티치아노가 베카델리의 초상화를 그린 적이 있었다. 베카델리가 미켈란젤로와 주고받은 편지를 보면 그가 지적이고, 사려 깊고, 예민한 사람임을 알 수 있는데, 그런 분위기를 잘 포착한 초상화다(화보 33).[20] 이 그림은 생생하면서도 절제력 있고 은근히 감수성이 예민한 그의 특징을 잘 보여주어, 티치아노가 그린 초상화 중에서도 손꼽히는 작품이 되었다.

루도비코 베카델리가 로마를 떠나 라구사로 간 직후에 미켈란젤로는 그에게 소네트 한 편을 보냈고 베카델리 또한 서로 대칭되는 각운을 구사한 소네트를 보내왔다.[21] 몇 달 뒤, 미켈란젤로는 친구의 부재와 최근에 겪은 우르비노의 죽음을 탄식하는 또 다른 소네트를 보냈다. 베카델리는 우르비노를 개인적으로 잘 알았다.

십자가, 은총, 우리가 겪은 고통으로
우리가 천국에서 다시 만날 것을 압니다.
그러나 우리가 마지막 숨결을 거두기 전에
지상에서 다시 한번 만날 것을 소망합니다.
길은 멀고 산과 바다가 우리 사이를 갈라놓아도.
우리는 이처럼 멀리 떨어져 있으나
정신과 정서만은 그런 장애를 개의치 않습니다.
눈이 오나 서리가 내리나 정신을 산만하게 하는 생각의 날개나
온갖 장애물도 가로막지 못합니다.
당신은 언제나 내 생각 속에 있습니다.
나는 때때로 울면서 죽은 우르비노를 생각합니다.
만약 그가 살아 있다면 그는 예전처럼
언제나 나와 함께 있을 겁니다. 내가 늘 그렇게 생각했듯이.
하지만 이제 죽음이 나를 다른 길로 인도하고 있습니다.
그가 나와 함께 지내기를 바라며 기다리고 있는 그곳으로.[22]

이 소네트에서는 세속적인 것과 정신적인 것 사이의 팽팽한 긴장이 강력한 동경으로 표현된다. 가령 이런 시행이 그러하다. "우리가 천국에서 다시 만날 것을 압니다./그러나 우리가 마지막 숨결을 거두기 전에/지상에서 다시 한번 만날 것을 소망합니다." 미켈란젤로가 친구를 몹시 그리워한다는 건 다음 시행에서 엿볼 수 있다. "당신은 언제나 내 생각 속에 있습니다." 베카델리는 미켈란젤로의 심정에 동조한다면서 '나를 크게 만족시킨 아름다운 소네트'를 보내주어

감사하다고 답신했다. 미켈란젤로는 루이지 델 리초와 비토리아 콜론나가 죽은 뒤로는 시를 거의 쓰지 않았다. 그러나 베카델리와의 우정 덕분에 이제 거의 잠자던 창작의 다른 차원에 잠시 시선을 돌릴 수 있었다.

베카델리는 미켈란젤로에게 달마티아를 한번 방문해 달라고 요청했다. "험준한 암반에 가문비나무, 삼나무, 오렌지나무를 자랑하는 그 자연 풍경"은 이탈리아와는 완전히 판이한 풍경이며, 신세계라고 말했다. 베카델리는 아쉬워하는 뜻도 드러냈다. 미켈란젤로가 "신성한 미덕을 발휘하여 짓고 있는 불멸의 창작품, 장엄한 성 베드로 성전의 건립 공사"에 매진하고 있기에 그곳을 방문할 시간적 여유가 없다는 걸 알고 있었기 때문이다.[23]

성 베드로 대성당의 한심한 진척 상황을 잘 알고 있던 예술가는 베카델리의 이 편지를 읽었을 때 얼마나 마음이 아팠겠는가. 미켈란젤로는 '이곳 지상에서' 친구를 다시 한번 만날 수 있기를 동경하지만, 베카델리는 과거에 비토리아 콜론나가 그랬던 것처럼 더 높은 목적을 완수해야 하는 미켈란젤로의 의무를 상기시킨다. 두 사람이 잘 알고 있듯이 그 목적은 성 베드로 대성당의 건립이었다. 하지만 그 '장엄한 성전'도 '불멸의 창작품'도 아직 그 모습을 드러내지 못한 채였다. 미켈란젤로는 실제로 달마티아를 방문할 생각을 했던 듯하다. 하지만 두 친구는 다시는 만나지 못했다.

1556년, 몬텔루코 수도원

미켈란젤로는 종교적 논쟁과 정치적 분규를 피해 가는 데 대체로 성공했다. 그러나 외부 세계의 일이 그의 사생활을 침해하는 경우가 종종 있었다. 그 가운데 파울루스 4세의 즉위 직후에 벌어진 일이 가장 심각했다.

1556년은 미켈란젤로의 생애에서 최악의 해로 시작되었다. 그는 81세였고 성 베드로 대성당의 건축가 직책을 맡은 지 근 10년이 되었다. 그는 브라만테가 설계한, 마주 보는 부벽을 강화하고 안토니오 다 상갈로가 설계한 잘못된 구상의 외부 회랑을 제거하는 데 그동안의 시간을 거의 다 써버렸다. 바사리는 미켈란젤로를 이렇게 칭찬했다. "그는 성 베드로 대성당을 도둑과 암살자의 손에서 해방시켰고 불완전한 것을 완전한 것으로 변모시켰다."[24] 그러나 성 베드로 대성당에 '완전한' 것은 없었다. 이것은 바사리의 과장된 수사법이었을 뿐이다. 미켈란젤로가 상갈로 일파의 문제 많은 일꾼들 일부를 제거하고 간섭하기 좋아하는 바티칸 관료제의 통제를 어느 정도 눌렀다는 것을 에둘러 표현한 데 불과하다. 실제로는 그 건설 공사에 10년의 세월을 바쳤어도 미켈란젤로의 시시포스 같은 노력의 구체적 증거는 별로 없었고, 바사리를 제외한 동시대인들은 과연 그 공사가 진척이 되고 있는지 알아보지 못할 정도였다. 더욱이 미켈란젤로는 곧 그 미완의 건설 공사를 한동안 중단하기에 이른다.

프랑스와 동맹 관계를 맺은 교황 파울루스 4세와 스페인 왕 펠리페 2세 사이에서는 곧 전쟁이 터질 듯한 험악한 분위기가 감돌았다.[25] 파울루스 4세는 이탈리아반도에서 스페인 '야만인들'을 내쫓겠다고 결심했으나, 자신이 그런 거대한 목표를 달성하기에는 너무나 준비가 소홀하다는 사실을 발견했다. 반면에 스페인의 외교력과 군사력은 교황의 허황한 태도와 허약한 동맹보다 훨씬 강력했다. 톨레도의 페르난도 알바레스〔알바 공〕는 교황령을 침략하여 오스티아를 함락시켰고 티볼리를 포위했다. 로마에서 혼란은 경악으로 바뀌었다. 방어가 별로 되어 있지 않은 로마 시민들은 함락과 약탈이 또다시 자행될까 두려워했다. 로마 시민들은 1527년 로마 함락의 악몽이 아직도 생생했다.• 당대의 한 일기 작가는 이렇게 썼다. "로마 시민들이 얼마나 공포에 떨었는지 필설로 표현하기는 불가능하다. 그들은 오로지 달아날 생각만 했다."[26]

정치적 상황이 성 베드로 대성당 건설 공사에 어떤 영향을 미쳤는지 알려주는 초창기 증거로는 세바스티아노 말레노티가 미켈란젤로의 조카 리오나르도에게 보낸 1556년 9월 5일자 편지가 있다. 말레노티는 파브리카가 자금 부족으로 문을 닫았고, 돌 조각공 50명이 해고되었는데 곧 더 많이 내보낼 것이라고 보고했다. 노동자들은 성

• 1526년 1월에 체결된 마드리드 조약에 따라, 프랑스 왕 프랑수아 1세는 밀라노를 스페인에 양도하고 나폴리에 대한 스페인의 지배권을 재확인했다. 그러나 프랑스로 돌아온 프랑수아 1세는 그 조약의 취소를 선언하고 교황 클레멘스, 스포르차, 베네치아, 피렌체 등과 코냐크 동맹을 맺고서 스페인과 신성로마제국의 황제 카를 5세를 이탈리아에서 쫓아내려 했다. 클레멘스 교황은 황제군에 맞서려 했으나 패배했고, 1527년 5월에 황제군은 로마에 도착하여 약탈을 시작했다. 도피했던 교황은 1529년 6월에 카를 5세와 바르셀로나 평화 조약을 체결했다. 그 조약 중 한 조문은 메디치 가문의 피렌체 권좌 복귀를 명시했다. 이렇게 하여 피렌체의 공화정은 완전히 무너지고 그 대신 메디치 군주정이 들어섰으며 이 정권은 1737년까지 200년 동안 유지되었다.

당 공사에 투입되는 대신, 도시의 성벽을 보수하고 '보르고Borgo'(바티칸 단지) 방비를 강화하는 데 강제 동원되었다.[27] "하느님, 우리를 도우소서. 우리는 여기서 잔인한 것들만 보고 있습니다." 이것은 그 혼란스러운 시대를 간결하게 요약하는 말레노티의 표현이었다.[28] 그 다음 주 토요일, 말레노티는 기분이 다소 나아져서 전보다 덜 비관적인 상태가 되었다. "우리는 이곳에서 큰 위험에 빠져 있습니다. 매 순간 미켈란젤로가 엄청나게 화를 내는 모습을 보게 되므로 그를 혼자 놔둘 수가 없습니다. 이러한 상황을 당신은 충분히 상상할 수 있을 겁니다."[29] 도시의 약탈을 두려워하여 시민들은 로마에서 피란을 떠나기 시작했다. 서로 싸우는 두 군대가 최종 순간에 가까스로 합의에 도달하기 전, 미켈란젤로 또한 피란을 떠나기로 결정했다.

어느 이른 가을날, 미켈란젤로와 말레노티는 로마를 떠났는데 언제 돌아올지 기약이 없었다. 두 사람은 포르타 델 포폴로를 통과하여 북쪽으로 말을 타고 가서 많은 사람이 여행하는 오래된 도로인 비아 플라미니아에 올랐다. 그들의 목적지는 로레토였다. 미켈란젤로는 오래전부터 로레토에 있는 산타 카사 성당을 순례하기를 바랐다. 그 성당에는 〈성모의 가정〉이라는 그림이 소장되어 있었다. 게다가 그의 친구 안토니오 바르베리니는 '로마의 대혼란'으로부터 멀찍이 떨어져 있는 안코나 인근에 '편안하고 훌륭한' 숙소를 마련해 주겠다고 약속했다.[30] 안코나로 가는 길에 오른 미켈란젤로는 어쩌면 아드리아해를 건너 라구사로 가는 것도 생각해 봤을지 모른다. 그곳의 대주교이며 친구인 루도비코 베카델리가 이미 피란처를 제공하겠다고 제안한 바 있었다. 이렇듯 위기 상황에 놓인 그에게 여러 사람이 피란처를 제공했는데, 그중에는 예술가를 다시 피렌체로 모셔오고 싶어 하는 코시모 데 메디치도 있었다.

미켈란젤로와 말레노티는 하루에 약 30킬로미터에서 40킬로미터를 갔다. 그들은 자주 쉬었다. 80대의 예술가가 안장 위에 장시간 앉아 있으면 고통스러워했기 때문이다. 테르니 바로 위의 북쪽에서 두 사람은 남부 움브리아의 공기 좋은 산간 지대로 들어섰다. 길은 계속해서 오르막이었고 갈수록 좁아졌다. 그들이 지나가는 꼬불꼬불한 계곡 길에는 흐릿한 안개와 차가운 는개가 내려와 있었다. 피곤한 두 여행자는 이미 길을 나선 지 나흘이 되었고 중간중간 시설이 엉망이고 음식은 더 형편없는 여인숙에 묵었다. 점점 더 험준해지는 산간 지대의 길을 따라 앞으로 네닷새를 더 가야 한다는 전망에 엄두가 나지 않은 미켈란젤로는 스폴레토에서 멈춰 서기로 결정한다. 예술가에게는 휴식이 절실했고, 그 휴식은 그의 일생에서 가장 평화로운 막간극이 되었다.

미켈란젤로는 스폴레토를 내려다보는 산등성이의 몬텔루코 수도원에서 지내는 프란체스코회 수도자들의 환대를 받아들이기로 결정한다(화보 34). 미켈란젤로는 인근 암자의 스파르타 방식 숙박 시설에 들었다. 그 암자는 소나무와 계수나무가 우거진 성스러운 숲속에 있었고 신선한 샘물과 산속 은신처의 고요하고 적막한 분위기를 제공했다. 미켈란젤로는 평소에는 느낄 수 없던 한적한 정서를 맛보았다. 몬텔루코를 둘러싼 자연은 탁월하게 아름다웠다. 그 아름다운 풍광과 한적한 분위기가 미켈란젤로에게 라베르나 성소, 또는 그가 태어난 카센티노 지방의 자연 풍광을 연상시켰다. 더욱이 몬텔루코는 프란체스코 성인과 안토니우스 성인이 좋아했던 곳이고, 최근에는 미켈란젤로의 친구이며 후원자였던 고故 파울루스 3세가 즐겨 찾던 곳이었다.

미켈란젤로는 몬텔루코의 암자에서 근 5주를 보냈다. 그는 그 한적한 곳에서 충만함과 마음의 평화를 느꼈다. 그리하여 로마에 돌아오자마자 조르조 바사리에게 보내는 편지에 이렇게 쓴다. "나는 최근에, 아주 불편하고 비용이 엄청나게 드는데도 스폴레토 산간 지대 수도원의 암자를 방문했습니다. 그래서 돌아왔을 때에는 내 몸의 절반만 돌아온 느낌이 듭니다." 비록 신체적으로는 로마에 돌아왔지만 그의 정신은 여전히 프란체스코회 형제들과 함께 머무르고 있다는 뜻이었다. 이어 그는 이런 의외의 논평을 내놓았다. "평화는 숲속으로 들어가야만 찾을 수 있는 것 같습니다."[31]

이러한 정서는 평소의 미켈란젤로와는 어울리지 않아 보일지 모른다. 미켈란젤로가 자연 풍광에는 별로 관심이 없다고 널리 추정되고 있고 또 자연 풍광을 선호하는 플랑드르 풍경화에 대해 평소에 혹평을 했으니 말이다.[32] 로마의 대혼잡으로부터 멀찍이 떨어진 몬텔루코는 그에게 평화로운 안식을 제공했다. 이 특별한 곳을 방문하는 사람들은 그 자연 풍광이 예술가의 심란한 마음에 안정을 주었을 것임을 금세 알아볼 수 있다. 하지만 이 피정의 에피소드가 예술가 미켈란젤로에게 어떤 영향을 미쳤는지 파악하기는 그리 분명치 않다. 그는 자신의 생애가 이제 종착역을 향해 다가가고 있다고 생각했지만, 실제로는 예술가 인생에서 가장 의미심장한 최종 단계에 접어들고 있었다.

산속에서 보낸 5주에 담긴 의미

89세에 이르는 예술가의 장수를 감안한다면 5주는 그리 긴 시간이 아니다. 이런 간단한 에피소드가 창조적인 개인의 삶에서 중요할까? 예를 들어 요하네스 브람스가 마인츠에서 본까지 라인강을 따라 걸어 내려간 몇 주는 어떤 효과를 가져왔을까?[33] 또 영국의 낭만파 시인 퍼시 비시 셸리가 프랑스와 스위스에서 메리 월스턴크래프트와 함께 보낸 6주는 어떠한가? 혹은 새뮤얼 콜리지가 잉글랜드 호수 지대의 바위산을 걸어가면서 보낸 아흐레는? 이러한 순간들은 창조 행위를 돕는 촉매제 역할을 했다. 그리하여 5주는 상당히 의미 있는 시간이 된다. 특히 나이 든 예술가에게는 더욱 그러하다. 그 혜택은 아주 오래갔다.

1556년 9월, 로마를 떠날 때 미켈란젤로는 진격해 오는 스페인 군대와 혼란에 빠진 도시를 모면하자는 것이 그 목적이었다. 성 베드로 대성당 공사는 중단되었다. 미켈란젤로는 집 안 하인들을 내보냈고, 지난 26년간 자신에게 정성껏 봉사했던 말동무는 죽고 없었다. 그는 로레토와 안코나로 갈 생각을 했고, 나아가 달마티아나 피렌체도 고려했으며, 로마에 더는 마음이 없었다. 그가 남겨놓은 많은 미완성 프로젝트는 어떻게 될 것인가? 그는 나름으로 어떤 미래를 기대해 볼 수 있을 것인가?

과거에 미켈란젤로는 피렌체에서 두 번 피란한 적이 있었다. 한 번은 메디치 가문이 권좌에서 축출된 1494년이었고, 다른 한 번은 피렌체의 마지막 공화국(1527~1530) 시절이던 1529년이었다. 그는 또 예술적 경력이 심각하게 중단된 일이 세 번 있었다. 첫 번째가 1512년의 메디치 가문 복권 때였고, 두 번째가 1530년의 마지막 피렌체 공화국의 붕괴 때였고, 세 번째가 1534년에 스스로 로마로 유배 갔을 때였다. 정치적 불안정 탓에 1556년 로마에서 떠난 피란은 미켈란젤로의 예술가 경력에서 여섯 번째로 피신한 사건이었다. 이런 거듭되는 피신은 그에게 이런 고통스러운 사실을 각인시켜 주었다. 나는 내 운명의 주인이 아니고, 예술은 전쟁, 정치, 불확실한 재정 상태, 변덕스러운 후원자들 앞에서 아무런 힘도 없다. 한 고대의 잠언이 이를 잘 표현해 놓았다. "전쟁 중에 예술은 침묵한다." 이제 여든한 살이 된 미켈란젤로는 자신의 예술가 경력이 끝났다고 생각할 만했다.

그런데 예술가는 몬텔루코의 프란체스코회 수도원 근처의 외딴 암자에서 무엇을 했는가? '유배를 떠난' 친구들과 교환한 몇 통의 편지를 제외하고, 그는 그 자신이 말한 대로 하느님에게 헌신의 기도를 바치는 것 이외에 한 일이 없었다.[34] 미켈란젤로는 이 세상 최고의 저명한 예술가가 아니라 은둔한 수도사처럼 지냈다. 미켈란젤로가 할 일이 없고 예술가 경력을 다시 시작할 전망이 없는 상황에 놓였다는 건 잘 상상이 되지 않는다. 그러나 몬텔루코를 방문해 보면 그가 어떻게 하여 '숲속의 평화'를 발견했는지 이해할 수 있다.

그가 머문 몬텔루코의 암자(오늘날 이 암자 앞에는 조촐한 '미켈란젤로 소광장'이 조성되어 있다)에서 산꼭대기까지는 걸어서 약 30분이 걸리는데 80대의 예술가는 천천히 걸었을 테니 아마도 그보다 더 걸렸을 것이다. 산정에서는 프란체스코회 수도자들이 스파르타식 방에서 살면서 엄격한 종교적 일과를 준수하고 있었다. 그는 프란체스코 성인과 안토니우스 성인이 평화와 고독을 발견했던 '성스러운 숲'을 산책했을 것이다. 또 성 안토니우스 성인이 암벽을 파내 조성한, 계곡을 내려다보는 조그마한 석실도 구경했을 것이다. 그 석실은 계곡 일대를 내려다보았는데 저 멀리 농촌의 소음이 청명한 산 공기를 타고서 그 수도 암자까지 올라왔다. 설사 성인의 금욕적 생활을 영위하지 않는다 하더라도, 그 암자를 찾은 사람은 자연의 조화로움 속에서 평화를 느끼고 영혼의 안정을 얻을 수 있었다.

몬텔루코에 머무는 동안에 미켈란젤로는 산간 소로를 걸어가거나 말을 타고서 스폴레토로 들어가 로마네스크풍의 성당을 방문하거나 중요한 종교 축일 행사에 참석했다. 가령 프란체스코 성인의 축일 행사는 그가 현장에 도착한 직후인 10월 4일에 거행되었다. 그 성당은 필리포 리피가 그린 멋진 프레스코가 성당의 앞쪽 벽을 장식하고 있었다. 그리고 익랑에는 리피의 무덤이 있었는데 미켈란젤로의 초창기 후원자인 로렌초 데 메디치가 재정 후원을 하여 조성된 능묘였다. 이제 누가 미켈란젤로의 무덤을 재정적으로 지원할 것인가? 이제 그가 자신의 무덤에 묘표로 사용하려 했던 〈피에타〉를 포기해 버렸으니 무엇으로 그 무덤을 장식할 것인가? 누가 그때까지 살아 있어서 미켈란젤로의 장례와 추모의 재정을 지원할 것인가? 과거에 미켈란젤로는 산 피에트로 인 빈콜리에 있는 폴라이울로 형제들의 추모 기념물을 보면서 깊이 생각에 잠긴 적이 있었다. 이 멀리 떨어진 마을까지 와 필리포 리피의 무덤을 바라보면서 미켈란젤로는 이런 생각에 잠기지 않을 수 없었다. 나, 성 베드로 대성당의 건축가인 미켈란

27. 지롤라모 시초란테, 〈교황 율리우스 3세의 초상〉, 1550~1555경, 레이크스뮈세윔, 암스테르담, no.SK-A3413.

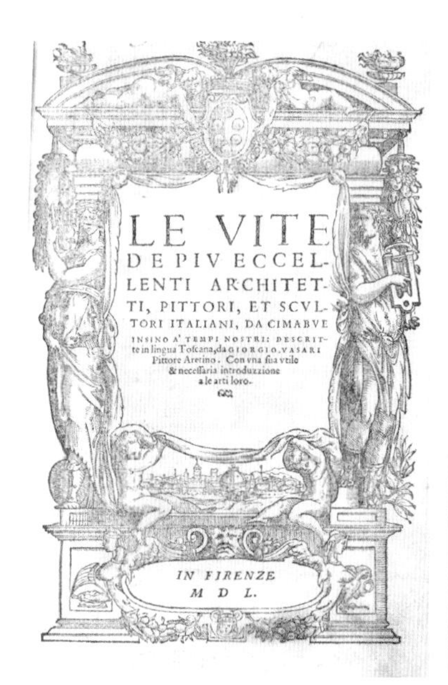

LE VITE
DE PIV ECCEL-
LENTI ARCHITET-
TI, PITTORI, ET SCVL-
TORI ITALIANI, DA CIMABVE
INSINO A' TEMPI NOSTRI: DESCRIT-
te in lingua Toscana, da GIORGIO VASARI
Pittore Aretino. Con vna sua vtile
& necessaria introduzzione
a le arti loro.

IN FIRENZE
M D L.

VITA
DI MICHELAGNOLO
BVONARROTI
RACCOLTA PER
ASCANIO CONDIVI
DA LA RIPA
TRANSONE.

In Roma appresso Antonio Blado Stampatore
Camerale nel M. D. LIII.
alli. XVI. di Luglio.

28. (위 왼쪽) 조르조 바사리, 《뛰어난 건축가, 화가, 조각가 들의 삶》의 초판본 속표지, 1550.

29. (위 오른쪽) 아스카니오 콘디비, 《미켈란젤로 부오나로티의 생애》의 속표지, 1553, 지은이의 컬렉션.

30. (아래) 빌라 줄리아, 1551~1553, 로마.

31. 미켈란젤로, 피렌체 〈피에타〉, 1547 이후, 두오모 오페라 미술관, 피렌체.

Giunto gia l corso della uita mia
con tempesto mar cō fragil barca
al comun porto oua ueder si uarca
conto e ragiō d'ogni opra falsa e ria
Onde l'affectuosa fantasia
che l'arte mi fece idolo e monarca
or mi torna si uana e d'error carca
or ueggio bē com era d'error carca
e quel
e quanta mai suo grado lui desia
or ueggio bē com e quant era carca

or ueggio bē com era d'error carca

Contanta seruitu contanto tedio
e cō falsi cōcetti e gran periglio
dell'alma a sculpir qui cose diuine

non può signor mie caro la fresca [illegible]
età sentir quanta l'ultimo passo
si cangia gusto amor uoglie e pēsieri
piu l'alma acquista oue piu l mōdo perde
l'arte e la morte nō ua bene insieme
che cō me piu che di me di che spieri

32. 미켈란젤로, 시 〈내 인생의 오랜 여정이 이제 끝났구나〉의 초고, 아포스톨리카 도서관, 바티칸 시국, 로마, Cod. Vat. Lat. 3211, fol. 95r.

33. 티치아노, 〈루도비코 베카델리의 초상〉, 1552, 캔버스에 유화, 우피치 미술관, 피렌체.

34. 몬텔루코(스폴레토)에 있는 프란체스코 수도원, 이탈리아.

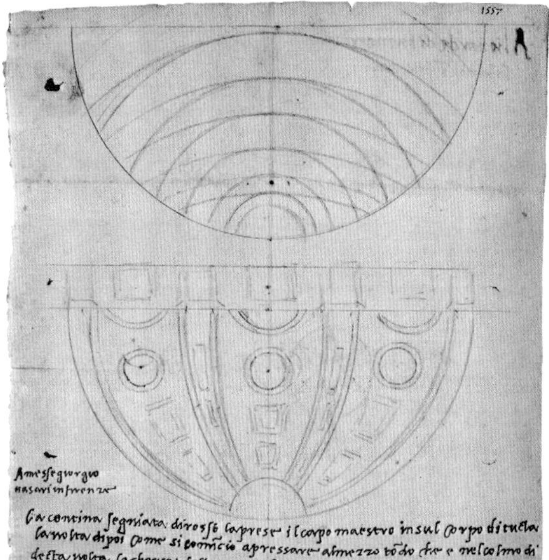

1557

A messer giorgio
vasari in firenze

La centina segniata di rosso la prese il capo maestro in sul corpo di tucta
la volta dipoi come si cominciò apressare al mezzo tondo che è nel colmo di
decta volta s'achorse dell'errore che facea decta centina come si vede qui
nel disegnio che con una centina sola si governava dove anno a essere in
finite come sô qui nel disegnio le segniate di nero con questo errore è ita
la volta tanto inanzi che s'a a disfare un gran numero di pietre perchè
in decta volta non ci va nulla di muro ma tutto trevertini e 'l diamitro de' tondi
senza la cornice che gli ricignie è venti dua / questo errore avendo'l io
decto facto a punto come fo d'ogni cosa m'è stato per non potere andare spesso
per la vechiezza e dove io credecti che ora fussi finita decta volta non sarà finita in
tucto questo vernio e se si potessi morire di vergognia e dolore io non sarei vivo pregovi
ringratiate il duca perchè non sono ora a firenze benchè più altre cose mi tengono che io
no' le posso scrivere   vostro michelagniolo in roma

35. 미켈란젤로가 조르조 바사리에게 보낸 1557년 7월 1일자 편지. 성 베드로 대성당의 아치형 지붕의 문제를 서술했다. 카사 바사리, 아레초, Cod.12, Cap. 22.

36. (위) 미켈란젤로, 산타 마리아 델리 안젤리 내부, 1561 이후, 로마.

37. (아래) 미켈란젤로, 포르타 피아, 1561 이후, 로마.

38. (위) 프란체스코 살비아티, 〈로돌포 피오 다 카르피의 초상〉, 1550경, 미술사박물관, 빈.

39. (아래) 미켈란젤로, 성 베드로 대성당의 돔 모형, 1559~1561, 바티칸 시국, 로마.

40. (위) 산타 마리아 디 로레토, 로마.

41. (아래 왼쪽) 미켈란젤로, 비토리아 콜론나에게 선물한 〈피에타〉 드로잉, 1547 이전, 이사벨라 스튜어트 가드너 미술관, 보스턴.

42. (아래 오른쪽) 마르첼로 베누스티, 미켈란젤로의 〈피에타〉 드로잉을 유화로 그린 작품, 개인 소장, 토리노.

43. 미켈란젤로, 프랑스 왕 앙리 2세의 기마상을 위한 드로잉, 1559경, 레이크스뮈세윔, 암스테르담, Rijksprentenkabinett Inv. 53:140r.

44. 미켈란젤로, 〈브루투스〉, 바르젤로 미술관, 피렌체.

45. 미켈란젤로, 산 조반니 데이 피오렌티니 교회 (건설되지 않음)를 위한 설계 드로잉, 1559경. 카사 부오나로티, 피렌체, no. 124A.

46. (왼쪽) 미켈란젤로, 성 베드로 대성당의 돔을 위한 설계 드로잉, 1559~1561경. 예술과 역사 미술관, 릴, inv. 93-94.

47. (오른쪽) 미켈란젤로, 성 베드로 대성당의 돔을 위한 설계 드로잉, 1559~1561경, 테일러르스 미술관, 할렘, inv. A29.

48. 성 베드로 대성당의 돔, 바티칸 시국, 로마.

49. (위 왼쪽) 2열 기둥으로 이루어진 부벽, 성 베드로 대성당, 바티칸 시국, 로마.

50. (위 오른쪽) 부벽과 돔, 성 베드로 대성당, 바티칸 시국, 로마.

51. (아래) 드럼과 애틱, 성 베드로 대성당, 바티칸 시국, 로마.

52. 성 베드로 대성당의 랜턴, 바티칸 시국, 로마.

53. 작자 미상, 미완성 상태의 성 베드로 대성당 드로잉, 1564~1565경, 펜과 잉크, 쿤스트할레, 함부르크, Kupferstichkabinett 21311.

54. 작자 미상, 미완성 상태의 성 베드로 대성당 드로잉, 1580경, 펜과 잉크, 슈타델체스 쿤스틴스티투트, 프랑크푸르트, no. 814.

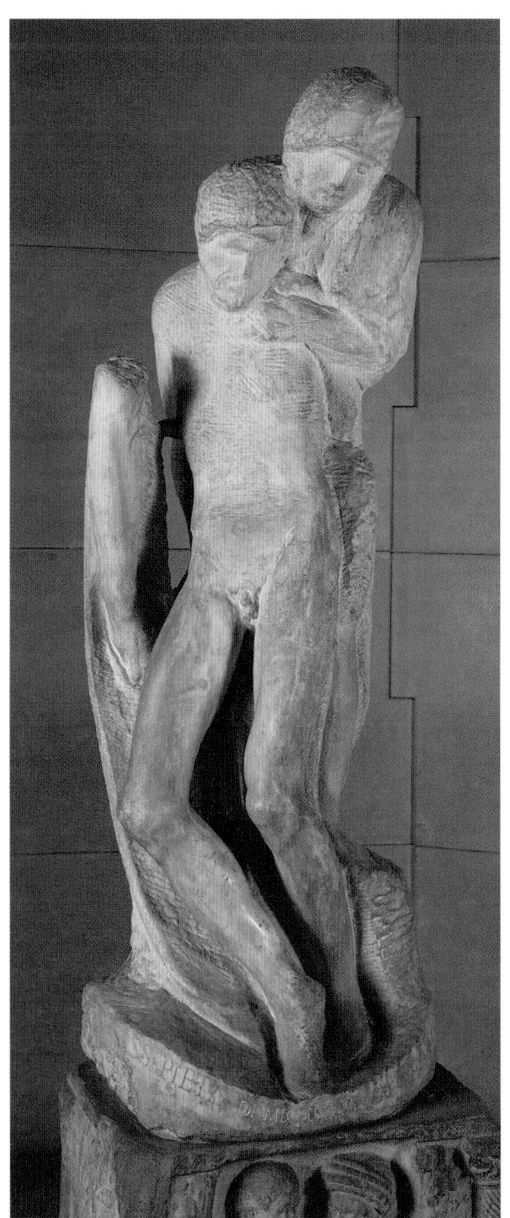

55. (왼쪽) 미켈란젤로, 론다니니 〈피에타〉, 1556 이후, 카스텔로 스포르체스코, 밀라노.

56. (오른쪽) 미켈란젤로, 론다니니 〈피에타〉, 옆에서 본 모습. 카스텔로 스포르체스코, 밀라노.

57. (위) 미켈란젤로가 설계한 캄피돌리오, 로마.

58. (아래) 마르턴 판 헤임스커르크, 미켈란젤로 살아생전의 캄피돌리오 현황, 1530년대, 베를린달렘 미술관, 베를린, Kupferstichkabinett 79D2a 72r.

젤로 부오나로티는 어떻게 묻힐 것인가?[35] 그리고 어느 곳에?

미켈란젤로는 로레토까지, 가능하다면 달마티아까지 여행을 계속할 생각이었다. 그러나 그는 조카에게 이렇게 말한다. "나는 그런 계획을 수행할 수가 없었단다. 사람을 보내 내가 로마로 돌아와야 한다는 기별이 왔기 때문이지."[36] 로마로 소환된 것을 다소 자랑스럽게 여기며 우쭐했을 수도 있으나 그 기별은 그가 여전히 교황청의 직원에 지나지 않는다는 사실을 일깨워 주었다. 그는 바사리에게 보낸 편지에서 은연중에 그 사실을 인정한다. "불복종하면 안 되기에 나는 로마로 출발했습니다." 그러나 최근 5주 동안 숲속에서 평화롭게 보낸 시간을 아쉬워하며 "내 몸의 절반만 돌아왔다"라는 울적한 소회를 밝힌 것이다.[37]

로마로 다시 돌아오다

로마로 돌아오는 여행은 날씨도 우중충하고 해서 조금 울적했다. 예술가는 무슨 일이 벌어질지 전혀 짐작할 수 없었다. 위험한 상황을 피하는 것과 돌아가서 미지의 결과를 당면하는 것은 완전히 별개의 문제였다. 미켈란젤로와 말레노티가 1556년 11월에 돌아와 보니 로마는 음울한 도시가 되어 있었다. 비록 약탈은 모면했지만 심각한 전쟁 후유증을 앓고 있었다. 군대가 시민들의 물자를 강제 징발하고 또 노골적으로 훔쳐 갔기 때문에 자연히 식량이 귀했고, 도로 상황도 몹시 열악했을 뿐만 아니라 위험하기까지 했다. 보수를 받지 못한 용병

무리는 곧바로 로마시 일대를 방랑하는 무법자 도적 떼로 변신했다. 겁쟁과 공포가 겁먹은 도시를 무겁게 짓누르고 있었다.

로마로 돌아왔다고 해서 미켈란젤로의 중단된 생활이 곧바로 정상을 회복하지는 못했다. 납덩어리처럼 무거운 11월의 하늘은 곧 차갑고 지저분하게 바뀌었다. 봄이 오기 전에 성 베드로 대성당의 공사가 재개될 가능성은 거의 없어 보였다. 정치적 상황은 여전히 일촉즉발의 불안정한 상태였다. 교황 파울루스 4세가 스페인 사람들과 좀처럼 협상을 하려 들지 않았기 때문이다. 이듬해 7월에 이르기까지 스페인 황제의 대사는 "로마는 위기 상황입니다"[38]라고 보고했다. 로마 시민과 심지어 교황까지도 로마가 약탈당할지 모른다는 걱정을 했다. 그리하여 1년 정도가 흐른 뒤에야 미켈란젤로는 비로소 성 베드로 대성당 일에 온전히 신경 쓸 수 있었다. 그동안에 그는 불안한 상태로 어떤 활동도 하지 못하고 시간만 보냈다.

'시시각각으로 들려오는 소문' 때문에 미켈란젤로와 말레노티는 로마로 돌아온 직후에 또다시 로마를 떠나야 하는 게 아닐까 생각했다.[39] 말레노티는 예술가의 동요를 심각하게 우려하여 그 조카에게 보내는 편지에 이렇게 썼다. "그가 너무나 고통스러워해서 당신에게 어떻게 말씀드려야 할지 모르겠습니다. 그를 도와줄 수단도 전혀 없습니다. 나는 그를 위로하기 위해 하루 종일 그의 옆에 붙어 있습니다. 파브리카에서 작업 지시가 내려오지 않아 불안해하십니다."[40] 같은 편지의 뒷부분에서 말레노티는 미켈란젤로의 산만한 심적 상태를 다시 언급했다. "사실 그는 상태가 좋지 않습니다. 이제 전보다 더 온갖 일을 걱정하고 있습니다. 그렇지만 나는 그를 도울 수가 없습니다. 나는 매 시간 그의 옆에 붙어서 그를 위로하려고 합니다. … 그의 이런 상태를 지켜보는 건 정말로 슬픈 일입니다."[41] 말레노티는 성 베드로 대성당 공사가 계속 중단되고 있으니 예술가가 피렌체로 돌아가는 문제를 꺼내 들기에 좋은 때라고 말했다. "나는 그가 그 자신의 이유가 아닌 다른 이유 때문에 로마를 떠나는 것을 원치 않습니다."[42] 미켈란젤로는 만약 로마를 다시 떠나야 한다면 여전히 로레토로 가고 싶다는 뜻을 밝혔다.[43]

로마시 자체도 혼란에 빠져 있었지만 미켈란젤로의 가정생활 또한 혼란스럽기는 마찬가지였다. 스폴레토로 떠나기 전에 여자 하인들을 다 해고했던 터라, 미켈란젤로는 두 젊은이, 안토니오 델 프란체세와 안토니오 '두란테'에게 집안일과 가축 돌보는 일을 맡겼다. 두 청년은 몇 해 전에 우르비노와 그의 아내 코르넬리아가 마르케에 있는 카스텔두란테의 고향 마을에서 데려온 일꾼이었다. 미켈란젤로는 이 두 청년을 '좋은 아이'라고 생각했으나 말레노티는 그와 다르게 '불량배' 정도로 여겼다.[44] 말레노티의 요청을 받아들여, 리오나르도는 피렌체에서 숙부를 도와줄 '남자 하인이나 기타 일꾼'을 뽑아서 보내겠다고 말했으나, 미켈란젤로는 심드렁하게 대답했다. "지금으로서는 더 필요한 일꾼은 없다는 것을 말해 둔다. … 나는 노인치고는 아주 상태가 좋고 또 그리 낙담하지 않으니까."[45] 그의 집에 젊은 남자 두 명이 있기는 했지만 여자들의 도움은 없었다. 예전에 북적거리던 집은 이제 규모가 크게 줄어 있었다. 코르넬리아가 자녀들과 여자 하인을 데리고 고향인 카스텔두란테로 돌아갔기 때문이다.

말레노티가 예술가를 대신하여 편지를 자주 썼다는 사실은 미켈란젤로가 심적으로 동요했음을 암시한다. 미켈란젤로는 주로 집안 문제와 부동산 투자 등에 대해 조카에게 짧은 편지를 보낸 반면, 말레노티는 매주 장문의 편지를 써서 로마의 상황과 예술가의 건강 상태를 상세히 알렸다. 말레노티와 리오나르도는 서로 협력하면서 미켈란젤로를 로마의 혼탁한 공기로부터 빼내어 고향 피렌체의 안전하고 명예로운 환경으로 데려올 생각이었음이 분명하다.

코시모 데 메디치는 미켈란젤로를 피렌체로 다시 데려오는 문제에 깊은 관심을 보였다. 그는 이미 1554년에 미켈란젤로를 메디치가로 데려오려 발벗고 나섰고 그로부터 10년 동안 줄기차게 미켈란젤로에게 귀향을 종용했다. 언젠가 미켈란젤로는 메디치 대공의 개인 시종장으로부터 '정다운 고향'을 다시 보고 싶지 않느냐고 호소하는 편지를 받았다. "그러니 존경하는 미켈란젤로 님, 지금이야말로 당신이 귀향하여 우리의 군주를 위로하고, 당신의 가문을 도와주고, 피렌체를 영예롭게 할 때입니다."[46]

바사리는 코시모가 보낸 여러 대사 중에서 가장 끈질긴 사람이었다. 그는 1554년에 미켈란젤로에게 편지를 보내 예술가의 노고가 충분히 인정받지 못하고 있다고 말했다. "당신의 동포 페트라르카처럼 그 도시를 벗어나십시오. 그 또한 당신과 유사한 배은망덕을 겪고서 파도바의 평화를 선택했습니다. 당신은 이곳 피렌체에서 평화를 찾으리라고 제가 약속합니다."[47] 자기 자신을 변명하기 위해, 또 로마의 공사를 완공하려면 좀 더 시간이 필요하다는 걸 말해 주기 위해 미켈란젤로는 바사리에게 앞에서 언급한 유명한 시 〈내 인생의 오랜 여정이 이제 끝났구나〉(화보 32)를 보냈다.[48] 미켈란젤로는 자신의 인생 여정이 이제 끝나 간다고 믿을 만한 근거가 충분히 있었다. 그렇지만 그는 바사리의 친절한 접근에서 위안을 얻었다. 그런 편지 교환을 통해 그는 어느 정도 스스로를 조롱할 수도 있었다. 미켈란젤로는 그 시 밑에다 다음과 같은 추신을 달았다.

> 내 친구 조르조 씨. 소네트를 써내려 하다니, 내가 늙었고 또 미쳤다는 것을 알겠소. 그러나 많은 이들이 내가 두 번째 유아기에 접어들었다고 하니, 나는 그 아이 노릇을 하고 싶소. 당신의 편지를 보고 당신이 나를 아주 많이 생각해 준다는 것을 알았소. 당신이 요청한 대로 나의 노구를 내 아버지 옆에다 흔쾌히 내려놓을 마음도 있소. 그렇지만 지금 내가 여기를 떠난다면 나는 성 베드로 대성당 공사에 엄청난 참사를 일으키게 될 것이고, 엄청난 수치와 죄악의 요인이 될 것이오.[49]

아주 감동적이고, 명상적이고, 우울하고, 경건한 내용의 시 바로 밑에 이렇게 무해한 농담—갑옷으로서의 유머—과 함께 부드럽고 온유한 내용의 편지가 첨부되어 있는 것이다. 이 모든 것이 고향 피렌체의 평화를 찾아 로마를 그만 벗어나라는 유혹을 물리치기 위한 조치였다. 1556년의 로마 탈출 이후 여러 해 동안 미켈란젤로는 고향과 가족에게로 되돌아가고 싶은 유혹을 자주 받았다. '제2의 유아기'로 돌아가고 싶다거나, '나 자신과 내 가족을 위한 둥지'를 발견하고 싶다는 표현이 그런 심리 상태를 보여준다. 그러나 슬프게도 미켈란젤로의 대가족과 친구들, 즉 로마와 피렌체에 있는 친척과 친지 들은 크게 줄어 있었다.

미켈란젤로가 1556년 11월에 로마로 돌아오는 과정은 매우 고통스러웠다. 80대의 예술가를 가장 괴롭히는 것은 여러 미완의 프로젝트를 속개하고자 하나 이제 그는 그것들을 완수할 정도로 자신이 오래 살지 못하리라는 확신이었다. 이런 깨달음은 쉬 절망을 불러일으킬 수 있었다. 그러나 실제 사정은 그렇지 않았다. 몬텔루코에 피정을 갔다 온 후에 그는 자신의 목적의식을 명확하게 인식했고 그 자신의 일과 하느님의 일을 힘 자라는 데까지 열심히 해야겠다고 심기일전하는 계기로 삼았다.

장기간 중단되었던 성 베드로 대성당 건설 공사가 마침내 속개되었다. 거대한 플라이휠(기계의 회전 조절용 바퀴)처럼, 공사의 엔진이 중단 상태를 극복하고 다시 완벽하게 가동되기까지는 시간과 에너지가 필요했다.

미켈란젤로 생애의 어느 일주일

1557년 2월에서 4월까지 시간이 흐르는 동안, 성 베드로 대성당의 앙상한 천장이 우중충한 하늘이 아니라 봄별 가득한 하늘에 모습을 드러냈다. 거대한 규모의 성당 외관은 여전히 고대 폐허 같았다. 겨울 장마와 전반적인 방치가 작업장을 몹시 황폐하게 만든 것이다. 현장 인부들은 서서히 종전의 완전한 인력 수준으로 회복되었다. 각 구간의 개별 작업조가 회복되면서, 건설 공사의 여러 부분이 다시 전진하기 시작했다.

1557년에 미켈란젤로는 82세가 되었다. 그는 대규모 노동력, 거대한 작업장, 복잡한 사무, 건설의 전반적 공정, 이 모든 일을 관할했다. 그는 예술가인가 하면 건설 공사의 현장 소장이고, 장인인가 하면 사업가이고, 천재인가 하면 기업가였다. 다음은 아주 바쁜 그의 생활에서 어느 한 주간을 엿볼 수 있도록 쓴 대목이다.

1557년 4월 16일 금요일

미켈란젤로와 말레노티가 몬텔루코에서 돌아온 지 여섯 달이 지났다. 성스러운 숲속에서 속삭이던 바람의 기억은 여전히 미켈란젤로에게 다소 위안을 안겨주었다. 그 피정 체험 덕분에 그는 프란체스코파 수도 방식을 따라가기가 한결 쉬워졌다. 그 방식이란 그리스도가 지상에 머물던 동안에 다녔던 장소와 그가 겪은 고통을 명상하는 것이었다. 이런 정신적 훈련을 함으로써 그리스도와 한 몸이 될 수 있다. 그 나머지는 그리 중요하지 않다. 그러나 로마에서는 미켈란젤로가 몬텔루코에서 맛보았던 평화를 좀처럼 얻기 어려웠다. 일상생활의 여러 요구 사항이 그의 명상을 계속 방해했기 때문이다. 미켈란젤로는 몬텔루코의 숲속에서 단단히 결심했고 뚜렷한 목표를 세웠다. 새로운 예루살렘이며 기독교 세계의 새로운 중심인 성 베드로 대성당을 반드시 새로 건설하자는 생각이었다. 그는 하느님의 건축가였다. 그러나 이러한 생각은 복잡한 아치형 천장을 건설하는 데에는 별로 도움이 되지 못했다.

2주 전, 로마는 이른 부활절을 지냈다. 평소와 마찬가지로 미켈란젤로는 연례 고백성사와 성체성사에 참가했다. 미켈란젤로는 어린

미켈란젤로, 〈부활하신 그리스도〉, 1519~1521, 산타 마리아 소프라 미네르바, 로마.

시절에 피렌체의 산타 크로체 교회에서 최근의 몬텔루코 수도회에 이르기까지 전 생애를 프란체스코회 사이에서 보냈기에 동네의 프란체스코회 성당인 산티시미 아포스톨리에서 미사를 올렸다. 기도를 올린 뒤, 그는 산타 마리아 소프라 미네르바 교회로 걸어갔다. 그곳은 도미니크회 교회였는데 피렌체 공동체 사람들이 모이는 곳이었다. 그 자신이 조각한 〈부활하신 그리스도〉 조각상 앞에서 기도를 올리는 것은 신성 모독처럼 느껴졌기 때문에 그는 그 근처의 자그마한 예배당에 가서 앉았다. 약 30년 전에 이 교회에 안치된 그 조각상은 부활절 기간에 사람들의 관심과 사제들의 설교가 집중되는 대상이기도 했다. 교회에 나온 사람들 중에 그가 아는 사람은 별로 없었다. 설사 동료 교구민들과 대화를 나눈다 하더라도 그는 조심스럽게 말해야 한다는 걸 알고 있었다. 코시모 데 메디치의 첩자가 어디에나 깔려 있었기 때문이다.

오늘 그가 하고자 하는 일은 안토니아나(카라칼라 공중목욕탕)로 말을 타고 가는 것이었다. 일찍이 파울루스 3세는 미켈란젤로에게 이곳에서 공사용 재료를 빼내 와도 좋다고 허락한 바 있었다. 다채색 대리석 기둥이 안토니아나의 폐허에 여전히 남아 있었다. 이 폐허 속의 기둥들에 새로운 생명과 목적의식이 부여된다면 새로운 대성당에서 그지없이 찬연하게 빛날 터였다. 말레노티는 오늘도 대성당 공사 현장에 나가보아야 하지만, 미켈란젤로는 그 젊은이에게 자신과 동행해 달라고 요청했다. 80대의 예술가가 저 멀리 떨어진 '디사비타토disabitato'(사람들이 살지 않는 곳), 더구나 도둑이 우글거리는 우범 지대에 혼자 가는 것은 현명한 일이 아니었기 때문이다. 그가 몸에 돈을 지니고 있지는 않았지만 이 곤궁한 도둑들은 재미 삼아 밤중에 그의 멱을 딸 수도 있고 그런 뒤에 그의 말을 타고 달아날 수도 있으니!

1557년 4월 17일 토요일

성 베드로 대성당은 아직도 거대한 혼란 덩어리다. 1556년의 위기 사태 때 몇 달씩이나 방치되었던 탓에 공사 현장은 평소보다 더 어지러워져 있었다. 공기 중에 노출된 많은 석회화 덩어리가 습기를 먹어서 변색되었다. 석회 파우더는 비를 맞아 녹아버렸다. 어디나 진흙과 동물 똥 천지였다. 다행스럽게도 연장, 밧줄과 도르래 등은 안전한 헛간에 보관된 덕분에 상하지 않았다.

토요일은 작업일인 동시에 급여일이다. 노동자들은 일주일에 엿새, 해 뜰 무렵부터 해 질 때까지 일한다. 그리고 노동이 집약되는 봄철과 여름철에는 하루 12~14시간을 일한다. 일요일이 유일한 휴식일인데 1년에 약 50일쯤 된다. 물론 그 외에 무수한 교회 휴일이나 민간 휴일이 있기는 하다.

오늘 미켈란젤로는 작업반장들을 만나서 다양한 작업팀에 필요한 숙련·미숙련 노동자들을 고용하기로 허락할 생각이다. 이제 남쪽 익랑의 아치를 완성해야 할 때였다. 이 큰 공사를 위해 그는 벽돌공과 돌 조각공의 인원을 상당수 늘릴 필요가 있었다. 게다가 가운데 비계를 설치하려면 숙달된 목공이 필요했다. 목공들은 아주 높은 곳에서 일해야 해서, 이 공사는 뛰어난 기량과 용기가 필요했다. 대리석을 가열하여 석회를 얻고 현장에서 벽돌을 만들어야 하니 용광로도 필요했다.

돌 조각공이나 석공 같은 숙달된 기능공의 보수는 일반적으로 코티모 방식, 즉 하루에 한 일의 양(감정사가 인정한 일의 양)에 따라 지급하는 방식이었다. 반면에 비숙련 노동자들에게는 하루에 얼마 하는 식으로 정액제였다. 이들은 별로 믿을 만한 일꾼이 아니었지만 그래도 미켈란젤로가 임금을 올려주면 기술이 다소 향상되었다. 공사용 재료는 계약제로 구매했다. 수레꾼은 실제로 가져온 재료의 양에 따라 대금을 받았고, 벽돌과 석회 공급업자는 실제로 공급한 양에 따라 지급받았다. 건물 기초의 터 파기나 비계를 세우고 해체하는 작업은 어두워진 뒤에도 계속되었다. 그런 경우에는 횃불을 제공해야 했다. 그리고 야간 경비원을 한 사람 이상 두어 밤사이에 건설 자재가 도난당하지 않도록 감시했다.

이날 늦게, 미켈란젤로는 다소 내키지 않는 심정으로 진흙밭 공사 현장을 가로질러 파브리카로 가는 계단을 올라갔다. 그다음 공사 공정과 거기에 필요한 추가 노동력을 통보하기 위해서였다. 그는 또 마에스트로 촐라, 피에르타 산타, 파볼로 다 보르고 등에게 기둥머리 부분 조각상의 보수를 반드시 지급하도록 채근할 생각이었다.[50] 그는 또 아치가 완공되면 약간의 음식과 와인으로 소규모 축하 행사도 벌일 생각이었다.[51] 교황 율리우스 3세가 재위하던 쾌락 지향적인 시대에, 노동자들은 광장에서 가끔 투우 시합을 구경했다.[52] 그러나 미켈란젤로는 파브리카의 임원들이 이러한 행사에 돈을 내놓지 않을 거라고 예상했다. 특히 교회 돈을 내놓아야 한다면 더 고집스럽게 거부할 거라고 내다보았다. 절친한 친구인 루도비코 베카델리가 저 멀리 라구사에 가 있으므로, 이제 파브리카 임원들 가운데 든든한 우군은 없었다. 게다가 현재의 교황은 투우나 축하 행사 따위에는 그다지 관심이 없는 듯했다.

1557년 4월 18일 일요일

일요일은 휴식과 기도가 있는 날이고, 조카 리오나르도에게 편지를 쓰는 날이었다. 미켈란젤로는 집 안 식구들이 아직 깨어나기 전에 조용한 침실에 앉아 이미 낡아버린 자신의 책 《그리스도의 은혜》에서 몇 문장을 읽었다. 이 책은 금서 목록에 올라 있지만 미켈란젤로는 평이한 구어 산문으로 표현된 이 책의 현명한 조언에서 여전히 위로를 얻었다. 가령 이런 아름다운 문장이 그를 위로해 주었다. "하느님은 엄청나게 선량하시다." "그분은 모든 것을 용서해 주신다." "신앙은 우리의 마음을 모든 죄악으로부터 정화한다." "우리는 그리스도를 믿으며 그분 안에서 모두 한 형제다." "오로지 신앙만이 나를 천국으로 보낼 것이다."

파울루스 4세 치하 교황청의 억압적 분위기는 미켈란젤로에게 광적인 수도자 지롤라모 사보나롤라(1452~1498)•를 연상시켰다. 미켈란젤로는 그 수도자가 처형된 지 50년이 지났는데도 그의 찢어지는 목소리를 기억했다. 특히 로마의 길거리에서 군중을 상대로 고함을 내지르는 광적인 수도자를 만나면 더욱더 기억이 생생해졌다. 미켈란젤로는 나이가 들어가면서 구원은 징벌과 포기보다는 한정한 기도 속에서 더 잘 발견된다고 생각했다. 신장 결석으로 고통스러운 이런 날 아침에는 설교를 듣기보다는 집에 남아 성경을 읽는 편이 더 나았다. 그는 비테르보에서 가져온 광천수의 재고량을 살펴보았다. 최근에 그는 일요일이면 말을 타기 시작했다. 주치의가 '돌' 치료에 좋다며 권했기 때문이다.

회향풀 수프와 청어 한 마리로 간소하게 식사를 마친 미켈란젤로

• 이탈리아의 설교자. 도미니크회에 들어가 1491년에 피렌체 산마르코 수도원의 원장이 되었다. 그는 진정한 개혁가로서 불같은 설교로 도시, 메디치 가문, 교회, 교황청을 비난했고 피렌체 시민들은 열렬하게 호응했다. 1494년에 메디치 가문의 정권이 붕괴한 이후에 공화정을 주창했고 결과적으로 공화제 정권이 수립되었다. 그러나 당시의 교황 알렉산데르 6세에 대한 강도 높은 비난과 친 프랑스 정책 때문에 그 자신과 함께 피렌체 도시 전체가 파문을 당했다. 교황 알렉산데르 6세는 샤를 8세의 이탈리아 침공(친 프랑스파인 사보나롤라는 이를 환영했다)을 저지하기 위해 밀라노 및 나폴리와 동맹을 맺었고, 이 설교자에게 침묵하라고 명령했다. 그가 설교를 계속하자 교황은 그를 파문했고(1497), 그다음 해에는 그를 체포하여 이단과 분열의 유죄 판결을 내려 처형했다.

는 책상에 앉아 편지를 썼다. 그는 먼저 리오나르도에게 간단한 편지를 써서 최근에 트레비아노 와인을 보내주어 고맙다는 말을 했다. 이어 사랑하는 하인 우르비노의 과부인 코르넬리아에게 장문의 편지를 썼다. 그는 그녀에게 편지를 쓸 때마다 옛 생각이 나서 괴롭긴 했으나 그래도 코르넬리아와 편지를 교환 마을 것이 즐거웠다. 1556년 우르비노가 죽은 이후에 미켈란젤로는 거금 660스디를 친구이며 은행가인 프란체스코 반디니에게 맡겼다. 반디니는 우르비노의 후손을 위해 공공 기금의 주식에다 그 자금을 투자했다.[53] 코르넬리아는 두 아들을 데리고 카스텔두란테의 고향 마을로 돌아가서는 정기적으로 미켈란젤로에게 편지를 쓰면서 언제나 '사랑하고 사랑하는 아버지'라고 불렀다. 그녀는 장문의 편지를 거의 달마다 한 번씩 써서 보냈다. 하지만 1559년에 재혼하면서 편지가 다소 뜸해졌다. 그녀는 자신이 전에 써 보냈던 대로, "제가 아버님을 번거롭게 하는 게 싫어서" 그렇게 뜸하게 보낸다고 말했다.[54]

코르넬리아는 미켈란젤로가 자신의 어린 자식들 장래를 책임지고 있었기에 어린것들의 소식을 아주 꼼꼼하게 적어 보냈다. 그는 큰애 미켈란젤로가 "하느님의 도움으로 무럭무럭 자라고 있고", 둘째 프란체스코도 "내 이름도 미켈란젤로로 해주세요. 할아버지한테 더 많이 사랑받을 수 있게요"[55] 하고 말했다고 썼다. 그보다 두 달 전에 코르넬리아는 미켈란젤로에게 카스텔두란테를 한번 방문해 달라고 요청했다. 어린 미켈란젤로가 그러길 바란다고 했다. "아버님, 그러니 카스텔두란테로 한번 오세요. 아니면 저 애가 로마로 가는 게 더 좋을까요?"[56] 예술가는 대답한다.

내가 어린애들을 직접 보기 위해 카스텔두란테를 방문하거나 네가 미켈란젤로를 여기에 보내는 문제에 대해서, 먼저 나의 상황을 네게 말해 주어야겠구나. 미켈란젤로를 여기에 보내는 것은 적절치 않을 것 같다. 나는 집 안에 여자들이 없어서 아이를 돌봐줄 수가 없다[그가 스폴레토로 출발하면서 모두 해고했었다]. 또 어린것은 아직 너무 어려서 길을 나섰다가 중간에 무슨 일이 벌어질지 모르고 그러면 나는 무척 후회하게 될 것 같다. …
공공 기금[그가 그녀를 위해 투자해 놓은 주식]에 대해서는 내 일과 너의 일을 이미 조치해 놓았으니, 나는 이번 겨울에 피렌체로 영영 돌아갈 것 같다. 나는 이제 노인이니 로마로 되돌아오지는 않을 것이다. 그때 나는 카스텔두란테를 경유하게 될 거야. 네가 어린 미켈란젤로를 내게 맡길 의향이 있다면 피렌체에서 그 아이를 내 조카 리오나르도의 아이들보다 더 정성스럽게 키울 것이다. 그 애의 아버지가 그 애에게 가르쳐주려 했던 것을 내가 가르치면서 말이야.[57]

이것은 아름답고 감동적인 이야기다. 82세의 예술가가 이제 겨우 세 살인 대자에게 엄청난 관심을 보이며 교육을 책임지겠다고 약속하니 말이다. 코르넬리아는 이 계획에 적극적으로 찬성했고 9월에 카스텔두란테에서 미켈란젤로를 만나기를 기대한다면서 이렇게 썼다. "그리고 간절히 부탁 올리는데, 제게 좀 더 자주 편지를 써서 건강이 어떠신지 알려주세요. 아버님께 편지를 받지 못하면 너무 불안하여 안정이 되지 않습니다." 그녀는 또다시 편지 자주 보내달라고 부탁하면서 편지를 끝맺었다.[58] 그러나 불행히도 미켈란젤로는 9월에 카스텔두란테를 방문하지 못했다. 성 베드로 대성당의 아치 공사에 큰 문제가 발생했기 때문이다.

미켈란젤로는 코르넬리아를 다시는 만나지 못했다. 하지만 대자의 방문은 받았다. 어린 미켈란젤로는 8세이던 1562년에 87세의 대부이며 같은 이름을 가진 예술가를 만나기 위해 로마로 왔다.[59] 그 방문이 어땠는지 구체적인 정황을 상상하기는 어렵다. 아무도 그 방문에 대해 기록하지 않았기 때문이다. 불쾌하고 외로운 노인이라는 이미지와 어린 미켈란젤로의 방문은 서로 어울리지 않았으므로 일부러 무시했을 것이다. 아이들은 종종 8세에 도제로 들어갔으므로 미켈란젤로는 대자를 공사 현장으로 데려가 몇몇 노련한 작업반장들에게 소개해 줬을 수도 있다. 대자의 방문은 미켈란젤로를 매우 기쁘게 했다. 그래서 예술가는 피렌체로 돌아가 조카 리오나르도의 아들인 부오나로토를 직접 만나보고 싶은 의욕을 강렬하게 느꼈다. 하지만 불행하게도 죽음이 그 계획보다 앞질러 왔다.

이날의 마지막 일과는 편지 쓰기였다. 미켈란젤로는 커다란 만족감을 느끼며 다정한 친구 루도비코 베카델리에게서 받은 편지—스폴레토에 잘못 보내졌다가 어제 도착하여 그의 책상 위에 놓여 있는 편지—에 답장을 썼다.[60] 두 사람이 교환한 따뜻한 편지 내용을 볼 때, 서로 만나보기를 원했다는 건 확실하다. 80대의 미켈란젤로는 스폴레토까지는 여행할 수 있을지 몰라도 바다 건너 라구사까지 멀고 험한 길을 갈 엄두가 나지 않았다. 그러니 베카델리가 교황의 명으로 로마로 소환되지 않는 한, 미켈란젤로는 친한 친구를 다시 만날 일은 없으리라는 것을 잘 알았다.

미켈란젤로는 그 편지의 뒷면에다 자신이 최근에 먹은 음식을 끼적거렸다. 청어 한 마리, 롤빵 두 조각, 와인 한 주전자. 또 다른 식사는 좀 더 푸짐했다. 채소 샐러드, 롤빵 네 조각, 시금치 한 접시, 앤초비 네 마리, 토르텔리 파스타 그리고 와인. 그리고 오늘 먹은 검소한 음식인 회향풀 수프, 청어 한 마리, 빵, 와인.

1557년 4월 19일 월요일

화창한 봄날 아침. 로마의 종들이 아침 기도 시간을 알리는 동안, 미켈란젤로는 성 베드로 대성당을 향해 가는 여러 채의 수레와 함께 테베레강을 건넜다. 티볼리와 피아노에 있는 석산에서 채굴한 석회암 덩어리가 마치 강물처럼 흐름을 이루어 도착했다. 한 수레가 성 베드로 대성당에 짐을 부리고 또 다른 짐을 싣기 위해 하항으로 돌아갔다. 로마에서 서쪽으로 약 30킬로미터 떨어진 석산에서 채굴한 돌덩어리들은 테베레강과 아니에네강을 따라 거룻배로 수송되어 카스텔 산탄젤로에 하역되었다. 성 베드로 대성당의 건설 공사가 속도를 내면서 점점 더 많은 건설 자재가 우마차에 실려 로마까지 수송되었다. 특히 농사일이 한가하여 황소들이 놀고 있을 때, 혹은 강의 수심이 깊지 않아 무거운 짐을 실은 거룻배를 띄울 수 없을 때에는 많은 우마차가 동원되었다.

미켈란젤로는 품행이 거친 수레꾼 옆에서 말을 타고 성 베드로 대성당까지 갔다. 수레꾼은 피렌체 사람을 위해 일하는 게 싫고, 황소들이 이런 무거운 돌을 옮기는 것을 싫어한다고 투덜거렸다. 석회암을 바리바리 실어 날라야 하고 그런 다음에는 석산으로 되돌아가야 해서 그는 그렇게 불평한 것이다. 그것은 지겨운 일임이 틀림없으나 그래도 일거리가 꾸준히 있었다. 미켈란젤로가 문제의 피렌체 사람들이 누구냐고 묻자 수레꾼은 침을 탁 뱉더니 피아노 석산의 감독자인 마테오 디 키멘티의 이름을 댔다.[61] 미켈란젤로는 즉각 그 이름을 알아보았다. 키멘티 집안사람들은 그가 과거 산 로렌초 교회 공사를 할 때 여러 해 동안 함께 일했던 사람들이다. 그들은 원래 세티냐노 출신이었다. 그들은 미켈란젤로가 가장 신임하는 일꾼들이었는데, 숙달된 돌 조각공이었을 뿐만 아니라 피렌체 사람들이었기 때문이다. 미켈란젤로는 고향 사람들 다수를 성 베드로 대성당에 데려와 일 시키는 것을 자랑스럽게 여겼다. 그들은 돌을 잘 알았고, 믿을 만했으며 높은 품질의 자재를 생산했다. 미켈란젤로와 수레꾼이 보르고의 번잡한 거리를 천천히 걸어갈 때에도, 수레꾼은 여전히 타관 사람들을 비난하는 말을 했으나 미켈란젤로는 입을 다물고 있었다. 그 또한 타관 사람, 그것도 피렌체 사람이었으나 고향 도시에 가보지 못한 지가 벌써 25년이 넘었다.

미켈란젤로는 취직할 목적으로 자신을 따라 로마로 온 피렌체 사람들이 몇 명이나 되는지 세어보았다. 현장에는 또 다른 키멘티 집안사람인 프란체스코가 있는데 별명이 '돌을 포옹하는 자'였다. 숙달된 작업반장으로서 여러 해 전 산 로렌초 교회의 파사드 공사를 할 때 터 파기 공사를 담당했었다. 프란체스코는 지금은 성 베드로 대성당의 외부 기초를 보강하는 공사를 하고 있었다.[62] 그다음에는 이탈리아 각지에서 활동하는 촐리 집안사람들이 도착했다. 미켈란젤로는 과거에 산 로렌초에 여섯 명 이상의 촐리 집안사람들을 고용했었다.

지금은 그 집안의 다음 세대들—역시 여섯 명—이 성 베드로 대성당에서 일하고 있었다.[63] 미켈란젤로는 그런 생각에서 벗어나 수레꾼의 불평을 들으면서 그에게 이번 달에 얼마나 많은 돌덩어리를 수송했느냐고 물었다. 그렇지만 그 무식한 수레꾼은 지방 사투리인 로마나초를 억센 억양으로 말해서, 미켈란젤로는 그 말을 알아들으려는 노력을 포기했다.

대성당에 도착하자 미켈란젤로는 벌써 적어도 세 시간 전에 현장에 도착했을 세바스티아노 말레노티를 만났다. 두 사람은 최근에 고용되어 건설 현장에서 가장 고차원의 일을 감독하고 있는 체사레 베티니를 만났다. 미켈란젤로는 작업반장 베티니와 공사 현황을 의논하면서, 최근에 현장에 도착한 다량의 돌덩어리를 다듬을 돌 조각공 수가 충분하냐고 물었다. 올해 초에 현장에는 돌 조각공이 열다섯 명, 다른 노동자들이 서른 명 있었다.[64] 미켈란젤로가 1556년 11월에 로마로 돌아온 이후, 공사 현장 일은 꾸준히 속도를 냈다. 미켈란젤로와 말레노티는 날마다 다듬어진 돌을 헛간에서 꺼내 승강 지역으로 옮겨놓은 뒤, 다시 가장 높은 공사 현장까지 돌을 인양하는 데 육체노동자들이 얼마나 필요한지 계산했다. 돌 조각공 수는 안정적으로 유지되었으나 막노동꾼 수는 불규칙했고 해야 할 일에 따라 늘어나기도 하고 줄어들기도 했다.

부벽의 나선형 경사로 덕분에 발을 단단히 짚는 당나귀들이 나무, 물, 모르타르 등을 실어 날랐으나, 무거운 돌은 도르래와 기중기로 들어 올려야 했다. 젊은 베티니는 무거운 돌덩어리를 높이 들어 올리는 데 특별히 제작한 새 기중기가 적당한지 검사하기 위해 탐부르 높이까지 올라가 볼 것을 건의했다. 안테나처럼 생긴 기중기의 수직 기둥은 인양용 각재角材를 갖춘 채 임시 거치대 위에 놓여 있었다. 그리고 그 거치대는 성당의 지붕 쪽 빈 공간을 올려다보고 있었다. 잘 다듬은 각각의 돌덩어리는 도르래와 다량의 밧줄을 사용하여 높이 들어 올려서 최종 목적지에 안착시킨다. 이 과정에서 굵은 밧줄은 어느 정도 유격裕隔이 있어서 인양용 각재가 좌우로 흔들릴 수 있게 해준다.

이 작업에는 아주 튼튼한 밧줄이 다량 필요했다. 밧줄이 탐부르에서 땅까지 닿을 수 있어야 하기 때문이다. 밧줄! 그것은 모든 건설 공사 현장에서 일용할 양식이다. 고대 고전 시대에서 미켈란젤로의 시대에 이르기까지 시공에서 가장 큰 문제는 무거운 물체를 움직이고 또 들어 올리는 작업이었다. 이집트 사람들이 피라미드를 건설한 이래로 늘 그러했듯이, 모든 것이 밧줄에 달려 있었다. 기중기를 담당하는 기능공은 모든 유형의 밧줄 이름을 알았을 뿐만 아니라 윈치, 도르래, 쇠고리, 사슬, 기중기용 갈고리, 핀 등을 소상히 파악했다. 이런 도구들이 노동자들의 목숨을 지켜주었기 때문이다. 기중기 담당 기능공은 밧줄의 취약점도 잘 알았다. 밧줄은 길게 늘어지면 그 강도가 약해진다. 또 밧줄과 관련된 장비들도 밧줄 못지않게 중요했다. 미켈란젤로는 과거에 밧줄 때문에 죽을 뻔한 일을 기억했다. 밧줄이 튼튼하지 않아서가 아니라 쇠고리를 너무 허약하게 벼린 탓이었다.

탐부르 높이에서 성 베드로 대성당의 아래쪽 공간을 내려다보면 장관이 펼쳐졌다. 미켈란젤로 주위에서 일하는 사람들은 자기의 일을 잘 알았고 이런 점이 그의 마음을 은근히 기쁘게 했다. 그는 이런 장인들을 존경했고 어버이가 자식을 바라보듯이 사랑했다(그들은 모두 그의 나이의 3분의 1 혹은 4분의 1에 지나지 않는 젊은이들이었다). 그들은 그 높은 공간에서 아무런 두려움 없이 일하고 있었다. 체사레 베티니가 담당 반장이어서 미켈란젤로는 편안한 마음으로 이 새로운 기중기의 작동 상태를 승인했다. 미켈란젤로는 아래로 내려가기 전에 이 넓은 공간을 감싸 안을 돔의 형태를 상상해 보았다. 그는 아무런 짐도 등에 싣지 않은 당나귀와 함께 나선형 경사로를 천천히 걸어 내려왔다.

1557년 4월 20일 화요일

성 베드로 대성당의 노동력이 전면 가동되기 시작하자, 미켈란젤로는 현장에 나가지 않고 집에 머무르기로 했다. 그는 조용한 가운데 까다로운 문제를 해결해 볼 생각이었다. 그것은 익랑의 아치형 지붕을 어떻게 앱스apse〔교회 건물의 동쪽 끝에 자리한 반원형 돌출부로, 보통 지붕이 둥근 구조물〕의 반원형 지붕과 연결할 것인가 하는 문제였다. 어제 현장을 방문했을 때 그는 곤란한 문제가 벌어질 것이라는 사실을 금세 알아보았다. 새로 고용된 감독자 조반니 바티스타 비치는 석공들에게 자세하게 지시를 내리지 않은 듯했다. 비치는 피렌체에서 데려온 사람이었다. 말레노티가 곧 미켈란젤로의 곁을 떠나기 때문에 대타로 뽑은 반장이었다. 말레노티는 최근에 미켈란젤로가 가장 신임하는 부하였고 또 미켈란젤로의 집에 들어와 함께 살면서 일곱 해 동안 그에게 봉사를 아끼지 않았다. 그런 말레노티가 이제 고향으로 돌아가고 싶어 했다. 미켈란젤로는 그런 그를 뭐라고 할 수 가 없었다. 미켈란젤로 자신도 끊임없이 귀향 문제를 생각해 왔기 때문이다. 그렇지만 그는 말동무 말레노티와 그의 조언을 그리워할 것이다.

미켈란젤로는 말레노티에게 아치형 지붕 건설에 대하여 설명해 주었다. 하지만 중간 과정 어딘가에서 건축가와 현장 시공자 사이에 의사 전달의 오류가 발생했다. 그는 너무 늦어서 이 문제를 교정할 수 없을지도 모를까 봐 우려했다. 도면이 그의 의도를 충분히 전달하지 못했는가? 작업반장과 석공들이 그의 도면을 적절히 해석하지 못했는가? 어쩌면 그럴지도 몰랐다. 견본용 모형은 아무리 규모가 커도 벽돌과 돌로 시공하는 현장의 요점과 문제점을 잘 전달하지 못한다. 나무가 하중이 어느 곳에 집중될지를 석공들에게 보여줄 수 있을까? 도면과 견본이 아무리 많다고 한들 지상 60미터 높이에서 일하는 석공들에게 도움이 될 수 있을까? 세바스티아노 말레노티가 부하 일꾼들의 감독을 소홀히 했는가?

이런 여러 가지 문제점에 더하여 미켈란젤로가 조반니 바티스타 비치에 대해 아는 바가 거의 없다는 것도 문제였다. 그렇다. 그는 세티냐노 출신의 피렌체 사람이었다. 하지만 그의 시공 경력은 얼마나 되는가? 미켈란젤로는 진즉부터 과거의 인력 관리 관행을 버리고 작업반장들에게 일을 위임하고 있었고, 그랬기에 비치는 그가 직접 뽑은 사람도 아니었다. 미켈란젤로는 산 로렌초 시절보다 더 효율적으로 일하는 방법을 배우고 있었으나 여기에는 여러 가지 문제점이 있었다. 게다가 성 베드로 대성당 건설 공사는 피렌체의 그 어느 건물보다, 아니 이탈리아 전역의 그 어느 건물보다 훨씬 복잡했다. 조반니 바티스타 비치는 아치형 지붕에 대하여 과연 무엇을 알고 있는가? 공사 현장의 다른 사람들은? 특히 이런 특대형 지붕에 대해서? 미켈란젤로는 이 문제를 비롯해 갖가지 문제를 해결하기 위해 매일 현장에 나가보아야 하는가?

미켈란젤로는 밤늦게까지 걱정에 휩싸여 있었다.

1557년 4월 21일 수요일

그의 판단이 정확했다. 정말로 문제가 있었다. 아주 심각한 문제가.

그는 이날 하루를 온전히 현장에서 시간을 보냈다. 그는 몇몇 사람과 대화를 나누었고 말을 가려가며 조심스럽게 했다. 그는 교황을 상대로 어떻게 말해야 하는지 어느 정도 알고 있었지만 파브리카의 임원들하고는 자연스럽게 대화가 되지 않았다.

아치형 지붕은 부정확하게 건설되었고, 아니 좀 더 자세히 말해서 부정확하게 시작되었고 그런 만큼 지금이라도 해체하고 다시 공사해야 했다. 작업반장 조반니 바티스타 비치는 미켈란젤로의 의도를 오해했다. 그렇지만 미켈란젤로는 자신에게도 책임이 있다고 생각했다. 나이가 너무 많아서 매일 현장에 나와 보지 못한 책임. 그는 여든두 살이었고 그 나이 대의 고통을 온몸으로 느끼고 있었다.

얼마나 많은 작업일수를 잃었고, 얼마나 많은 돈이 낭비되었으며, 위신과 체면이 얼마나 크게 손상되었는가? 이 혼란을 교황이나 파브리카의 임원들에게 어떻게 설명해야 할까? 그는 현장 인부들에게 설명할 일이 더 걱정이었다. 석회암 덩어리와 벽돌을 높다란 빈 공간

위에서 나르느라고 목숨을 건 사람들에게, 그런 실수를 어떻게 설명할 것인가? 그 일을 다 걷어내고 새로 해야 한다는 말을 어떻게 꺼낼 수 있을까? 그 권위 넘치고 모든 것을 잘 아는 건축가가 갑자기 초라하게 보였다. 엄청난 실수를 하여 위축될 대로 위축된 나이 든 노인. 물론 그는 성 베드로 대성당의 수석 건축가이므로 이 일에 대해 비난을 받아 마땅했다.

당장 할 일이 없어졌으므로 일꾼들은 일찍 퇴근했다. 짧은 일과가 끝났다. 미켈란젤로만 빼고.

1557년 4월 22일 목요일

목요일, 금요일, 토요일에는 아무런 일도 벌어지지 않았다. 미켈란젤로가 그 실수를 바로잡기 위해 대책을 생각해 내야 했기 때문이다. 그는 아치형 지붕의 아주 위험한 공간에서 어떤 시정 조치를 어떻게 해야 할지 깊이 생각했다.

미켈란젤로의 전체 경력에서 몹시 비참했던 일 중 하나였던 이 난처한 에피소드에 대해서 미켈란젤로 자신이 조르조 바사리와 리오나르도에게 진상을 털어놓은 덕분에 우리는 그 일을 자세히 알 수 있다. 그는 이 문제를 4월에 알게 되었으나 정작 바사리에게 편지를 쓴 시기는 7월이다.[65] 물론 그동안에 아치형 지붕이 철거되었다. 그 때문에 시공 일정이 몇 달이나 지연되었다. 미켈란젤로의 대응 방식이 늘 그러하듯이, 그는 사태를 완전히 통제할 수 있을 때까지는 그 문제에 대해 말하기를 꺼렸다. 엄청난 문제이고 명백한 스트레스였지만, 그는 인내심을 발휘하여 문제를 교정했고 마침내 제대로 된 아치형 지붕을 건설했다.

미켈란젤로는 바사리에게 관련 도면이 첨부된 편지 두 통(화보 35)을 보내 무엇이 잘못되었는지 설명했다. 기술적 문제를 자세히 설명한 다음에 그는 이 문제가 야기한 고통스러운 소회와 개인적 책임감을 토로했다.

> 내가 고령으로 현장에 자주 나가 보지 못해서 이런 실수가 발생했습니다. 나는 문제의 아치형 지붕이 지금쯤 완공될 거라고 생각했는데 올겨울이 끝날 때까지 완공되지 못할 것 같습니다. 만약 수치와 슬픔으로도 사람이 죽을 수 있다면, 나는 지금쯤 살아 있는 사람이 아닐 겁니다.[66]

바사리에게 보낸 후속 편지에서 미켈란젤로는 또다시 무엇이 잘못되었는지 자세히 설명했다. 그는 바사리에게 코시모 데 메디치에게 죄송하다는 말을 대신 해달라고 하면서 편지를 끝맺는다. 이런 최근의 불상사로 앞으로 최소한 몇 달 동안은 성 베드로 대성당에 발이 묶일 것 같다면서. "나는 온 마음을 다하여 대공 전하의 자상한 배려에 내 고마운 뜻을 전하고 싶습니다. 비록 노인의 몸이나마 내가 그분에게 봉사하는 것을 하느님이 허락해 주시기를. 이제 내게는 이 노구밖에 남아 있지 않습니다. 나의 두뇌와 기억은 이미 다른 곳에 가서 나를 기다리고 있습니다."[67]

한 해 한 해 시간이 지날수록, 특히 이런 시련의 시기일수록 코시모 데 메디치, 조르조 바사리, 조카 리오나르도는 미켈란젤로를 고향 피렌체로 데려오려는 노력을 멈추지 않았다. 미켈란젤로는 로마에서

와 같은 의무는 전혀 지는 일 없이 평화와 안정을 보장받을 것이라는 약속도 받았다. 미켈란젤로가 이런 권유를 모두 물리친 것은 기적에 가까운 일이었다. 이로써 그가 성 베드로 대성당 건설 공사에 기울인 헌신의 깊이를 엿볼 수 있다.

그러나 그 당시 그가 느낀 감정이 늘 일관성 있지는 않았다. 그는 한 장의 종이 위에다 이렇게 썼다. "고열, 옆구리 통증, 고통, 질병, 눈, 치아."[68] 그는 로마에 있는 자신의 집을 개선하고, 경비 계산을 하고, 동냥을 주고, 작고한 하인 우르비노의 아이들에게 돈을 보내는 일에서 약간의 위안을 얻었다.[69] 또 다른 종이에서는 이런 파편적인 낙서가 발견되었다. "하느님께 온몸의 헌신을 다하여."[70] 그 모든 어려운 일에도 불구하고 그는 하느님과 성 베드로 대성당에 대한 헌신을 굳건히 지켰다.

7장

로마의 건축가

다시 한번 죽음이 찾아왔다. 교황 파울루스 4세가 1559년 8월에 한여름 더위 속에서 사망했다. 몹시 경멸받던 이 광적인 이단심문자가 사망하자, 전례 없이 장기간에 걸친 난폭한 폭동이 여러 건 발생했다. 그러므로 조반니 안젤로 메디치(1499~1565)가 마침내 선출되어 12월에 피우스 4세(재위 1559~1565)라는 이름으로 즉위했을 때, 다들 안도의 한숨을 내쉬었다. 조반니 메디치는 피렌체의 대공 코시모 데 메디치의 친척은 아니었지만 메디치 가문과 긴밀한 동맹 관계를 맺고 있는 인물이었다. 전임 교황들과 마찬가지로, 피우스는 성 베드로 대성당의 수석 건축가라는 미켈란젤로의 지위를 다시 한번 확증해 주었다. 연달아 다섯 교황이 그런 지위를 인정해 준 것이다. 하지만 이런 세속적 안전 보장이 얼마나 오래갈 것인가? 미켈란젤로는 자신이 여섯 교황들보다 더 오래 살고 있음을 의식했다.

미켈란젤로는 그해 12월에는 성 베드로 대성당에 모습을 드러내지 않았다. 신임 교황 축하 행사와 공현절 일정이 공사를 한동안 중단시켰기 때문이다. 더욱이 습기 많은 축축한 날씨는 노구에 매우 해로웠다. 사실 이런 거대한 공사 현장에서 미켈란젤로가 어떤 업적을

〈교황 피우스 4세〉, 목판화, 1568, 에모리 대학교, 피츠 신학 도서관, 애틀랜타.

쌓을 수 있겠는가? 이제 그의 나이가 80대 중반에 접어들었다는 점을 감안한다면 말이다.

피우스 4세가 새 교황으로 선출되었을 때, 미켈란젤로는 율리우스 3세 때와 동일한 판단 착오를 했다. 그러니까 신임 교황이 자신에게서 별로 기대하는 바가 없을 거라고 짐작한 것이다. 그러나 그런 생각과 달리 피우스는 로마의 도시 재생, 광대한 무거주 지역의 개발과 관련해 아주 야심 찬 계획을 갖고 있었다.[1] 곧 미켈란젤로는 폐허로 남아 있는 디오클레티아누스의 공중목욕탕을 산타 마리아 델리 안젤리 교회(화보 36)로 변모시키는 설계 작업을 맡았고, 또 인근 도시의 성문인 포르타 피아(화보 37)를 새롭게 멋진 건축물로 변모시키는 작업도 담당하게 된다.[2] 미켈란젤로의 봉사를 바라는 군주가 피우스 4세만은 아니었다. 오랫동안 알고 지내온 아스카니오 스포르차도 스포르차의 가족 예배당을 산타 마리아 마조레 성당으로 개축하는 일을 해달라고 요청해 왔다.[3] 또 피렌체 대공 코시모 데 메디치는 적당한 때가 되었다고 생각하여 로마의 피렌체인 동네를 위한 새로운 교회인 산 조반니 데이 피오렌티니를 설계해 달라고 주문했다. 한편 미켈란젤로의 설계에 따라 만든 돔의 모형을 제작하여 성 베드로 대성당의 앞날을 확실히 해두어야 한다는 압박도 점점 높아져 갔다.

성 베드로 대성당 돔의 모형(1559~1561)

미켈란젤로는 로돌포 피오 다 카르피 추기경(1500~1564)을 좋아했다. 추기경의 강렬하면서도 너그러운 성품은 프란체스코 살비아티가 그렸다는 초상화에 잘 드러나 있다(화보 38).[4] 미켈란젤로보다 한 세대 아래인 피오 다 카르피는 저명한 교양인이었고, 골동품 수집가였으며, 유능한 외교관이자 성 베드로 대성당 파브리카의 영향력 높은 임원이었다.[5] 이렇게 하여 다시 한번 교황청의 건축가는 바티칸 관료 사회 안에서 강력한 지지자를 얻었다. 미켈란젤로는 추기경을 '내가 가장 존경하는 후원자'라고 불렀고, 피오 다 카르피를 직접적으

미켈란젤로, 스포르차 예배당 내부, 1560 이후, 산타 마리아 마조레, 로마.

로 알고 지내던 바사리는 그를 예술가의 친구로 지목했다.[6] 미켈란젤로에게 성 베드로 대성당의 돔 모형을 만들라고 촉구한 사람이 바로 이 카르피 추기경이다. 그리고 이 추기경에게 보낸 한 편지에서 미켈란젤로는 간결한 건축 '이론'을 표명했다. "건축물의 각 부분은 인간 내부의 각 장기와 비슷합니다. 인간의 신체, 특히 해부학에 통달하지 못한 사람은 이러한 진리를 깨우치지 못할 겁니다."[7]

미켈란젤로는 카르피 추기경을 좋아하기는 했지만 그에 못지않게 모형 만드는 일을 싫어했다. 무려 50년이나 공사가 진행되었지만 여전히 교회가 완공되지 못한 것을 파브리카의 임원인 추기경은 크게 걱정했다. 게다가 카르피는 미켈란젤로의 건강도 걱정이 되었다. 그는 예술가의 고령을 또렷이 의식하고 있었다. 추기경 자신도 환갑이 가까웠지만, 미켈란젤로는 그보다 25년이나 연상이었다. 비록 서로 말은 하지 않았지만 두 사람은 미켈란젤로가 돔의 완성을 볼 정도로 오래 살지 못하리라는 것을 알았다. 그러므로 모형은 설사 미켈란젤로에게 죽음이 찾아온다 하더라도 그의 설계를 확실히 실현시켜 줄 수 있는 보장된 수단이었다. 하지만 이 세상에 확실한 보장이라는 게 있을 수 있는가?

미켈란젤로는 모형과 관련해 아주 나쁜 기억이 있었다. 그는 모형이 어떤 설계의 실행을 보장해 준다거나 건축적 문제를 시공자에게 설명해 준다는 얘기를 믿지 않았다. 여러 해 전에 그의 친구 줄리아노 다 상갈로는 피렌체의 스트로치 궁전을 위한 모형을 만들었다. 비록 크고 아름다웠지만 상갈로의 모형은 후원자가 가지고 노는 장난감에 불과했다. 그 모형은 돌로 짓는 건물의 구조적 문제를 전혀 해결해 주지 못했다. 그것은 현장에서 돌덩어리를 깎고 성벽을 세우는 석공에게는 별로 가치가 없었다.

미켈란젤로는 여러 해 전에 미완성 상태의 드럼 설계도와 그것의 나무 모형을 만든 바 있었다. 그것은 브루넬레스키가 피렌체에 있는 산타 마리아 델 피오레 대성당을 건축할 때 세운 것과 같은 것이었다. 미켈란젤로는 이 공사에 두 번 관여했는데 한 번은 1507년이었고, 다른 한 번은 1516년에서 1520년 사이였다.[8] 미켈란젤로의 설계안은 사용되지 않았고 다른 여섯 명이 제출한 것들도 마찬가지였다. 그리고 이 일곱 명은 모두 나무 모형을 제출했다. 그 일은 아무 소용도 없는 헛수고였고 오늘날까지도 미완으로 남아 있다.

미켈란젤로는 피렌체의 산 로렌초 교회를 건축하던 시절(1515~

1534)에 모형과 관련해 몹시 씁쓸한 기억을 갖고 있었다. 그는 교황 레오 10세의 요청으로 교회 파사드를 잘 보여주는 아주 멋진 나무 모형을 제작했다. 이 모형은 후대에 전해져 지금도 카사 부오나로티에 보관되어 있는데 그 당시 소기의 목적을 충분히 달성했다. 즉, 후원자로 하여금 르네상스 시기 피렌체에서 가장 호화로운 건설 공사에 천문학적 공사 대금을 지불하도록 설득했다. 그 모형은 '이탈리아에서 가장 아름다운 건축물'을 창조하겠다는 미켈란젤로의 대담한 약속을 적절히 뒷받침했다.[9] 미켈란젤로의 집안사람들은 대체로 건설 공사에 무관심했지만, 이 대성당의 경우 그 엄청난 규모를 알고 나서는 대사업에서의 '행운'과 성공을 빌어 마지않았다.[10]

산 로렌초 교회의 파사드 공사가 취소된 것은 미켈란젤로가 살아오는 동안 개인적으로 겪은 일 중에 가장 실망스러운 일이었다. 그와 휘하의 숙련된 목공들은 대규모의 값비싼 모형을 만들었으나 모형이 공사의 완공을 보장해 주지는 않았다. 그것은 아주 씁쓸한 기억이었다. 40년 넘는 세월이 흐른 뒤, 미켈란젤로는 산 로렌초 교회의 파사드가 결코 지어지지 않으리라는 사실을 체념하며 받아들였다.

그런데 미켈란젤로는 또다시 모형을 만들어달라는 요청을 다시 받은 것이다. 그가 여러 해 전 성 베드로 대성당의 수석 건축가로 임명되었을 때 했던 첫 번째 일은 안토니오 다 상갈로의 화려한 나무 모형(화보 16)을 거부하는 것이었다. 상갈로의 모형은 '최종' 설계를 보장받으려는 르네상스 건축가가 심혈을 기울여 만든 작품이었다. 상갈로와 그의 추종자들은 그 모형 덕분에 새 성당이 그들의 설계대로 건설될 거라고 안심했으리라. 그러나 미켈란젤로는 상갈로의 겉만 번드레한 모형에 구속된 채 공사를 진행할 생각이 전혀 없었다. 그는 상갈로 모형을 경멸했다. 그 겉만 번드레한 물건은 인근의 파브리카 보관실에서 거대한 신천옹처럼 버티고 있었다.

미켈란젤로는 이처럼 모형이 현장에서 무시되는 데다 무용하고 또 별 가치가 없다는 것을 여러 번 체험했던 터라 성 베드로 대성당을 위해 그런 모형을 제작해 달라는 요청을 선뜻 받아들이기가 어려웠다. 게다가 어떤 확정적인 모형을 사전 제작하는 것은 미켈란젤로의 공사 진행 방식이 아니었다. 미켈란젤로는 중세·르네상스 시대 시공자들의 전통에 대체로 입각하여 임기응변 방식으로 공사를 진행했다. 그러니까 설계와 구조에서 문제가 발생하면 그때그때 해결하는 방식이었다. 그는 건축 공사에 처음 관여한 이래, 설계와 시공은 불가분의 관계이고 연속적인 계기를 따라 진행되는 것이 아니라 동시 다발적으로 벌어진다는 것을 깨달았다. 이러한 전통 혹은 절차는 중세 유럽에서 식민지 시대의 아메리카 대륙에 이르기까지 현장에서 별로 변하지 않았으며, 조각에 대한 미켈란젤로의 접근 방식과도 상통한다. 그는 먼저 돌덩어리를 깎아내며 작업을 하고 그 과정에서 필요한 결정과 수정을 가하는데, 그런 변경을 수용할 수 있도록 재료를 미리 충분히 남겨놓았다. 이러한 방법은 제임스 애커먼이 말한 이탈리아 르네상스 건물들의 '매우 생물학적인 특성'을 잘 설명해 준다. 애커먼은 그 시대 건축물은 "그 성장 과정이 살아 있는 유기체처럼 진화해 왔다"[11]라고 말했다.

모형과 완성 도면은 후원자들로 하여금 호주머니를 열고 돈을 쓰게 만드는 홍보성 물건이다. 그것들은 대체로 말해서 작업 현장에서는 그다지 쓸모가 없다. 스트로치 궁전은 그 점을 잘 보여주는 아주 모범적 사례다. 줄리아노 다 상갈로의 모형이 번연히 있는데도 설계와 구조에서 필요한 결정은 시공이 시작된 후에 내려졌으니 말이다. 스페인의 엘에스코리알 성당같이 잘 조직된 공사도 이와 유사한 방식으로 진행되었다. 어떤 작업에서 필요한 설계안과 작업 도면은 시공 직전에 만들어졌고 진행 상황에 따라 수정이 가해졌다. 성 베드로 대성당의 작업 과정을 보여주는 증거들은 미켈란젤로 역시 이런 방식으로 공사를 진행했음을 보여준다.[12] 건축은 과학이 아니었기에 그 어떤 정밀한 계획도 예상되는 문제점을 모두 반영할 수는 없고 필요한 수정 사항을 미리 다 예측하지 못한다. 특히 성 베드로 대성당처럼 전례 없는 대규모 공사일 경우, 가변성이 더 높아진다.

미켈란젤로는 피오 다 카르피 추기경이 파브리카 임원인데도 자신에게 우호적으로 대해 줘서 고맙게 여겼다. 벌써 여러 해 동안 교황청의 관료 사회에 시달려 왔기 때문이다. 어떤 고정된 설계안에 매이거나 그런 설계안에 따라 일을 진행하는 것은 미켈란젤로의 성품에 맞지 않았으나, 우호적인 영향력 높은 친구들을 사귀려 하고 또 그들에게 고마움을 표하고자 하는 것도 그의 성품이었다. 카르피가 미켈란젤로의 파브리카 업무가 원활하게 돌아갈 수 있도록 옆에서 거들어주었기에 미켈란젤로는 그런 은고에 보답할 필요가 있었다. 그는 마침내 다소 내키지 않는 마음이었지만 모형을 만드는 데 동의했다. 이제 타협을 본 미켈란젤로는 1557년 2월에 조카에게 보내는 편지에서 그런 상황을 제일 먼저 보고했다.

나는 큐폴라와 랜턴lantern〔돔 위의 장식창, 화보 52〕을 포함하는 거대한 나무 모형을 만들어야 할 것 같다. 모든 면에서 그 모형대로 공사가 진행되는 것을 미리 확정하기 위해서 말이다. 로마의 전 시민이 이 일을 해달라고 내게 호소해 왔다. 특히 존경하는 디 카르피 추기경이 요청하셨어. 그러니 이걸 하기 위해서라도 앞으로 1년은 여기에 머물러야겠구나.[13]

미켈란젤로는 모형 제작에 협조했지만 그 대신 시간을 끌었다. 그가 마지못해 동의한 모형은 그로부터 2년 뒤에나 착수되었다. 그 모형을 만드는 데에는 노련한 목공 여덟 명이 투입되어 2년 이상이 걸렸고(1559~1561) 비용은 750스쿠디 이상이 들어갔다. 목공들이 마침내 이 멋진 물건을 만들어냈을 때(화보 39), 미켈란젤로는 여든여섯이었다. 이 모형이 그의 '확정적' 설계안을 보여준다고 생각되었고, 공사는 빠르게 진척되었다. 미켈란젤로는 여러 해에 걸쳐서 돔 건설의 문제점을 깊이 생각해 왔고 다양한 건축 아이디어를 지속적으로 실험해 왔다. 그런 만큼 이 모형 하나로 그의 의도를 온전히 드러냈다고 하기는 어려울 것이다. 하지만 그는 나이가 들었고 자신의 죽음 이후에도 피오 다 카르피 추기경이 미켈란젤로의 비전을 잘 실현해 줄 것이라는 희망 아래 그 모형 제작에 동의했다. 하지만 세상일이란 알 수 없는 법이다. 예술가보다 훨씬 젊었던 추기경은 미켈란젤로의 사망 석 달 후에 이 세상을 떠났다. 이런 사실을 미켈란젤로가 당시에 짐작이나 할 수 있었겠는가?

산타 마리아 디 로레토

브라만테의 설계안이 거듭되는 시공 착오로 인해 없는 것이나 마찬가지가 된 상황을 지켜본 미켈란젤로는 설계의 연속성이란 결코 보편적이 될 수 없는 것임을 잘 알았다. 브라만테는 교황 율리우스 2세의 건축가 겸 새 성당의 수석 설계자라는 데서 나오는 권위를 행사했다. 그의 설계안은 각종 도면에 잘 기록되어 있고, 정초定礎 기념 메달로 만들어지기도 했으며, 또 수십 년 동안 실제 시공이 이루어지기도 했다. 그렇지만 그 후의 건축가들은 여러 수정을 가하면서 브라만테의 애초 의도를 그리 존중하지 않았다. 지난 40년간의 변화와 수정을 되돌리기 위해 미켈란젤로는 마치 헤라클레스와 같은 노력이 필요했다. 예전 건축가들이 저지른 어리석은 행동들을 시정하기 위해 그가 기울인 노력을 감안할 때, 미켈란젤로는 미래의 시공자들이 자신의 노력을 존중해 줄 것이라고 확신할 수 없었다. 그는 날마다 성 베드로 대성당의 운명이 앞으로 어떻게 될지 울적하게 상상했다. 그 자신이 건축적 불연속성의 대표적 사례라고 할 수 있는 건물 옆에 살고 있어서 더욱 그랬다.[14]

미켈란젤로는 비아 마첼 데 코르비의 현관문을 열고 나설 때마다 미완성 교회인 산타 마리아 디 로레토를 보았다. 16세기의 첫 10년 동안에 착공된 이 교회는 1500년대 초기의 엄격한 양식에 따라 설계되었다. 그리하여 건물의 1층이 완공되고 그 위로 막 올라가기 시작할 무렵, 갑자기 공사가 중단되었다. 보수적·고전적 분위기를 갖춘 견고한 사각형 대좌는 그와 비슷한 분위기의 중앙집중형 돔을 예고하고 있었다. 그러나 하늘만 쳐다보고 있는 그 미완성 교회는 지난 30년 동안 그 견고한 바닥 위에다 드럼과 돔을 올려줄 건축가를 기다리고 있었다. 그 미완성의 교회를 볼 때마다 미켈란젤로는 자신이 성 베드로 대성당의 완공을 보지 못하고 죽으리라는 사실을 의식하곤 했다.

그리고 마침내 1570년대에 들어와—미켈란젤로 사망 10년 후에—자코포 델 두카(1520경~1601 이후)가 로마시 전체를 통틀어서 보아도 기이하기 짝이 없는 돔과 랜턴을 갖춘 산타 마리아 디 로레토 교회를 완공했다(화보 40). 그냥 보기에는 매력적일지 모르나, 이 교회 건물은 윗부분과 아랫부분이 서로 엄청나게 대비된다. 이는 추후의 작업에 영향을 미치려고 제작된 사전 설계의 실패를 보여주는 대표적인 사례다. 이렇게 하여 미켈란젤로는 자신이 맡은 건축 프로젝트와 관련하여 두 가지 질문에 봉착했다.

남은 생애 동안 이런 프로젝트 가운데 몇 가지를 완수하게 될까?

나의 설계가 추후에 크게 변경되지 않으려면 어느 정도 공사를 진행해 놓아야 하는가?

물자 조달 및 시공의 문제점들

건설 공사는 종이 위에 검은 초크로 아름다운 도면을 그리는 것보다 훨씬 복잡하다는 것을 미켈란젤로는 잘 알았다. 작업 도면과 실제 시공 사이에 별 관계가 없듯이, 모형과 건물 사이에도 별로 관계가 없다. 나무는 돌같이 보이지도 않고 또 돌처럼 단단하지도 않다. 선반 위에서 얼마든지 돌릴 수 있는 나무 기둥은 석산에서 채석하여 수송하고 건립한 돌기둥과는 전혀 다른 물건이다. 돌기둥은 나무 기둥보다 열 배는 더 크고 백 배는 더 비싸며 천 배나 더 무겁다. 모형에다 작은 나무 기둥을 붙이는 것과, 건설 현장에서 높은 곳으로 돌기둥을 들어 올리는 것은 완전히 다른 문제다. 더욱이 나무 기둥은 돔을 떠받치는 돌기둥에 가해지는 하중을 전혀 알려주지 못한다. 시공은 설계를 복잡하게 만드는 것이다.

우리는 미켈란젤로를 뛰어난 설계자로서 존경하지만, 막상 그는 날마다 물자 조달과 시공의 문제점들에 직면했다. 돔의 드럼을 시공하기 위해, 미켈란젤로는 일찍이 안토니오 다 상갈로가 나무 모형을 만들면서 겪지 못했던 여러 문제점을 날마다 겪어야 했다.

돔의 드럼을 둘러쌀 열여섯 개의 버팀벽과 서른두 개의 기둥을 건설하려면 석회화가 어느 정도 필요한가? 티볼리 석산의 채석업자들에게 형판 도면을 만들어서 건네야 할 책임은 누가 져야 하는가? 어느 정도 수준으로 돌 조각공들을 고용해야 하는가? 채석장에서는 대강 어느 정도 크기로 돌을 캐내야 하는가? 채굴 작업과 수송 업무의 감독을 누구에게 맡겨야 하는가? 돌덩어리를 티볼리에서 성 베드로 대성당까지 수송하는 데 얼마나 많은 수레꾼을 고용해야 하는가? 돌덩어리 운송 작업을 가속화할 방법은 없는가? 그렇게 하는 데 비용이 얼마나 들까? 교황은 어느 정도까지 비용을 허락할까? 석회화는 언제부터 현장에 도착할까? 비아 티부르티나로 건설 자재를 수송해 오는 과정에서 도둑 떼나 산적 떼를 만날 위험은 없는가? 일단 성 베드로 대성당에 도착하면 그 돌덩어리를 어디다 보관해야 할까? 그 돌덩어리와 석공을 보호하기 위해 임시 대피소를 건설해야 할까? 그 돌을 들어 올려 제자리에 맞춰 넣기 전에 돌을 어느 정도나 다듬어야 할까? 200개가 넘는 드럼용 기둥〔돔 바로 밑의 기초 부분인 드럼에 들어가는 돌기둥들〕을 만들려면 어느 정도의 장비와 숙련 노동력이 필요한가? 선반공들은 어디에서 돌을 굴리고 다듬는 작업을 해야 하고, 어떤 도구를 필요로 하는가? 각종 작업 도구를 잘 벼릴 수 있도록 기존의 작은 용광로를 크게 키워야 하는가? 드럼용 기둥을 인양 지점까지 안전하게 이동시키기 위하여 어느 정도로 일용직 노동자를 동원해야 하는가? 드럼용 기둥은 굴려서 이동해야 하는가, 아니면 수레를 사용해야 하는가? 기중기는 원활하게 작동하는가? 기중기와 밧줄은 드럼용 기둥을 들어 올릴 만큼 튼튼한가? 밧줄은 충분하고 또 양호한가? 부벽 내의 나선형 경사로를 이용하여 얼마나 많은 건설 자재를 공사장의 높은 곳까지 수송해야 하는가? 그 작업을 위해 어느 정도의 노새와 노새 몰이꾼을 준비해야 하는가? 경사로에는 동물 똥이 얼마나 쌓이는가? 미끄러운 경사로를 날마다 혹은 주마다 청소하기 위해 사람을 고용해야 하는가? 좋은 발판을 마련하기 위해 짚을 바닥에 깔아야 하는가? 당나귀들은 어디다 놔둘 것이며, 누가 그 동물을 돌보고 또 밥을 줄 것인가? 당나귀들의 울음소리나 당나귀꾼의 욕설이 절반쯤 완성된 교회 내에서 치러지는 미사에 방해가 될까? 이런 방해에 대하여 누가 사제들에게 양해를 구할 것인가? 아치형 지붕 부분에서는 어떤 종류의 비계를 설치해야 하는가? 그 비계에는 기중기들을 놓을 공간과, 드럼용 돌기둥을 제자리에 올려야 하는 노동자들이 움직일 공간이 충분한가? 비계를 만드는 데 들어가는 나무는 누가 공급할 것인가? 누가 그 비계를 설계하고 건설할 것인가? 15미터 높이인 드럼의 다른 구간으로 작업장을 옮길 때 누가 그 비계를 해체하여 이동시킬 것인가? 드럼용 기둥들을 들어 올릴 때, 첫 번째 것을 제자리에 맞춰 넣기 전에 두 번째 것을 올려놓을 만한 공간과 들어올리는 받침대가 충분한가? 일단 그렇게 들어 올리고 난 후에는 기둥을 얼마나 더 가공해야 하는가? 무거운 드럼용 기둥을 설치할 때 이동의 편의를 위해 돌기둥에다 얽어매는 천공 작업에서 어느 정도 손상이 예상되는가? 개별 기둥들을 서로 묶어놓아야 하는가, 아니면 기둥 자체의 무게로 충분히 안정감이 확보되는가? 돔을 건설하기에 앞서서 벽돌과 석회화 덩어리는 어느 정도 필요한가? 시간과 돈을 절약하기 위해 현장에 더 많은 가마를 설치해야 할까? 가마에 넣을 연료인 땔나무는 충분한가? 또 설치할 공간은? 모르타르는 얼마나 필요하고 그것을 녹이는 데에는 시간이 얼마나 걸릴까? 아쿠아 다마시아나 샘물은 공사에 필요한 물을 충분히 공급할 수 있을까? 아니면 물장수를 추가로 고용하여 테베레강에서 물을 끌어와야 할까? 성 베드로 대성당의 사제들은 나무 태우는 냄새, 석회를 만들기 위해 돌을 태우는 냄새, 당나귀 냄새, 일꾼들의 냄새와 행동에 불평할까? 그들은 전에도 그랬던 것처럼 별 이유도 없이 그냥 반대할까?

이 같은 질문은 계속되었다. 이런 작업들을 통제하기 위해 얼마나 많은 현장 감독이 필요한가? 개별 작업조를 담당하는 작업반장들을 지휘하는 총감독으로는 누구를 고용할 것인가? 충분한 임금에 장기간 일할 수 있는 일꾼은 충분히 있는가? 일꾼들 중에서는 누가 이중 껍데기를 지닌 돔을 지을 정도로 특화된 기량을 갖추고 있는가? 드럼의 위험한 높이에서 기꺼이 일하려 하는 일꾼들이 있는가? 이어 드럼 위로 우뚝 솟은 돔 표면의 허공에서 용감하게 일하려는 일꾼은? 장기적으로 고용해야 할 노동 인력의 수는? 노동력 안정을 보장하기 위해 필요한 임금 수준은? 건설 비용이 끊임없이 횡령되는 것을 막아낼 방법은? 함량 미달의 자재를 사들이는 것은 이미 수십 년 동안 진행된 현장의 관행이었는데 이를 방지할 대비책이 있는가? 부정부패와 횡령·사취를 막아내는 데 파브리카의 어떤 관리들이 믿을 만한가? 과연 수석 건축가가 재정 문제를 걱정하는 것이 타당한가? 수석 건축가가 일용직 노동자 문제도 신경 써야 하는가? 수석 건축가는 현장 감독들이 어떻게 하고 있는지, 그들이 수석 건축가의 의도와 설계안대로 일하고 있는지 어떻게 알 수 있는가? 수석 건축가는 설계와 시공 사이의 괴리를 어떻게 메울 수 있는가? 세부사항을 모두 직접 관장하는 것과 대리인을 지명하여 믿고 맡기는 것 사이에서 어떻게 일을 배분해야 하는가? 수석 건축가는 현 교황의 관심사인 시간과 돈을 걱정해야 하는가? 현장에서의 규정 위반, 고집, 불손한 행동 등을 누가 적발하고 다스릴 것인가? 많은 이들이 기대하는 것처럼, 현장에서 와인을 나누어 주어야 하는가? 만약 그렇게 한다면 가장 높은 곳에서 일하는 일꾼들에게 먼저 나누어 주어야 하는가? 도난을 방지하기 위한 야간 경비는 누구를 시킬 것인가? 불순한 날씨는 작업 진행에 협조해 줄 것인가? 파브리카 관리들은 협조해 줄 것인가? 현장에서의 인명 손실은 어느 정도 될 것인가? 작업반장이

해고되거나, 이동하거나, 현장에서 살해되는 사건이 또다시 발생할까? 파브리카에서 근무하는 수석 건축가의 친구들은 오래 살 수 있을까? 교황은 오래 살 수 있을까? 수석 건축가 자신은 충분히 오래 살 수 있을까? 하느님의 교회의 건축가인 미켈란젤로는 하느님의 기대에 부응할 수 있을까?

이러한 질문들은 바사리의 미켈란젤로 전기의 수사학적인 첫 문단보다 더 길었다. 바사리는 그 전기에서 천재를 칭송하지만, 나는 여기서 성 베드로 대성당 공사를 담당한 한 인간, 곧 하느님의 건축가가 날마다 마주해야 하는 관심사를 길게 적어보았다.

죽음 이후에도 영향을 미치는 예술과 건축

미켈란젤로는 설계와 시공의 모든 세부사항을 직접 챙기는 실무적 건축가였다.[15] 오늘날이라면 우리는 그를 가리켜 세세한 것까지 다 살펴보는 'A형 성격'이라고 부를 것이다. 예를 들어 1515년에서 1534년 사이에 피렌체의 산 로렌초 교회 공사를 할 때 그는 고대 로마 시대 이래 가장 크고 가장 좋은 품질의 대리석 덩어리가 나오는 알피아푸아네산맥의 석산에서 채굴했다. 이 석산은 심지어 오늘날에도 접근하기가 쉽지 않은 곳이다. 그는 썰매, 수레, 황소로 이루어진 운송팀을 조직했고 그에 더하여 운송 장비도 조립하거나 빌려와야 했는데 때로는 그런 장비가 부실할 때도 있었다. 그는 때때로 저절로 욕설이 나오는 악천후와 싸웠고, 그가 직접 뽑기는 했지만 훈련을 시켜야 하고 감독해야 하는 인력을 노련하게 부려야 했다. 그는 필요한 건축 자재를 직접 고르고 검사했다. 밧줄, 도르래, 배를 준비했고, 운송료를 두고 수레꾼 및 운송업자 들과 직접 입씨름을 했다. 아주 사소하여 무의미해 보이는 세부사항들도 직접 도면을 그려 작성했고, 그것을 현장에 건네주기 전에 직접 계산해 보았다. 그러면서 곡식의 부셸〔과일과 곡물의 중량을 재던 단위〕 수치를 직접 계산했고, 편지의 초안을 작성했고, 심지어 시를 짓기도 했다. 미켈란젤로는 창조적인 천재였을 뿐만 아니라 눈 밝은 사업가, 노련한 엔지니어, 융통성 있는 건설업자, 성공적인 기업가였다. 그는 성과 속을 무시로 오가는 사람이었다.

로마에 와서도 미켈란젤로는 여전히 실무적 건축가였으나 성 베드로 대성당의 규모, 엄청나게 동원한 노동력, 자신의 노령 등에 적응했고, 설계안을 구조로 바꾸는 데 끊임없는 결정, 무수한 조정, 빈번한 개입이 필요하다는 것도 깨달았다. 성 베드로 대성당같이 복잡한 데다 대규모인 공사 현장에서, 엔지니어링 문제는 벌어지게 되어 있었고, 그러면 경우에 따라 수정도 하고 설계 변경도 수용해야 한다. 그는 자신의 의도를 분명히 드러내는 것을 경계했고 고정된 설계나 모형을 아주 불편하게 여겼다. 사정이 이러했기에 미켈란젤로가 80대에 담당했던 많은 공사의 구체적 증거가 별로 남아 있지 않은 건 그리 놀라운 일이 아니다.

미켈란젤로의 로마 건축 공사 가운데 예술가와 후원자 사이에 맺어진 계약서는 단 한 건도 남아 있지 않다. 캄피돌리오, 산 조반니 데이 피오렌티니, 산타 마리아 델리 안젤리, 포르타 피아, 스포르차 예배당… 심지어 성 베드로 대성당 공사조차 계약서는 존재하지 않는다. 계약서는 완성된 도면이나 모형과 마찬가지로 디자인을 보장하기 위한 전통적 수단이었고 예술가의 악명 높은 변덕과 고집을 방지해 주는 보험 증권이었다. 그런데 이런 물질적 증거가 없다는 사실은 후기 르네상스 로마에서 미켈란젤로가 아주 독특한 위치를 차지했음을 시사한다. 그런 독특한 지위는 후대에 들어와 잔로렌초 베르니니와 프란체스코 보로미니, 크리스토퍼 렌, 로버트 애덤, 토머스 제퍼슨, 헨리 홉슨 리처드슨, 프랭크 로이드 라이트 등으로 계속 이어졌다. 현대의 건축가들이 탄생하는 데 미켈란젤로가 일조한 셈이다.

미켈란젤로의 후반기 경력에서 가장 주목할 만한 점은 그가 엄청난 권위를 행사했고, 그 권위가 그가 사망한 이후에도 지속되었다는 것이다. 만약 어떤 건축가가 어떤 의미로든 미켈란젤로의 손길이 '닿은' 미완성 공사를 물려받았다면 그걸 그냥 미켈란젤로의 것으로 해두는 관행이 정립되었다. 후대의 건축가들은 '미켈란젤로'라는 이름에 구속을 받았다. 거장을 개인적으로 알고, 그의 설계를 알고, 그의 '의도'를 아는 건축가로 인정받기를 원했다. 실행되었든 구상만 되었든 미켈란젤로의 설계안은 의심할 나위 없는 권위의 위상을 획득했다.[16] 만약 어떤 변경이 가해진다면 미켈란젤로의 의도에 대한 존경심을 확정하는 뜻으로 그렇게 하는 것이었다. 가령 카를로 마데르노가 성 베드로 대성당의 회중석을 확장하고 파사드를 건설한 것이 좋은 사례다.[17] 작성된 도면, 모형, 계약서 등에 정보가 충분히 없는 경우에(이건 늘 있는 일이다), 그다음에 나올 수 있는 가장 좋은 근거는 한때의 조수, 제자, 친구 등의 자격으로 미켈란젤로와 개인적으로 알고 있었느냐는 것이었다. 거장 곁에 가까이 있었던 관계일수록 거장의 의도를 더 잘 안다고 주장하는 근거가 되었고 거장의 권위를 일부 물려받았다고 확실하게 주장할 수 있었다. 반사 영광이었고 지근거리에 의한 후광의 권위였다.

거의 모든 경우에, 우리가 지닌 가장 좋은 증거는 계약, 도면, 모형 등에 의한 객관적 증거가 아니라 미켈란젤로가 주위의 협력자들과 맺은 개인적 관계에서 나오는 것이다. 그러니까 그를 신뢰하는 후원자들에서 신임하는 현장 감독에 이르기까지 개인적으로 친한 사람들을 말한다. 교황청 건축가로 근무하는 17년 동안, 다섯 교황, 파브리카의 세 친구, 네 명의 현장 총감독 등이 미켈란젤로가 건축의 책임을 맡은 여섯 개 프로젝트의 완공을 위해 도움을 주었다. 이 총감독은 자코포 멜레기노(1549년 사망 시까지 재임), 세바스티아노 말레노티(재임 1550경~1557), 체사레 베티니(재임 1560~1563), 피에르 루이지 가에타(재임 1563~?)인데, 이들은 성 베드로 대성당 현장에서 날마다 미켈란젤로와 함께 일했기에 아주 소중한 존재였다. 게다가 이들은 미켈란젤로의 또 다른 로마 프로젝트에서도 날마다 벌어지는 일들을 감독했다.

미켈란젤로의 직업적·개인적 안정을 위해 그에 못지않게 중요한 사람들로는 생애 만년에 거장의 바로 옆에서 시중을 들었던 개인들이 있었다. 그들 중에 첫째로 꼽아야 할 사람은 토마소 데 카발리에리다. 카발리에리는 미켈란젤로를 처음 만났을 때 10대 소년이었는데 이제는 유지급 로마 시민에다 파브리카의 임원이 되어 캄피돌리오를 감독했다. 처음부터 아주 강렬하게 시작되었던 이들의 우정은

30년 이상 지속되면서 더욱더 원숙해졌다. 카발리에리는 미켈란젤로가 사망할 때 바로 그 옆에서 임종을 지켰기에, 이 젊은 사람의 이름이 캄피돌리오의 팔라초 데이 콘세르바토리의 현관에 새겨진 것은 적절한 처사였다. 카발리에리 자신도 그 공사의 완공을 도왔으니 말이다.

생애 만년에 미켈란젤로는 마르첼로 베누스티, 다니엘레 다 볼테라, 티베리오 칼카니 같은 몇몇 젊은 예술가들과 가깝게 지냈다. 이런 친구들은 나이 든 예술가에게 말동무가 되어주었을 뿐만 아니라 그의 미완성 공사들을 완공하는 데에도 크게 기여했으며, 그 결과로 미켈란젤로의 권위가 미치는 범위를 더욱 크게 확대했다. 미켈란젤로의 후기 경력 중 가장 큰 특징은 작업 요청이 점점 더 늘어났다는 것이다. 그가 나이 들어가면서 모든 사람이 '그의 손에서 나온 것'을 점점 더 많이 요구하는 듯했다. 미켈란젤로는 성 베드로 대성당, 파르네세 궁전, 캄피돌리오, 포르타 피아, 산타 마리아 델리 안젤리 등의 대규모 공사에 관여하면서 점점 더 그림이나 조각 활동을 할 시간이 줄었다. 그는 생애 전반기에 혼자서 작업하는 그림이나 조각 작품을 다수 제작했고 그 덕분에 명성을 확립할 수 있었다. 이제 그는 드로잉을 해달라는 부탁을 잘 들어주었다. 그리하여 그와 협력한 예술가 무리들은 나중에 그 드로잉을 내밀며 미켈란젤로의 아이디어 혹은 구상을 따른, '미켈란젤로의 손이 닿은' 작품이라고 주장할 수 있었다.

1540년대에 마르첼로 베누스티(1512~1579)는 로마의 산타 마리아 델라 파체와 산 조반니 인 라테라노라는 두 교회를 위해 제단 뒤쪽에 들어갈 대형 그림을 제작했는데, 미켈란젤로의 드로잉에 의거해 그렸다. 이에 더하여 베누스티는 미켈란젤로의 드로잉에 의거하여 소규모 그림도 여럿 그렸다. 그런 드로잉 중에는 미켈란젤로가 비토리아 콜론나를 위해 그린 〈십자가형〉(화보 8), 〈피에타〉(화보 41과 42), 〈그리스도와 사마리아의 여인〉, 이렇게 석 점도 포함된다.[18] 이런 그림들은 폭넓게 사랑받았다. 이런 복제 그림이 많다는 것은 미켈란젤로 아이디어의 명성이 높았음을 증명한다. 다들 그의 그림 사본을 갖고 싶어 했고 베누스티는 점점 늘어나는 그런 수요를 맞추어주었던 것이다. 베누스티는 거장의 드로잉을 그림으로 바꾼, 재주 있는 화가였다. 이 젊은 예술가는 미켈란젤로의 드로잉 제작을 재촉하는 촉진자 역할을 뛰어넘어 거장의 창조성을 점화시키는 역할도 했다. 미켈란젤로는 베누스티 그림의 높은 세련미와 에나멜 같은 처리 방식에 매혹되었다. 이런 방식은 16세기의 기호에 크게 호소했는데, 미술사가 존 쉬어먼은 이를 '스타일리시 스타일stylish style'이라고 규정했다.[19] 미켈란젤로는 베누스티와 함께 작업하기를 좋아했다. 두 사람은 가까워졌고 미켈란젤로는 베누스티의 첫 아들에게 대부를 섰는데 그 아이의 이름 역시 미켈란젤로였다.

다니엘레 다 볼테라(1509~1566)는 1540년대에 미켈란젤로의 적극적인 협력자이자 친구가 되었을 때 이미 명성이 확립되어 있는 화가였다. 다니엘레의 예술적 위상은 마르첼로 베누스티의 그것을 훌쩍 뛰어넘었다. 베누스티의 경우와 마찬가지로 다니엘레의 전문 능력과 우정은 미켈란젤로에게 아주 소중했다. 물론 이는 미켈란젤로의 관점에 입각한 것이지 미술사의 관점에서 그런 것은 아니다. 다니엘레는

다니엘레 다 볼테라, 〈미켈란젤로 청동 흉상〉 일부, 1565, 바르젤로 미술관, 피렌체.

미켈란젤로와 친해져 그의 집으로 이사 왔으며 예술가의 흉상을 제작했다. 두 사람의 가장 유명한 협력 작품은 프랑스 왕 앙리 2세의 기마상이다. 카테리나 데 메디치(카트린 드 메디시스)가 죽은 남편을 기념하기 위해 의뢰한 기마상이었다. 카테리나 데 메디치(1519~1569)는 우르비노 대공인 로렌초 데 메디치의 딸이고, 미켈란젤로는 메디치 예배당에다 대공의 흉상을 제작한 경험이 있었다. 카테리나는 1559년 11월에 미켈란젤로에게 편지를 보냈다. 제작을 의뢰하는 내용인데 왕비다운 도도한 기품이 엿보이는 편지였다.

나는 왕궁의 안뜰에다 그 장소의 비율에 적합한 선왕의 청동 기마상을 세우기로 결정했습니다. 나는 온 세상 사람들과 함께 선생님이 이 시대에 가장 뛰어난 예술의 거장이라는 것을 잘 알고 있으며, 또 내 친척들의 기념 건물[메디치 예배당]이 잘 보여주듯이 당신은 우리 집안과도 잘 아는 사이입니다. 그러니 나의 제작 의뢰를 받아주시기 바랍니다. 나는 당신이 다른 사람 같으면 고령을 이유로 대며 거절하리라는 것을 압니다. 하지만 당신이 내게는 그런 변명을 하지 않았으면 합니다. 아무튼 당신이 구상하고 그런 다음에 다른 훌륭한 장인을 고용하여 조형, 주조, 조각 장식을 하면 되지 않겠습니까.
이렇게 해주신다면 나로서는 아주 보배로운 일이 될 테고 매우 고맙겠습니다.
나는 동시에 내 사촌에게도 편지를 보냅니다. 그에게 이 문제와 관련하여 나를 대신해서 일을 처리하라고 부탁하겠습니다. 그러니 이 문제는 더는 언급하지 않겠습니다. 하느님께서 당신을 언제나 행복하게 해주시기를 기도합니다. 카테리나.[20]

로베르토 스트로치는 미켈란젤로가 대리석으로 제작한 두 명의 노예 혹은 포로 두 점을 처음 받았던 인물이다. 이 두 조각품은 원래 율리우스 2세의 영묘에 들어갈 예정이었으나 지금은 루브르 박물관에 소장되어 있다. 스트로치는 로마 내 피렌체 동네에서 유지급 인사였고 프랑스의 카테리나 궁정을 드나드는 유력 인사였다. 카테리나라는 인물, 그녀의 지위, 메디치 가문과의 오랜 인연 등을 생각하여 미켈란젤로는 청동 기마상을 구상하고 감독하는 일에 동의했다. 하지만 그는 실제 제작은 '다른 훌륭한 장인'인 다니엘레에게 넘겼다. 미켈란젤로는 구상안을 제공함으로써(화보 43) 후원자의 기대에 부응했다. 카테리나 왕비는 어차피 '미켈란젤로의 작품'이라는 이름표를 원했다. 설계자의 권위는 구상에 있지 그 구상의 실행에 있는 것이 아니었다. 어떻게 보면 카테리나는 애원하는 고객이고, 미켈란젤로는 다니엘레의 후원자이고, 다니엘레는 미켈란젤로의 예술적 외연外延이었다. 이런 역할은 전에 자코포 다 폰토르모, 세바스티아노 델 피옴보, 마르첼로 베누스티 등이 맡은 바 있었다.[21]

1년이 흐른 뒤에도 기마상 제작이 진전의 기미를 전혀 보이지 않자 카테리나는 다시 미켈란젤로에게 편지를 보냈다. 그녀는 미켈란젤로와 메디치 가문의 오랜 인연을 언급하면서 거의 아부에 가까운 어조로 호소했다.

> 당신이 우리 가문에 보여준 애정, 우리의 고향 피렌체, 그리고 마지막으로 당신의 예술에 대한 열정에 기대어 이렇게 호소합니다. 당신의 고령이 허용하는 범위 내에서 근면과 열성을 기울여 이 고상한 일을 힘껏 추진하셔서 선왕의 생전 모습과 똑같은 기마상을 만들어, 당신의 지고한 천재를 온 세상에 널리 드러내 주십시오. 이 일이 당신이 이미 쌓아 올린 명성에 아무것도 덧붙여 주지 못한다는 것을 잘 압니다. 그렇지만 그것이 나와 나의 조상들에게 당신이 보여준 애정과 헌신의 명성을 더욱 높여줄 것이고, 앞으로 여러 세기 동안 나의 합법적이고 유일한 사랑에 대한 기억을 연장해 줄 것입니다. 거기에 나는 최대한 관대하게 당신에게 보상할 생각입니다.[22]

이와 똑같은 극도의 공손한 어조로, 왕비의 대리인인 바르톨로메오 델 베네와 로베르토 스트로치 등도 미켈란젤로에게 편지를 보내 기마상 제작의 진척을 촉구했다. 스트로치는 예술가에게 "모든 것이 당신에게 달렸다"라고 하면서 '가능한 한 빨리' 그 일을 해달라고 요청했다.[23] 스트로치는 두 번째 편지에서 이렇게 썼다. "나는 언제나 당신 일을 돕겠다고 말씀드리며 당신이 늘 건강하기를 하느님께 기도 올립니다."[24] 카테리나와 그 대리인들의 편지에서는 전통적인 예술가-후원자의 관계가 역전되어 있음을 발견할 수 있다. 예술가가 일을 확보하려고 애를 쓰는 것이 보통인데 오히려 후원자가 작품을 못 받아서 안달이다. 만약 50년 전이었다면 미켈란젤로가 후원자에게 간절히 호소하는 쪽이었을 것이다.

기마상 제작은 힘든 일이었다. 다니엘레는 천천히 일하는 예술가였고 이미 많은 일감을 맡아놓은 상황이었다. 그중에서도 대표적인 것은 병든 미켈란젤로와 점점 더 많은 시간을 함께 보내는 것이었다. 다니엘레는 피렌체의 리오나르도 부오나로티와 정기적으로 편지 교환을 했고, 미켈란젤로가 사망한 이후에는 비아 마첼 데 코르비의 미켈란젤로 집에서 계속 살며 작업하다가 1566년에 거기서 죽었다. 기마상은 부분적으로만 제작되었다. 기수 없는 말만 1622년에 프랑스로 수송되었으나 프랑스 혁명 때 파괴되었다. 그렇지만 그것은 미켈란젤로의 작품들 중에서 굳건한 지위를 차지하고 있다.

또 다른 도우미인 티베리오 칼카니(1532~1565)도 미켈란젤로의 프로젝트를 진척시키는 데 도움을 준 인물이다. 칼카니는 1550년대부터 제도공이자 조각가로서 미켈란젤로를 도왔다. 피렌체 〈피에타〉

(화보 31)를 구조하여 보수한 사람도 칼카니다. 그 외에도 그는 미켈란젤로의 생애와 작품에 기여한 바가 크다. 사회적 지위나 친소 관계로 볼 때 칼카니는 토마소 데 카발리에리와 예술가의 충실한 하인 우르비노 사이의 중간쯤에 있는 인물이다. 칼카니는 미켈란젤로의 집에 들어가서 살지는 않았지만 예술가의 생애 만년에서 중요한 위치를 차지한다. 그는 예술가의 가장 소중한 조수이자 믿음직한 말동무였다. 칼카니가 미켈란젤로와 맺은 관계는 사업적인 것이면서도 개인적인 것이었다. 그는 예술가의 마음에 쏙 들었을 뿐만 아니라 만년의 예술 작품 제작에도 깊숙이 관여했다. 이 두 사람은 협력하여 여러 건축 공사도 함께 수행하고 조각 작품도 제작했다. 칼카니는 건축과 조각 두 분야 모두에서 재주가 뛰어난 사람이었다. 그의 묘비에 새긴 문장이 그 점을 말해 준다. "피렌체인 티베리오 칼카니는 … 조각과 건축에서 뛰어난 명성을 획득하기 위하여 열과 성을 다해 노력했다."[25]

바사리에 따르면, 칼카니는 〈브루투스〉 흉상(화보 44)과 피렌체 〈피에타〉를 제작할 때 미켈란젤로 옆에서 조수로 도왔다. 그러나 바사리의 증언은 칼카니의 명성을 별로 높여주지 못했다. 왜냐하면 바사리와 다른 여러 학자들은 이 젊은 예술가가 이 두 조각품의 결점이라고 생각되는 부분에 책임이 있다고 말했기 때문이다. 하지만 우리는 미켈란젤로가 '칼카니를 사랑했을 뿐만 아니라' 칼카니 자신도 예술가와 여러 프로젝트를 기꺼이 함께 작업했다는 점을 기억해 두는 것이 좋겠다.[26] 칼카니의 여러 기여 가운데 가장 큰 일은 거장이 마지막으로 수주한 건축 공사에 협력했다는 것이다.

칼카니는 미켈란젤로의 설계안에서 최종 드로잉을 완성했다. 미켈란젤로는 이제 80대 중반의 나이여서 건축 도면을 완성할 정도로 손놀림이 안정되지 않았고 침착하지도 못했다. 그 외에도 칼카니는 미켈란젤로를 대신하여 피렌체로 출장을 가서 로마에 지어질 새 피렌체인 교회인 산 조반니 데이 피오렌티니(화보 45)의 설계를 코시모 데 메디치 대공에게 보고했다. 칼카니는 미켈란젤로의 협력자이자 오른손 같은 사람이었고, 산타 마리아 마조레의 스포르차 예배당과 포르타 피아 등 여러 공사의 현장 감독으로 뛰었다. 미켈란젤로의 생애 마지막 10년 동안에 칼카니는 이런 여러 역할을 능숙하게 수행해 냈다.

우리는 비록 개인적으로는 거장과 가깝지 않지만 그의 격려와 권위 아래에서 예술가가 떠맡은 여러 의무를 전진시켜 준 사람들도 추적해 볼 수 있다. 캄피돌리오의 경우, 문서 기록에 따르면 베네데토 스켈라가 여기저기 뛰어다니며 소중한 도움을 주었다는 것을 알 수 있다. 스켈라는 자코포 델 두카, 자코포 로케티 등과 함께 파르네세 궁전과 산타 마리아 델리 안젤리에서 현장 감독으로 뛰었다. 스켈라보다 뒷세대이며 역시 스켈라 가문 사람인 프란체스코 역시 자코모 델라 포르타와 자코포 델 두카가 그랬듯이 캄피돌리오에서 현장 감독으로 활약했다. 미켈란젤로 사후인 1570년대에 메오 바시는 프란체스코 스켈라 곁에서 함께 일했다. 바시는 베르나르디노 바소의 손자인데, 베르나르디노는 과거 피렌체와 로마에서 40년 동안 미켈란젤로 밑에서 현장 감독으로 일했던 사람이다.[27] 미켈란젤로의 현장 인력에서 중추를 담당하는 사람들은 이처럼 친척, 친구, 이웃 등 서로 관련 있는 개인들과 겹치는 그룹이었다. 이런 사람들의 이름이 오로지 르네상스 시대를 연구하는 전문가들에게만 알려져 있다는 사실은 미켈란젤로가 자신의 설계 의도를 충실하게 수행해 주는 대리인들만 성공적으로 임명했다는 것을 말해 준다. 도면, 모형, 계약서 등 전통적인 증거는 거의 존재하지 않지만 말이다. 그리하여 이런 최종 완성물의 건축가는 베네데토 스켈라나 메오 바시가 아니라, 미켈란젤로로 널리 인정되는 것이다.

자코포 델 두카는 미켈란젤로의 여러 프로젝트를 수행했으나, 전례에 의하여 그 프로젝트들의 건축가명은 미켈란젤로로 공표되었다. 비록 자코포와 그 작업조가 대부분의 일을 했어도 건축가는 미켈란젤로인 것이다. 성 베드로 대성당의 경우, 모든 설계자가 미켈란젤로라는 존재로부터 제약을 받았다. 이 공사장에서는 특히 미켈란젤로의 권위가 하늘을 찔렀기 때문이다. 그러니 설사 자코포 델 두카가 성 베드로 대성당 공사를 미켈란젤로 사후에 맡았다 하더라도 산타 마리아 디 로레토에서 그랬던 것처럼 성 베드로 대성당의 돔을 그런 기괴한 형태로 만들어내는 일을 결코 하지 못했을 것이다. 실제로 건축가인 자코모 델라 포르타가 성 베드로 대성당의 아름다운 돔을 미켈란젤로의 설계대로 건설했다. 그러므로 그는 미켈란젤로의 대성당을 완공한 사람인 셈이다. 이는 천하 공지의 사실이 되었다. 그러니 아무나 붙잡고 한번 물어보라. 성 베드로 대성당의 돔을 지은 사람은 미켈란젤로인가, 아니면 자코모 델라 포르타인가?

성 베드로 대성당의 드럼과 돔

미켈란젤로는 드럼의 최정상 장식인 코니스를 비롯해 성 베드로 대성당의 15미터 높이 드럼을 완공할 때까지 살아 있었다. 이제 돔이라는 기초를 다져놓았으니 애틱attic〔드럼과 돔의 사이 부분〕이 따라 올라갈 것이고 뒤이어 돔을 올리게 될 터였다. 드럼은 구조적으로나 미학적으로나 핵심 요소로, 그 위에 올라가는 돔의 외양을 결정한다. 무엇보다도 드럼은 돔의 이중 껍데기 구조의 규모, 비례, 기본 틀을 결정한다. 드럼은 돔의 기초이고, 모든 건물의 기초가 그러하듯이 그 위에 올라갈 건물에서 아주 중요한 역할을 한다. 드럼이 밑바탕에 단단히 놓여 있어야 돔을 올려 세울 수가 있는 것이다.

비록 미켈란젤로가 돔의 완공을 볼 정도로 오래 살지는 못했지만 후대에 전해지는 도면들에 따르면 돔을 설계한 사람은 그다. 미켈란젤로는 여러 가지 대안을 고려했다. 반원형(판테온 같은 경우), 현수선〔수곡선垂曲線의 사슬로 달아 맨 것〕, 기울어진 것(끝이 가늘어지는 구조) 등.[28] 이 사실을 보여주는 두 장의 드로잉이 있는데 한 장은 릴에 있는 예술과 역사 미술관에 소장되어 있고(화보 46), 다른 한 장은 할렘의 테일러르스 미술관에 소장되어 있다(화보 47). 미켈란젤로는 다양한 설계안을 실험했는데 이 두 도면에서도 다른 설계가 검토되고 있다. 덜 완성되었지만 설명은 더 자세한 릴 도면에서, 미켈란젤로는 반원형의 판테온 같은 돔을 스케치했다. 그는 이어서 이 한 장 위에다 열두 개도 넘는 다양한 돔 형태를 스케치했다. 할렘의 도면은 보다 더 발전된 형태로, 미켈란젤로의 의도를 '명확히' 드러내 보인다.

여기에서는 그려진 돔의 형태가 여덟 개인데 반원형의 내부 구조에 기울어진 외양을 가진 이중 껍데기 구조를 제시한다. 그러나 이런 도면들이 아무리 매력적이라고 해도 그것들을 결정적 증거로 볼 수는 없다. 그것들은 그저 건축 도면일 뿐, 미켈란젤로의 의도와 건축 철학을 결정적으로 보여주지는 못한다. 그 드로잉을 작성하던 시점에서는 결정해야 할 사항이 아직 많이 남아 있었다.

판테온과 피렌체 대성당의 돔은 미켈란젤로에게 영감을 준 가장 중요한 모형들이었다. 특히 릴 도면을 보면, 미켈란젤로는 판테온의 돔처럼 반원형 돔을 높은 드럼 위에다 앉힐 생각이었다. 그렇게 하면 과거 고대 로마 돔 건물의 낮은 높이를 더욱 하늘 높이 들어 올릴 수 있었다. 그러나 미켈란젤로는 실제로는 아주 다른 구조물을 생각하고 있었다. 당시 그는 로마식 콘크리트의 유연성을 확보하지 못했다. 이 기술이 건축 시공자에게 활용된 것은 19세기 이후부터다. 따라서 판테온은 높은 수직 드럼 위에다 이중 껍데기를 지닌 돔을 건설하는 데 적절한 선례가 될 수 없었다. 더욱이 반원형 돔은 미켈란젤로가 릴 도면과 할렘 도면에서 그려놓은 최정상부 랜턴(화보 52)의 하중을 견디지 못할 터였다.

장엄한 피렌체 대성당은 미학적·구조적으로 또 다른 영감의 원천이었다. 성 베드로 대성당의 건축가로 임명된 직후, 미켈란젤로는 피렌체의 친구에게 100년 전에 필리포 브루넬레스키에 의해 건축된 피렌체 대성당의 높이를 알려달라고 요청했다.[29] 몇 년 뒤, 그는 정확한 치수를 알려달라고 또다시 요청했다. 성 베드로 대성당의 돔과 피렌체 대성당 돔의 직경 중 '어느 쪽이 더 큰지 알기 위해서'였다.[30] 피렌

산타 마리아 델 피오레 대성당, 피렌체.

체 돔의 내·외부 치수를 보고받은 후에, 미켈란젤로는 너무 번거롭지 않다면 피렌체 종탑의 높이와 넓이도 알려달라고 요청했다. 성 베드로 대성당은 독립적인 종탑이 없으므로 이는 다소 기이한 요청이었다.[31]

여기서 중요한 사항은 브루넬레스키의 창의적인 이중 껍데기 돔 건설 아이디어를 채택할 것인지 여부였다. 미켈란젤로는 그 구조를 머릿속에 기억하고 있었다. 이렇게 하여 브루넬레스키의 돔은 판테온보다 더 중요한 구조적 선례가 되었으나, 그 두 건축물은 성 베드로 대성당의 건설 현장에서 벌어지는 일상적인 수다한 문제를 해결하는 데에는 별로 도움이 되지 않았다.

미켈란젤로는 엄청나게 어려운 미지의 문제에 봉착했다. 판테온만큼 크면서 그 높이는 무려 근 세 배나 되는 돔을 어떻게 건설할 것인가 하는 문제였다. 그는 최종 결과를 예측할 수 없다는 것을 알았다. 그것은 도면이나 값비싼 목재 모형으로 보장될 수 있는 문제가 아니었다. 그는 문제가 발생하는 대로 한 번에 하나씩 해결하면서 앞으로 나아가기로 했다. 물론 많은 문제가 발생할 터였다. 그렇지만 그는 언제나 의도와 실행, 이상적 설계와 실제 건설 사이의 괴리를 연결할 준비가 되어 있었다.

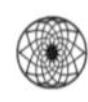

성 베드로 대성당의 돔은 모든 부분이 볼록한 철상凸狀 형태다. 위에서 아래로 내려오는 돔 표면의 휘어진 버팀살들이 표면을 지탱하고 있다(화보 48). 돔에는 이 휘어진 버팀살이 열여섯 개 있다. 어느 방향에서 보아도 버팀살 여덟 개는 잘 보인다. 숫자 8은 상징적으로 부활을 의미하고 돔은 천국의 비유다. 그러므로 돔은 아름다운 구조물인 동시에 의미심장한 상징물이다.

각각의 버팀살은 한 쌍의 드럼 기둥[2열 기둥]으로 지탱되는, 높은 애틱 버팀벽 윗부분에 있다. 2열 기둥은 총 열여섯 개이므로 드럼 기둥은 모두 서른두 개다. 2열 기둥의 패턴은 랜턴을 둘러싼 다소 규모가 작은 2열 기둥에서도 반복된다. 각 2열 기둥 위에는 완만하게 굽은 볼루트와 칸델라브럼candelabrum[좌우 대칭의 촛대 모양 장식]이 있다. 이렇게 하여 돔이 위로 올라가면서 건축 요소들의 형태와 숫자가 꾸준히 반복된다. 비록 그 비례는 소규모로 줄어들고 장식은 저마다 달라지지만 말이다. 이것은 대성당 내부도 마찬가지다. 드럼 외부의 2열 기둥들은 내부에서도 역시 짝을 이룬 필라스터pilaster[벽에서 튀어나온 기둥, 즉 부벽]를 품고 있다. 필라스터도 총 열여섯 쌍, 서른두 개다.

2, 4, 8, 16으로 이어지는 숫자의 반복에는 또 다른 상징이 있을 수 있는데 그보다 더 중요한 것은 질서, 연속, 리듬의 시각적 효과이며 내부와 외부의 장식이 완벽하게 서로 호응한다는 것이다. 2열 기둥과 2열 필라스터는 대성당 내·외부에서 일관된 통합적 구도에 봉사한다. 이런 여러 요소 중에서 드럼의 외부 2열 기둥이 가장 중요하다. 왜냐하면 그 기둥들은 천상의 돔을 떠받치는 지상의 단단한 지지물이기 때문이다.

2열 기둥들은 공유된 대좌 위에 놓여 저마다 위로 올라가면서, 돔의 기초를 둘러싼 엔태블러처의 개별 조각들을 지탱한다. 기둥들은 저마다 독립적으로 서 있는 원기둥처럼 보이지만, 실제로는 4분의 3 정도만 둥글며, 원형의 돔에 수직으로 맞서도록 배열된 직사각형 부벽에 부착되어 있다. 부벽[피어pier]은 돔의 하중을 흡수하는 거대한 열여섯 개 버팀벽이다(화보 49와 50). 이 버팀벽들은 고딕풍 대성당의 버팀벽과 동일한 목적에 복무하지만, 돔의 통합된 구조 속으로 편입되어 있다. 피렌체 대성당의 경우, 브루넬레스키는 돔의 하중을 견딜 수 있도록 대성당의 돔 기초에다가 관람자 눈에 보이지 않게, 나무 기둥과 쇠고리의 사슬로 둘러싸서 돔을 떠받치게 했다. 이와 달리 미켈란젤로는 하중을 흡수하기 위해 이처럼 슬쩍 드러나는 엄청나게 큰 석재 버팀벽을 설치한 것이다. 미켈란젤로는 언제나 돌을 더 좋아했다.

그 엄청난 크기에도 불구하고 버팀벽은 겉으로 잘 보이지 않는다. 돔을 측면에서 바라볼 때에만 앞으로 약간 튀어나온 모습을 알아볼 수 있을 뿐이다. 촘촘하게 설치된 버팀벽의 중복으로 관람자는 개별 버팀벽의 거대한 크기에 시선이 머물지 않는다. 게다가 각 버팀벽의 정면을 장식하는 기둥들 또한 그 거대한 규모를 가려준다.

기둥들은 버팀벽의 무게와 양감을 더해 줄뿐더러 중요한 시각적 목적에도 복무한다. 그 기둥들은 관람자로 하여금 수직적으로는 엔태블러처를 보게 하고 수평적으로는 엔태블러처와 애틱의 생동하는 코니스 라인을 보게 한다. 육중한 석조 건물의 심리적 하중감은 2열 기둥들이 거대한 창문을 사이에 두고서 반복되는 사실에 의하여 완화된다. 그리하여 전체적으로 볼 때 관람자는 드럼의 우아한 균형미와 고전적 아름다움 때문에 그것이 거대한 돌덩어리의 집적이라는 사실을 거의 의식하지 못하게 된다.

2열 기둥

그리스와 로마의 건축물에서 볼 수 있듯이, 기둥은 중력에 도전하면서 육중한 건물을 경쾌하게 보이도록 한다. 그러나 2열 기둥은 이런 고대 건축 전통에서 하나의 기준으로 정립되지 않았다.[32] 고대인들은 독립적인 것이든 벽에 붙인 것이든, 하나의 기둥을 일정한 간격으로 배열했다. 2열로 쌍을 이루거나 무리를 이룬 기둥은 대체로 고대 후기나 기독교 초기의 혁신으로, 그 당시에는 그런 기둥들이 구조적 요소뿐만 아니라 장식적 요소로 많이 활용되었다. 그리하여 미켈란젤로는 성 베드로 대성당에서 2열 기둥들을 구조적·미학적 요소로 충분히 활용했다.

우리는 산 로렌초의 파사드를 위한 도면, 그리고 같은 교회의 목재 모형 등에서 미켈란젤로가 초창기부터 2열 기둥을 실험했다는 사실을 알 수 있다. 현존하는 산 로렌초 모형을 보면, 공유된 대좌 위에 여섯 쌍의 기둥이 있고 그것들이 제각각 엔태블러처를 떠받치고 있음을 알 수 있다. 미켈란젤로는 후에 2열 필라스터를 구사하여, 메디치 예배당 능묘의 중앙 감실을 옆에서 떠받치는 요소로 활용했다. 이 아이디어가 가장 멋지게 활용된 곳은 라우렌치아나 도서관의 현관이다. 이 현관에서 2열 기둥들은 벽에서 우묵하게 파인 부분으로 들어가 있어서 마치 2열 볼루트 위에서 지지되는 것처럼 보인다. 이렇게 하여 피렌체에서 싹텄던 미켈란젤로의 건축 아이디어는 로마에 이르러 난만하게 피어났다. 성 베드로 대성당뿐만 아니라 산 조반니 데이 피오렌티니와 스포르차 예배당에서도 이 아이디어가 활용되었다. 피렌체 사례들에서 2열 기둥(혹은 필라스터)은 구조적 용도보다 장식적 용도가 더 중요했다. 그의 원숙함이 드러나는 로마의 건축물에서, 미켈란젤로는 2열 기둥을 매력적인 장식 용도로 사용했을 뿐만 아니라 중요한 구조적 요소로도 활용했다.

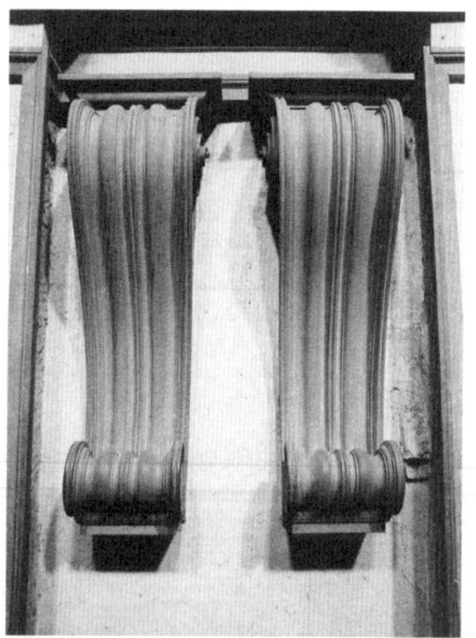

(위) 산 로렌초 교회의 파사드 나무 모형 일부, 1516~1517경, 카사 부오나로티, 피렌체.
(아래 왼쪽) 미켈란젤로, 라우렌치아나 도서관의 현관, 산 로렌초, 피렌체.
(아래 오른쪽) 쌍을 이룬 볼루트, 라우렌치아나 도서관의 현관, 산 로렌초, 피렌체.

2열 기둥들 일부, 산 조반니 인 라테라노의 회랑, 로마.

로마에 와서 미켈란젤로는 산 조반니 인 라테라노, 산티 콰트로 코로나티, 산 로렌초 푸오리 레 무라 등 여러 초창기 기독교 교회에서 2열 기둥의 사례를 보았을 것이다. 그러나 수도원 회랑의 기둥들은 자그마한 열주였고 그 쌍들은 회랑과 직각을 이룬 형태였다. 그러므로 외양, 규모, 기능 등에서 그 기둥들은 구조적 용도보다는 장식적 용도였고, 실용보다는 미관에 더 기여하는 역할을 했다.

게다가 미켈란젤로는 산타 코스탄차와 옛 성 베드로 대성당 등 고대 후기 로마 능묘들의 사례를 알고 있었을 것이다. 특히 옛 성 베드로 대성당을 구성하던 두 교회 중 하나인 산타 페트로닐라는 미켈란젤로의 로마 〈피에타〉가 원래 안치되어 있던 곳이다. 예를 들어 산타 코스탄차의 경우, 중앙의 아치형 천장은 고리형〔환상環狀〕 아치로 둘

산타 코스탄차 내부, 로마.

러싸인 열두 개 기둥으로 지탱되었다. 각 기둥은 2열 형태이고 하나의 대좌를 공유하며, 엔태블러처 덩어리는 회랑과 직각을 이루는 형태다. 미켈란젤로는 바로 이런 양식을 가져와 성 베드로 대성당의 드럼 설계에 활용했다. 그러나 미켈란젤로는 천재의 영감을 발휘하여 2열 기둥을 건물의 외부로 옮겨왔고, 거기서 돔을 떠받치는 미학적·구조적 요소로서 쓰이게 했다. 이렇게 하여 고대 후기의 건물 양식이 미켈란젤로에게 영감을 주기는 했으나, 그가 2열 기둥들을 활용한 방식은 매우 독창적이었다. 특히 성 베드로 대성당이 규모가 매우 큰 건축물이라는 점을 감안하면, 아주 놀라운 건축 아이디어다.

이렇게 미켈란젤로 아이디어의 원천을 살펴보았는데, 그 영감의 원천이 어디든 간에 그는 자신만의 독창적인 형태를 개발했다.[33] 독립적인 여분의 페디먼트pediment, 소위 무릎 꿇은 듯한 낮은 창문(피렌체의 메디치 궁전에 도입된 것), 연이어 층을 이루는 필라스터를 구사하는 거대한 양식(가령 팔라초 데이 콘세르바토리) 등은 널리 평가되고 있다. 하지만 그에 못지않게 창의적이라고 할 수 있는 2열 기둥 형태에 대해서는 사람들이 별로 주목하지 않는다. 2열 기둥 형태는 미켈란젤로가 활용하기 이전에는 그리 자주 시도되지 않다가 그 이후에 널리 채택되는데, 이제는 너무 흔해져서 그 독창성을 간과하기가 쉽다.

미켈란젤로가 건축과 장식에서 시도한 혁신은 너무 빨리 채택된 바람에, 우리는 종종 그 출처를 알아보지 못한다. 어떤 면에서 미켈란젤로는 셰익스피어와 비슷하다. 이 두 사람은 새로운 형태와 주제, 언어와 어구를 굉장히 많이 도입한 다산의 창작가다. 그래서 우리는 그들의 독창성을 당연하게 여긴다. 이들은 건축 어휘와 문학 어휘에서 독창적인 혁신을 이루어냈고, 그것이 너무나 빨리 채택되고 전파되어서 사람들은 그런 어휘가 예전에는 없었다는 사실을 잘 알아보지 못한다.

더 높이 올라가기

성 베드로 대성당의 당당한 드럼 위에는 비교적 사소해 보이는 애틱이 앉아 있다(화보 51). 비록 수수해 보이지만 이 애틱은 육중하게 지상을 지향하는 드럼과, 날렵하게 천상을 지향하는 돔을 시각적으로 명확히 구분해 주는 중요한 역할을 한다. 애틱은 돔의 발사대다. 두 번째 엔태블러처를 갖춘 다면형 수직 버팀벽은 2열 기둥 위에 솟아 있고 이 열여섯 개 버팀벽은 각자의 추가 코니스를 지탱하고 있으며, 그 코니스에서 돔의 휘어진 버팀살이 위로 올라간다. 애틱의 아래쪽 코니스보다 눈에 덜 띄지만, 이 위쪽의 코니스는 그 자체로 중요한 역할을 담당하는 엔태블러처다. 모든 수직 라인이 안으로 휘어지기 직전의 마지막 경계인 까닭이다. 수평의 기초는 이제 열여섯 개 수직 버팀살을 위로 올려주는데, 이 버팀살들이 돔의 무게를 지탱하는, 힘든 일을 감당하면서 관람자의 시선을 하늘 쪽으로 들어 올리는 미학적 기능을 수행한다. 거대한 고래 뼈처럼, 위로 갈수록 가늘어지는 톱니형 버팀살들은 장엄하게 위를 향해 올라가다가 랜턴 바로 밑에서 집결하여 멈춘다.

하늘을 배경으로 하여, 돔은 무한한 푸른 바다의 부표처럼 관람자의 시선을 잡아당긴다. 새들이 이 돔을 향하여 날아든다. 아침에는 끼룩끼룩 우는 갈매기가 날아오고 저녁에는 침묵하는 칼새들이 찾아온다. 밤이 되면 돔은 광대한 어둠의 바다를 밝히는 횃불이 된다. 이 돔은 로마 전역 어디에서나 잘 보인다. 수직의 상승은 너무나 장엄하여 실용적인 애틱, 강렬한 코니스, 기념비적인 랜턴 등이 간신히 그 위로 올라가는 움직임을 견제할 수 있을 뿐이다. 돔은 수직적 힘들을 포용하고 집중시킨다. 그것은 '몬스 바티카누스'(바티칸 언덕)의 신성한 땅에서 솟구친 하나의 산이다.

드럼의 거대한 규모와 무게는 비교적 가볍고 떠 있는 듯이 보이는 돔에 의해 완화된다. 돔은 창문들에 의해 숨 쉴 공간을 마련하고 또 아주 당당한 랜턴이 그 위에 걸터앉아 있다. 랜턴은 낮에는 어둡고 밤에는 밝다. 드럼의 거대한 창문들의 고리는 상승하면서 축소되는 돔의 3열 창문에 의해 반복된다. 첫 번째 열은 건축적 의미의 눈썹을 가진 검은 눈이다. 두 번째 열은 가느다란 속눈썹을 가진 윙크하는 작은 눈이다. 세 번째 열은 가장 작지만 밝게 빛나는 창으로, 어둠의 바다를 향해 항해를 떠나는 배의 현창이다. 다양한 형태와 크기의 이 창문들은 관람자의 눈이 위를 향하도록 이끌어준다. 심지어 관람자의 눈이 단단히 묶인 수평의 띠를 가진 돔을 한 바퀴 돌아보도록 유도한다. 성 베드로 대성당은 단테의 지옥 구조를 전도시킨 건물이다. 단테처럼 먼저 지옥으로 내려가는 것이 아니라, 돔은 점진적으로 작은 원을 이루어 천상을 향해 나아가면서 우리를 그쪽으로 안내한다. 돔의 맨 꼭대기에 설치된 랜턴은 아래쪽 교회에 빛을 뿌리면서도 이런 천상으로의 상승을 계속 유지시킨다.

랜턴〔화보 52〕은 내부 조명의 주된 원천으로서 다소 허약해 보일 수 있으나 실제로는 거대한 구조물이다. 그 압축적 무게는 휘어진 버팀살들을 제자리에 긴장된 상태로 고정시키는 데 필요한 구조적 요소다. 랜턴 꼭대기에는 열여섯 개의 가느다란 버팀살이 위로 올라가면서 황금 공과 십자가를 떠받친다. 그 형태나 전반적인 구조 측면에서, 랜턴은 아래에 있는 돔과 드럼의 형태를 축소된 규모로 반복한다.

미켈란젤로는 이 랜턴이 완공될 때까지 살아 있지 못했다. 그러나 이 랜턴은 그가 완공한 드럼과 완벽하게 일치하고 또 할렘의 테일러르스 미술관에 소장된 그의 도면의 아름다운 설계와도 부합한다. 랜턴은 또다시 미켈란젤로가 매우 효과적인 전략을 구사했음을 보여주는 구체적 증거다. 그의 전략은 자신의 설계가 사후에도 계속 준수될 수 있도록 미리 확실히 굳혀 놓는 것이었다.

미켈란젤로는 1562년에서 1563년 겨울 사이에 성 베드로 대성당의 공사 현장을 방문하여 약 15미터 높이의 수직 구조물인 드럼이 완공에 가까워지는 광경을 직접 목격했다. 그는 아마 다음 단계, 즉 돔의 건설을 구상하고 있었을 것이다. 한동안 석공들은 돌을 수평으로 놓는 작업을 수행하겠지만 곧 벽돌공이 작업을 이어받아 곡선 쪽 공사에 돌입하게 될 터였다. 미켈란젤로는 돔 공사의 이 단계에 이를 때까지 자신이 살아 있을 수 없다는 것을 알았다. 그러나 드럼 자체만으로도 장엄한 광경이었다. 여러 화가가 그 드럼을 그림으로 남겼고, 미완성 대성당과 드럼만을 가지고도 동판화를 만들었다는 사실에 미켈란젤로는 흐뭇해했다. 그런 그림이나 동판화는 그 건축물의 장엄함을 묵시적으로 보여준다(화보 53과 54).

건물 공사가 오랫동안 진행되고 있음을 보여주었던 거대한 아치형 천장보다 더 확실하게, 완성된 드럼은 돔의 완성과 대성당의 완공을 약속해 주었다. 미켈란젤로가 살아 있는 동안에 해놓은 것만으로도 로마 시민들, 교황 그리고 하느님은 새로운 성 베드로 대성당이 확실히 완공될 것이라고 안심할 수 있었다.

그것은 미켈란젤로의 설계인가

미켈란젤로의 창작 의도가 성 베드로 대성당에 구현되었는가? 우리가 알기로, 미켈란젤로는 자신의 생각을 끊임없이 바꾸었고 건축뿐만 아니라 조각에서도 자주 수정을 가했다. 그것은 그가 비밀이 많은 사람이어서가 아니라 아주 노련한 사람이었기 때문이다. 그는 이미 많은 문제에 직면해 왔고, 돔 건설 공사가 시작되면 전보다 더 많은 문제가 발생하리라는 것을 알았다.

미켈란젤로는 돔 건설에 부수되는 시공 문제를 진지하게 검토한 최초의 건축가였다. 브라만테는 성 베드로 대성당을 위해 아름다운 설계안을 구상했다. 그러나 브라만테는 종이 위의 설계와 실제 시공 사이의 엄청난 괴리를 충분히 고려하지 않았다. 도면에서 모형으로, 모형에서 실제 건물로 옮겨 갈 때 어떤 일이 벌어질지 충분히 고려하지 못한 것이다. 브라만테가 건설한 부벽은 얼마 안 가 금이 생기기 시작했으나, 아직 돔을 떠받쳐야 할 필요는 없었기에 아무도 거기에 관심을 보이지 않았다. 이 부벽들은 미켈란젤로가 크게 확대한 다음에야 비로소 돔을 떠받칠 수 있게 되었다.

브라만테 이후에 후속 건축가들은 각자 자기 나름의 설계안을 개발하여 교황에게 아름다운 설계도를 제출했다. 브라만테 이후의 건축가들, 즉 줄리아노 다 상갈로, 라파엘로, 발다사레 페루치, 안토니오 다 상갈로 등은 각자 자기 나름의 건축 계획안을 수립하여 아름다운 설계도를 제출했다. 그러나 그 누구도 가장 중요한 문제를 직시하지 않았다. 바로 판테온 건물의 직경에 이르는 돔을 어떻게 약 76미터 높이의 공중으로 들어 올려 건설할 것인가였다. 그 누구도 미완성 구조물의 공학적 결점에 별로 신경 쓰지 않았고, 아무도 감히 공학적 문제를 지적하려 들지 않았다. 사실 문제가 수두룩하게 쌓였는데 말이다.

피렌체 사람들은 엄청나게 큰 대성당의 돔을 해결해 줄 사람을 만나기 위해 100년 이상을 기다렸고, 로마 당국자들은 브라만테와 그 후의 건축가들에게 새 성 베드로 대성당의 돔을 어떻게 성공적으로 건설할지 구체적 방안을 내놓으라고 요구하지 않았다. 피렌체의 경우 그 대답은 필리포 브루넬레스키에게서 나왔고, 로마에서는 미켈란젤로가 해결안을 내놓았다.

미켈란젤로가 성 베드로 대성당에서 발휘한 천재는 먼저 구조에 시선을 돌리고 그 후에 구조물을 아름다운 건물로 변모시킨 것이다. 그러한 관점에서 그는 부벽과 드럼을 자신의 설계와 관심사에서 최우선 사항으로 꼽았다. 최종적으로 완공된 건물에서, 널리 칭송되는 부벽과 그보다는 덜 예찬되는 드럼은 필수적인 건축 요소일 뿐만 아니라 미학적 하이라이트이기도 하다. 이 두 가지가 온전히 갖추어지지 않았더라면 돔은 실패했을 것이다.

물론 나중에 미켈란젤로의 설계안에 수정이 가해졌고, 그 건물의 오랜 역사에서 미켈란젤로가 차지하는 시간적 비중은 12퍼센트 남짓에 불과하다. 그렇지만 역으로 이것은 아주 놀라운 일이라고 할 수 있다. 그가 나머지 88퍼센트를 직접 통제하지 않았는데도 그 교회를 지은 공로가 그에게 돌아갔으니 말이다. 우리는 성 베드로 대성당을 미켈란젤로가 지은 건물이라고 생각한다. 브라만테, 라파엘로, 줄리아노 다 상갈로, 안토니오 다 상갈로 등은 모두 설계자(건축가)의 지위를 획득하지 못했다. 자코모 델라 포르타와 카를로 마데르노가 공사를 마무리했을지는 몰라도 그들은 성 베드로 대성당의 설계자라는 영예를 얻지 못했다.

미켈란젤로 이후에 가해진 수정은 건물을 좀 더 좋게 만들기 위한 조치였다. 예를 들어 피로 리고리오는 애틱에 훨씬 더 세련된 장식 요소를 도입했다. 교회 내부는 대리석으로 장식되었다. 카를로 마데르노는 회중석의 길이를 늘렸다. 리고리오의 설계가 당초 미켈란젤로가 지을 때 장식이 없던 애틱을 개선했다는 점을 인정해야 할 것이다. 리고리오의 애틱[돔 바로 아래의 애틱과 다른 영역이다]은 그 구조물을 빙 둘러싸면서 통합시키는 강력한 수평의 띠를 제공하고, 더 나아가 그 밑에 있는 미켈란젤로의 거대한 양식에 더욱더 깊은 연속성을 부여한다.[34] 마찬가지로, 미켈란젤로는 대성당 내부를 대리석으로 치장한 것을 높이 평가했을 것이다. 산비아조 인 몬테플차노, 산타 마리아 델라 콘솔라치오네 인 토디, 산타 페트로니오 인 볼로냐 등 많은 이탈리아 교회의 내부에서 볼 수 있는 남루하고 헛간 같은 분위기를 한결 완화하니 말이다. 그러나 성 베드로 대성당의 회중석 확장 공사는 미켈란젤로의 결연한 반대에 부딪혔을 것이다. 그것은 브라만테의 당초 설계가 지닌 완벽하고 흡족한 기하학을 흔들어놓을 뿐만 아니라 광장에서 바라본 교회와 돔의 외관을 망쳐놓는다. 반면에 확장된 회중석은 교회를 더 장대하고 기능적인 건물로 만들었다. 그리고 마데르노는 자신이 미켈란젤로의 설계안을 확장했을 뿐이지 그것을 수정한다고 생각하지 않았다.

그 어떤 변경도 이것이 미켈란젤로의 건축물이라는 사실과 평가를 흔들지 않았다. 미켈란젤로로서는 어떤 구체적 형태를 설계하는 것보다 교회의 온전한 정체성을 보존하는 것이 더 중요했다. 그것은 하느님의 교회였고 그는 하느님의 건축가였다.

8장

하느님의 건축가

성 베드로 대성당이 들어서기 전에, 로마는 중세풍 종탑이 가득한 도시였다. 13세기 초에 로마를 방문했던 영국인 매지스터 그레고리우스는 그 도시를 이렇게 서술했다. "그 도시에는 종탑이 너무나 많이 솟아올라 있어서 마치 곡식의 줄기처럼 보였다."[1] 트라야누스 광장, 마르쿠스 아우렐리우스 광장 그리고 소수의 거대한 폐허를 제외하면 종탑은 로마 시민들과 중세 순례자들의 눈에 가장 잘 띄는 지형지물이었다. 종탑은 높고 네모난 벽돌 건물이었다. 그것들은 눈에 잘 띄고 청각적으로도 효과 높은 지형지물이었다.

성 베드로 대성당은 종탑의 도시를 돔의 도시로 바꾸어놓았다. 15세기와 16세기 초에 다수의 소규모 돔이 도시 일원에 건설되었다. 가령 산타 마리아 델라 파체, 산텔리조 델리 오레피치, 산타나 데이 팔라프레니에리, 브라만테의 템피에토, 산타 마리아 델 포폴로의 키지 예배당 등등. 산타 마리아 델 포폴로의 윗부분에 이것들보다 더 큰 돔이 세워졌지만, 그 땅딸막한 외관은 그 교회의 중세풍 종탑보다 높이가 낮아서 덜 인상적이다.

성 베드로 대성당은 종탑의 도시에 최초로 들어선 우뚝하게 높은 성당이었다. 몬스 바티카누스의 높은 부지에 그 돔이 세워지자 그것을 모방한 돔이 다수 나타났다. 오늘날의 로마 시내 풍경을 살펴보면, 중세풍 종탑들은 대부분 현대식 건물의 숲에 가려져서 보이지 않지만, 그 풍경 위로 높은 바로크풍 돔이 여남은 개 보인다. 그들은 둥그런 버섯처럼 도시 전역에 퍼져 있다. 그리고 이런 버섯들 위로 성 베드로 대성당의 장엄한 돔이 군계일학처럼 솟아올라 있다. 러시아 소설가 니콜라이 고골은 〈로마〉라는 글에서 이런 모습을 묘사해 놓았다. "성 베드로 대성당의 장엄한 돔은 멀리 벗어날수록 더 크게 보인다. 그러다가 지평선의 둥그런 아치 위에 오로지 그 돔만 남는다. 심지어 도시가 완전히 사라져 버릴 때조차도."[2]

피렌체를 다시는 보지 못하는 걸까

성 베드로 대성당의 공사 책임을 맡았을 때, 미켈란젤로는 그 일을 끝이 없는 의무로 보지 않았고 또 고향 피렌체로 다시는 돌아가지 못하게 하는 사유라고 생각하지도 않았다. 하지만 몇 년의 세월이 흐르자 그는 이 슬픈 현실을 인정하지 않을 수 없었다.

1560년 85세가 되었을 때, 미켈란젤로는 피렌체에 가보지 못한 게 무려 25년도 더 되었다. 물론 조카의 아내와 부오나로티 가문의 유일한 후계자인 조카의 어린 아들도 만나지 못했다. 미켈란젤로의 요청으로 조카 리오나르도는 1561년 4월에 로마를 방문했다.[3] 두 사람이 상면한 것은 5년 만의 일이었다. 리오나르도는 막 마흔이 되었고 미켈란젤로는 여든여섯이었다. 미켈란젤로는 살날이 얼마 남지 않았다고 생각했는지, 리오나르도가 당시 거의 여덟 살이 된 어린 아들 부오나로토를 데리고 다시 한번 로마를 방문해 주기를 희망했다.[4] 미켈란젤로는 어린 부오나로토에게 '두 번의 키스'를 보낸다고 말했다.[5] 1562년 7월에 리오나르도의 둘째 아들이 태어나자, 미켈란젤로는 리오나르도에게 두 아들을 포함하여 딸 프란체스카와 아내 등 온 가족이 함께 다음 해 사순절에 로마를 방문해 줄 수 있겠는지 물었다.[6] 그러나 안타깝게도 죽음이 온 가족의 방문보다 더 앞질러 왔다.

생애 마지막 3년 동안에 미켈란젤로는 리오나르도에게 아주 드물게 편지를 보내, 통틀어서 열두 통밖에 되지 않았다. 편지의 길이도 점점 더 짧아졌다. 한 편지는 남이 대신 써준 데에다 서명만 한 것이었고 이런 설명이 덧붙어 있었다. "내가 직접 너에게 편지를 쓰지 못한 걸 너무 의아하게 여기지 마라. 너도 알다시피 내가 노인이다 보니 글쓰기의 피곤함을 견디기가 어렵구나."[7] 조카에 대한 사랑은 변함이 없었지만 나이가 너무 많아 손이 떨렸던 것이다. 그는 점점 더 남에게 의존하여 리오나르도에게 소식을 보냈고, 다행스럽게도 그런 일을 대신 해줄 사람이 언제나 곁에 있었다.

조각가 티베리오 칼카니는 계속하여 미켈란젤로를 충실하게 보필했다. '이 성자 같은 사람' 밑에서 일하게 되어 특혜를 입었다고 생각한 칼카니는 나이 든 예술가를 가리켜 '일 베키오'〔노인〕 혹은 '베키오 노스트로'〔우리의 노인〕라고 불렀다. 칼카니는 각자 말을 타고서 함께 성 베드로 대성당으로 가는 길에 '노인'과 대화하기를 좋아했다. 86세인데도 정정한 미켈란젤로의 건강 상태에 칼카니는 경탄했고 리오나르도에게 보내는 편지에 이렇게 썼다. "하느님, 찬미 받으소서, 그분은 나이에 비해 놀라울 정도로 정정하십니다."[8]

리오나르도는 로렌초 마리오티니로부터 정기적으로 숙부의 건강 소식을 전해 들었다. 마리오티니는 만년의 예술가의 말동무이자 개인 비서 역할을 했다. 세바스티아노 말레노티의 친척인 마리오티니는 대체로 자기 얼굴을 내세우지 않는 아주 헌신적인 사람이었다. 그는 리오나르도에게 이렇게 썼다. "나는 그분의 집이든 생활이든 아무 일도 벌어지지 않게 하려고 열심히 살피고 있습니다."[9] 그는 리오나르도에게 자주 편지 보내달라고 요청했고 편지를 보내오면 반드시 답장하겠다고 약속했다.[10]

미켈란젤로가 즐겨 가는 저녁 산책의 코스는 그의 집 뒤에 있는 언덕을 올라 몬테 카발로까지 걸어가는 것이었다. 이곳은 콜론나 가문의 영지였고 그가 비토리아 콜론나를 비롯해 여러 친구와 함께 자주 행복한 저녁 시간을 보냈던 곳이기도 하다. 그러나 그 친구들은 이제 모두 죽었거나 흩어졌다. 1562년 3월 어느 토요일 늦은 오후에 마리오티니는 그 콜론나 영지에서 자신이 알지 못하는 몇몇 사람과 미켈란젤로가 어울리는 광경을 목격했다. 그 뒤에 그는 리오나르도에게 편지를 썼는데 평소의 인사말인 "하느님이 당신에게 좋은 저녁을 내려주시기를"은 생략하고 미켈란젤로를 교회에서 만나기로 했다고 리오나르도에게 말했다. "나는 내일 아침에 미네르바에서 그와 얘기를 나눌 것입니다." 미네르바는 도미니크회 교회인 산타 마리아 소프라 미네르바를 가리켰다. 칼카니와 마찬가지로 마리오티니는 예술가의 정정한 건강 상태에 깊은 인상을 받았다. "나이치고는 아주 건강하니 잘되었습니다."[11] 바로 그 전날에 예술가는 87세가 되었다.

미켈란젤로는 15분이면 산타 마리아 소프라 미네르바까지 편안히 걸어갈 수 있었다. 그는 매일 혹은 빈번하게 교회에 간 것으로 보인다. 한 달 뒤에 마리오티니가 일요일인 '내일 아침' 미사에서 그를 만나기로 했다고 말했으니 말이다.[12] 1562년의 여름은 아주 무더웠는데 마리오티니는 리오나르도에게 평소와 마찬가지로 백포도주를 보내달라고 요청했다. "하느님께서 우리가 이 무더위에 살아 있도록 허락하신다면 말입니다."[13] 다시 한번 마리오티니는 리오나르도에게 "아무도 모르게 몰래 키안티 와인을 내게 좀 보내주십시오"라고 요청했다.[14] 미켈란젤로는 와인을 나누어줄 친구들이 더는 존재하지 않는다고 불평했을 테지만, 마리오티니는 질 높은 토스카나 특산품을 좋아했음이 분명하다. 마리오티니는 리오나르도 셀라이오, 조반 프란체스코 파투치, 바르톨롬메오 안젤리니, 루이지 델 리초, 우르비노, 세바스티아노 말레노티, 티베리오 칼카니, 다니엘레 다 볼테라 등으로 이어지는 미켈란젤로의 말동무 겸 개인 조수의 마지막 사람이었다. 이들은 미켈란젤로에게 노인이 충분히 갖고 있지 못한 시간과 우정을 두둑이 나누어 주었다.

새로운 주택의 구입 문제와 관련하여 조카 리오나르도와 주고받은 여러 통의 편지에서, 미켈란젤로는 고향 피렌체로 돌아가고 싶다는 오랜 욕망과 간절한 동경을 드러냈다. "지난번 편지에서 네게 집을 마련하는 문제에 대해 언급했었지. 내가 죽기 전에 내 의무로부터 해방된다면 나 자신과 [피렌체에 있는] 내 사람들을 위한 보금자리를 마련할 수 있겠는지 알고 싶어서였다."[15] '내 사람들'이라는 어구는 고향에 돌아가 가족과 재회하고 싶다는 간절한 소망을 보여준다. 그는 자신의 둥지로 돌아가 두 번째 유아기를 맞으려 했던 것이다. 1560년 3월, 많은 사람들이 미켈란젤로가 곧 피렌체로 돌아올 것이라고 생각했다. 벤베누토 첼리니도 그렇게 생각했다. "지난 며칠 동안 당신이 확실히 피렌체로 돌아올 거라는 얘기를 계속 들었습니다. 온 도시 사람들이 그러기를 바라고 있고 특히 우리의 영예로운 대공 전하께서 그러하십니다."[16] 우리가 이미 살펴본 대로, 첼리니는 피렌체 대공 코시모 데 메디치가 예술가를 피렌체로 모셔오려던 노력의 일환으로 고용했던 여러 대사 중 한 사람이다. 코시모의 뜻은 아주 굳건했다. 그런데 강력한 토스카나의 군주가 왜 미켈란젤로에게 그런 극진한 예의를 표하며 피렌체로 데려오려 했을까?

미켈란젤로는 메디치 가문에서 그의 경력을 시작했다. 이 저명한 가문 출신들 중 여섯 명 이상이 그를 후원했고 전례 없는 기회를 많이 제공했다. 미켈란젤로는 '장엄자' 로렌초의 저택에서 성장했고 두 메디치 군주, 즉 서로 사촌간인 조반니와 줄리오 데 메디치의 후원을 받았다. 이 두 사람은 추후에 각각 레오 10세와 클레멘스 7세로 교황 자리에 올랐고, 20년 이상 미켈란젤로를 후원했다. 또 당시 프랑스의 왕비인 카테리나 데 메디치도 죽은 남편을 기리는 거대하고 값비싼 기마상을 제작해 달라고 호소하고 있었다. 미켈란젤로가 당시에 모시고 있는 교황 피우스 4세 또한 메디치 가문 출신이었다. 그러니 코시모 데 메디치가 미켈란젤로를 화가, 작가, 시인으로 이루어진 측근 무리에 추가하고 싶어 하는 것은 당연한 일이었다. 미켈란젤로급 예술가는 코시모 궁정의 광휘를 더 환히 밝혀줄 터였다.

미켈란젤로의 생애 마지막 10년 동안에 코시모는 거듭하여 귀향을 요청했고, 심지어 의무 없는 한직을 마련해 주겠다는 얘기까지 했다. 예술가는 솔깃했지만, 그런 요청이 올 때마다 "여기 일을 먼저 정리해야 합니다"라고 대답하며 완곡하게 물리쳤다.[17] '여기 일'이란 곧 성 베드로 대성당 공사를 가리켰다. 예술가가 느끼는 무거운 부담감은 1557년에 리오나르도에게 보낸 편지에 잘 드러나 있다. 미켈란젤로는 이 편지를 코시모에게 낭독해 달라고 요청했다.

> 2년 전 여기 로마로 나를 찾아왔을 때, 피렌체 대공의 대리인 리오나르도 [마리노치]는 대공 전하께서 내가 피렌체로 돌아오면 아주 좋아하실 거라며 전하를 대신하여 여러 제안을 말했다. 나는 그에게 그건 시간이 좀 걸리는 일이라고 대공 전하께 잘 말씀드려 달라고 요청했다. 내가 성 베드로 대성당의 건물 구조를 어느 정도 확정하여 앞으로 어느 누구도 내가 승인하지 않은 다른 설계로 공사를 변경할 수 없게 해놓아야 하기 때문이다. 나는 그에 반대하는 얘기는 들어본 적이 없어서 대성당 공사의 구조 잡는 일을 계속해서 했다. 하지만 이 공사는 아직 내가 말한 그런 단계에 도달하지 못했다. … 적어도 1년 정도는 여기 계속 더 있어야 할 것 같다. 그리스도와 성 베드로의 사랑으로, 대공 전하께서 내게 이런 시간을 허락해 주시기를 빈다.[18]

미켈란젤로는 개인적 생활에서는 인생을 어둡게 보는 비관적인 사람이었으나, 전문적인 일과 관련해서는 언제나 그리고 거의 비현실적일 정도로 낙관론자였다. 미켈란젤로는 1년만 더 로마에 머무르고 그다음에는 고향으로 행복하게 돌아가는 미래를 상상했다. 대공에게 시간을 조금 더 달라고 요청할 때 예술가는 그저 교회 하나를 짓는 것이 아니라 그리스도와 성 베드로를 위해 일하고 있음을 암시했다. 그러나 그는 7년 뒤, 고향 피렌체에는 끝내 돌아가지 못한 채 로마에서 세상을 떠났다.

"하느님께서 나를 여기에 두신 것이다"

미켈란젤로가 바사리 및 코시모와 주고받은 편지들과 이 시절에 그가 보낸 주로 간략하고 사무적인 편지들은 큰 대조를 이룬다. 집안 문제와 부동산 투자에 대하여 조카 리오나르도에게 보낸 편지들은 특히나 간결한 것이 특징이다. 그러나 조카에게 보낸 한 편지는 아주 솔직하고 시사적인데 여기서 미켈란젤로는 자신의 감정을 아주 분명하게 드러낸다.

> 리오나르도, 나는 대공에게 불손하게 구느니 차라리 죽는 쪽을 선택하겠다. 나는 일처리를 하면서 언제나 약속을 지키려고 애썼다. 그럼에도 내가 피렌체로 돌아가겠다는 약속을 자꾸 지연시키는 것은, 이런 사전 단서를 달았기 때문이다. 내가 먼저 로마를 떠나기에 앞서 성 베드로 대성당의 공사를 어느 정도 수준까지는 진척시켜야 한다는 것 말이다. 그래야 나의 설계가 앞으로 훼손되거나 변경되지 않을 것이고, 또 도둑이나 강도 들이 현장에 나타나 평소 그들이 하던 대로 현장 물

건들을 훔쳐가지 못할 테니 말이다. 나는 언제나 이 공사에 성실하게 임해 왔다. 많은 사람들이 그렇게 믿고 있고 또 나 자신도 그리 생각하는데, 하느님께서 나를 여기에 두신 것이다.[19]

하느님께서 나를 여기에 두신 것이다. 리오나르도에게 한 이 말은 놀라운 고백이면서 동시에 놀라운 선언이었다. 그리고 평소의 불평이 뒤이어진다. "내가 노인이고 내 자리를 대신할 사람이 없다고 해도 그 공사를 포기할 생각은 없다. 나는 하느님의 사랑을 위해 이 일을 하고 있고 이제 그 사랑이 나의 모든 희망이다." 조카 리오나르도가 미켈란젤로의 귀향 운동에 적극 참여하고 있었기에 미켈란젤로는 다음과 같이 솔직한 심정을 말한다.

리오나르도, 다른 편지들에서도 그랬지만 지난번에 보낸 편지에서 너는 내게 피렌체로 돌아오라고 호소했다. 그러나 나를 직접 보지 못하고 내 말을 직접 듣지 못하는 사람들은 이곳의 내 생활이 어떤지 알지 못한다. 그러니 내게 다른 얘기를 할 필요는 없다. 나는 현재 처한 상황에서 최선을 다할 뿐이다.
대공 전하의 예의, 배려, 자상함에 대해서는 너무나 감읍한 나머지 무슨 말을 해야 할지 모르겠다. 조르조 바사리 씨가 나를 좀 도와주었으면 좋겠다.[20]

몇 년 전인 1557년 여름에 미켈란젤로는 로마에서 피렌체까지의 여행에 동행하겠다는 바사리의 제안을 거의 받아들이기 직전까지 갔다. 그러나 이제 로마에서 25년 이상을 살고 보니 피렌체는 미켈란젤로에게 거의 외국이나 다름없는 곳이 되었다. 그래서 주위 사람들이 그의 감정에 적극 호소하는데도 그는 고향으로 돌아오라는 유혹을 물리쳤다.

미켈란젤로가 이런 상황에서 또 고령임에도 불구하고 기독교권 최대 규모 교회의 틀을 잡는 데 성공했다는 것은 정말 놀라운 일이고 거의 기적에 가까운 일이었다. 그는 몬텔루코에서 돌아온 직후에 자신이 하느님의 도구라는 믿음을 드러냈다. 그는 몬텔루코의 숲속에서 '헌신과 기도를 계속하면서'[21] 하느님에 대한 소명 의식을 굳건하게 느꼈다. 미켈란젤로의 한평생에서 성 프란체스코는 중요한 인물이었으니만큼 아마도 그는 프란체스코회 암자에서 머물며 프란체스코 성인, 그리고 교회를 재건하고자 했던 성인의 소명 의식을 깊이 명상했을 것이다. 미켈란젤로는 일찍이 성 프란체스코가 아시시의 산 다미아노에서 했던 명상과 소명 의식을 거기서 실제적으로 또 상징적으로 반복한 셈이다.[22] 프란체스코회 수도자들이 볼 때, '그리스도의 집을 보수하는' 정신적 사명과 교회 건물을 실제로 짓는 것은 서로 관련이 있었다. 바로 이러한 메시지와 소명 의식을 미켈란젤로는 마음속 깊이 받아들인 것이다.

미켈란젤로는 리오나르도에게 보낸 편지에서 "성 베드로 대성당에서 실패하지 않을 것이고 나 자신도 실패하지 않을 것이다"라고 썼다. 이러한 결의는 친구 루도비코 베카델리에게서 더욱 격려를 받았다.[23] 1556년 당시, 베카델리는 성 베드로 대성당의 미완 상태를 잘 알고 있었지만 미켈란젤로에게 이렇게 말했다. "이 장엄한 사원은… 선생님의 신성한 미덕이 만들어낸 불후의 창작품입니다."[24] 베카델리는 미켈란젤로가 그랬던 것처럼 성 베드로 대성당이—그 실제 시공 상태가 어떠했든—예술가의 삶에 나침반을 제시하고 그 삶에 신성한 목적을 부여한다는 것을 알고 있었다. 베카델리는 미켈란젤로가 스스로를 유배자라고 생각한다는 것을 잘 알았기에 그 자신이 멀리 떨어져 있다는 사실을 언급했다. "육肉의 관점에서 보자면, 나 자신도 유배자입니다. 그러나 영혼의 관점에서 보자면, 나는 하느님께서 나를 이런 곳에서 봉사하도록 부르신 것에 감사하고 있습니다."[25] 두 친구는 자신들을 유배자라고 생각했지만, 하느님이 명하신 소명 의식을 잘 알고 있었다. 미켈란젤로는 이렇게 썼다. "나는 하느님의 사랑을 위해 이 일을 하고 있고 이제 그 사랑이 나의 모든 희망이다."[26] 미켈란젤로는 하느님의 사랑을 위해 일하고 있다고 말한 게 여러 번이었다. 성 베드로 대성당 공사를 내팽개친다는 것은 "엄청난 패망, 엄청난 수치, 엄청난 죄악의 근원이 될 것"이라고 느꼈다.[27] 바로 이것이 그가 피렌체로의 귀향, 충분히 받을 자격이 있는 칭송, 가족과 친지 그리고 평화로운 죽음에 대한 약속을 자꾸 늦출 때마다 내놓은 이유였다.

미켈란젤로는 성 베드로 대성당에 대한 헌신이 개인적 구원을 보장해 줄 것이라고 희망하는 한편, 교회의 더 큰 영광, 그가 말한바, '하느님과 성 베드로'를 위해 일하는 것이었다. 미켈란젤로는 실제로 종이었지만 더 큰 목적에 봉사하는 종이었다. 그래서 그는 하느님이 "나를 도와주시고 이끌어주시기를" 기도했다.[28] 조르조 바사리도 미켈란젤로의 최종 사명을 마침내 이해하게 되었기에 《뛰어난 화가,

조각가, 건축가 들의 삶》 제2판(1568)에서 하느님, 미켈란젤로, 성 베드로를 서로 연결지으면서 이렇게 말했다. "선량한 사람들을 돌보아주시는 하느님은 미켈란젤로를 평생 총애하셨고 그와 성 베드로 대성당을 한결같이 보호해 주셨다."[29] 이는 바사리의 1550년 초판에서 보인 태도와는 상당히 달라진 서술이다. 초판에서는 성 베드로 대성당 얘기는 거의 나오지 않았다.

성 베드로 대성당의 정신적·구원적 의미를 차치하고서도, 거기에는 대성당을 실제로 건설해야 한다는 현실적인 문세가 있었다. 조카 리오나르도, 조르조 바사리, 코시모 데 메디치 등에게 보낸 편지에서, 예술가는 로마를 떠날 수 없는 이유를 되풀이해서 말했다. "내 설계가 훼손되거나 수정되지 않을 정도로 성 베드로 대성당의 건축적 구조에 틀을 잡아야 한다."[30] 그는 이런 결심으로부터 조금도 벗어나지 않았고 또 흔들리지도 않았다. 그건 그의 영혼을 구제하는 데에도 중요했지만 공사의 장래를 결정하는 데에도 중요한 문제였다. 그는 스폴레토를 향해 떠나기 전에 바사리에게 보낸 편지에서도 그런 취지의 발언을 했다. "여기 성 베드로 대성당의 공사를 계속 진행하여 더는 구조를 바꾸지 못할 단계로까지 진척시켜야 합니다."[31] 이 말을 미켈란젤로에게 직접 여러 번 들었던 터라, 바사리는 《뛰어난 화가, 조각가, 건축가 들의 삶》의 제2판에서 예술가의 편지들을 깊이 해석하면서 이렇게 말했다. "미켈란젤로는 성 베드로 대성당의 여러 공사 현장에서 꾸준히 일했고, 그 목적은 이미 해놓은 일을 바꿀 수 없도록 하려는 것이었다." 바사리는 이어 이런 말도 했다. "미켈란젤로는 17년 동안 전적으로 이 공사의 핵심적 부분들을 정착시키는 데 헌신했다."[32]

미켈란젤로는 드로잉과 건축에서 인물의 동체를 중시했던 것처럼, 성 베드로 대성당 공사에서도 그 건물의 토르소, 즉 그 해부학적 중심과 구조에 집중했다. 그 나머지는 부가물에 불과했다. 이렇게 하여 후대의 건축가들, 가령 자코모 델라 포르타와 카를로 마데르노가 미켈란젤로의 설계에서 벗어난 것은 그리 중요한 문제가 되지 못한다. 왜냐하면 미켈란젤로가 그 건물의 핵심적 사항들, 즉 평면도, 공간, 비례를 이미 확정해 놓았기 때문이다. 바사리 또한 이 점을 명확히 알았기에 이렇게 말했다. "미켈란젤로는 그 건물의 형태를 확정했다."[33]

미켈란젤로의 목표는 성 베드로 대성당의 설계와 핵심 특징들을 확정하는 것이었지만, 건설 공사의 느린 속도와 다수의 장애는 그가 결코 공사 현장으로부터 자유로운 몸이 되지 못할 것임을 알려주었다. 그래서 코시모 데 메디치에게 보낸 편지에서 "피렌체로 돌아가 죽음을 벗하며 그곳에서 쉬고 싶습니다"라는 뜻을 내비쳤음에도 불구하고, 그는 성 베드로 대성당 공사에 대한 약속을 결코 저버리지 않았다.[34]

미켈란젤로가 사랑한 시인 단테(1265~1321)는 그와 마찬가지로 유배자였고, 예술가에게 심적 위안을 안겨주었다. 《신곡》〈천국 편〉 '노래 5'에서 베아트리체는 단테에게 이루지 못한 약속을 너무 걱정하지 말라고 하는데, 이 상황은 많은 미완성 공사와 이루지 못한 약속에 대한 미켈란젤로의 후회와 공명하는 바가 있다. 베아트리체는 단테에게 이렇게 말한다. "모든 물이 그대들을 씻어준다고 믿지 마오. 그대들에게는 신약성경과 구약성경이 있고, 그대들을 인도하는 교회의 목자가 있소. 그대들의 구원에는 그것으로 충분하오."[35] 그리스도는 미켈란젤로의 목자이고 성 베드로 대성당은 그의 구원이었다.

미켈란젤로는 키케로의 《노년에 대하여》에서도 어느 정도 위안을 얻었을 것이다. 키케로는 그 책에서 나이 든 카토의 고사를 인용하는데, 노령의 지주들이 "그들이 살아서 볼 수 있을지 어떨지 알 수 없는 나무를 심고 열심히 가꾸는 모습"에서 감동을 받았다는 얘기다. 카토는 시인 카이킬리우스 스타티우스의 시 한 구절도 인용한다. "그는 다른 시대에 사용될 나무들을 심는다."[36] 미켈란젤로가 할 수 있는 가장 좋은 일은 다른 시대를 위해, 성 베드로 대성당의 미래를 위해 씨앗을 심는 것이었다. 그는 그 일을 해냈다. 그는 "하느님께서 나를 여기에 두신 것이다"라는 말을 정말로 믿었다. 미켈란젤로는 결코 그곳을 떠나지 않았다. 그것이 그에게 남은 얼마 안 되는 시간 동안 그가 현실적으로 성취할 수 있다고 기대되는 유일한 길이었고 그는 그 길에서 벗어나지 않았다.

1560년에서 죽음에 이르기까지

이제 80대 후반에 들어섰고 인생과 일에서 거듭 좌절을 겪은 미켈란젤로는 자신이 더는 모든 것을 관장하거나 실행할 수 없다는 것을 완벽하게 깨달았다. 그는 몸이 너무 허약하여 현장에 나갈 수 없는 날이 많았다. 더욱이 청년 시절의 특징이었던 세세한 현장 관리는 성 베드로 대성당 같은 대규모 공사를 감독할 때 현실적인 방법이 되지 못했다. 로마 전역에 흩어져 있는 여섯 군데 다른 건축 공사 현장에 대해서는 더 말할 나위가 없었다. 미켈란젤로는 이제 자신의 비전과 지시를 이해하는 소수의 신임하는 조수들에게 거의 전적으로 의존하게 되었다. 성 베드로 대성당의 현장 감독들을 비롯해, 이런 조수들과 친구들은 미켈란젤로의 노년에 그를 진정으로 도와준 영웅들이었다.

세바스티아노 말레노티가 1557년 로마를 떠났을 때, 미켈란젤로는 아주 믿음직한 현장 감독을 한 사람 잃었다. 티베리오 칼카니는 다양한 일을 하느라고 너무 바빠서 미켈란젤로는 체사레 베티니를 성 베드로 대성당 현장의 총감독으로 고용했다.[37] 체사레는 피에로 베티니의 아들이었다. 피에로 베티니는 줄리오 브루넬리의 친척이었는데, 브루넬리는 우르비노의 과부 코르넬리아 콜로넬리가 재혼한 남자였다. 즉, 체사레 베티니는 미켈란젤로의 충실한 하인 우르비노의 고향인 카스텔두란테 출신으로, 열두 명에 달하는 남녀 조수, 하인, 말동무 중 한 사람이었다.[38] 베티니는 성 베드로 대성당 공사로 너무나 바빠서 미켈란젤로는 공사장 업무를 도와줄 또 다른 감독으로 피에르 루이지 가에타를 고용할 생각이었다. 미켈란젤로는 성 베드로 대성당의 파브리카에 두 통의 편지를 보내 가에타의 채용을 승인해 달라고 요청했다.

파브리카 임원진 앞. 제가 나이 든 노인이고 체사레 [베티니]가 파브리카에서 임무를 수행하느라 너무 바빠서 현장 감독을 자주 나가지 못하니 피에르 루이지 [가에타]를 그의 동료로 채용할 필요가 있다고 생각합니다. 나는 그가 공사 현장에 적합한, 정직하고 유능한 인물이라는 것을 압니다. 게다가 그는 일을 잘 알고 또 내 집에서 함께 살고 있으니 저녁때면 그다음 날 무슨 일을 해야 하는지 내게 설명해 줄 수 있습니다.

임원님들께서 이달 초부터 그의 급여 지불을 승인해 주시기 바랍니다. 급여는 체사레와 같은 수준으로 해주십시오. 안 그러면 제 호주머니에서 그의 급여를 지불할 생각입니다. 현장의 필요와 요구를 잘 알기에 그를 반드시 거기에다 배치해야 한다는 게 제 생각입니다.[39]

파브리카가 미켈란젤로에게 협조하면서 그 조수를 고용할지 여부는 곧이어 터진 위기 사태로 짙은 그림자를 드리웠다. 1563년 8월, 티베리오 칼카니는 미켈란젤로의 조카에게 편지를 쓰던 중에 그의 동생 빈첸치오가 가져온 소식 때문에 편지 쓰기를 중단했다. 그 동생은 칼카니에게 이런 보고를 했다. "방금 성 베드로 대성당 현장에서 총감독 체사레 [베티니]가 칼에 세 번 찔렸습니다. 이미 죽었거나 곧 죽을 것 같습니다. 아무튼 살아나지는 못할 듯해요. 누가, 왜 그런 짓을 했는지 모르겠습니다. 베티니가 이상한 짓을 한 것만은 분명해요."[40] 칼카니는 이상한 짓이 그 범죄 사건의 배후에 있다고 의심할 만한 근거가 있었다. 그가 다른 남자의 여자와 함께 있다가 현행범으로 발각되어 칼을 맞았다는 사실이 곧 드러났다. 일주일 뒤 칼카니는 다시 리오나르도에게 편지를 쓰면서 그 섬뜩한 정황을 알려주었다.

"총감독 체사레에 대해서 당신에게 이렇게 보고할 수밖에 없습니다. 체사레는 포를리 주교청에서 주방장으로 일하는 남자의 아내와 함께 있다가 그 주방장에게 발각되었습니다. 주방장은 체사레를 열세 번 찔렀고 자기 아내는 네 번 찔렀습니다." 칼카니는 미켈란젤로의 반응에 대해서는 절제된 표현을 했다. "노인은 상당히 괴로워했습니다."[41]

미켈란젤로는 물론 조수가 그런 식으로 죽어서 상심했지만, 그보다 성 베드로 대성당 파브리카의 임원들 때문에 더 괴로워했다. 그는 피에르 루이지 가에타를 베티니의 빈자리에 보임해 달라고 추천했으나, 난니 디 바초 비조의 지속적인 반대에 직면한 임원들은 다른 결정을 했다.[42] 미켈란젤로는 분노하고 좌절했다. 그 공사의 수석 건축가로 무려 15년이나 일해 왔는데도 현장 감독 한 명을 마음대로 임명할 수 없었으니 말이다. 미켈란젤로는 한 달 동안 공사 현장에 나가 보지 않았고 마침내 1563년 9월에 교황이 개입하여 그에게 현장으로 돌아오라고 호소했다.[43] 그리하여 무명의 피에르 루이지 가에타는 마침내 고용되었고 미켈란젤로의 '현장 대리인'으로 근무하게 되었다. 그는 '정직하고 유능했으며', 미켈란젤로의 집에서 숙식을 해결했으므로 미켈란젤로에게 일일 보고를 할 수 있었고 또 두 사람은 함께 이튿날 일정을 결정할 수 있었다. 이런 식으로 해서 성 베드로 대성당의 공사는 일용직 노동자들이 퇴근한 후에도 오래 계속되었다. 당연한 이야기를 덧붙이자면, 가에타가 현장 공사의 '필요와 요구'를 잘 아는 사람이었기에 미켈란젤로에게 매일 진행 보고를 한 것이지, 그 반대는 아니었다.

시간은 너무 없고 피로감은 너무 심해

1563년 3월 6일, 미켈란젤로는 88세가 되었다. 그는 이제 현장의 인부들 앞에 나서는 일이 거의 없었다. 로마 시내의 다른 곳에서 진행 중인 공사들까지 책임진 마당에 날마다 성 베드로 대성당에 가봐야 하는지 의문도 들었다. 말을 타고 나가서 포르타 피아 혹은 산타 마리아 델리 안젤리 공사 현장을 둘러보아야 하는가? 아니면 동네를 벗어나 가까운 카피톨리노 언덕의 공사 현장을 감독해야 하는가? 아무튼 그가 성 베드로 대성당에 가봐야겠다고 결정했다 하더라도, 그 시점은 현장 감독들이 예하 작업팀에게 작업 지시를 다 내리고 난 이후의 시간대가 되었다. 그런 위임 방식이 미켈란젤로가 좋아하는 방식은 아니었지만, 공사장의 일일 업무를 관장하기 위해 배치한 유능한 현장 감독들을 믿어야 했다.

80대가 된 이래, 미켈란젤로는 하루 종일 성 베드로 대성당 현장에 머무는 날수가 점차 줄었다. 많은 노무자가 그의 얼굴을 보지 못했다. 대성당 공사 현장은 엄청나게 넓었고 대부분의 일은 단조롭게 규칙적으로 진행되었다. 석회암 덩어리를 네모나게 다듬는 일, 벽돌과 모르타르를 만드는 일 등은 꾸준히 진행되어야 했다. 벽돌공과 석공은 수석 건축가를 만나서 이야기할 일이 없었다. 건축가도 그들의 일에 개입할 이유나 의사가 없었다. 이런 방식은 40년 전에 미켈란젤로가 산 로렌초에서 했던 관리 방식과는 아주 대조적이었다. 그는 이제 높은 데 있는 공사 현장까지는 거의 올라가 보지 않았으며, 공사 현장을 한 바퀴 돌면서 현장 감독들을 만난 뒤에는 바티칸 궁으로 들어갔다. 그리고 이제 아침이면 침대에서 아주 천천히 일어나는 날이 늘어났다. 노령의 무게가 그를 무겁게 짓눌렀다. 그는 점점 더 자신이 신임하는 현장 감독들에게 의존하게 되었다.

몸 상태가 좋은 날에 미켈란젤로는 성 베드로 대성당 현장에서 일이 시작되는 것과 거의 같은 시간대에 침대에서 일어났다. 그는 아침에는 거의 식사를 하지 않았다. 설사 한다 하더라도 전날 밤에 남은 빵을 물로 희석한 와인과 함께 먹는 것이 고작이었다. 그는 집 근처의 산티시미 아포스톨리 교회에 나가 간단히 기도를 올렸다. 그 교회 옆에는 델라 로베레 궁전이 있었는데 그 건물은 후원자와 그의 말썽 많은 후계자들의 문제를 그에게 상기시켰다. 그렇다. 교황 율리우스 2세는 이미 50년 전에 돌아가셨다! 미켈란젤로는 산 피에트로 인 빈콜리에 있는 교황 영묘를 거의 방문하지 않았다. 그는 아직도 완공되지 않은 상태로 질척거리는 일에 쏟을 만큼의 체력만 남아 있었다.

미켈란젤로는 가끔 산타 마리아 소프라 미네르바에 가서 휴식을 취했다. 도미니크회 수도사들은 아침 기도 시간을 엄격하게 지켰다. 미켈란젤로의 조각품 〈부활하신 그리스도〉 맞은편에는 조각가 안드레아 브레뇨(1421~1506)에게 바치는 기념비가 있었는데, 거기에는 '새로운 폴리클레이토스•이며 저명한 조각가'라는 글귀가 새겨져 있었다. 브레뇨는 85세에 사망했으므로 거의 미켈란젤로와 비슷하게

• 기원전 5세기 후반의 그리스 조각가. 페이디아스와 함께 고대 그리스의 2대 조각가로 평가된다. 페이디아스가 웅장미를 강조했다면 폴리클레이토스는 우아한 균형미를 강조했다. 〈헤라 여신〉과 〈창을 든 청년〉이 유명하며 후자의 조각상은 로마 시대에 다수 복제되었다.

오래 살았다. 과연 미켈란젤로는 오래 살아서 '저명한 조각가' 혹은 새로운 폴리클레이토스로 기억될 것인가?

산타 마리아 소프라 미네르바를 방문하면 미켈란젤로는 마음이 겸손해졌다. 많은 피렌체 사람들, 가령 교황 레오 10세와 교황 클레멘스 7세, 로렌초 푸치와 로베르토 푸치 등이 거기에 묻혀 있었기 때문이다. 푸치 형제는 예술가가 율리우스 2세의 영묘 문제를 해결하는 데 도움을 준 사람들이었다. 미켈란젤로는 여기 피렌체 고향 사람들 사이에 묻힐 생각을 하고서 4인 〈피에타〉를 조각한 바 있었다. 그러나 그 조각 작품은 실패작이었고 이제 사라지고 없었다. 그의 친구 프란체스코 반디니는 최근에 별로 힘들이지 않고 미켈란젤로를 설득하여 그 마음에 안 드는 조각품을 그의 작업장에서 없애버리게 했다. 그 직후에 미켈란젤로는 또 다른 조각 작품을 시작했는데 그 주제도 '피에타'였다.

마지막 조각 작품

죽기 며칠 전까지도 미켈란젤로는 이른바 론다니니 〈피에타〉(화보 55)를 작업했다. 이 명칭은 조각품이 론다니니 집안에 오래 머물다가 마침내 1952년에 밀라노 시청에 넘어가서 붙은 이름이다. 이 조각품은 순전히 예술가 자신을 위해서 제작된 것으로, 다른 사람에게 주려 했다는 증거는 어디에도 없다. 조각은 기도의 한 형태요, 예술가를 하느님 가까이에 다가가게 하는 수단이었다. 그것은 창작을 통해 구원을 추구하는 행위였다.

이 작품은 주제가 무엇이라고 선뜻 규정하기가 어렵다. 우리는 그것을 〈피에타〉라고 부르기는 하지만, 그런 주제를 가진 미켈란젤로의 다른 두 작품과는 사뭇 다르고, 또 그가 창작한 또 다른 작품들과도 다르다.[44] 성모 마리아는 암반 위에 서 있고, 아들을 포옹하고 있으나 그를 거의 떠받치지 않는다. 두 인물은 논리와 중력을 무시하면서 무시간의 순간 속에 매달려 있다. 그리스도의 절반쯤 서 있는 자세와 미완성의 캐릭터는 축 처진 생명 없는 신체보다는 훨씬 생기가 감돈다. 옆으로 돌린 그의 고개는 자신의 어깨 위에 놓인 어머니의 손을 바라보는 듯하다. 두 형체는 서로 녹아들어 가고 있으며, 과거 한때 한 몸이었던 마리아와 그리스도는 다시 한번 혼융되어 있다.

이 작품을 시적으로 바라보는 것이 아니라 다소 모질게 살펴본다면, 미켈란젤로는 두 형체를 충분히 실현시킬 만한 돌덩어리를 확보하지 못한 것으로 보인다. 그는 자신의 아이디어를 좇으면서 높고 가느다란 돌덩어리를 베어내고 또 베어냈다. 그리스도의 오른팔은 그런 반복적인 조탁의 증거다. 이 부분은 이것보다 좀 더 크고 근육적인 신체를 보여주는 돌덩어리가 있었음을 증명한다. 이런 엄청난 조탁—이것은 예술가가 돌덩어리를 계속 공격했음을 보여주는 증거다—이 없었더라면, 관람자는 미켈란젤로가 돌덩어리의 형체를 엄청나게 바꾸었다는 것을 상상하지 못했을 것이다. 그는 계속 돌을 쪼아냈으나 완성하지는 못했다. 정신적 주제를 물질적 형태 속에 구현하려 한다는 피할 수 없는 역설에 봉착한 것이다.

이 작품을 옆에서 보면 미켈란젤로가 돌덩어리를 얼마나 파고들어갔는지 알 수 있다(화보 56). 인물들의 추상적 형체는 부활의 희망을 상징하는, 위로 올라가는 화염의 형태를 취한다. 우리는 곧 그런 추상적 형체에 적응하면서 그것을 추상적으로 평가하게 된다. 그러나 예술가는 하느님의 아들과 그 어머니가 그 십자가형에서 느꼈던 상상 불가능한 슬픔을 분명 눈앞에서 구체적인 것인 양 뚜렷이 보았을 것이다.

망치질을 할 때마다 그리스도의 살이 벗겨져 나갔다. 미켈란젤로는 고뇌하면서 예술 작품을 만드는 행위의 쓸모없음을 깊이 인식했을 것이다. "예술과 삶의 종착역에 이르기 전에는 그 누구도 완벽하게 예술을 터득하지 못한다."[45] 그러나 미켈란젤로는 이제 생애의 종착역에 도달했는데도 아직 완전한 예술을 터득하지 못하고 있었다.

이 조각품은 친구인 프란체스코 반디니에게 주었던 파손된 〈피에타〉보다도 훨씬 더 미켈란젤로에게 실망스러운 작품이었다. 완성되지 못했을 뿐만 아니라 교회의 전시용 작품으로도 적절하지 않았다. 묘비로 쓸 작품을 조각하는 데 두 번이나 실패했으므로, 미켈란젤로는 자신이 죽은 후에 곧 망각되는 존재가 되는 게 아닐까 우려했다. 또 생애 대부분을 로마에서 보냈으니 과연 스스로 피렌체 사람이라고 할 수 있을까 하는 의문도 들었다.

그는 이런 생각을 하면서 정신이 산만해졌고 또 이 세상 다음의 세상을 생각하느라고 작업 시간을 많이 잃어버렸다. 미켈란젤로는 어느 가을날 산타 마리아 소프라 미네르바 교회에서 걸어 나오면서 우울하게 흐린 하늘을 쳐다보았다. 그는 느린 걸음으로 나보나 광장에 있는 메디치 궁전을 지나갔다. 로마 시내의 많은 건물이 그러하듯이,

그곳은 미켈란젤로에게 과거의 추억을 불러일으켰다. 어떤 것은 유쾌했고 어떤 것은 고통스러웠다. 때때로 그는 로렌초 데 메디치 치하의 피렌체에서 보냈던 초년병 시절을 회상했다. 또 어떤 때는 오늘날의 메디치 가문을 떠올렸다. 그들은 미켈란젤로의 여러 친구를 박해하거나 유배 보낸 독재자 가문이었다. 미켈란젤로는 정치에 휘말리고 싶은 생각은 없었다. 코시모가 그를 그토록 배려해 준 점을 고려할 때, 메디치 가문과의 관계를 일부러 위태롭게 할 필요는 없었다. 특히 미켈란젤로가 이제 고향 피렌체로 돌아갈 생각을 하고 있었으므로 더욱더 적절한 관계를 유지할 필요가 있었다. 그는 착잡한 심정에 휩싸였다. 그는 그런 심정을 마음대로 내려놓으면서 정리할 수가 없었다. 아침 기도 시간, 느려진 발걸음, 다른 우연한 사건 등에 따라 차이가 있기는 하지만 한 시간 혹은 45분 만에 그는 성 베드로 대성당 공사 현장에 도착했다. 현장에서는 할 일이 많았다.

집으로 걸어가며

하루 일과가 끝나고 집으로 걸어서 돌아가는 것은 아침 출근 때보다 더 느렸다. 미켈란젤로는 피곤했고 자주 멈추어 서면서 인생의 끝을 명상했다. "아주 힘들게 떼어놓는 나의 흔들리는 발걸음, 세월의 무게에 짓눌린 사람이라 더욱 느리구나."[46]

그의 퇴근길은 먼저 폰테 산탄젤로에서 시작하여 피렌체 동네의 널찍한 중앙 도로를 걸어 내려가면서 아침에 왔던 길을 되짚어 가는 것이었다. 그러면 어쩔 수 없이 스트로치 궁을 지나쳐야 했다. 그의 경력 쌓기에서 중요한 역할을 했고 집안사람들의 출세를 도와주었으며, 특히 사랑하는 동생 부오나로토를 돌보아준 스트로치 가문에 생각이 미치지 않을 수 없었다. 미켈란젤로는 때때로 이런 생각도 했다. 왜 내 동생은 이미 35년 전에 죽었는데 나는 아직도 살아 있을까? 유배 조치가 된 스트로치 가문에 대한 접근 금지 명령에도 불구하고 미켈란젤로는 자신의 가족과 여러 해 동안 인연을 맺어온 그 가문에 깊은 애정을 느꼈다.

저녁 퇴근길에 미켈란젤로는 비아 델 고베르노 베키오로 들어서지 않고 대체 도로인 비아 데이 방키 베키로 걸어가는 것을 더 좋아했다. 그 거리에는 그가 좋아하는 가게들이 있었다. 그는 이제 술을 별로 마시지 않지만 하루 일과가 끝난 시점에 술 마시는 사람들 사이에 잠시 앉아 있기를 좋아했다. 물론 그는 성 베드로 대성당까지 말을 타고 갈 수도 있었다. 실제로 때때로 그렇게 했다. 그건 그날그날의 기분에 달려 있었다. 그가 탄 말이 천천히 터벅터벅 걸어가는 리듬은 그의 신장 결석 고통을 완화하는 데 도움이 되었다. 그러나 날씨가 화창하다면 걸어가는 편을 좋아했고, 특히 퇴근 무렵에는 빈집에 황급히 돌아가야 할 일도 없었기에 더욱이 걸어가고 싶어 했다. 우르비노가 죽고 코르넬리아가 카스텔두란테로 돌아간 뒤로 미켈란젤로는 식사나 대화를 함께할 상대가 없었다. 물론 무식한 하인과 요리사는 있었으나 그들은 대체로 아무 말이 없는 뚱한 식구들이었다. 피에르루이지 가에타와 다니엘레 다 볼테라가 그들보다 한결 나은 말동무였다. 그러나 이들은 바쁜 현장 감독이었고 대체로 미켈란젤로가 저녁 식사를 마친 이후에나 집으로 돌아왔다. 그는 일요일을 기다리기도 했다. 그날이 되면 친구 한두 명이 들러 웃으며 담소를 나누거나 와인을 한잔 기울이기도 했다. 그가 지금 퇴근길에 비아 델 펠레그리노의 축축한 술집에서 마시는 값싼 와인 한잔은 조카가 보내온 트레비아노 와인처럼 목 넘김이 부드러운 와인은 아니었다. 그 와인은 정말 맛이 형편없었다. 아마도 아브루초에서 만든 것이리라. 하지만 그 집은 분위기가 좋았다.

자리에서 일어난 미켈란젤로는 천천히 걸어서 라파엘레 리아리오 추기경의 궁전을 지나갔다. 추기경은 오래전에 죽었다. 미켈란젤로는 60여 년 전에 로마에서 보낸 첫날을 회상했다. 아주 의기양양한 시절이었다. 추기경이 그의 작품 〈바쿠스〉를 제대로 평가해 주지 않아 실망하기는 했지만. 리아리오 궁전 옆의 이면 도로에는 상인과 창녀 들에게 세를 내준 자그마한 집들이 있었다. 미켈란젤로는 이런 역겨운 소굴에서 시간을 보내는 건 상상조차 하지 않았다. 그는 과거 한때, 저명한 추기경 궁전의 커다란 홀을 거닐던 사람이 아니었던가.

개혁 정신이 충만한 교황들이 엄청난 노력을 기울였음에도 불구하고 로마는 죄악의 도시라는 오명을 벗지 못했다. 한 영국인 방문자는 이렇게 썼다. "로마는 어디를 가나 끔찍하다. 곳곳에 도사린 창녀들이 문을 활짝 열고서 대담할 정도로 뻔뻔스럽게 호객행위를 한다. 윙크를 하고, 천한 웃음을 날리고, 방문객들의 손을 잡아끌며 경악시킨다."[47] 나이 든 미켈란젤로는 천한 웃음을 날리는 어떤 창녀가 접근해 오자 발걸음을 황급히 놀려서 캄포 데 피오리의 번잡한 상가 거리로 쑥 들어간다.

비아 데이 팔레냐미('목공들의 거리'), 로마.

그는 그 도로 뒤쪽의 이면 도로들을 좋아한다. 여기에 목공, 철공, 통 제조업자, 열쇠·갈고리·못을 제작하는 철물업자, 성 베드로 대성당 공사에 필요한 각종 도구를 만들어내는 업자 등, 그들의 기술로 생계를 꾸리는 장인이 많았다. 물론 가짜 금화와 동전을 만드는 자들도 있었다. 미켈란젤로는 특히 목공들의 거리인 비아 데이 팔레냐미에서 흘러나오는 신선한 톱밥과 불타는 나무의 냄새 맡기를 좋아했다. 그들은 다들 가난했기에 밤늦게까지 일했다. 밧줄 제조업자들의 교회인 산타 카테리나 데이 푸나리를 지나가면, 미켈란젤로는 미로 같은 거리들에서 벗어나 카피톨리노 언덕의 비참한 동네로 들어서게 된다.

그 동네에 들어서면 미켈란젤로는 울적해졌다. 미켈란젤로가 그 동네 사람들처럼 가난해서가 아니라, 그 자신의 목숨이 유한하다는 사실을 상기시켰기 때문이다. 캄피돌리오(화보 57)는 30년도 더 된 1530년대에 교황 파울루스 3세가 그에게 발주했던 최초의 대형 건축 공사였다. 이 중요한 민간 공사가 파울루스 3세에게는 소중한 일이었으나 그 뒤의 교황들은 그리 중요한 공사로 여기지 않았다. 그들은 교황청의 권위에 맞서는 이런 민간 시설에 돈을 댈 의사가 별로 없었다. 그 결과 미켈란젤로가 맡은 것 가운데 가장 오랫동안 미제 상태로 남은 프로젝트가 되었다. 이 카피톨리노 언덕의 공사는 정치, 무관심, 복잡한 관료제, 자금 부족 등으로 가장 큰 고통을 겪었다. 그건 미켈란젤로에게 자신이 예술가에 불과할 뿐, 시공을 요청받은 공사에 통제권이 전혀 없다는 사실을 뼈아프게 상기시켰다. 그리고 더 슬픈 일은 카피톨리노 언덕을 지나가면 언제나 파울루스 3세 생각이 난다는 것이었다. 교황은 그의 후원자이자 친구였고 그와 함께 토스카나 특산품 와인과 즙이 풍부하고 맛이 좋은 배를 나누어 먹는 사이였다.

파울루스가 교황에 즉위한 초창기에 미켈란젤로는 카피톨리노 언덕 꼭대기의 광장에 오래된 마르쿠스 아우렐리우스의 기마상을 설치했다. 교황과 미켈란젤로는 그 공사가 고대 로마 시대 이후의 대규모 도시 재생 공사가 될 거라고 확신했고 광장은 그 공사의 중심이 되는 공간이었다. 이렇게 하여 미켈란젤로는 로마의 일곱 언덕 중에서 가장 중요한 언덕에다 로마의 장엄한 중심부를 재탄생시키는 공사의

에티엔 뒤 페라크, 캄피돌리오의 석판 이미지, 1569, 워싱턴 대학교, 세인트루이스.

개시를 알렸다. 이러한 목표를 널리 강조하기 위하여 그는 퀴리날레 언덕에서 이곳 카피톨리노 언덕으로 멋진 고대 하신河神 조각상 두 점을 수송해 오기까지 했다. 그 언덕에서 내려와 다른 언덕으로 올라가는 진흙투성이 도로를 생각하면 그건 결코 쉬운 작업이 아니었다.

그러나 이런 온갖 노력이 용두사미로 끝났다. 그로부터 30여 년이 흘렀지만 캄피돌리오는 여전히 완공된 상태가 아니었다. 팔라초 세나토리오에는 아직도 파사드가 없었다. 아직 포장되지 않은 광장에는 진입로도 설치되지 않았다. 팔라초 데이 콘세르바토리의 일곱 베이bay〔두 기둥 사이 벽의 쑥 들어간 부분〕 중 겨우 세 개만 미켈란젤로의 사망 당시 공사가 진행 중이었다. 그리고 그것과 똑같이 생긴 건물인 팔라초 누오보는 1603년에 가서야 겨우 착공되었다.[48]

미켈란젤로, 팔라초 데이 콘세르바토리 일부, 캄피돌리오, 로마.

그가 어떤 코스를 거쳐 성 베드로 대성당 현장에서 집으로 돌아오든 간에 카피톨리노 언덕은 반드시 지나치게 되어 있었다. 이 길은 아주 느린 건축 공사 속도를 그에게 상기시켰다.[49] 언덕 위에 서 있는 볼품없는 건물들을 바라보노라면 예술가는 건설 현장에 어느 정도 진척이 있었는지 살펴보고 싶은 생각이 나지 않았다. 그는 그 공사를 전반적으로 담당하는 두 임원 중 한 명인 토마소 데 카발리에리가 다른 일로 너무 바빠서 이 공사는 신경 쓰지 못하는 것인지 알고 싶지도 않았다. 이미 오래전에 자신이 아무리 오래 살더라도 자신의 비전을 실현하기는 불가능하다는 것을 깨달았다. 그는 미완성의 건물들과 함께 살아가는 법을 배웠고 다른 사람들이 자신의 사후에라도 자신의 설계를 진척시켜 주기를 바랐다. 캄피돌리오, 산 조반니 데이 피오렌티니, 스포르차 예배당, 포르타 피아, 산타 마리아 델리 안젤리, 성 베드로 대성당 등은 모두 미완으로 남을 것이다. 그가 손을 댔던 많은 조각 작품들처럼.

하지만 그는 절망하지 않았다. 캄피돌리오는 그가 상상했던 바와는 다른 모습이었지만, 그의 설계를 잘 이해하는 자코모 델라 포르타 같은 훌륭한 젊은 건축가들이 공사를 계속할 것이었다. 특히나 오랫동안 총감독으로 일한 베네데토 스켈라가 현장에 그대로 남아 있는다면 안심할 수 있었다. 게다가 성 베드로 대성당에서 집까지 너무 오래 걸어와 피곤한 나머지, 미완성 프로젝트들에 대하여 깊이 생각할 수가 없었다. 그 대신 근처의 산 마르코 교회로 들어가 저녁 기도를 했다. 어둠이 내리고 있었다. 그곳은 살인자와 강도 들이 만만한 표적을 노리는 동네였다. 고대 로마의 풍자 작가 유베날리스는 일찍이 이런 경고를 했다. "밤중에 나돌아 다니는 사람은 죽으러 가는 사람이다."[50] 그 말은 1500년이 지난 후에도 여전히 사실이었다. 미켈란젤로는 수부라의 변두리에서 살고 있었고, 그 동네는 유베날리스의 그런 경구가 생각날 법한 가난한 동네였다.

미켈란젤로는 밤이 될 때까지 밖에 나와 있고 싶은 생각은 없었다. 젊은 조수들과 집 식구들은 이 토요일 밤에 밖으로 나돌아다니고 싶어 했지만 말이다. 예술가는 자신의 노령을 의식했고 갑자기 비틀거리면서 약간 절름거리는 듯한 발걸음으로 걸어갔다. 집에 도착하자 그는 현관에 앉아 낡고 진흙 묻은 구두를 벗어버리고 부드러운 가죽 슬리퍼로 바꿔 신었다. 그러면서 시종 벽에다 스케치한 해골에다 대고 뭐라고 중얼거렸다. 얼마 전에 조카에게 이런 기분을 써서 보냈는데 요사이는 자주 그런 심정이 되었다. "나는 늙어서 머릿속이 혼란스럽다."[51]

늙은 가정부는 그를 위해 보리 수프를 요리해 벽난로 위 뚝배기에 담아두었고 아직도 따뜻했다. 그날은 아주 긴 하루였고 내일은 언제나 그렇듯이 무슨 일이 벌어질지 불확실했다. 그는 낡은 종이 위에다 이렇게 썼다. "죽음은 오래 머문 감옥을 나서는 일이다."[52]

병환과 죽음

미켈란젤로는 이제 서서히 우리의 시야로부터 사라져 가고 있다. 그의 거친 목소리는 여전히 힘이 있었지만 이제 전보다 덜 들린다. 집 안에는 성 베드로 대성당 현장의 감독인 피에르 루이지 가에타가 있었다. 가에타는 마침내 파브리카로부터 고용 허가가 떨어져 현장에 나갈 수 있었고, 그 외에 우르비노의 고향 카스텔두란테에서 최근에 데려온 여러 충실한 하인들이 있었다. 게다가 티베리오 칼카니, 다니엘레 다 볼테라, 토마소 데 카발리에리 같은 미켈란젤로의 친밀한 벗들이 자주 집을 찾아와 예술가를 돌봤다.

1562년 12월에 미켈란젤로는 고열로 자리보전을 했는데 당시 로마 사람의 4분의 3이 그런 열병을 앓았다.[53] 이듬해 1월 초에는 몸 상태가 한결 좋아져서 말을 타고 나가 신선한 공기를 마셨다. 아직 날씨가 추웠기에 그는 리오나르도에게 새 외투를 지어 입을 검은 천을 보내달라고 요청했다. "천 값은 신경 쓰지 마라."[54] 날씨가 좋으면 매일 저녁 정기적으로 말을 타고 나갔다. 한참 전에 친구 세바스티아노 델 피옴보가 승마는 건강에 좋다고 조언해 주었기 때문이다.[55]

여러 날 동안 성 베드로 대성당 현장에 나가 보지 못했던 미켈란젤로는 1563년 1월 말경에 공사 진척 상황을 살펴보기 위해 현장에 나갔다.[56] 비록 미켈란젤로가 전에 요청한 일이었지만, 곧 리오나르도가 로마로 온다는 방문 계획은 갑자기 너무나 버거운 일이 되었다. "그건 한동안 나의 근심에 걱정을 더해 줄 뿐이다."[57] 그러나 그의 친구들이 써서 보낸 편지들은 그보다 덜 어두운 분위기를 전해 주었고 리오나르도의 어떤 편지는 미켈란젤로를 크게 웃게 만들었다.[58]

1563년 7월의 어느 토요일 오후에 예술가는 티베리오 칼카니와 피에란토니오 반디니와 함께 즐거운 시간을 보냈다. 피에란토니오는 최근에 죽은 친구 프란체스코 반디니의 아들이었다.[59] 칼카니는 과거에 리오나르도를 방문했던 즐거운 일을 언급하면서, 숙부 미켈란젤로가 자그마한 목재 십자가를 만들고 있는데 그[조카]에게 선물로 주려고 만드는 것 같다는 말도 했음을 보고했다.[60] 그보다 몇 달 전인 봄에 코시모 데 메디치는 피렌체의 설계 아카데미의 정초 공사에 참석하여 축복해 주었고, 미켈란젤로는 '건축 설계의 우두머리, 아버지, 스승'으로 선출되는 영광을 얻었다. 그 선출 건을 계기로 바사리는 한 번 장문의 편지를 미켈란젤로에게 보내 피렌체로 제발 돌아오라고 호소했다.[61]

미켈란젤로는 편지를 쓰는 게 어려워서 답신을 보내지 못한 데 대하여 사과했다.[62] 그러던 어느 한 시점에 리오나르도는 미켈란젤로의 집안사람들이 그를 홀대한다는 잘못된 정보를 전달받았다. 떨리면서도 잘 통제된 글씨로 미켈란젤로는 자신의 상황을 아주 분명하게 리오나르도에게 적어 보냈다.

> 리오나르도, 네 편지를 보니 너는 어떤 질투하는 악당들에게 귀를 기울인 것 같구나. 그자들은 나를 호령하거나 강탈하기가 불가능하니까 네게 거짓말을 한 다발 써서 보낸 것이다. 그들은 한 무리의 상어 떼인데 너는 너무나 멍청하게도 그들이 내 신상에 대해 한 말을 믿어버렸구나. 마치 내가 아이인 것처럼. 그자들을 시샘하고 분란을 만들어내는 아주 저열한 인간들이라고 생각하고 상대하지 마라.
> 네가 써 보낸 대로 나를 돌봐주는 문제와 다른 문제에 대해서, 너한테 확실히 말해 두지만, 나는 지금보다 더 좋을 수가 없다. 나는 모든 면에서 충실하게 보살핌을 받고 있고 대우를 받고 있다. 나한테서 강탈해 간다는 문제도 전혀 걱정할 필요가 없다. 나는 집에 믿을 만한 사람들만 두고 있으니까. 그러니 네 일에 신경 쓰고 나는 신경 쓰지 마라. 나는 충분히 나 자신을 잘 돌볼 수 있고 또 나는 아이가 아니니까.[63]

평소처럼 독립심이 강하고 퉁명스러운 미켈란젤로는 여전히 창의적이어서 멋진 표현을 만들어냈다. 그는 나이가 들어 충실한 집안 일꾼들의 신세를 져야 했지만 그렇다고 해서 노망이 난 것은 아니었다. 그의 친구들은 그의 건강을 잘 챙겼다. 조카에게 전해진 말들도 고무

적이었다. 그는 10월에는 정정했고 11월과 12월에는 더 정정했다. 12월 말에 미켈란젤로는 '훌륭하고 맛 좋은 치즈'를 보내주어 고맙다는 편지를 썼다. 88세가 되어 손이 곱아서 글씨는 잘 못 썼어도 그의 필체는 여전히 똑발랐다.

> 네가 잘 있다니 기쁘다. 최근에 네 편지를 여러 통 받고도 답변을 하지 못했다. 그렇게 된 건 내가 손이 곱아서 편지를 잘 쓰지 못하기 때문이다. 그래서 앞으로는 다른 사람들에게 대신 쓰게 하고 나는 서명만 하겠다. 오늘은 이만 쓴다. 로마에서 1563년 12월 28일.[64]

이것이 미켈란젤로가 조카에게 보낸 200여 통의 편지 중 마지막 편지다. 리오나르도는 1564년 1월 내내 로마에서 아무 소식도 듣지 못했다. 일요일인 그해 2월 12일, 미켈란젤로는 서서 하루 종일 론다니니 〈피에타〉를 작업했다.[65] 89세 생일을 3주 앞둔 시점이었다. 그러다가 갑자기 열이 나면서 눈에 띄게 몸놀림이 둔해졌다. 그로부터 이틀 뒤, 칼카니는 리오나르도에게 다음의 편지를 썼다.

> 이런 사실을 알려드립니다. 오늘 로마 시내를 돌아다니다가 여러 사람으로부터 미켈란젤로 선생이 아프다는 얘기를 들었습니다. 나는 즉시 그의 집을 찾아갔습니다. 비가 내리고 있었는데도 그는 밖에 나와 걷고 있더군요. 부리나케 그에게 이런 날씨에 밖에 나와 산책하는 건 그리 좋은 생각이 아니라고 말했습니다. "그럼 나보고 어떻게 하라는 건가? 나는 어디에서도 평화와 안정을 찾을 수가 없어." 나는 전에는 그

분의 앞날을 걱정해 본 적이 없었지만 이번에는 그분의 어눌한 말과 표정을 볼 때, 갑자기 시간이 얼마 안 남은 게 아닌가 하는 생각이 들어 두려웠습니다. 그렇지만 우리는 절망해서는 안 됩니다. 은총이 가득하신 하느님이 그분에게 좀 더 시간을 내려주실지 모르니까요…. 아무튼 이 편지는 나쁜 소식의 전령은 아닙니다.[66]

칼카니는 리오나르도에게 서둘러 로마로 오라고 요청했다. 같은 날 다니엘레 다 볼테라 역시 리오나르도에게 편지를 써서 미켈란젤로가 같은 요청을 서너 번 반복했다고 말했다. 그는 이런 말도 덧붙였다. "당신에게 어서 오기를 간청합니다." 미켈란젤로는 다니엘레의 이름 뒤에다 허약한 필체로 서명했다. 그 편지는 미켈란젤로의 새로운 친구이며 시에나 출신의 조각가인 디오메데 레오니의 편지와 함께 동봉되어 있었다. 레오니의 편지는 리오나르도가 황급히 로마로 출발할 필요는 없다는 듯한 뉘앙스였다.

동봉된 편지에서 그가 심하게 아프다는 것을 알게 될 겁니다. 그는 당신이 로마로 빨리 오기를 바랍니다. 어제부터 갑자기 아프기 시작했습니다. 그러니 즉시 오기 바랍니다. 그렇지만 신중히 판단해서 출발하기 바랍니다. 지금은 도로 사정이 좋지 않고 당신은 황급한 여행에 그리 익숙하지 않을 테니까요.

레오니는 계속해서 말했다.

나는 방금 그의 곁을 떠났는데 시간은 저녁 여덟 시를 약간 지난 시간입니다. 그는 신체 기능이 온전하고 정신도 평온하지만 계속 밀려드는 졸음 때문에 압박을 받고 있습니다. 이게 그의 심기를 괴롭혀서 그는 오늘 오후 서너 시 사이에 말을 타고 밖으로 나가려 했습니다. 좋은 날씨면 저녁마다 그렇게 했던 것처럼 말입니다. 날씨가 차갑고 머리와 다리에 힘이 없어서 승마를 나가지는 못했습니다. 그래서 그는 벽난로로 되돌아와 안락의자에 앉았습니다. 그는 침대보다 그 의자를 훨씬 더 좋아했습니다.[67]

레오니는 토마소 데 카발리에리, 다니엘레 다 볼테라, 미켈란젤로의 하인 안토니오 등이 미켈란젤로의 용태를 면밀히 확인하고 있다고 리오나르도를 안심시켰다. 하제, 거담제, 다양한 탕약 등 기막힌 약을 처방한 두 의사도 긴밀히 환자를 보살폈다. 미켈란젤로는 그런 처방약을 매일 복용했다. 기침을 제거해 준다는, 향미료인 세이지와 로젠지(마름모꼴의 캔디)를 섞은 달콤한 장미수는 시럽처럼 마시기가 좋았다. 설탕 친 장미수에 진주 가루를 뿌린 약제는 별 도움이 되지 않았다. 이 약제는 임종 직전의 로렌초 데 메디치 등 유력 인사에게만 처방되는 특별하면서도 값비싼 치료제였다.[68] 진주 가루 뿌린 약과 날마다 복용하는 시럽은 환자의 용태에 별 도움이 되지 못했다. 2월 17일, 칼카니는 리오나르도에게 긴급 요청을 한다.

날씨가 나쁘더라도 되도록 빨리 이곳으로 오시라고 요청하기 위해 이 글을 씁니다. 우리의 미켈란젤로 선생이 이제 영원히 우리 곁을 떠나려

하는 것이 분명합니다. 그전에 당신을 만나 위로를 받아야 합니다.[69]

하지만 너무 늦었다. 미켈란젤로는 그다음 날 오후 네 시와 다섯 시 사이에 숨을 거두었다. 레오니는 다시 리오나르도에게 편지를 썼다.

그는 아무런 유언도 남기지 않고 완벽한 기독교인의 자세로 돌아가셨습니다. 시간은 '아베 마리아' 기도를 올리는 저녁 기도 무렵입니다. 나는 토마소 델 카발리에리와 다니엘레 다 볼테라와 함께 그분의 임종을 지켜보았습니다. 우리가 모든 것을 잘 정돈해 두었으니 당신은 안심해도 됩니다. 어제 미켈란젤로는 우리의 친구 다니엘레를 불러서 그에게 자신의 집에 그대로 머무르면서, 당신이 도착할 때까지 사후 처리를 해달라고 요청했습니다. 다니엘레는 그렇게 할 것입니다.[70]

미켈란젤로가 남긴 마지막 말은 기록되지 않았다. 그러나 다니엘레 다 볼테라는 미켈란젤로의 마지막 와병에 대하여 몇 가지 구체적인 정황을 언급했다. 미켈란젤로가 사망한 지 한 달쯤 뒤에 그가 조르조 바사리에게 보낸 편지에서였다.

그는 카니발의 월요일[2월 13일]에 몸져눕자 나를 오라고 불렀습니다. 그가 아플 때마다 이렇게 하는 게 그의 습관이었으니까요. 나는 페데리고 디 카르피[두 의사 중 한 명]에게 알렸고 의사는 우연히 들른 것처럼 가장했습니다. 미켈란젤로는 나를 보자 이렇게 말했습니다. "오, 다니엘로, 나는 이제 끝장이야. 제발 나를 떠나지 말아줘." 그는 내게, 조카 리오나르도에게 빨리 와달라는 편지를 써달라고 요청했습니다. 그는 내게 자기 곁에 딱 붙어 있고 어떤 경우에도 떠나지 말아달라고 부탁했습니다. 나도 몸 상태가 그리 좋은 편은 아니었지만 요청받은 대로 했습니다. 그의 병환은 닷새 동안 계속되었는데, 이틀째 되는 날에는 일어나 벽난로 앞에 앉아 있었고, 사흘째 되는 날에는 침대에 계속 누워 있더니 금요일 저녁에 숨을 거두었습니다. 우리는 그가 하느님 품으로 가서 평안히 쉬고 있으리라 확신합니다.[71]

미켈란젤로는 하느님의 은총 속에서, 그가 그토록 소중하게 여기는 병자성사를 받고서 평화롭게 죽었다.

에필로그

성 베드로 대성당은 미켈란젤로의 가장 위대한 업적이다. 예술가는 한평생에서 이 프로젝트에 그 어떤 것보다 많은 시간과 노력과 기술을 쏟아부었다. 이 성당은 자신의 죄를 용서받아 구원을 얻을 수 있는 희망이라고 미켈란젤로 자신이 선언했다. 그는 브라만테의 당초 설계가 뛰어나다는 사실을 알아보았고, 시공상의 결점들을 보완하여 내·외부적으로 매우 명료한 형태의 대성당을 탄생시켰다. 그는 멋진 성당을 만드는 데 방해가 되는 기존의 시설들을 과감히 걷어내는 용기와 비전을 지니고 있었다. 그런 일을 하자면 예술가 자신의 확신은 물론이고 여러 교황의 절대적 신임이 필요했다. 그리하여 생애 마지막 17년 동안 그는 전에 저질러진 잘못들을 모두 시정했을 뿐만 아니라 앞으로 다가올 모든 것의 윤곽을 미리 확정했다. 총 150년이 걸린 건설 역사에서 여러 번 수정이 가해지기는 했지만 성 베드로 대성당은 미켈란젤로의 창작물인 동시에 그의 최고 걸작이다.

겉에서 보면 대성당은 아주 콤팩트한 조각품 덩어리다. 그러나 안에서 보면 환하게 밝고, 넓고, 또 사람의 감정을 고양시키는 공간이다. 이 건물은 바닥에서 랜턴에 이르기까지 단숨에 위로 솟아오른다.

그런 수직의 상승은 너무나 장엄하여 실용적 역할을 하는 애틱과 강조점인 코니스만이 그런 수직 상승에 약간의 견제를 가할 뿐이다. 대성당의 돔은 이런 수직의 힘을 수렴하여 집중시킨다. 비록 미켈란젤로는 대성당의 완공을 직접 보지는 못했지만, 돔은 그의 간결한 설계의 핵심이며 정수다. 그 천상으로 솟아오르는 듯한 장엄함은 로마의 스카이라인을 지배하고 있으며, 그 의젓한 자태는 일찍이 여러 고전 고대 시대의 건축물들—판테온까지 포함하여—이 도달하지 못한 기품을 보여준다. 미켈란젤로는 자신의 업적에 뚜렷한 확신을 품지 못하고 세상을 떠났지만, 그는 '내 설계를 수정할 수 없는 단계'에까지 건물을 세워 올리는 데 성공했다.

필생의 가장 중요한 과업을 완수하지 못한 채 세상을 떠난 사람들이 그 얼마인가? 미켈란젤로는 자신의 최종 프로젝트가 또다시 미완의 작품으로 끝난 것을 고통스럽게 의식했다. 그의 인생 여정이 끝나는 판에, 그의 최고 걸작은 막 생겨나기 시작했다. 성 베드로 대성당은 그의 최고 업적일 뿐만 아니라, 교황청과 보편 교회의 가장 우뚝한 상징이었다. 비록 예술가의 시신이 거기 묻혀 있지는 않지만, 대성당은 여러 면에서 예술가를 기념하는 최후의 묘비다.

미켈란젤로는 생애 후반에 작품 활동을 그리 왕성하게 하지 못했다는 게 일반적인 인식이다. 전반기에 나온 〈바쿠스〉, 로마 〈피에타〉, 〈다윗〉, 〈모세〉, 시스티나 예배당 천장 벽화, 메디치 예배당, 라우렌치아나 도서관 등에 필적할 만한 작품이 없다는 것이다. 그리고 그가 제작한 25점 이상의 대리석 조각품도 모두 생애 전반기에 나온 것들이다. 나는 여기서 이런 주장을 하고 싶다. 그런 인식은 우리가 젊고 영웅적인 미켈란젤로의 신화에 너무 붙들려 있기 때문이라고.

70세에서 88세에 이르는 생애 마지막 18년 동안, 미켈란젤로는 기념비적인 율리우스 2세 영묘의 시공을 완료했다. 그 외에도 〈라헬〉, 〈레아〉, 〈바쿠스〉, 두 점의 〈피에타〉 조각, 그리고 파올리나 예배당의 거대한 두 벽화를 제작했다. 그는 먼저 도면을 그린 뒤 그것을 마르첼로 베누스티와 다니엘레 다 볼테라 같은 예술가 친구들에게 주어 실제 시공 현장에서 그것을 구체화하도록 했다. 그는 교황청의 수석 건축가로서 다섯 명의 교황을 모셨고, 여섯 군데 건설 공사의 설계도를 작성했으며, 로마 시내에서 벌어지는 수십 건에 걸친 조각·건축·고고학 발굴 사업 등에 자문역으로 활약했다. 그리고 그는 새로운 성 베드로 대성당을 건설했다. 그러니 미켈란젤로는 만년에 평생에 걸친 그 어떤 시기보다 더 바쁘게 지냈다고 할 수 있다. 그렇지만 그는 생애 후반에 다른 스타일의 예술가가 되었다. 그는 이제 더는 온 세상을 놀라게 하는 작품을 홀로 제작하는 예술가가 아니었다. 그의 엄청난 창조 정신은 다른 사람들을 통하여 활발하게 작동했다. 그렇게 하여 그는 로마시의 모습을 크게 바꾸어놓았고, 더욱 중요하게는 예술가와 건축가라는 직업을 바꾸어놓았다.

생애 후반에 미켈란젤로는 명성을 높여주는 독창적인 작품의 제작에 몰두하기보다는, 엄청난 용기와 헌신을 발휘하면서 자신이 살아생전에는 보지 못할 프로젝트들을 계속 추진해 나갔다. 그는 친한 친구, 위대한 후원자, 형제 들과 가까운 친척이 먼저 세상을 떠나는데도 절망하지 않고 끈질기게 그 일들을 밀고 나갔다. 후원자들, 영향력 있는 친구들, 직접 뽑은 소수의 현장 감독들, 그의 설계 의도를 잘 이해하는 젊은 예술가들의 신임을 얻음으로써 자신의 사후에 여러 프로젝트가 완성될 수 있도록 미리 조치를 해놓았다.

그의 권위는 평생 얼마나 많은 벽돌과 석회암을 쌓았는가가 아니라 그가 제시한 아이디어의 선명함과 감동적 특성에 따른 것이다. 그래서 우리는 캄피돌리오, 포르타 피아, 산타 마리아 델리 안젤리, 스포르차 예배당 그리고 새로운 성 베드로 대성당 등의 건축가는 미켈란젤로라고 인정하는 것이다. 그가 생애 후반에 제시한 아이디어와 영향력은, 그가 두 손으로 직접 만든 그림, 조각, 건축물 들을 훌쩍 뛰어넘을 정도로 광범위하다. 미켈란젤로 생애 후반의 특징은 그가 많은 프로젝트에 창의적인 책임을 맡았고 또 그를 주요 건축가로 인정하는 그보다 더 많은 프로젝트에 활발히 개입했다는 것이다. 그가 생애 만년에 정성을 기울여 이룩한 높은 업적 덕분에 로마는 다시 한 번 스스로를 '카푸트 문디Caput Mundi'(세상의 머리)라고 주장할 수 있게 되었다.

옮긴이의 말

이 책은 윌리엄 E. 월리스의 책《미켈란젤로, 생의 마지막 도전》(2019)을 완역한 것이다. 저자는 세인트루이스에 있는 워싱턴 대학교에서 예술의 역사를 강의하는 석좌 교수이고 또《미켈란젤로: 예술가, 인품, 그의 시대》(2010)라는 책을 펴낸 바 있는 미켈란젤로 전문가다. 르네상스 시대의 빛나는 별, 미켈란젤로 부오나로티(1475~1564)의 전설은 너무나 유명하고, 그때 이후 그가 서양 예술에 끼친 영향은 엄청나므로 그 업적에 대해서는 따로 언급할 필요가 없을 것이다. 그의 놀라운 작품들, 가령 〈바쿠스〉, 로마 〈피에타〉, 〈다윗〉, 피렌체의 메디치 예배당과 라우렌치아나 도서관, 시스티나 예배당의 벽화 〈천지창조〉 같은 것들은 모두 스스로 로마로 유배를 간 1534년 이전 작품들이다. 또한 그가 제작한 25점 이상의 대리석 조각품도 모두 생애 전반기에 나왔다. 하지만 저자 월리스는 미켈란젤로의 생애 중 70세에서 88세에 이르는 최후의 20년이 젊은 시절만큼 주목받지 못하고 있다고 생각한다. 저자는 이 점에 착안하여 생애 만년에 예술가가 지녔던 생각, 일상생활, 그의 소망과 건강, 경건한 신앙심, 필생의 최고 업적 등을 두루 살펴본다.

요즘은 '코로나' 때문에 해외여행이 뜸하지만 우리나라 사람들이 유럽 여행을 할 때 먼저 찾아가는 곳 중 하나가 이탈리아의 로마이고 그중에서도 바티칸 방문은 필수 코스다. 아침 일찍 바티칸 성벽의 외곽에 가서 한 시간 정도 기다리다가 바티칸 박물관 쪽으로 들어가서 회랑을 거쳐 시스티나 예배당 천장에 있는 미켈란젤로의 〈천지창조〉를 구경하고 이어 바티칸 광장 쪽으로 나오는 게 주된 관광 코스다. 회랑을 지나가는 관광객이 너무 많아 사람들의 물결이라는 말이 딱 어울린다. 또 회랑 양쪽 벽에 다닥다닥 붙어 있는 그림들은 대부분 시가 몇백억 혹은 몇천억짜리라는 얘기를 가이드에게서 들은 기억이 난다. 이 책은 그 바티칸 광장을 장엄하게 내려다보는 성 베드로 대성당, 그리고 그 성당 꼭대기에서 하늘을 향해 우뚝 솟아 있는 돔의 건축 과정도 자세히 다룬다.

노년은 인생의 후반기로서 청년기와 대비되는 시기다. 다들 청년기를 중시하여 인생은 젊은 사람들의 게임이라고 말하는 사람도 있고, "인생은 마흔부터라는 말은 실은 인생은 마흔까지라는 뜻이다"라고 말하는 사람도 있다. 또 어떤 사람은 청년 시절을 찬양하면서 이렇게 말하기까지 했다. "우리는 이 세상에서 영원히 살아갈 수는 없다. 그러니 왜 노년의 추함이 우리를 따라잡도록 기다려야 하는가? 인간은 오래 살면 살수록 더 많은 수치를 견뎌야 한다. 그러니 마흔이 되기 전에 죽는 것은 아주 매력적인 일이다." 그러나 이렇게 말한 사람들도 마흔 전에 죽은 것이 아니라 한 사람은 일흔, 다른 사람은 아흔까지 살았으므로 이런 말 따로, 행동 따로는 아무런 감동도 주지 못한다.

사실 청춘은 금방 지나가고 노년은 원하지 않아도 저절로 찾아온다. 인생의 전반기에 높은 명성을 쌓아올린 미켈란젤로는 이제 노년에 이르러 죽음을 자주 명상했고, 죽음의 천사가 찾아오기 전에 무엇을 해야 하는지 깊이 생각했다. 그가 써낸 시들 속에서 "나는 노인이고 죽음은 내게서 청춘의 꿈을 빼앗아간다", 혹은 "나는 노년의 결점들을 끈질기게 참으면서 평소처럼 나아간다"라고 노래하기도 했다. 하지만 그는 교황 파울루스 3세에게서 위촉받은 성 베드로 대성당의 건축은 곧 하느님이 내리신 일이라 생각했고, 살아생전에 그 일을 온전히 수행해야 한다는 의무감이 충만했다. 이 대공사는 1505년에 도나토 브라만테가 착공하여 잔로렌초 베르니니가 17세기 중반에 공식적으로 완공할 때까지 무려 150년이라는 세월이 걸렸다. 그 공사는 미켈란젤로가 맡기 이미 오래전부터 시작되었고 또 그의 사망 이후에도 계속되었다. 따라서 그는 완성을 보지 못할 공사를 위해 생애 마지막 20년을 아낌없이 쏟아부은 셈이다. 그것은 뭐라고 할까, 자기가 수확하지도 못할 것을 알면서도 오늘 사과나무를 심는 농부의 심정이었던 것이다. 그리하여 역사는 그런 정성과 노력을 높이 평가하여 이 대성당을 미켈란젤로의 가장 위대한 업적으로 평가하고 있다.

미켈란젤로가 겪었던 노년의 어려움은 사실 누구에게나 똑같다. 나이 들면 그동안 자식들 키우고 시민으로서 사회적 의무를 수행하면서 여기까지 왔는데 이제 인생의 남은 목적은 무엇인가 하고 스스로 물어보게 된다. 그것은 행복의 추구인가, 아니면 의무의 완성인가? 인생의 과업은 이제 거의 다 수행되었으므로, 누구나 행복의 추구 쪽으로 마음이 더 기울기 마련이다. 그러나 미켈란젤로의 생애 마지막 20년은 그와 완전히 달랐다. 그는 개인적 생활에서는 인생을 어둡게 보는 비관적인 사람이었으나, 예술과 신앙에 관한 한 거의 비현실적인 정도로 낙관론자였다. 마지막 숨이 끊어질 때까지, 한 걸음이라도 더 성 베드로 대성당 공사의 시공을 진척시키려고 안간힘을 썼고, 그러는 한편 집 안에서는 미완성의 대형 조각 작품 론다니니 〈피에타〉를 주무르며 아주 젊은 나이에 일찍 돌아가신 어머니를 천국에서 다시 만날 날을 기다렸다.

돌이켜보면 교황 파울루스 3세가 미켈란젤로에게 진척이 지지부진한 성 베드로 대성당 공사의 수석 건축가직을 제안했을 때 예술가는 이미 나이 일흔에 도달한 노인이었다. 그래서 미켈란젤로는 자신의 노령을 내세우며 그 제안을 완곡하게 거절했다. 그러나 교황은 대성당의 앞날을 보아 중책을 맡아달라고 집요하게 요청했고, 미켈란젤로는 그것이 다 하느님의 뜻이라고 생각하여 순명했다. 그러나 막상 일을 맡고 보니 전임자들의 실수와 오류가 너무나 많아서 어디서부터 손을 대야 할지 막막한 상태였다. 그 와중에 가까운 친구들과 하인은 병들어 죽거나 노령으로 죽어 그의 마음을 더욱더 우울하게 했다. 그의 후원자인 교황들도 연로하거나, 혹은 예기치 못하게 사망하는 바람에 자주 바뀌었고, 대성당 공사를 감독하는 기관인 파브리카는 미켈란젤로의 공사 진행을 자주 견제했다. 이런 일들은 미켈란젤로의 사기를 떨어뜨리는 일이었으나, 하느님이 주신 의무를 완성해야 한다는 신념 하나로 그런 동요와 회의와 절망을 모두 물리쳤다. 그에게는 이 위대한 하느님의 집이 장차 하늘 높이 우뚝 솟아올라 자신이 세상을 떠난 이후라도 많은 사람들에게 위안의 빛을 환히 밝혀 줄 거라고 확신하면서.

미켈란젤로가 활동했던 시대인 15세기와 16세기 중반, 이탈리아는 정치적으로 매우 불안정한 나라였다. 당시 이탈리아는 피렌체 공화국, 밀라노 공국, 베네치아 공화국, 나폴리 왕국, 교황령, 이렇게 다섯 나라로 나뉘어 서로 동맹으로 합쳐지는가 하면 느닷없이 상대방에 대한 의심과 배신으로 떨어져 나갔으며, 여기에다 프랑스, 스페인, 신성로마제국, 스위스 등이 수시로 나라를 침략해 오는 등 온갖 내우외환에 시달렸다. 미켈란젤로가 젊은 시절 출세의 기반을 닦도록 해준 메디치 가문도 이러한 여러 외세 사이에서 교묘하게 줄타기를 하면서 군주정을 유지한 기회주의 정권이었다. 메디치 가문은 문중에서 교황을 두 명(레오 10세와 클레멘스 7세)이나 배출하여 가문의 정치적 권력을 크게 확대했지만, 정작 그 힘을 잘 활용해서 이탈리아라는 국가를 통합하여 국가 전체를 부강하게 만들겠다는 꿈은 품지 않았다. 이러한 사정은 미켈란젤로와 같은 시대 사람인 마키아벨리가 쓴《군주론》에 잘 나와 있다. 그리하여 미켈란젤로는 어릴 때 로렌초 데 메디치의 양아들로 들어가 일했던 메디치 가문에 점점 환멸을 느끼고 1513년 이후에는 피렌체를 떠나 로마로 갔고 그 도시에서 계속 머물고 다시는 고향으로 돌아가지 않았다.

여든한 살의 노인 미켈란젤로는 1556년 9월, 스페인 군대가 로마로 침공해 올지 모른다는 소문에 이탈리아 남부 도시인 스폴레토로 5주 동안 피란을 떠나야 했다. 그 피란 기간에 몬텔루코 수도원의 한적한 숲속에서 피정하면서, 자신이 이런 험난한 꼴을 당하면서도 왜 이렇게 오래 살아 있는지를 깊이 명상했다. 그리하여 프란체스코 성인과 안토니우스 성인이 평화와 고독을 발견했던 수도원의 성스러운 숲속에서 지상에서의 마지막 사명을 다시금 깨닫는다. 그것은 "하느님께서 나를 여기에 두신 것이다"라는 계시에 가까운 확신이었다. 그리고 로마로 되돌아가서는 죽음을 맞을 때까지 그 확신이 조금도 흔들리지 않았다. 더욱 열렬하게, 더욱 간절하게, 더욱 시간이 없음을 아쉬워하면서 성 베드로 대성당의 건축에 최후까지 매달렸다.

미켈란젤로의 만년을 다룬 이 책을 읽다 보면 로버트 프로스트의 명시, 〈눈 내리는 밤 숲가에 멈춰 서서Stopping by Woods on Snowy Evening〉가 저절로 생각난다. 시인은 말을 타고 길을 가다가 어느덧 밤이 되어 잠시 숲가에 멈추어 서게 되었다. 그런데 그 숲속의 은밀한 소리들은 시인에게 이제 그만 걸음을 멈추고 그 안으로 들어와 편안히 쉬라고 속삭인다. 그런데 마침 시인의 주위에는 그 밤을 밝히려는 것처럼 하얀 눈이 내리고 있다. 그 눈발은 노시인의 백발을 연상시키는가 하면, 시인이 나아가야 할 어두운 길을 흐릿하게 밝혀 주는 등불 역할을 한다. 시인은 피곤하여 그만 멈추어 서고 싶은 마음도 있지만 숲속으로 들어오라는 유혹을 뿌리치고 다시 길을 나선다. 시인은 행복의 추구와 의무의 완성이라는 두 갈래 길 앞에서, 가지 않은 길에 대한 미련을 내려놓고 자신이 가야 할 길을 따라간 것이다. 이 때문에 "아직 잠들기 전 몇 마일을 더 가야 한다And miles to go before I sleep"라는 마지막 행이 깊은 감동을 안겨준다. 이 노시인의 심정은 나이 일흔에 성 베드로 대성당 공사를 떠맡은 미켈란젤로의 심정과 완벽하게 일치한다. 미켈란젤로는 공사 진행에서 겪는 온갖 어려움 앞에서도 전혀 마음이 흔들리지 않았고 또 이제 그만 '숲속'으로 들어오라는 고향 피렌체에서의 열화와 같은 귀향 요청도 물리쳤다.

이런 정성과 집념이 응축되어 성 베드로 대성당은 미켈란젤로의 최고 걸작으로 우뚝 섰다. 대성당의 돔은 아름다운 구조물인 동시에 의미심장한 상징물이다. 웅장한 돔과 맨 윗부분의 랜턴은 하늘로 올라가는 길로서 곧 천국의 비유다. 마지막까지 이 일을 손에서 놓지 않았던 미켈란젤로의 영혼은 이 길을 따라 하늘로 올라가 별이 되었다. 미켈란젤로가 살았던 르네상스 시대는 "별들이 총총한 하늘이 나아가야 할 모든 길의 지도가 되고, 환한 별빛이 그 행로를 비추어 주던 시대"(루카치)였다. 그 시대에 세상은 낯선 것과 낯익은 것이 공존하고, 세계의 광막함과 가정의 안락이 서로 조화를 이루었으며, 사람들의 영혼 속 화염은 천상의 별들과 동일한 밝기로 반짝였다. 이 책은 생애 마지막 20년 동안 미켈란젤로의 온몸에서 환하게 빛났던 불꽃의 움직임을 정밀하게 추적한다. 그리하여 어둠이 다가올수록 더욱 밝게 빛나는 영혼의 행보를 또렷이 포착한다.

이종인

미주

프롤로그

1. Wallace 1994a 참조.
2. *On Artists and Art Historians*, 145.
3. Orlofsky.
4. 예를 들어 Fremantle; Acidini Luchinat 2013 참조. 그의 논문 〈문학과 전기〉에서 Boris Tomaševskij는 이렇게 쓴다. "이렇게 볼 때 문학 역사가에게 중요한 전기는 저자의 이력서나 조사연구원이 작성한 그의 생애 자료가 아니다. 문학 역사가가 진정으로 원하는 것은 저자 자신이 창작한 전기적 전설이다. 이런 전설만이 '문학적 팩트'다"(*Authorship*, ed. Burke, 89).
5. Elliott, xi.
6. Holmes 1993, 229. 전기의 성격과 실행에 관한 Holmes의 생각도 중요하다. "전기는 두 가지 주된 요소 혹은 서로 긴밀히 연결된 두 가닥이 펼쳐지는 과정이다. 첫 번째 가닥은 팩트의 수집과 그의 인생 여정에 대한 연대기적 정보다. 그의 행동, 말, 기록된 생각, 그가 이동한 장소와 만난 사람들. 이는 그의 '생활과 편지'로 드러난다. 두 번째 가닥은 전기 작가와 전기의 주인공 사이에 벌어지는 허구적 혹은 상상적 관계다. 이는 단지 어떤 '관점'이나 '해석'만을 의미하지는 않는다. 두 사람 사이에서 지속적으로 벌어지는 생생한 대화도 포함한다. … 전기의 주인공이 그에게 대답하지 못하기 때문에 이 대화는 허구적이거나 상상적이다. 그러나 전기 작가는 마치 전기 주인공의 행동이나 생각을 직접 보거나 알 수 있는 것처럼 글을 써야 한다"(Holmes 1985, 66). 나는 Diane Favro의 멋진 책 《아우구스투스 시대의 도시 이미지(The Urban Image of Augustan Rome)》에서 허구가 효과적으로 사용되는 것을 직접 목격했다. 이 책의 첫 장과 마지막 장은 그 도시를 상상 속에서 걸어가는 광경을 묘사한다. 그리하여 독자는 아우구스투스 통치 시기의 로마시가 변모하는 모습을 직접 '보고' 체험할 수 있다.

1장 〈모세〉 석상

1. 미켈란젤로의 집과 개인 사물의 목록은 Gotti, 2:148–56 참조. 영어본 책으로는 Beck, 220–25 참조. 교황 율리우스 2세의 상속자들과 1532년에 맺어진 합의의 일환으로 미켈란젤로에게 돌아간 재산에 대해서는 Hatfield, 98–103 참조.
2. *Ricordi*, 331. 빈첸차의 오빠는 자코포 로케티(1535경~1596)다. 이 사람은 그 후 미켈란젤로와 밀접한 예술적 관계를 맺는다.
3. Girardi no. 267.
4. Masi 2008.
5. A. Forcellino, 218–23.
6. *Carteggio* 4:196 (1545년 1월 25일 이전).

7. 피렌체 〈피에타〉는 거대한 돌덩어리였으나, 미켈란젤로는 아직 조각 작업을 시작하지 않은 상태였다.
8. Vasari/Bull, 345.
9. 줄리아노의 아들 프란체스코 다 상갈로의 주장에 따르면 그러하다. Fea 참조.
10. 미켈란젤로의 동시대인들은 율리우스 2세 영묘를 위해 로마에 도착한, 거대한 산 같은 대리석 더미에 깜짝 놀랐다(Condivi/Bull, 25). 영묘에 대해서는 다음을 보라. Tolnay, *Michelangelo*, vol. 4; Frommel 1977; Echinger-Maurach; Frommel 2016.
11. Condivi/Bull, 24-25. 또한 Vasari (Vasari/Bull, 343)와도 연관성이 있다.
12. Elam 1998, 492-93.
13. *Carteggio* 4:128-29.
14. *Carteggio* 4:106.
15. *Carteggio* 4:151; trans. Ramsden 2:27.
16. Condivi/Bull, 53.
17. *Contratti*, 52-53.
18. *Ricordi*, 304. *Carteggio* 4:133-34 참조. 이것의 비용에 대한 보고는 교황 파울루스 3세에게 보낸 1542년 7월 20일자 편지에도 나온다(*Carteggio* 4:135). Frommel 2016에는 훌륭한 관련 사진이 들어 있다.
19. 더욱이 영묘의 위층 건축에는 풍부하게 장식된 아래층보다 비용이 두 배 가까이 들어갔다(Frommel 2016, 63).
20. Freud.
21. Bober and Rubinstein, 55.
22. Barolsky 1994, 5-9; Barolsky 2001.
23. 팔라디오(Palladio)는 적어도 산 피에트로 인 빈콜리 성당을 직접 답사했다. 1554년에 발간된 《로마의 교회 해설》에서 그는 이렇게 썼다. "율리우스 2세의 영묘 아래에 대리석으로 만든 〈모세〉가 서 있다. 아주 뛰어난 미켈란젤로가 놀라운 솜씨를 발휘하여 제작한 조각상이다"(*Palladio's Rome*, 143).

2장 나이 일흔에는 친구들이 더 중요하다

1. 그는 1546년 12월에 이렇게 말했다. "나는 언제나 우리 집안을 일으켜 세우려고 노력했다"(*Carteggio* 4:249).
2. Wallace 1994b.
3. *Ricordi*, 307-9.
4. 미켈란젤로와 루이지 델 리초의 관계에 대해서는 다음을 보라. Steinmann 1932; Frommel 2007; Wallace 2014a. 예술가와 로마에 존속했던 피렌체 출신 유배자 동네의 관계에 대해서는 Papini q.v. 참조.
5. *Carteggio* 4:279; trans. Ramsden 2:82.
6. *Carteggio* 4:142. 미켈란젤로는 루이지에게 이렇게 쓴다. "io vi mando un sacho di carte scricte〔나는 단단히 조여 맨 서류 뭉치 자루를 당신에게 보냅니다〕"(*Carteggio* 4:141).
7. *Carteggio* 4:236. 부동산 투자와 관련해서는 *Carteggio* 4:234와 Hatfield 참조. 능묘에 대

19. 미켈란젤로가 파사드만 설계한 카스텔 산탄젤로의 교황 레오 10세의 예배당은 예외다.
20. Ackerman 2:87, Thoenes 1997. 이 모형은 길이가 7.36미터, 너비가 6.02미터, 높이는 4.68 미터다.
21. Vasari/Bettarini 6:77. 10년 뒤, 미켈란젤로는 교황 파울루스 3세의 강요로 '내 뜻과 다르게' 파브리카를 맡았다고 썼다(*Carteggio* 5:105; trans. Ramsden 2:174).
22. Millon, 93.
23. Vasari/Bull, 386.
24. *Carteggio* 4:251; trans. in Condivi/Bull, 119.
25. *Carteggio* 4:251; trans. in Condivi/Bull, 119.
26. *Carteggio* 4:251; trans. in Condivi/Bull, 119. 미켈란젤로가 브라만테에게 빚진 부분에 대해서는 Robertson 참조.
27. 성 베드로의 무덤을 임시로 보호하기 위해 지어진 시설인 '테구리오(tegurio)'(영어로는 'tegurim')에 대해서는 Shearman 1974; Tronzo 참조. 이 시설은 폐허가 되었는데 그렇게 된 사정과 그 외양에 대해서는 Thoenes 1986; Thoenes 2006 참조.
28. Condivi/Bull, 38.

4장 성 베드로의 건축가

1. 성 베드로 대성당이 파괴 때문에 공사가 중단된 기나긴 역사에 대해서는 Bredekamp 2000 참조. 이러한 역사에서 미켈란젤로가 차지한 역할에 대해서는 같은 책, pp. 80ff 참조.
2. *Contratti* 264-67. '안토니아나'의 붉은 기둥들은 대부분 카라칼라 공중목욕탕에서 나온 것이다. 이 목욕탕은 고대부터 '테르마이 안토니아나이(Thermae Antonianae)'로 알려졌다. 이 정보를 알려준 Nathaniel Jones에게 감사드린다.
3. Wallace 1994a, 45.
4. *Contratti*, 293.
5. *Carteggio* 4:274.
6. Zanchettin 2006; Zanchettin 2008; Zanchettin 2009; Zanchettin 2012.
7. *Carteggio* 4:252.
8. 이 사건에 대해서는 Saalman 참조. 미켈란젤로가 교황청 수석 건축가로 재직하던 17년 동안에 파브리카 임원들이 그에게 거의 지속적으로 저항했던 사정에 대해서는 다음을 참조할 것. Millon and Smyth 1988, 237과 n148, 참고문헌.
9. "… rare virtu sue non solo della pittura et scultura ma della Architectura"(Saalman, 491-92).
10. 조반니 아르베리노와 안토니오 데 마시미가 바티칸에 보낸 편지에서. Archinto in Bologna dated March 27, 1547 (Saalman, 491-92).
11. Wallace 1994a, 141-42.
12. Wittkower 1968.
13. *Carteggio* 4:267-68.
14. Vasari/Bull, 419; Summers 1981, 특히 10장. 미켈란젤로의 창의적 건축 언어와 정통 이론으로부터의 이탈에 대해서는 Summers 1972; Hemsoll; Elam 2005 참조.

15. *Carteggio* 4:267–68; trans. Wilson, 510–11.
16. Vasari/Bull, 428.
17. *Carteggio* 4:267–68; trans. Symonds 2:224.
18. 미켈란젤로가 로마에서 사망했다는 소식을 알린 초기 편지 가운데 하나는 코시모 데 메디치의 대리인들이 보낸 것이었다. 그 편지 속에는 난니 디 바초 비조의 편지도 동봉되었는데 성베드로 대성당의 건축가로 자신을 대신 임명해 달라고 요청하는 내용이었다(Loh, 173).
19. 멜레기노에 대해서는 Giavarina 참조. 예를 들면 멜레기노는 안토니오 다 상갈로의 '현장 소장'이었다(Kuntz 2003, 235).
20. *Carteggio* 4:81.
21. *Contratti*, 285.
22. *Contratti*, 285.
23. *Carteggio indiretto* 2:93, 96, 97.
24. 이 후자의 프로젝트는 우르비노와 그의 작업 동료인 조반니 데 마르케시 사이에 격렬한 논쟁을 불러일으켰다. 그러자 미켈란젤로는 루이지 델 리초에게 이 논쟁에 개입해 달라고 요청했다(*Carteggio* 4:130–34; *Ricordi*, 304).
25. *Contratti*, 276.
26. *Contratti*, 284.
27. *Contratti*, 272–73.
28. 파올리나 예배당에 대해서는 다음을 보라. Redig de Campos; Steinberg 1975; Fehl 1971; Gilbert 1978; Wallace 1989a; Kuntz 2003; Kuntz 2005a; *Michelangelo e la Cappella Paolina*.
29. Baumgart and Biagetti, 76ff, no. 29; Pastor 12:633.
30. Baumgart 와 Biagetti의 소석회의 수량 계산은 그 후 벌어진 가장 최신의 보존 작업에 따라 수정했다(*Michelangelo e la Cappella Paolina*, 113).
31. "In la stalla.—Uno ronzinetto piccolo di pelo castagnaccio"(Gotti 2:150).
32. Walter; Wallace 1997.
33. *Carteggio* 4:182, n3; *Carteggio* 4:183–84, n1.
34. *Carteggio* 4:186.
35. Ruvoldt.
36. *Carteggio* 4:279; trans. Ramsden 2:82. 미켈란젤로는 몇 년 전에 비슷한 고발을 당한 적이 있었던 터라 더욱 조심스러워했다. 1512년 10월, 그는 자신이 "메디치에 대해 좋지 않은 소리를 했다는 소문이 피렌체에 돌고 있다"는 사실을 알게 되었다. 그는 아버지에게 "나는 그들에 대해 어떠한 부정적인 말도 한 적이 없습니다"라고 설명했다(*Carteggio* 1:139; trans. Ramsden 1:81).
37. *Carteggio* 1:135.
38. "Tutti e savi sono timidi, perche conoscono tutti e pericoli" (Guicciardini, 118에서 인용).
39. "Bisognia achordarsi col tenporale e atendere a stare sani"(*Carteggio indiretto* 1:262).
40. *Carteggio* 1:172; trans. Ramsden 1:94.

41. Brucker, 10에서 인용.
42. Minter.
43. Pastor 12:633.
44. 로마의 바르코 브라치가 피렌체의 아뇰로 니콜리니에게 보낸 편지에 다음과 같은 내용이 나온다. "Michelagnolo ancora che dipignere nella Gran Capella di Sixto, si levo da lavorare con gran furia e ha fatto intendere a sua S.ta se lei non vi ripara la capella se ne viene in tera certo saria gran dano per amore di quelle belle figure"(Archivio di Stato di Firenze: Mediceo del Principato 337, fol. 247; Medici Archive Project 참조 [www.medici.org], entry no. 305).
45. Pastor 12:633.
46. Pastor 12:451-53.
47. *Carteggio* 4:337; trans. Ramsden 2:113.
48. *Carteggio* 5:68
49. Tolnay, *Michelangelo* 5:22, 103; Vasari/Bull, 379-80.
50. Vasari/Bull, 384.
51. "Cristo da le chiavi a Pietro"(Vasari/Barocchi 1:123).
52. 기이하게도 이 장면들이 함께 짝지어진 일에 대해서는 여러 학자가 여러 가지 방식으로 설명해 왔다. 다음을 참조하라. Tolnay, *Michelangelo* 5:70; Steinberg 1975, 16, 44-45, 57, 62; Hibbard; Hemmer; Acidini Luchinat 2007, 345; Kuntz 2005a, 163-70; Roney.
53. Freiberg, 특히 161-71.
54. Fehl 1971.
55. K. Frey 1909, 161, no. 295.
56. K. Frey 1909, 161, no. 295.

5장 새 교황, 율리우스 3세

1. *Carteggio* 4:339; trans. Ramsden 2:118.
2. *Carteggio* 4:341; trans. Ramsden 2:119.
3. Vasari/Bull, 325. 이탈리아어와 관련해서는 Vasari/Bettarini, 6:3-4 참조. 문장의 수사학적 탁월함에 대해서는 다음을 보라. Barolsky 1990, 67-68; Barolsky 1994, 139-41; Eriksen 1997, 52-78; Eriksen 2001, chap. 4, 79-109.
4. 학자들은 페트라르카가 보카치오의 《생애(Vita)》를 읽었고, 또 그 인물의 특징을 자전적 편지인 〈후세에게 보내는 편지〉에 반영했다고 일반적으로 동의한다. 그래서 미켈란젤로가 크게 존경하면서 시인으로서 경쟁 의식을 느꼈던 페트라르카는 예술가가 자신의 생애를 '편집'하는 데 참고한 중요한 선례이자 모델이었다.
5. Barolsky 1990; Wallace 2014b.
6. 바사리와 콘디비의 《미켈란젤로의 생애》 사이의 상관 관계에 대해서는 다음을 보라. Barocchi; Wilde, 1장; Paul Barolsky의 책들 (Barolsky 1990; Barolsky 1994). 이 책들에서는 예술과 인생, 문학과 전기의 상관 관계가 풍부하게 탐구되어 있다. Pon; Hirst도 참조하라.

7. "… a rifare et acrescere la casa"(*Carteggio* 4:210), "… accio che l'esser nostro non finisca qui"(*Carteggio* 4:376). 미켈란젤로의 형제들에 대해서는 Wallace 2016 참조.
8. "voglio aconciar le cose mia dell'anima e del corpo"(*Carteggio* 4:315; trans. Ramsden 2:102).
9. "… perché noi sià(n) pure cictadini discesi di nobilissima stirpe" (*Carteggio* 4:249), "… perché gli è noto che noi siàno antichi cictadini fiorentini e nobili quante ogni altra casa"(*Carteggio* 4:310; trans. Ramsden 2:98). 따라서 리오나르도가 '명예로운 집'을 사들이는 일은 아주 중요했다. 미켈란젤로는 이 점을 거듭하여 강조했다. 다음을 참조하라. *Carteggio* 4:248, 249, 385, 386; *Carteggio* 5:14 and *passim*.
10. *Carteggio* 2:245. 미켈란젤로가 자신의 가문이 유서 깊다고 확신한 것에 대해서는 다음을 참조하라. Wallace 2000a; Wallace 2010a.
11. Condivi/Bull, 7.
12. 이에 대해서는 Steinmann 1913, pl. 39 참조.
13. Vasari/Bettarini 6:114.
14. Vasari/Bettarini 6:113; Vasari/Bettarini 6:119.
15. 75년의 예술가 경력에서 미켈란젤로가 착수한 조각 작품은 약 서른일곱 점이지만 제대로 완성해서 납품한 것은 열여덟 점밖에 안 된다. 그러니까 시작한 작품의 절반도 채 안 되는 셈이다. 그가 교황청 수석 건축가라는 자리를 수락하자 미완성 작품의 개수는 더 늘어났다. 바사리는 완성된 작품 수가 적다는 사실을 잘 알고 있었다. "완성된 작품은 모두 해서 열한 점에 불과하다. 그 나머지는 모두 미완성 상태다"(Vasari/Bettarini 6:92; trans. Vasari/Bull, 404). Schulz; Wallace 2010b 참조.
16. Condivi/Bull, 61–62.
17. Condivi/Bull, 65.
18. Vasari/Bettarini 6:92.
19. *Contratti*, 278–80. Bredekamp 2008에서 광범위하게 논의된 내용이다.
20. Condivi/Bull, 62–63.
21. Condivi/Bull, 61.
22. *Carteggio* 4:343.
23. Pastor 13:49.
24. Pastor 13:146.
25. *Carteggio* 4:386. Deborah Parker는 미켈란젤로의 편지 속에 자주 나오는 단어에 민감하게 반응했다. "미켈란젤로는 말수가 적은 사람이 아니라 핵심적 어휘를 쓰는 사람이었다." 'onorevole'(명예로운)은 그런 단어 중 하나다(Parker 2010, 118).
26. Pastor 13:51.
27. Vasari/Bull, 397. 착석 예절에 대해서는 Denker and Wallace 참조.
28. 이런 여러 프로젝트에 대해서는 Ackerman 1961, 1964; Nova 1982; Nova 1984 참조.
29. Condivi/Bull, 61–62.
30. 1550년 6월의 발주 공사; Nova 1984.
31. Vasari/Bull, 393.

32. Vasari/Bull, 399. 더욱이 이처럼 과장되게 친밀함을 과시하는 것은《뛰어난 화가, 조각가, 건축가 들의 삶》제2판(1568), 즉 미켈란젤로의 사후에 나온 판본에 들어 있다.
33. 더욱이 바사리는 "미켈란젤로를 성가시게 하지 않으려고" 편지를 자주 쓰지 않았다고 말했다. "Io non scrivo spesso a quella per non impeder le molte occupationi vostre〔나는 몹시 바쁜 당신을 방해하지 않으려고 편지를 자주 쓰지 않았습니다〕"(*Carteggio* 5:156).
34. Parker 2005; Wallace 2017 참조. 편지에 대한 다른 견해는 Bambach 참조.
35. 이 대화록은 출간되지 않았다(Vasari/Bull, 393).
36. Vasari/Bull, 398–99.
37. *Carteggio* 4:346–47.
38. *Carteggio* 4:344–45: 파투치에게 보낸, 맨 앞의 '설명 편지'.
39. *Carteggio* 4:346–47.
40. Condivi/Bull, 61–62.
41. Vasari/Bull, 429.
42. 〈피에타〉에 대해서는 다음을 참조. Stechow; Steinberg 1968; Liebert; Shrimplin-Evangelidis; Kristof; Steinberg 1989; Arkin; Wallace 2000b; Fehl 2002; Verdon; Wasserman.
43. Lavin, 43에서 인용.
44. "Opera faticosa, rara in un sasso"(Vasari/Barocchi 1:83).
45. Vasari/Barocchi 1:123.
46. Deborah Parker는 'fatica'(피곤함)와 그 유사어들이 미켈란젤로의 어휘와 자기인식에서 특별히 중요한 단어라고 주장했다(Parker 2010 참조).
47. Steinberg 1968.
48. "… serà la più bella opera di marmo che sia hoge in Roma"(*Contratti*, 5).
49. Wallace 1988.
50. Condivi/Bull, 57.
51. *Carteggio indiretto* 2:104. 이 메달에 대해서는 Fenichel 참조.
52. Psalm 51; Barolsky 1990, 47–48; Fenichel 참조. Fenichel은 이렇게 말한다. "미켈란젤로의 초상화 메달은 예술가가 내놓은 가장 대담하고 가장 공개적인, 자기 자신에 대한 미학적 선언이다"(Fenichel, 134).
53. Saslow no. 282.
54. Vasari/Barocchi 1:99. 칼카니에 대해서는 Wallace 2000b, 88–90 참조.
55. Vasari/Barocchi 1:112와 1:100: "… e riffatto non so che pezzi, ma rimase imperfetta …〔심하게 파손되지 않은 것들을 수리하여 불완전하게 조립하고 …〕".
56. 피렌체 〈피에타〉는 1561년까지도 비아 마첼 데 코르비의 미켈란젤로 집에 남아 있었던 것으로 보인다. Wasserman, 75–76 참조.
57. "Non ha l'abito intero prima alcun, c'a l'estremo dell'arte e della vita"(Saslow no. A35).
58. "falsi concetti"(Saslow no. 282; Nims no. 282: "mistaken notions").
59. "… l'arte e la morte non va bene insieme"(Saslow no. 283; Nims no. 283).

60. *Carteggio* 4:380–81; Saslow no. 285; Nims no. 285. 소네트와 님스의 탁월한 번역에 대해서는 Barolsky 2000을 보라.
61. 이 전지(Cod. Vaticano Latino 3211, fol. 95)에 대해서는 다음을 참조할 것. Tolnay, *Corpus* no. 423r; Wallace 2015. Nims no. 285에서는 '에로르 카르카(error carca)'를 '거짓말 덩어리'라고 번역했는데 나는 '오류로 가득한'으로 번역했다. 이 어구의 뜻을 설명해 준 Roy Eriksen에게 감사드린다.
62. Nims no. 282. Nims의 감탄사는 이 세 행의 감정을 완벽하게 전달하지만, 미켈란젤로는 평소와 마찬가지로 이런 구두점을 사용하지 않았다. Saslow no. 282에는 이렇게 쓰여 있다. "이런 노예 상태에서, 너무나 심한 권태를 느끼며, 잘못된 관념들과 내 영혼에 커다란 위험을 무릅쓰고, 나는 여기서 신성한 것들을 조각하고 있구나."
63. Petrarch sonnet 189. 페트라르카의 소네트와 미켈란젤로의 여행 비유 사이에 유사한 감정이 개재되어 있음을 나에게 알려준 Roy Eriksen에게 감사드린다.
64. Nims no. 283; Saslow no. 28. 전지의 구체적 외양에 대해서는 Tolnay, *Corpus* no. 423r 참조.
65. 이 행의 네 가지 버전(이에 대해서는 Tolnay, *Corpus* no. 423r 참조)은 미켈란젤로가 마침내 바사리에게 보낸 문구인, "or ben com'era d'error carca〔비록 지금은 오류로 가득하지만〕"(Saslow no. 285)와는 다르다. Glauco Cambon은 이 다른 버전들을 분석했다. 그는 이것을 '미켈란젤로의 언어 조형술'이라고 지칭했고 '신비한 언어들의 덩어리가 많다'라고 했다(Cambon, 128–36).
66. Nims no. 285, *Carteggio* 5:21–22. 이 잘 쓰인 시와 그에 대한 편지의 이미지는 다음을 참조. *Michelangelo: Grafia e biografia*, 70, pl. 1.
67. 바사리에게 보낸 편지 밑동에 적힌 시(*Carteggio* 5:21–22)와 바사리의 《뛰어난 화가, 조각가, 건축가 들의 삶》에 나오는 같은 시(Vasari/Bettarini 6:94)를 비교해 보라. 후자의 시는 Enzo Girardi가 1960년에 펴낸 미켈란젤로 시집의 결정판에 들어간 것이다. 그리고 후대 학자들은 이 시를 결정본으로 보았다(Girardi no. 285). 그보다 전에 Guasti, sonnet no. 65와 Carl Frey, no. 147 (Frey, pp. 486–88도 참조) 등에 발간된 시를 참조할 것. 두 편집자는 바사리에게 보낸 시를 더 우대하면서도 다양한 버전이 있다는 것을 인정한다. 미켈란젤로의 시편에 다양한 버전이 있다는 것을 알게 된 학자들은 그의 시들이 근본적으로 열려 있는 미완성의 특징이 있음을 알아차렸다. 그래서 Giradi의 결정판 시집에 대해 다른 시각을 갖게 되었다. 미켈란젤로의 시 쓰기를 다룬 최근의 논의로는 다음을 참조하라. Campeggiani 2012; Campeggiani 2015; Schiavone. 바사리가 미켈란젤로의 시를 편집하여 다시 쓴 사례는 다음을 참조할 것. Parker 2005와 Parker 2010, 1장.
68. 시의 초안에 대해서는 Nims no. 283과 Saslow no. 283 (Tolnay, *Corpus* no. 423r)을 보라. 완성된 소네트의 마지막 행과 대비는 Nims no. 285에서 볼 수 있다. 이 모호한 시행들에 대하여 의견을 제시해 준 Jill Carrington에게 감사드린다.
69. 이러한 만년에 대해서는 Cambon, 특히 3장, Masi 2013, 또 Leonard Barkan과 Oscar Schiavone의 중요한 책들도 있다. 이 두 학자는 '문장을 끊임없이 수정하려는' 미켈란젤로의 경향에 특히 민감하게 반응했다.
70. Nims no. 282; Saslow no. 282.

71. Nims no. 285.
72. Cellini, 352.
73. *Carteggio* 4:63, 114.
74. *Carteggio* 5:87–88.
75. *Ricordi*, 317–18.
76. *Ricordi*, 327.
77. *Carteggio* 5:24, 25, 26.
78. *Carteggio* 5:16; trans. Ramsden 2:146. 미켈란젤로의 만성 우울증에 대해서는 Barolsky 2007 참조.
79. *Carteggio* 5:27; trans. Ramsden 2:149.
80. *Carteggio* 5:50; trans. Ramsden 2:159.
81. *Carteggio* 5:50; trans. Ramsden 2:159.
82. *Ricordi*, 337–38.
83. *Carteggio* 5:51–53, and n2.
84. *Carteggio* 5:51–52; trans. Ramsden 2:160.
85. *Carteggio indiretto* 2:49–50.
86. *Ricordi*, 336, 339.
87. *Carteggio* 5:54; trans. Ramsden 2:160.
88. *Carteggio indiretto* 2:51.
89. *Carteggio* 5:55–56; trans. Ramsden 2:161.
90. *Carteggio* 5:77; trans. Ramsden 2:170.
91. *Carteggio* 5:145; trans. Ramsden 2:184.
92. *Carteggio* 5:214; trans. Ramsden 2:194.
93. *Carteggio* 5:228; trans. Ramsden 2:197.

6장 1555년, 로마

1. Pastor 14:1.
2. Pastor 13:334; Saalman.
3. Alexander nos. 151, 152, and note, pp. 292–93. 미켈란젤로가 델 리초에게 보낸 편지들도 참조하라. *Carteggio* 4:99, 100.
4. *Carteggio* 4:348, 351, 352.
5. *Carteggio* 4:315; trans. Ramsden 2:102.
6. *Carteggio* 4:317; trans. Ramsden 2:103.
7. *Carteggio* 4:324; trans. Ramsden 2:107.
8. *Ricordi*, 373.
9. 예컨대 *Carteggio* 4:329.
10. Saslow no. 267.
11. *Carteggio* 5:58 and 57; trans. Ramsden 2:162. 미켈란젤로가 확실히 당황했음을 보여주는 이 옷감에 대한 추가 편지들에 대해서는 다음을 보라. *Carteggio indiretto* 2:56–57, 59.

60, 61, 62, 64, 66, 68, 70, 71.

12. *Carteggio indiretto* 2:64.

13. *Carteggio* 5:59; trans. Ramsden 2:162.

14. *Carteggio* 5:68; trans. Ramsden 2:165. 그러나 말레노티는 리오나르도에게 미켈란젤로가 이 물건들의 절반 이상을 성명 미상의 사람들에게 나누어주었다고 통지했다(*Carteggio indiretto* 2:75).

15. *Carteggio indiretto* 2:73.

16. *Carteggio indiretto* 2:71.

17. 파울루스 4세에 대해서는 Pastor 14:56-288; MacCulloch, 217ff 참조.

18. Mather, 301.

19. 베카델리에 대해서는 Alberigo 참조.

20. 피렌체 우피치 미술관 소장, 1552년작.

21. Saslow no. 288.

22. Saslow no. 300.

23. *Carteggio* 5:66-67.

24. 1554년 8월 20일의 편지, "… ha liberato San Pietro dalle mani de' ladri et degl'assassini et ridotto quel che era imperfetto a perfettione" (*Carteggio* 5:19).

25. 이 역사적 상황에 대해서는 Pastor 14:138-74 참조.

26. Pastor 14:145.

27. Pastor 14:132-33, 145.

28. "Et Dio ci aiuti, che qua si vede cose crudeli"(*Carteggio indiretto* 2:81).

29. *Carteggio indiretto* 2:83.

30. *Carteggio indiretto* 2:84.

31. *Carteggio* 5:76; trans. Ramsden, 2:169. 미켈란젤로가 로마를 떠나 있는 동안 남긴 기록, "per cinque sectimane"와 "a Spuleti u[n] meso e cinque dì"(*Ricordi*, 320).

32. 프란치스코 데 홀란다와 나눈 대화 속에서 발견되는 논평에 대해서는 Folliero-Metz, 77 참조. 바사리는 미켈란젤로가 풍경에 관심을 보이지 않는 것에 대하여 이렇게 쓰기도 했다. "미켈란젤로는 자신이 할 수 있는 것에서 최선의 성과를 거두고자 노력했다. 그래서 이 장면들[파올리나 예배당]에서는 자연 풍경이 보이지 않는다. 또 나무도 건물도 다른 장식물이나 변형물도 보이지 않는다. 이런 것들에는 신경 쓰지 않았기 때문이다"(Vasari/Bull, 384).

33. Macdonald, 76-81. 다음의 논의는 나의 Josephine Waters Bennett 강연에서 다루었다(Wallace 2015).

34. *Carteggio* 5:74. 스폴레토 여행에서 나온 서면 증거는 별로 없다. 그러나 미켈란젤로는 자신이 스폴레토에 머물고 있다는 편지(전해지지 않음)를 안토니오 바르베리니(Antonio Barberini)에게 썼다(*Carteggio indiretto* 2:74 참조). 그리고 예술가에게 베아토 케루비노 다 스폴레티(Beato Cherubino da Spoleti)가 신장 결석 약을 처방한 기록(날짜는 없음)이 남아 있다. 그 시기는 아마도 이 시기였을 것이다(*Ricordi*, 373, no. 316).

35. 리피에 대한 이런 고찰이 미켈란젤로가 "언제나 그를 칭송했다"(*e Michelagnolo l'ha non pur celebrato sempre*)라는 바사리의 아주 기이한 논평을 유발했을까? 이 논평은 바사리

의 《뛰어난 화가, 조각가, 건축가 들의 삶》 제2판에서만 나온다(Vasari/Bettarini 3:338).

36. "… ché mi fu mandato un huomo a post ache io mi dovessi ritornare in Roma"(*Carteggio* 5:74–75; trans. Ramsden 2:168–69).
37. "… io son ritornato men che mezo a Roma"(*Carteggio* 5:76; trans. Ramsden 2:169).
38. Pastor 14:162.
39. *Carteggio indiretto* 2:85–86.
40. *Carteggio indiretto* 2:90.
41. *Carteggio indiretto* 2:90–91.
42. *Carteggio indiretto* 2:91.
43. *Carteggio indiretto* 2:92.
44. *Carteggio* 5:81; *Carteggio indiretto* 2:85, 87, 91.
45. *Carteggio* 5:81; trans. Ramsden 2:170.
46. *Carteggio* 5:82.
47. *Carteggio* 5:19.
48. Nims no. 285.
49. *Carteggio* 5:21; trans. Gilbert, 301.
50. *Contratti*, 293; Baldrati, 15, n7 참조.
51. Francia; Baldrati, 27–28.
52. Pastor 13:370.
53. *Ricordi*, 340; *Carteggio indiretto* 2:56.
54. *Carteggio* 5:223. 코르넬리아와 미켈란젤로의 관계에 대해서는 Stott; Wallace 2010a, 308–10 참조.
55. *Carteggio* 5:160–61.
56. *Carteggio* 5:86.
57. *Carteggio* 5:87–88; trans. Ramsden 2:172.
58. *Carteggio* 5:91.
59. *Carteggio indiretto* 2:121–22.
60. 1557년 3월(*Carteggio* 5:89–90).
61. Baldrati, 56 and n35.
62. Wallace 1994a, 143.
63. Baldrati, 30, 33, 40, 56, 72.
64. 1557년 1월 30일(*Carteggio indiretto* 2:92).
65. *Carteggio* 5:112–14, 116–18. Millon and Smyth 1976, and Brodini (pp. 115–26). 이들은 무엇이 잘못되었는지 명석한 분석을 제시한다.
66. *Carteggio* 5:112–14; trans. Ramsden 2:178.
67. "La memoria e'l cervello son iti aspectarmi altrove"(*Carteggio* 5:118; trans. Ramsden 2:180–81).
68. Saslow A16.
69. *Ricordi*, 340–42, 339, 343.

70. Saslow no. A8.

7장 로마의 건축가

1. 이 프로젝트에 대해서는 Ackerman 1: 6-11장 참조.
2. Macdougall; Schwager; Maurer 2006 참조.
3. Satzinger 2005; Satzinger 2009; Ruschi 참조.
4. Vienna, Kunsthistorisches Museum, inv. 3544.
5. 피오 다 카르피에 대해서는 Capanni 참조.
6. *Carteggio* 5:230; Vasari/Bettarini 6:109.
7. *Carteggio* 5:123. 미켈란젤로는 이론적 고찰을 싫어했고 간단히 말하는 성격이었지만(이 편지는 발송되지 않았을 가능성이 있다), 이 선언은 미켈란젤로의 '건축 이론'으로 통한다. 예컨대 Ackerman 1:1-10; Summers 1972를 보라.
8. Ackerman 2:18-19; Maurer 1999/2000.
9. "Basta che, quello che io ò promesso, lo farò a ogni modo, e farò la più bella opera che sia mai facta in Italia, se Dio me n'aiuta[저는 이 건물을 제가 할 수 있는 모든 방법을 동원하여 지금까지 이탈리아에서 만들어진 건물들보다 더 아름답게 짓겠다고 약속합니다. 하느님, 저를 도와주소서]"(*Carteggio* 2:83).
10. *Carteggio* 1:209, 213, 280.
11. Ackerman 1954, 9. 미켈란젤로는 드로잉과 조각에서도 이와 마찬가지로 열린 과정을 추구했다. 관련 사례는 Wallace 2009; Barkan; Keizer 참조.
12. 예컨대 Zanchettin 2006 참조. 스트로치 궁에 대해서는 Goldthwaite 참조. 엘에스코리알 성당에 대해서는 Wilkinson 참조.
13. *Carteggio* 5:84-85; trans. Ramsden 2:171.
14. 세대를 이어가는 건축적 연속성의 문제에 대해서는 Burns; Trachtenberg 참조.
15. Wallace 1994a.
16. Burns; Trachtenberg 참조. Howard Burns와 Marvin Trachtenberg는 최초의 확정된 설계가 프로젝트 후속 건축가들의 선택을 크게 제한한다고 말한다.
17. Kuntz 2005b, and Bartolozzi 참조.
18. Capelli; Wallace 2003; Agosti and Leone 참조.
19. Shearman 1967, 19.
20. *Carteggio* 5:185; trans. Wilson, 534.
21. 미켈란젤로와 다니엘레의 협력에 관해서는 다음을 보라. Boström; Treves; Romani; Hansen, 3장.
22. *Carteggio* 5:236; trans. Symonds 2:256-57.
23. *Carteggio* 5:234-35. 델 베네의 편지에 대해서는 *Carteggio* 5:237 참조.
24. *Carteggio* 5:243.
25. 칼카니는 로마의 산 조반니 데콜라토(San Giovanni Decollato)에 묻혔다. Wallace 2000b, 91 참조.
26. Vasari/Barocchi 1:112.

27. Bedon, 210; Wallace 1989b.

28. 특히 Tolnay, *Corpus* nos. 595, 596 참조. 대성당의 돔과 미켈란젤로의 '의도'에 관해서는 다음을 참조할 것. Wittkower 1964; Ackerman 1의 8장; Argan and Contardi, 322-35; Bellini; Baldrati.

29. *Carteggio* 4:271-72.

30. *Carteggio indiretto* 2:71-72.

31. *Carteggio indiretto* 2:73; McPhee 참조.

32. 주로 동로마 제국에서 발견되는 소위 바로크 파사드에서는 2열 기둥[쌍기둥]을 발견할 수 있다. 가령 에페소스의 켈수스 도서관, 밀레토스의 시장 출입문, 극장 건물들의 무대 파사드 등에서 그런 기둥이 발견된다. 베스타 신전이나 로마의 포룸 트란시토리움처럼, 주축에 기댄 쌍기둥이 더 흔하다. 이런 건물에서는 쌍기둥이 필라스터까지 갖추고 있는데, 기둥과 필라스터 사이의 공간은 아주 짧다. 이런 사실들을 알려준 Nathaniel Jones에게 감사드린다.

33. 미켈란젤로는 줄리아노 다 상갈로가 설계한 피렌체의 산 로렌초 교회 파사드나, 도나토 브라만테가 설계한 로마의 팔라초 카프리니를 잘 알고 있었다. 이 두 건물은 쌍기둥을 사용했으나, 그것들은 구조적 요소라기보다 장식적 요소였다. 파르네세 궁전의 안뜰에서, 안토니오 다 상갈로는 거대한 구석 부벽을 설치하기 위해 두 개의 기둥을 사용했다. 우리는 다른 궁전의 안뜰(가령 우르비노), 로자(피렌체의 피아차 델라 시뇨리아), 교회의 네 기둥 등에서 기둥과 부벽이 함께 쌍을 이루는 모습을 발견한다. 하지만 쌍기둥을 독립적인 건축 단위로 사용한 경우는 드물다.

    노르만 양식 건축물에는 대규모 사례가 있다. 가령 시칠리아의 체팔루 대성당의 앱스를 둘러싼 건축물이 그러하다. 그러나 미켈란젤로는 시칠리아를 방문한 적이 없으므로 이런 노르만 양식 건축물의 사례에 익숙했을 가능성은 별로 없다. 이런 논평을 해준 Caroline Bruzelius에게 감사드린다.

    쌍기둥은 폴라에 있는 로마식 아치에서도 발견된다. 미켈란젤로가 이 건물을 알지는 못했을 것이다. 그러나 이런 의장이 아르세날레 디 베네치아[베네치아에 있는 조선소 겸 병기창 복합 단지]의 성문에서도 사용되었는데, 미켈란젤로가 이 건물을 직접 보았을 가능성이 있다. 이런 쌍기둥의 사례들을 내게 알려준 Howard Burns에게 감사드린다.

34. Millon and Smyth 1969; Millon and Smyth 1988.

8장 하느님의 건축가

1. Augias, 206-7에서 인용.
2. Augias, 25에서 인용.
3. *Carteggio* 5:246.
4. *Carteggio indiretto* 2:112, 115, 121.
5. *Carteggio indiretto* 2:113, 123: "Fate careze al puto, che ò speranza che lo meniate qua presto."
6. *Carteggio indiretto* 2:126, 130, 132, 135, 141-42, 143, 145.
7. *Carteggio* 5:291; trans. Ramsden 2:205.
8. *Carteggio indiretto* 2:107, 108.

9. *Carteggio indiretto* 2:138.
10. *Carteggio indiretto* 2:125.
11. *Carteggio indiretto* 2:115.
12. *Carteggio indiretto* 2:117.
13. *Carteggio indiretto* 2:130 and 122.
14. *Carteggio indiretto* 2:125.
15. *Carteggio* 5:146.
16. *Carteggio* 5:208.
17. *Carteggio* 5:83.
18. *Carteggio* 5:84–85; trans. Ramsden 2:171.
19. *Carteggio* 5:110; trans. Ramsden 2:177.
20. *Carteggio* 5:115; trans. Ramsden 2:180.
21. *Carteggio* 5:74.
22. 이에 대해 이야기해 준 Erin Sutherland Minter에게 감사드린다.
23. *Carteggio* 5:109.
24. "… quel magnifico tempio di San Pietro, segno immortale della divina virtù di Vostra Signoria"(*Carteggio* 5:67).
25. *Carteggio* 5:89. 베카델리는 이 편지를 스폴레토로 보냈다. 미켈란젤로가 아직도 거기서 '유배 중'이라고 생각했던 것이다.
26. *Carteggio* 5:110; trans. Ramsden 2:177. 거의 동일한 감정이 리오나르도에게 보낸 1558년 12월 2일자 편지에도 표현되어 있다(*Carteggio* 5:145).
27. *Carteggio* 5:35. 이러한 감정은 1557년 5월에 코시모 데 메디치에게 보낸 편지에서 다시 반복된다. "… io non potevo ancora lasciare la fabrica di Santo Pietro senza gran danno suo e senza grandissima mia vergognia … [성 베드로 대성당 공사를 포기하면 그 건물에 큰 피해를 입히는 것은 물론이고 나 자신에게도 큰 수치가 될 것입니다 …]" (*Carteggio* 5:102). 바사리에게도 그랬다. "… che abandonandola ora, non sarebe altro che con grandissima vergognia … [지금 그것을 포기하는 것은 나 자신에게 엄청난 수치를 안기는 일이 될 것입니다 …]" (*Carteggio* 5:105). Barolsky 1990, 48–52도 참조.
28. "Prego Dio che m'aiuti e consigli"(*Carteggio* 5:109).
29. Vasari/Bettarini 6:106; trans. Vasari/Bull, 416.
30. *Carteggio* 5:110; trans. Ramsden 2:177.
31. *Carteggio* 5:35; trans. Ramsden 2:155.
32. Vasari/Bettarini 6:90, 106.
33. "… il fermamento e stabilimento di quella fabbrica"(Vasari/Bettarini 6:101; trans. Vasari/Bull, 409).
34. "… tornarmi a Firenze con animo di riposarmi co la morte"(*Carteggio* 5:103).
35. Dante Alighieri, 42 (*Paradiso* 5:76–78).
36. Cicero, 222 (*De senectute*, VII. 24). 미켈란젤로가 키케로의 저서를 직접 읽지는 못했다 해도 그 존재를 잘 알았을 것이다. 《대화》라는 책에서 미켈란젤로의 친밀한 친구인 도나토

잔노티는 미켈란젤로는 나이 일흔 줄에도 라틴어를 배울 수 있지 않을까 하고 생각했다고 썼다. 감찰관 키케로가 여든 줄에 그리스어를 배웠다는 사실을 언급하면서 말이다. 이 이야기는 키케로의 《노년에 대하여》에서 나오는데, 카토가 노년에 영농의 즐거움을 느꼈다고 말한 직후에 이처럼 그리스어를 배웠다는 얘기가 나온다.

37. K. Frey 1916, 42–44; *Carteggio* 5:272.
38. 이 관계들의 우여곡절에 대해서는 다음을 보라. *Carteggio* 5:275–76, *Carteggio indiretto* 2:110–11, and *passim*.
39. *Carteggio* 5:272; trans. Ramsden 2:202–3. *Carteggio* 5:321 참조.
40. *Carteggio indiretto* 2:157–58.
41. *Carteggio indiretto* 2:159. 로렌초 마리오티니도 리오나르도에게 쓴 편지에서 이 피살 사건을 언급했다. 체사레가 열여덟 군데나 칼을 맞았다고 보고했고, 예술가가 그 소식을 듣고서 몹시 당황했다고 미켈란젤로의 하인 안토니오가 말한 것도 함께 전했다(*Carteggio indiretto* 2:160).
42. *Carteggio indiretto* 2:161. Wittkower 1968; Ciulich 1983 참조.
43. *Carteggio indiretto* 2:163.
44. Paoletti; Rovetta 참조.
45. Saslow no. A35.
46. Saslow no. 272.
47. Bell, 81에서 인용.
48. 광장의 벽돌 포장 공사(헤링본 무늬로 설치한 것)의 대금 지급은 미켈란젤로가 목격한 이 공사의 최근 현황이었다. 그러나 이 공사는 그의 사망 당시에도 미완 상태였다(Bedon, 124).
49. 미켈란젤로 생시의 카피톨리노 공사와 그 진척 상황에 대해서는 다음을 참조하라. Ackerman 1의 6장; Thies; Argan and Contardi, 252–64; Bedon, 특히 2–6장. Caroline Bruzelius는 다음과 같이 논평했다. "거대한 규모는 미완성과 설계의 상당한 변경을 미리 말해 주는 지표와 같은 것이다"(Bruzelius, 114). 이러한 논평은 미켈란젤로가 맡은 로마 건축 공사에 거의 빠짐없이 적용될 수 있다.
50. Augias, 98에서 인용.
51. *Carteggio* 5:115.
52. Saslow no. A1.
53. *Carteggio indiretto* 2:136, 137.
54. *Carteggio indiretto* 2:138, 139, 140.
55. *Carteggio* 3:420.
56. *Carteggio indiretto* 2:139.
57. *Carteggio* 5:297; trans. Ramsden 2:205.
58. *Carteggio indiretto* 2:143.
59. d. 1562. *Carteggio indiretto* 2:155.
60. *Carteggio indiretto* 2:154, 126, 128, 130, 132, 135도 참조.
61. *Carteggio* 5:298–302.
62. *Carteggio* 5:307.

63. *Carteggio* 5:309–10; trans. Ramsden 2:207.

64. *Carteggio* 5:311; trans. Ramsden 2:208.

65. *Carteggio indiretto* 2:198.

66. *Carteggio indiretto* 2:169.

67. *Carteggio indiretto* 2:172–73; trans. Symonds 2:318–19.

68. *Ricordi*, 373–74.

69. *Carteggio indiretto* 2:174; trans. Symonds 2:319–20.

70. Symonds 2:320에서 인용.

71. 1564년 3월 17일 다니엘레 다 볼테라가 바사리에게 보낸 편지; trans. Wilson, 556.

참고문헌

Acidini Luchinat, Cristina. *Michelangelo Pittore* (Milan, 2007).

_________. "Genesi immaginaria della *Pala Nerli* di Filippino Lippi," in *Synergies in Visual Culture/Bildkulturen im Dialog. Festschrift für Gerhard Wolf*, ed. Manuela de Giorgi, Annette Hoffmann, and Nicola Suther (Munich, 2013), 593–600.

Ackerman, James S. *The Architecture of Michelangelo*, 2 vols., rev. ed. (London, 1961, 1964).

_________. "Architectural Practice in the Italian Renaissance," *Journal of the Society of Architectural Historians* 13 (1954):3–11; repr.: James S. Ackerman. *Distance Points: Essays in Theory and Renaissance Art and Architecture* (Cambridge, MA, and London, 1991), 361–84.

Adams, Nicholas, and Simon Pepper. "The Fortification Drawings," in *The Architectural Drawings of Antonio da Sangallo and His Circle*, vol. 1, ed. Nicholas Adams and Christoph L. Frommel (New York, 1994), 61–74.

Agosti, Barbara, and Giorgio Leone (eds.). *Intorno a Marcello Venusti* (Catanzaro, 2016).

Agoston, Laura Camille. "Sonnet, Sculpture, Death: The Mediums of Michelangelo's Self-Imaging," *Art History* 20 (1997):534–55.

Alberigo, Giuseppe. "Beccadelli, Ludovico," in *Dizionario Biografico degli Italiani*, vol. 7 (1970), 407–13.

Alexander, Sydney. *The Complete Poetry of Michelangelo* (Athens, OH, 1991).

Argan, Giulio Carlo, and Bruno Contardi. *Michelangelo architetto* (Milan, 1990).

Arkin, Moshe. "'One of the Marys…': An Interdisciplinary Analysis of Michelangelo's Florentine *Pietà*," *Art Bulletin* 79 (1997):493–517.

Augias, Corrado. *The Secrets of Rome: Love and Death in the Eternal City*, trans. A. Lawrence Jenkins (Milan, 2007).

Authorship: From Plato to Postmodernism, ed. Seán Burke (Edinburgh, 1995, repr. 2006).

Baldrati, Barbara. *La Cupola di San Pietro: Il metodo costruttivo e il cantiere* (Rome, 2014).

Bambach, Carmen. "Letters from Michelangelo," *Apollo* 177 (April 2013):58–67.

Barkan, Leonard. *Michelangelo: A Life on Paper* (Princeton, NJ, 2010).

Barnes, Bernadine. "The Understanding of a Woman: Vittoria Colonna and

Michelangelo's *Christ and the Samaritan Woman*," *Renaissance Studies* 27 (2013):633-53.

Barocchi, Paola. *Michelangelo tra le due redazioni delle Vite Vasariane (1550-1568)* (Lecce, 1968).

Barolsky, Paul. *Michelangelo's Nose: A Myth and Its Maker* (University Park, PA, 1990).

_________. *The Faun in the Garden: Michelangelo and the Poetic Origins of Italian Renaissance Art* (University Park, PA, 1994).

_________. "Michelangelo's Self-Mockery," *Arion* 7 (2000):167-75.

_________. "Michelangelo and the Image of the Artist as Prince," in *Basilike Eikon: Renaissance Representations of the Prince*, ed. Roy Eriksen and Magne Malmanger (Rome, 2001), 30-35.

_________. "Michelangelo's Misery: A Fictive Autobiography," *Source: Notes in the History of Art* 27, no. 1 (2007):22-24.

Bartolozzi, Anna. "Il completamento del nuovo San Pietro sotto il Pontificato di Paolo V. Disegni e dibabattiti 1605-1613," *Römisches Jahrbuch der Bibliotheca Hertziana* 39 (2009/2010):281-328.

Baumgart, Fritz, and Biagio Biagetti. *Gli affreschi di Michelangelo, L. Sabbatini e F. Zuccari nella cappella Paolina in Vaticana* (Citta del Vaticana, 1934).

Beck, James. *Three Worlds of Michelangelo* (New York and London, 1999).

Bedon, Anna. *Il Campidoglio: Storia di un monumento civile nella Roma papale* (Milan, 2008).

Bell, Rudolf M. *Street Life in Renaissance Rome: A Brief History with Documents* (Boston and New York, 2013).

Bellini, Federico. *La Basilica di San Pietro da Michelangelo a Della Porta*, 2 vols. (Rome, 2011).

Benedetto da Mantova. *Il Beneficio di Cristo con le version del secolo XVI*, ed. Salvatore Caponetto (Florence, 1972).

Blunt, Anthony. *Artistic Theory in Italy, 1450-1600* (London and New York, 1962).

Bober, Phyllis Pray, and Ruth Rubinstein, *Renaissance Artists and Antique Sculpture* (London, 1986).

Boström, Antonia. "Daniele da Volterra, Ruberto Strozzi and the Equestrian Monument to Henry II of France," in *The Sculpted Object, 1400-1700*, ed. Stuart Currie and Peta Motture (Aldershot, UK, 1997), 201-14.

Bredekamp, Horst. *Sankt Peter in Rom und das Prinzip der produktiven Zerstörung. Bau und Abbau von Bramante bis Bernini* (Berlin, 2000).

_________. "Zwei Souveräne: Paul III. und Michelangelo. Das 'Motu proprio' vom Oktober 1549," in *Sankt Peter in Rom 1506-2006*, ed. George Satzinger and Sebastian Schütze (Munich, 2008), 147-57.

Brodini, Alessandro. *Michelangelo a San Pietro. Progetto, cantiere e funzione delle cupole minori* (Rome, 2009).

Brucker, Gene. "The Structure of Patrician Society in Renaissance Florence," *Colloquium* 1 (1964):2–11.

Brundin, Abigail (ed. and trans.). *Sonnets for Michelangelo* (Chicago and London, 2005).

_________. *Vittoria Colonna and the Spiritual Poetics of the Italian Reformation* (Aldershot, UK, 2008).

Brunetti, Oronzo. "Michelangelo e le fortificazioni del borgo," in *Michelangelo: Architetto a Roma* (Milan, 2009), 118–23.

Bruzelius, Caroline. "Project and Process in Medieval Construction," in *Ex Quadris Lapidibus. La pierre et sa mise en oeuvre dans l'art médiéval. Mélanges d'Histoire de l'art offerts à Élaine Vergnolle*, ed. Yves Gallett (Turnhout, Belgium, 2011), 113–24.

Burns, Howard. "Building Against Time: Renaissance Strategies to Secure Large Churches Against Changes to their Design," in *L'église dans l'architecture de la Renaissance*, ed. Jean Guillaume (Paris, 1995), 107–31.

Cambon, Glauco. *Michelangelo's Poetry: Fury of Form* (Princeton, NJ, 1985).

Campeggiani, Ida. *Le varianti nella poesia di Michelangelo. Scrivere per via di porre* (Lucca, 2012).

_________. "Dalle varianti al 'Canzoniere' (e ritorno) sulla silloge del 1546," *L'Ellisse: Studi storici di letteratura italiana* 10, no. 2 (2015):51–68.

Capanni, Fabrizio. *Rodolfo Pio da Carpi (1500–1564): Diplomatico, cardinale, collezionista* (Forli, 2001).

Capelli, Simona. "Marcello Venusti: Un valtellinese pittore a Roma," *Studi di storia dell'arte* 12 (2001):17–48.

Il Carteggio di Michelangelo, ed. Paola Barocchi and Renzo Ristori, 5 vols. (Florence, 1965–83).

Il Carteggio indiretto di Michelangelo, ed. Paola Barocchi, Kathleen Bramanti, and Renzo Ristori, 2 vols. (Florence, 1988 and 1995).

Cassanelli, Luciana, et al. *Le mura di Rome: L'architettura militare nella storia urbana* (Rome, 1974).

Cellini, Benvenuto. *Autobiography*, trans. George Bull (Harmondsworth, UK, 1956).

Cicero, Marcus Tullius. "On Old Age," in *Selected Works*, trans. Michael Grant (Harmondsworth UK, 1971).

Ciulich, Lucilla Bardeschi. "Nuovi documenti su Michelangelo architetto maggiore di San Pietro," *Rinascimento* 23 (1983):173–86.

_________. *Costanza ed evoluzione nella scrittura di Michelangelo* (Florence, 1989).

Clements, Robert J. *The Poetry of Michelangelo* (New York, 1964).

Condivi, Ascanio. *Michelangelo: Life, Letters, and Poetry*, trans. George Bull (Oxford and New York, 1987).

I Contratti di Michelangelo, ed. Lucilla Bardeschi Ciulich (Florence, 2005).

Corsaro, Antonio. "Intorno alle *Rime* di Michelangelo Buonarroti. La silloge del 1546," *Giornale storico della letteratura Italiana* 612 (2008) :536–69.

Crescentini, Claudio. *La Memoria e il volto: Vittoria Colonna and Michelangelo in rare incisioni e stampe* (Rome, 2014).

Dante Alighieri. *Paradiso*, trans. Allen Mandelbaum (Berkeley, CA, 1982).

Denker, Eric, and William E. Wallace, "Michelangelo and Seats of Power," *Artibus et Historiae* 72 (2015):199–210.

Echinger-Maurach, Claudia. *Studien zu Michelangelos Juliusgrabmal*, 2 vols. (Hildesheim, 1991).

Elam, Caroline. "'Ché ultima mano!': Tiberio Calcagni's Marginal Annotations to Condivi's *Life of Michelangelo*," *Renaissance Quarterly* 51 (1998):475–97.

________. "'Tuscan dispositions': Michelangelo's Florentine Architectural Vocabulary and Its Reception," *Renaissance Studies* 19 (2005):46–82.

Elliott, John H. *History in the Making* (New Haven, CT, and London, 2012).

Eriksen, Roy. "Desire and Design: Vasari, Michelangelo and the Birth of Baroque," in *Contexts of Baroque: Theatre, Metamorphosis, and Design*, ed. Roy Eriksen (Oslo, 1997), 52–78.

________. *The Building in the Text: Alberti to Shakespeare and Milton* (University Park, PA, 2001).

Favro, Diane. *The Urban Image of Augustan Rome* (Cambridge and New York, 1996).

Fea, Carlo. *Miscellanea filologica critica e antiquaria*, vol. 1 (Rome, 1790), 329–30.

Fedi, Roberto. "Il canzoniere (1546) di Michelangelo Buonarroti," in *La memoria della poesia* (Rome and Salerno, 1990), 264–305.

Fehl, Philipp. "Michelangelo's 'Crucifixion of St. Peter': Notes on the Identification of the Locale of the Action," *Art Bulletin* 53 (1971):326–43.

________. "Michelangelo's Tomb in Rome: Observations on the *Pietà* in Florence and the *Rondanini Pietà*," *Artibus et Historiae* 45 (2002) :9–27.

Fenichel, Emily A. "Penance and Proselytizing in Michelangelo's Portrait Medal," *Artibus et Historiae* 73 (2016) :125–38.

Filipczak, Zirka Z. *Hot Dry Men/ Cold Wet Women: The Theory of Humors in Western European Art 1575–1700* (New York, 1997).

Fiore, Francesco P. "Rilievo topografico e architettura a grande scala nei disegni di Antonio da Sangallo il Giovane per le fortificazioni di Roma al tempo di Paolo III," in *Il disegno di architettura*, ed. Paolo Carpeggiani and Luigi Patetta (Milan, 1989), 175–80.

Firpo, Massimo. "Vittoria Colonna, Giovanni Morone e gli 'spirituali'," *Rivista di storia e letteratura religiosa* 24 (1988) :211–61.

________. *Juan de Valdés and the Italian Reformation*, trans. Richard Bates (Surrey,

UK, and Burlington, VT, 2015).

Folliero-Metz, Grazia Dolores (ed.). *Francisco de Hollanda. Diálogos em Roma (1538) (Conversations on Art with Michelangelo Buonarroti)* (Heidelberg, 1998).

Forcellino, Antonio. *Michelangelo: A Tormented Life*, trans. Allan Cameron (Cambridge, 2010).

Forcellino, Maria. *Michelangelo, Vittoria Colonna e gli "spirituali": Religiositá e vita artistica a Roma negli anni Quaranta* (Rome, 2009).

Francia, Ennio. "Le 'Benfinite' di Michelangelo," *Strenna di romanisti* 54 (1993), 145–48.

Freiberg, Jack. *Bramante's Tempietto, the Roman Renaissance, and the Spanish Crown* (New York, 2014).

Fremantle, Richard. *Big Tom: Masaccio. Speculative History and Art History* (Fiesole, 2014).

Freud, Sigmund. "Der Moses des Michelangelo," in *Gesammelte Werke*, vol. 10 (London, 1949), 172–201.

Frey, Carl. *Die Dichtungen des Michelagniolo Buonarroti* (1897), 2nd ed. (Berlin, 1964).

Frey, Karl. "Studien zu Michelagniolo Buonarroti und zur Kunst seiner Zeit," *Jahrbuch der königlich preuszischen Kunstsammlungen* 30 (1909):103–80.

_________. "Zur Baugeschichte des St. Peter," *Jahrbuch der koniglich preuszischen Kunstsammlungen* 37 (Beiheft, 1916).

Frommel, Christoph L. "'Cappella Julia.' Die Grabkapelle Papst Julius II in Neu-St. Peter," *Zeitschrift für Kunstgeschichte* 40 (1977):26–62.

_________. "Michelangelo und das Grabmal des Cecchino Bracci in S. Maria in Araceli," *Docta Manus: Studien zur italienischen Skulptur für Joachim Poeschke*, ed. Johannes Myssok and Jurgen Wiener (Munster, 2007), 263–77.

_________. *Michelangelo's Tomb for Julius II: Genesis and Genius* (Los Angeles, 2016).

Giavarina, Adriano Ghisetti. "Meleghino, Jacopo," in *Dizionario biografico degli italiani*, vol. 73 (2009), 286–88.

Giess, Hildegard. "Castro and Nepi," in *The Architectural Drawings of Antonio da Sangallo and His Circle*, vol. 1, ed. Nicholas Adams and Christoph L. Frommel (New York, 1994), 75–80.

Gilbert, Creighton E. *Complete Poems and Selected Letters of Michelangelo*, trans. Creighton Gilbert, ed. Robert N. Linscott (New York, 1963; 3rd ed., Princeton, NJ, 1980).

_________. "'The Usefulness of Comparisons Between the Parts and the Set': The Case of the Cappella Paolina," in *Actas del XXIII Congresso Internacional de Historia del Arte*, vol. 3 (Granada, 1978), 519–31.

Ginzburg, Carlo, and Adriano Prosperi. *Giochi di pazienza: Un seminario su Beneficio di Cristo* (Turin, 1975).

Girardi, Enzo Noè. *Rime. Edizione critica a cura di Enzo Noè Girardi* (Bari, 1960).

Goldthwaite, Richard. "The Building of the Strozzi Palace: The Construction Industry in Renaissance Florence," *Studies in Medieval and Renaissance History* 10 (1973):99–194.

Gotti, Aurelio. *Vita di Michelangelo Buonarroti*, 2 vols. (Florence, 1875).

Gouwens, Kenneth. "Female Virtue and the Embodiment of Beauty: Vittoria Colonna in Paolo Giovio's *Notable Men and Women*," *Renaissance Quarterly* 68 (2015):33–97.

Grieco, Allen J. "I sapori del vino: gusti e criteri di scelta fra Trecento e Cinquecento," in *Dalla Vite al Vino: Fonti e problem della vitivinicoltura italiana medievale*, ed. Jean-Louis Gaulin and Allen J. Grieco (Bologna, 1994), 165–186.

________. "Alimentation et classes sociales à la fin du Moyen Âge et a la Renaissance," in *Histoire de l'alimentation*, ed. J.-L. Flandrin and M. Montanari (Paris, 1996), 479–90.

________. "Food and Social Classes in Late Medieval and Renaissance Italy," in *Food: A Culinary History from Antiquity to the Present* (New York, 1999), 302–12.

Guasti, Cesare. *Le Rime di Michelangelo Buonarroti* (Florence, 1863).

Guicciardini, Francesco. *Ricordi* [Milan, 1975].

Hansen, Morton Steen. *In Michelangelo's Mirror: Perino del Vaga, Daniele da Volterra, Pellegrino Tibaldi* (University Park, PA, 2013).

Hatfield, Rab. *The Wealth of Michelangelo* (Rome, 2002).

Hemmer, Peter. "Michelangelos Fresken in der Cappella Paolina und das 'Donum Iustificationis,'" in *Functions and Decorations: Art and Ritual at the Vatican Palace in the Middle Ages and the Renaissance* (*Capellae Apostolicae Sixtinae, Collectanea Acta Monumenta*, 9), ed. Tristan Weddington, Sible De Blaauw, and Bram Kempers (Turnhout, 2003), 129–52.

Hemsoll, David. "The Laurentian Library and Michelangelo's Architectural Method," *Journal of the Warburg and Courtauld Institutes* 66 (2003):29–62.

Hibbard, Howard. *Michelangelo* (New York and London, 1974).

Hirst, Michael. "Michelangelo and His First Biographers," *Proceedings of the British Academy. Lectures and Memoirs* 94 (1996):63–84.

Holmes, Richard. *Footsteps. Adventures of a Romantic Biographer* (New York, 1985).

________. *Dr. Johnson and Mr. Savage* (New York, 1993).

Keizer, Joost Pieter. "Michelangelo, Drawing, and the Subject of Art," *Art Bulletin* 93 (2011):304–24.

Kristof, Jane. "Michelangelo as Nicodemus: The Florence *Pietà*," *Sixteenth Century Journal* 20 (1989):163–82.

Kuntz, Margaret A. "Designed for Ceremony: The Cappella Paolina at the Vatican Palace," *Journal of the Society of Architectural Historians* 62 (2003):228–55.

________. "A Ceremonial Ensemble: Michelangelo's *Last Judgment* and the Cappella

Paolina Frescoes," in *Michelangelo's Last Judgment*, ed. M. B. Hall (Cambridge and New York, 2005a), 150–82.

_________. "Maderno's Building Procedures at New St. Peter's: Why the Facade First?" *Zeitschrift für Kunstgeschichte* 68 (2005b): 41–60.

Lavin, Irving. "David's Sling and Michelangelo's Bow: A Sign of Freedom," in *Past-Present: Essays on Historicism in Art from Donatello to Picasso* (Berkeley, CA, 1993), 29–61.

Liebert, Robert S. "Michelangelo's Mutilation of the Florence Pietà: A Psychoanalytic Inquiry," *Art Bulletin* 59 (1977): 47–54.

Loh, Maria H. *Still Lives: Death, Desire, and the Portrait of the Old Master* (Princeton, NJ, and Oxford, 2015).

MacCulloch, Diarmaid. *The Reformation: A History* (London, 2004).

Macdonald, Hugh. *Music in 1853: The Biography of a Year* (Woodbridge, Suffolk, UK, 2012).

Macdougall, Elisabeth B. "Michelangelo and the Porta Pia," *Journal of the Society of Architectural Historians* 29, no. 3 (1960): 97–108.

Maier, Jessica. *Rome Measured and Imagined* (Chicago and London, 2015).

Masi, Giorgio. "'Perché non parli?' Michelangelo e il silenzio," in *Officine del Nuova. Sodalizi fra letterati, artisti ed editori nella cultura italiana fra Riforma e Controriforma*, ed. Harald Hendrix and Paolo Procaccioli (Manziana [Rome], 2008), 427–44.

_________. "Il 'gran restauro': altre proposte di esegesi poetica michelangiolesca," in *Michelangelo Buonarroti: Leben, Werk und Wirkung / Michelangelo Buonarroti: Vita, Opere, Ricezione. Positionen und Perspektiven der Forschung/Approdi e prospettive della ricerca contemporanea*, ed. Grazia Dolores Folliero-Metz and Susanne Gramatzki (Frankfurt-am-Main, 2013), 235–59.

_________. "Michelangelo cristiano. Senso del peccato, salvezza e fede," *L'Ellisse: Studi storici di letteratura italiana* 10, no. 2 (2015): 37–50.

Mather, Frank Jewett. *A History of Italian Painting* (New York, 1923).

Maurer, Golo. "Michelangelos Projekt für den Tambour von Santa Maria del Fiore," *Römisches Jahrbuch der Bibliotheca Hertziana* 33 (1999/2000): 85–100.

_________. "Überlegungen zu Michelangelos Porta Pia," *Römisches Jahrbuch der Bibliotheca Hertziana* 37 (2006): 125–62.

McPhee, Sarah. *Bernini and the Bell Towers: Architecture and Politics at the Vatican* (New Haven and London, 2002).

Mendelsohn, Leatrice. *Paragoni: Benedetto Varchi's "Due Lezzioni" and Cinquecento Art Theory* (Ann Arbor, MI, 1982).

Michelangelo e la Cappella Paolina: Riflessioni e contribute sull'ultimo restauro, ed. Antonio Paolucci and Silvia Danesi Squarzina (Citta del Vaticana, 2016).

Michelangelo: Grafia e biografia di un genio, ed. Lucilla Bardeschi Ciulich (Milan, 2000).

Millon, Henry. "Michelangelo to Marchionni 1546–1784," in *St. Peter's in the Vatican*, ed. William Tronzo (Cambridge and New York, 2005), 93–110.

Millon, Henry, and Craig H. Smyth. "Michelangelo and St. Peter's, I: Notes on a Plan of the Attic as Originally Built on the South Hemicycle," *Burlington Magazine* 111 (1969):484–501.

_________. "Michelangelo and St. Peter's: Observations on the Interior of the Apse, a Model of the Apse Vault, and Related Drawings," *Römisches Jahrbuch für Kunstgeschichte* 16 (1976):137–206.

_________. "Pirro Ligorio, Michelangelo, and St. Peter's," in *Pirro Ligorio: Artist and Antiquarian*, ed. Robert W. Gaston (Florence, 1988), 216–86.

Minter, Erin Sutherland. "Discarded Deity: The Rejection of Michelangelo's *Bacchus* and the Artist's Response," *Renaissance Studies* 28 (2014):443–58.

Modersohn-Becker, Paula. *The Letters and Journals*, eds. G. Busch and L. Van Reinken (New York, 1979).

Montanari, Massimo. *Cheese, Pears, & History: In a Proverb*, trans. Beth Archer Brombert (New York, 2010).

Moroncini, Ambra. *Michelangelo's Poetry and Iconography in the Heart of the Reformation* (London and New York, 2017).

Nagel, Alexander. "Observations on Michelangelo's Late *Pietà* Drawings and Sculptures," *Zeitschrift für Kunstgeschichte* 59 (1996):548–72.

_________. *Michelangelo and the Reform of Art* (Cambridge and New York, 2000).

Nims, John Frederick. *The Complete Poems of Michelangelo* (Chicago and London, 1998).

Nova, Alessandro. "The Artistic Patronage of Julius III (1550–1555): Profane Imagery and Buildings for the De Monte Family in Rome." (PhD diss., University of London, 1982).

_________. "The Chronology of the Del Monte Chapel in S. Pietro in Rome," *Art Bulletin* 66 (1984):150–54.

On Artists and Art Historians: Selected Book Reviews of John Pope-Hennessy, ed. Walter Kaiser and Michael Mallen (Florence, 1994).

Orlofsky, Michael. "Historiografiction: The Fictionalization of History in the Short Story," in *The Postmodern Short Story: Forms and Issues*, ed. F. Iftekharrudin et. al. (Westport, CT, and London, 2003), 47–62.

Østermark-Johansen, Lene. *Sweetness and Strength: The Reception of Michelangelo in Late Victorian England* (Aldershot, UK, and Brookfield, VT, 1999).

Palladio's Rome, ed. and trans. Vaughan Hart and Peter Hicks (New Haven, CT, and London, 2006).

Panofsky, Erwin. *Idea: A Concept in Art Theory* (1924), trans. J. J. Peake (New York, 1968).

Paoletti, John T. "The Rondanini *Pietà*: Ambiguity Maintained Through the Palimpsest," *Artibus et Historiae* 42 (2000):53-80.

Papini, Giovanni. *Michelangelo: His Life and His Era*, trans. Loretta Murname (New York, 1952).

Parker, Deborah. "The Role of Letters in Biographies of Michelangelo," *Renaissance Quarterly* 58 (2005):91-126.

_________. *Michelangelo and the Art of Letter Writing* (New York, 2010).

Pastor, Ludwig von. *The History of the Popes*, vols. 12, 13, 14, trans. Ralph Francis Kerr. (London, 1912, 1924).

Pepper, Simon. "Planning versus Fortification: Sangallo's Project for the Defense of Rome," *Architectural Review* 159, no. 949 (1976):162-69.

Pon, Lisa. "Michelangelo's *Lives:* Sixteenth-Century Books by Vasari, Condivi, and Others," *Sixteenth Century Journal* 27 (1996):1015-37.

Prodan, Sarah Rolfe. *Michelangelo's Christian Mysticism: Spirituality, Poetry, and Art in Sixteenth-Century Italy* (Cambridge and New York, 2014).

Ramsden, E. H. (trans.). *The Letters of Michelangelo*, 2 vols. (London and Stanford, 1963).

Rebecchini, Guido. "After the Medici: The New Rome of Pope Paul III Farnese," *I Tatti Studies* 11 (2007):147-200.

_________. "Michelangelo e le mura di Roma," in *Michelangelo: Architetto a Roma* (Milan, 2009), 114-17.

Redig de Campos, Dioclezio. *Affreschi della Cappella Paolina in Vaticano* (Milan, 1950).

I Ricordi di Michelangelo, ed. Lucilla Bardeschi Ciulich and Paola Barocchi (Florence, 1970).

Rime e lettere di Michelangelo Buonarroti, ed. Antonio Corsaro and Giorgio Masi (Milan, 2016).

Robertson, Charles. "Bramante, Michelangelo and the Sistine Ceiling," *Journal of the Warburg and Courtauld Institutes* 49 (1986):91-105.

Romani, Vittoria (ed.) *Daniele da Volterra: Amico di Michelangelo* (Florence, 2003).

Roney, Lara Lea. "Death in the Papal Chapel: Paul III and the Motivations for Michelangelo's Crucifixion of St. Peter in the Pauline Chapel," in *Encountering the Renaissance: Celebrating Gary M. Radke and 50 Years of the Syracuse University Graduate Program in Renaissance Art*, ed. Molly Bourne and A. Victor Coonin (Ramsey, NJ, 2016), 139-50.

Rovetta, Alessandro (ed.) *L'ultimo Michelangelo: Disegni e rime attorno alla Pietà Rondanini* (Milan, 2011).

Ruschi, Pietro. "La cappella Sforza in Santa Maria Maggiore," in *Michelangelo architetto nei disegni della Casa Buonarroti*, ed. Pietro Ruschi (Milan, 2011), 149–57.

Ruvoldt, Maria. "Michelangelo's *Slaves* and the Gift of Liberty," *Renaissance Quarterly* 65 (2012): 1029–59.

Saalman, Howard. "Michelangelo at St. Peter's: The Arberino Corres-pondence," *Art Bulletin* 60 (1978): 483–93.

Saslow, James M. *The Poetry of Michelangelo: An Annotated Translation* (New Haven, CT, and London, 1991).

_________. "Sexual Variance, Textual Variants: Love and Gender in Michelangelo's Poetry," in *Michelangelo Buonarroti: Leben, Werk und Wirkung / Michelangelo Buonarroti: Vita, Opere, Ricezione. Positionen und Perspektiven der Forschung / Approdi e prospettive della ricerca contemporanea*, ed. Grazia Dolores Folliero-Metz and Susanne Gramatzki (Frankfurt-am-Main: Peter Lang, 2013), 99–117.

Satzinger, Georg. "Michelangelos Cappella Sforza," *Römisches Jahrbuch der Bibliotheca Hertziana* 35 (2005): 327–414.

_________. "Cappella Sforza in Santa Maria Maggiore," in *Michelangelo: Architetto a Roma*, ed. Mauro Mussolin (Milan, 2009), 214–25.

Scarpati, Claudio. "Le rime spirituali di Vittoria Colonna nel codice Vaticano donato a Michelangelo," *Aveum: rassegna di scienze storiche, linguistiche e filologiche* 78 (2004): 693–717.

_________. "Le rime spirituali di Michelangelo," in *L'ultimo Michelangelo: Disegni e rime attorno alla Pietà Rondanini*, ed. Alessandro Rovetta (Milan, 2011), 36–41.

Schiavone, Oscar. *Michelangelo Buonarroti. Forme del sapere tra letteratura e arte nel Rinascimento* (Florence, 2013).

Schlitt, Melinda. "'…viri studiosi et scientifici…' Pietro Antonio Cecchini, Michelangelo, and the Nobility of Sculptors in Rome," in *Gifts in Return: Essays in Honor of Charles Dempsey*, ed. Melinda Schlitt (Toronto, 2012: 233–61).

Schulz, Juergen. "Michelangelo's Unfinished Works," *Art Bulletin* 57 (1975): 366–73.

Schwager, Klaus. "Die Porta Pia in Rom. Untersuchungen zu einem 'verrufenen Gebäude'," *Munchner Jahrbuch der bildenden Kunst* 24, no. 3 (1973): 33–96.

Shearman, John. *Mannerism* (Middlesex, UK, 1967).

_________. "Il tiburio di Bramante," *Studi bramanteschi* (Rome, 1974) 567–73.

Shrimplin-Evangelidis, Valerie. "Michelangelo and Nicodemism: The Florentine *Pietà*," *Art Bulletin* 71 (1989): 58–66.

Smith, Carl. *What's in a Name? Exploring Michelangelo's Signature* (n.p., The K Press, 2014).

Stechow, Wolfgang. "Joseph of Arimathea or Nicodemus?" in *Studien zur toskanischen Kunst: Festschrift für Ludwig Heinrich Heydenreich* (Munich, 1964), 289–302.

Steinberg, Leo. "Michelangelo's Florentine 'Pietà': The Missing Leg," *Art Bulletin* 50

(1968) : 343–53.
_________. *Michelangelo's Last Paintings* (New York and London, 1975).
_________. "Animadversions: Michelangelo's Florentine *Pietà:* The Missing Leg Twenty Years After," *Art Bulletin* 71 (1989) : 480–505.
Steinmann, Ernst. *Die Portraitdarstellungen des Michelangelo* (Leipzig, 1913).
_________. *Michelangelo e Luigi del Riccio* (Florence, 1932).
Stott, Deborah. "'I am the same Cornelia I have always been': Reading Cornelia Collonello's Letters to Michelangelo," in *Women's Letters across Europe, 1400–1700: Form and Persuasion*, ed. Jane Couchman and Ann Crabb (Aldershot, UK, and Brookfield, VT, 2006), 79–102.
Summers, David. "Michelangelo on Architecture," *Art Bulletin* 54 (1972) : 146–57.
_________. *Michelangelo and the Language of Art* (Princeton, NJ,1981).
Symonds, John Addington. *The Life of Michelangelo Buonarroti*, 2 vols. (London, 1893).
Thies, Harmen. *Michelangelo: Das Kapitol* (Munich, 1982).
Thoenes, Christof. "St. Peter als Ruine: zu einigen Veduten Heemskercks," *Zeitschrift für Kunstgeschichte* 49, no. 4 (1986):481–501.
_________. "Il modello ligneo per San Pietro ed il progettuale di Antonio da Sangallo il Giovane," *Annali di architettura* 9 (1997) : 186–99.
_________. "Michelangelos Sankt Peters," *Römisches Jahrbuch der Bibliotheca Hertziana* 37 (2006) [2008] : 59–83.
Tolnay, Charles de. *Michelangelo*, 5 vols. (Princeton, NJ, 1943–60; repr. Princeton, 1969–71).
_________. *Corpus dei disegni di Michelangelo*, 4 vols. (Novara, 1975–80).
Trachtenberg, Marvin. *Building in Time: From Giotto to Alberti and Modern Oblivion* (New Haven, CT, and London, 2010).
Treves, Letizia. "Daniele da Volterra and Michelangelo: A Collaborative Relationship," *Apollo* (August 2001):36–45.
Tronzo, William. "Il Tegurium di Bramante," in *L'architettura della basilica di San Pietro. Storia e costruzione* ed. Gianfranco Spagnesi (Rome, 1997), 161–66.
Vasari, Giorgio. *La vita di Michelangelo nelle redazioni del 1550 e del 1568*, 5 vols., ed. Paola Barocchi (Milan and Naples, 1962).
_________. *Le vite de' piu eccellenti pittori, scultori e architettori nelle redazioni del 1550 e 1568*, 6 vols., ed. Rosanna Bettarini (Florence, 1966–1987).
_________. *Lives of the Artists*, trans. George Bull (London, 1965).
Vecce, Carlo. "Zur Dichtung Michelangelos und Vittoria Colonnas," in *Vittoria Colonna: Dichterin und Muse Michelangelos*, ed. Sylvia Ferino-Pagden (Vienna, 1997), 381–404.
Verdon, Timothy. "Michelangelo and the Body of Christ: Religious Meaning in the Florence *Pietà*," in *Michelangelo's Florence Pietà*, ed. Jack Wasserman (Princeton,

NJ, 2003), 127–48.
Wallace, William E. "Il 'Noli me Tangere' di Michelangelo: Tra sacra e profane," *Arte Cristiana* 76 (1988):443–50.
_________. "Narrative and Religious Expression in Michelangelo's Pauline Chapel," *Artibus et Historiae* 19 (1989a):107–21.
_________. "Michelangelo at Work: Bernardino Basso, Friend, Scoundrel, and *capomaestro*," *I Tatti Studies* 3 (1989b):235–77.
_________. *Michelangelo at San Lorenzo: The Genius as Entrepreneur* (Cambridge and New York, 1994a).
_________. "Miscellanae Curiositae Michelangelae: A Steep Tariff, a Half-Dozen Horses, and Yards of Taffeta," *Renaissance Quarterly* 47 (1994b):330–50.
_________. "Manoeuvring for Patronage: Michelangelo's Dagger," *Renaissance Studies* 11 (1997):20–26.
_________. "Michel Angelus Bonarotus Patritius Florentinus," in *Innovation and Tradition: Essays on Renaissance Art and Culture*, ed. Dag T. Andersson and Roy Eriksen (Rome, 2000a), 60–74.
_________. "Michelangelo, Tiberio Calcagni, and the Florentine *Pietà*," *Artibus et Historiae* 42 (2000b):81–99.
_________. "Michelangelo and Marcello Venusti: A Case of Multiple Authorship," in *Reactions to the Master: Michelangelo's Effect on Art and Artists in the Sixteenth Century*, ed. Francis Ames-Lewis and Paul Joannides (Aldershot, UK, 2003), 137–56.
Wallace, William E. "Michelangelo Ha Ha," in *Reading Vasari*, ed. Anne Barriault, Andrew Ladis, Norman E. Land, and Jeryldene M. Wood (London and Athens, GA, 2005), 235–43.
_________. "Non ha l'ottimo artista alcun concetto," *Rhetoric, Theatre and the Arts of Design: Essays Presented to Roy Eriksen*, ed. Clare Laparik Guest (Oslo, 2008), 19–29.
_________. "Michelangelo: Separating Theory and Practice," in *Imitation, Representation and Printing in the Italian Renaissance*, ed. Roy Eriksen and Magne Malmanger (Pisa and Rome, 2009), 101–17.
_________. *Michelangelo: The Artist, the Man, and His Times* (Cambridge and New York, 2010a).
_________. "Reversing the Rules: Michelangelo and the Patronage of Sculpture," in *Patronage of Italian Renaissance Sculpture*, ed. Kathleen W. Christian and David Drogin (Surrey, UK, and Burlington, VT, 2010b), 149–67.
_________. "Michelangelo, Luigi del Riccio, and the Tomb of Cecchino Bracci," *Artibus et Historiae* 69 (2014a):97–106.
_________. "Who Is the Author of Michelangelo's Life?" in *The Ashgate Research*

Companion to Giorgio Vasari, ed. David Cast (Aldershot, UK, 2014b), 107–19.
________. "'Certain of Death': Michelangelo's Late Life and Art," *Renaissance Quarterly* 68, no. 1 (2015): 1–32.
________. "Michelangelo's Brothers 'at my shoulders,'" in *Studies on Florence and the Italian Renaissance in Honour of F. W. Kent*, ed. Peter Howard and Cecilia Hewlett (Turnhout, Belgium, 2016), 169–80.
________. "Vasari's Fictional and Michelangelo's Real Family," *Source: Notes in the History of Art* 36, nos. 3–4 (Spring/Summer, 2017): 247–55.
Walter, Ingeborg. "Michelangelo e gli Strozzi. L' 'Ercole', il 'Bruto' e un cavallo per Caterina de' Medici, *Bolletino d'Arte* 99, n. 24 (2014): 85–98.
Wasserman, Jack. *Michelangelo's Florence Pietà* (Princeton, NJ, and Oxford, 2003).
Wilde, Johannes. *Michelangelo: Six Lectures* (Oxford, 1978).
Wilkinson, Catherine. "Building from Drawings at the Escorial," in *Les Chantiers de la Renaissance*, ed. Jean Guillaume (Paris, 1991), 263–78.
Wilson, Charles Heath. *Life and Works of Michelangelo Buonarroti* (London, 1876).
Wittkower, Rudolf. *La Cupola di San Pietro di Michelangelo: Riesame critic delle testimonianze contemporanee* (Florence, 1964).
________. "Nanni di Baccio Bigio and Michelangelo," in *Festschrift Ulrich Middeldorf* (Berlin, 1968), 248–62.
Zanchettin, Vitale. "Un disegno sconosciuto di Michelangelo per l'architrave del tamburo della Cupola di San Pietro in Vaticano," *Römisches Jahrbuch der Bibliotheca Hertziana* 37 (2006): 10–55.
________. "Le veritá della pietra. Michelangelo e la costruzione in travertine di San Pietro," in *Sankt Peter in Rom 1506–2006*, ed. George Satzinger and Sebastian Schütze (Munich, 2008), 159–74.
________. "Il tamburo della cupola di San Pietro in Vaticano," *Michelangelo: Architetto a Roma*, ed. Mauro Mussolin (Milan, 2009), 180–99.
________. "'Gratie che a pochi il ciel largo destina'. Le parole di Michelangelo negli atti ufficiali della Fabbrica di San Pietro," in *Some Degree of Happiness: Studi di storia dell'architettura in onore di Howard Burns*, ed. Maria Beltrami and Caroline Elam (Pisa, 2010), 363–81.
________. "Michelangelo e il disegno per la costruzione in pietra: ragioni e metodi nella rappresentazione in proiezione ortogonale," in *Michelangelo e il linguaggio dei disegni d'architettura*, ed. Golo Mauer and Alessandro Nova (Venice, 2012), 100–117.

도판 출처

Åke E:son Lindman, Lindman Photography, Bromma, Sweden, 화보 21
Album / Alamy Stock Photo, 화보 55
Alinari, 본문 352쪽
Angelo Hornak / Alamy Stock Photo, 화보 48, 49, 51
De Agostini Picture Library / G. Nimatallah/Bridgeman Images, 화보 1, 31
Getty Research Institute, Los Angeles (Cat. No. 2991 – 261), 화보 28
Instituto Centrale per il Catalogo e la Documentazione, Rome, 본문 41, 46쪽
Isabella Stewart Gardner Museum, Boston, 화보 41
John A. Pinto Collection, Princeton University, Department of Art and Archaeology, 본문 393쪽
Kim Petersen / Alamy Stock Photo, 화보 52
Kunsthistorisches Museum, KHM-Museumsverband, Vienna, 화보 38
Livio Pestilli, Rome, 화보 22, 23
Louvre, Paris, France Mondadori Portfolio / Electa / Sergio Anelli / Bridgeman Images, 화보 24
Louvre, Paris, France/Bridgeman Images, 화보 25
M Ramirez / Alamy Stock Photo, 화보 50
Metropolitan Museum of Art, NY, 본문 142쪽
Peter1936F / Creative Commons Wikimedia CC by 4.0, 본문 222쪽
Philippos & Rabanus Flavus / Creative Commons Wikimedia CC by 3.0, 본문 55쪽
Pitts Theology Library, Candler School of Theology, Emory University, 본문 275, 318쪽
Ralph Lieberman, Williamstown, MA, 화보 57; 본문 296, 338, 347쪽
Rijksmuseum, Amsterdam, 화보 27, 43
Sailko / Creative Commons Wikimedia CC by 3.0, 본문 171, 320쪽
Sara Ryu, 본문 353, 354쪽
Scala / Art Resource, NY, 화보 4, 12, 19, 26, 33, 36, 37, 56
Scala / Ministero per i Beni e le Attivita culturali / Art Resource, NY, 화보 44
Stanislav Traykov / Creative Commons Wikimedia CC by 2.5, 본문 235쪽
William Wallace, 화보 2, 3, 4, 6, 7, 13, 14, 15, 20, 30, 34, 40; 본문 41, 352, 390쪽

찾아보기

ㄹ

ㅁ

ㅂ

ㅅ

ㅎ

미켈란젤로, 생의 마지막 도전

황혼이 깃든 예술가의 성 베드로 대성당 건축 분투기

1판 1쇄 2021년 12월 7일
1판 2쇄 2021년 12월 31일

지은이 | 윌리엄 E. 월리스
옮긴이 | 이종인

펴낸이 | 류종필
편집 | 이정우, 이은진
마케팅 | 이건호
경영지원 | 김유리
표지 디자인 | 박미정
본문 디자인 | 이미연
교정교열 | 문해순

펴낸곳 | (주) 도서출판 책과함께
주소 (04022) 서울시 마포구 동교로 70 소와소빌딩 2층
전화 (02) 335-1982
팩스 (02) 335-1316
전자우편 prpub@hanmail.net
블로그 blog.naver.com/prpub
등록 2003년 4월 3일 제2003-000392호

ISBN 979-11-91432-31-2 03990